商業銀行內部審計
基本理論與方法技術

倪存新 ● 著

崧燁文化

序

「道可道，非常道。名可名，非常名。」

——老子《道德經》

　　中國道教協會任法融會長在《道德經釋義》中對老子《道德經》開篇之句的解釋是：所謂「道」，實為陰陽未判之前的混元無極。它本無形而不可名，但卻真實存在。在天有日月星辰、風雲雷雨；在地有東西南北、山川湖海；天地之間有飛潛動植、人間社會。這些有形有象之事物，皆有生有滅，有成有毀，不能永恆常存。這些可生可滅的萬事萬物，皆屬「可道」的範圍。因有形質，處於變化之中，故謂「非常道」。

　　也有人將「道」簡單地解釋為規律，即自然和社會的規律。「道可道，非常道」是說規律是可以認識和掌握的，但並不是我們平常所認識的那樣。「道」是內在的、實際存在的東西，而「名」是外在的。「名可名，非常名」是說真正的名與利是可以求到的，但不是平常所認為的那種「虛名」。

　　荷蘭哲學家巴魯赫·斯賓諾莎曾經提出一個著名的命題：「規定即否定」。他認為對於具有無限性的實體來說，在質上對其每一種確定，都必然意味著對其無限性的限制，因而意味著否定。他把無限性比做一個圓圈，因為當一個線段構成封閉的圓圈時，是既無起點也無終點的，所以在質上是無限的。正是在同樣的意義上，德國古典哲學家黑格爾把「絕對理念」也比做圓圈。

　　「道可道，非常道。名可名，非常名」這個命題與斯賓諾莎的「規定即否定」和黑格爾的「絕對理念」命題具有相同的涵義。老子認為「繩繩兮不可名」，即「道」是不可規定的無限實體。但老子又認為「道」也不是棲身於宇宙之外的一個超越物，它存在於宇宙之中，存在於事物之中。

　　古今中外一部商業銀行的發展史，其實就是「道可道，非常道。名可名，非常名」的道家自然辯證法的真實寫照。與其說商業銀行的發展史是銀行與各種錯弊和風險的鬥爭史，還不如說是金融體系內部的鬥爭史，是銀行家們與自己的鬥爭史！因此，從銀行家們嘴裡說出來的所謂的商業銀行的經營之「道」，已經不是什麼「道」了，能夠寫在書上的經驗教訓也已經不是什麼真正的經驗教訓了。因為產生那些錯弊和風險的客觀環境已經發生了變化，彼「道」已經不是此「道」了。

　　前幾年發生在我國東南沿海的「鋼貿」模式系統性風險，讓我又一次感悟到哲人們提出「事物總是在走向自己的反面」的命題是何等的英明。商業銀行一項傳統鋼材貿易融資業務，衍化為「鋼貿」模式融資平臺，融入「影子銀行」、民間

借貸等高風險領域，形成系統性金融風險，造成數千億元的損失。這反應出銀行的經營理念、風險集中度管理、風險限額管理等重大經營管理決策偏離了銀行經營之「道」，貸款用途、額度、定價、期限、抵押品管理以及貸後監控等違背了信貸資金運動的基本規律；這也反應出銀行內部控制體系、運行機制和監督糾錯機制存在諸多缺陷。在美國次貸危機波及全球進而形成世界金融危機的大背景下，鋼貿融資衍化為「鋼貿」模式系統性風險，真可謂「道可道，非常道。名可名，非常名」。

我於1980年畢業進入銀行參加工作，1994年開始在商業銀行省級分行擔任領導職務。現在結合自己幾十年來的商業銀行經營管理和內部審計監督實踐，寫了這部《商業銀行內部審計基本理論與方法技術》，將理論與實踐結合，總結了自己在商業銀行內部審計監督實踐中的一些做法和體會以及經驗教訓，也對商業銀行經營管理進行了一些討論。就「道可道，非常道。名可名，非常名」的視角來說，這些東西寫出來其實已經沒有什麼用了，但我還是將其整理出來，目的在於為大家提供一些可供參閱、借鑑甚至是批判的東西。所謂「繩繩不可名」，人類社會對商業銀行經營管理的探索是無限的，我只是這無限中的一粒「微塵」！

在《商業銀行內部審計基本理論與方法技術》的寫作過程中，我參閱了許多專家學者一些很好的觀點和大量的資料，汲取了我的領導和同事許多很好的思路和實踐素材，在此一併表示感謝！

由於筆者理論水平和實踐經驗所限，書中缺點與謬誤在所難免，敬請讀者批評指正。

目　錄

第一篇　商業銀行內部審計基本理論

3 \ 第一章　商業銀行內部審計及其基本特徵
3 \ 　　第一節　審計的概念及其基本特徵
4 \ 　　第二節　商業銀行內部審計及其基本特徵
12 \ 　　第三節　搞好商業銀行內部審計要正確理解和把握好的幾個關係

15 \ 第二章　過程導向審計技術及其在商業銀行內部審計中的運用
15 \ 　　第一節　審計計劃
17 \ 　　第二節　審計準備
18 \ 　　第三節　審計實施
19 \ 　　第四節　審計報告
20 \ 　　第五節　持續審計和審計循環

21 \ 第三章　目標導向審計技術及其在商業銀行內部審計中的運用
21 \ 　　第一節　確定目標
22 \ 　　第二節　實施審計
23 \ 　　第三節　審計報告

24 \ 第四章　制度導向審計技術及其在商業銀行內部審計中的運用
24 \ 　　第一節　制度導向審計的基本流程
25 \ 　　第二節　控制測試和實質性程序

28 \ 第五章　風險導向審計技術及其在商業銀行內部審計中的運用
28 \ 　　第一節　風險導向審計的概念、模型與基本特徵
29 \ 　　第二節　商業銀行風險導向審計的基本內容與流程
32 \ 　　第三節　商業銀行風險導向審計的基本方法與技術

37 \ 第六章　系統審計技術及其在商業銀行內部審計中的運用
37 \ 　　第一節　系統審計技術的理論基礎
39 \ 　　第二節　系統審計的基本思路
40 \ 　　第三節　系統審計的基本方法與技術

42 \ 第七章　平衡審計技術及其在商業銀行內部審計中的運用
42 \ 　　第一節　平衡審計的理論與實踐基礎
44 \ 　　第二節　平衡審計的基本內容與方法技術

47 \ 第八章　審計數據分析及其方法與技術
47 \ 　　第一節　審計數據分析的基本方法
50 \ 　　第二節　數據分析技術工具的運用與管理

第二篇　內部控制審計與內部控制評價

55 \ 第九章　內部控制審計
55 \ 　　第一節　內部控制的基本概念
58 \ 　　第二節　商業銀行內部控制及其審計監督的目標任務與重點
63 \ 　　第三節　內部控制審計的基本流程與方法技術
77 \ 　　第四節　內部控制審計報告

87 \ 第十章　商業銀行內部控制評價的基本方法與指標體系
87 \ 　　第一節　企業內部控制評價的基本原則、內容與程序
89 \ 　　第二節　商業銀行內部控制評價的基本原則與模型
91 \ 　　第三節　商業銀行內部控制評價體系的基本框架結構
97 \ 　　第四節　商業銀行內部控制評價的基本方法、指標體系與
　　　　　　　　　計分規則
101 \ 　　第五節　商業銀行內部控制評價等級
102 \ 　　第六節　商業銀行內部控制評價的基本程序
103 \ 　　第七節　商業銀行內部控制評價的組織與管理
103 \ 　　第八節　商業銀行內部控制評價結果的運用

第三篇　授信業務審計

107 \ 第十一章　授信業務風險管理審計
107 \ 　　第一節　授信業務內部控制審計
112 \ 　　第二節　授信業務盡職審計

118 \　　　第三節　貸款審查委員會制度及其執行情況審計

123 \　第十二章　流動資金貸款審計
123 \　　　第一節　流動資金貸款風險管理審計
124 \　　　第二節　流動資金貸款「六要素」審計的方法與技術
128 \　　　第三節　流動資金貸款流程管理審計
134 \　　　第四節　貸后管理審計

139 \　第十三章　固定資產貸款審計
139 \　　　第一節　固定資產貸款內控管理審計
141 \　　　第二節　固定資產貸款項目合規風險審計
142 \　　　第三節　固定資產貸款流程管理審計
146 \　　　第四節　固定資產貸款發放與支付風險審計
149 \　　　第五節　固定資產貸款貸后管理審計

153 \　第十四章　集團客戶授信業務審計
153 \　　　第一節　集團客戶授信業務內部控制審計
156 \　　　第二節　集團客戶授信風險管理審計
160 \　　　第三節　集團客戶授信業務效益審計

162 \　第十五章　供應鏈金融審計
162 \　　　第一節　供應鏈與供應鏈金融
167 \　　　第二節　供應鏈金融內部控制審計
169 \　　　第三節　供應鏈金融審計的重點與方法技術
172 \　　　第四節　供應鏈金融的幾個主要產品的審計方法與技術

180 \　第十六章　小企業流動資金貸款審計
180 \　　　第一節　小企業流動資金貸款內部控制審計
184 \　　　第二節　小企業貸款要素審計
191 \　　　第三節　小企業貸款流程管理審計
194 \　　　第四節　小企業授信監控審計

197 \　第十七章　存貨動產抵（質）押業務審計
197 \　　　第一節　存貨動產抵（質）押業務的種類
198 \　　　第二節　存貨動產抵（質）押業務內部控制審計
201 \　　　第三節　存貨動產抵（質）押業務流程管理審計

206 \　第十八章　應收帳款質押業務審計

206 \ 第一節 應收帳款質押業務的種類
207 \ 第二節 應收帳款質押業務內部控制審計
209 \ 第三節 應收帳款質押業務風險管理審計

217 \ **第十九章 個人貸款審計**
217 \ 第一節 個人貸款內部控制審計
219 \ 第二節 個人貸款流程管理審計
222 \ 第三節 個人貸款貸後管理審計

第四篇 經營管理審計

227 \ **第二十章 資產業務審計**
227 \ 第一節 資產安全性審計
230 \ 第二節 資產流動性審計
233 \ 第三節 資產盈利性審計

236 \ **第二十一章 負債業務審計**
236 \ 第一節 存款業務審計
242 \ 第二節 融資業務審計

248 \ **第二十二章 中間業務審計**
248 \ 第一節 中間業務內部控制審計
250 \ 第二節 中間業務組織管理審計
253 \ 第三節 中間業務產品管理審計

255 \ **第二十三章 投資銀行業務審計**
255 \ 第一節 投資銀行及其投資銀行業務
259 \ 第二節 投資銀行業務內部控制審計
261 \ 第三節 融資人及其業務准入審計
270 \ 第四節 投資銀行業務盡職調查與審查審批流程審計
272 \ 第五節 融資條件落實及其資金支付審計
274 \ 第六節 投資銀行業務資產存續期管理審計

277 \ **第二十四章 實施新資本協議審計**
277 \ 第一節 資本與資本管理
279 \ 第二節 巴塞爾資本協議的基本內容與特點
283 \ 第三節 實施新資本協議審計的主要內容與方法技術

289 \ 第四節　經濟資本管理審計
293 \ 第五節　新資本協議審計的計劃實施與報告

第二十五章　流動性風險審計
295 \
295 \ 第一節　流動性風險及其監管指標
297 \ 第二節　流動性管理的基本理論和方法
304 \ 第三節　流動性風險審計的重點與方法技術
318 \ 第四節　流動性風險分析評估與評價

第二十六章　操作風險審計
320 \
320 \ 第一節　操作風險的定義、基本特徵與計量方法
326 \ 第二節　操作風險的內部控制審計
330 \ 第三節　操作風險評估與評價

第二十七章　財務管理審計
332 \
332 \ 第一節　財務管理內部控制審計
335 \ 第二節　預算編製及其執行情況審計
336 \ 第三節　營業收入管理審計
339 \ 第四節　營業支出管理審計
341 \ 第五節　利潤管理審計
343 \ 第六節　財產管理審計

第五篇　審計管理實務

第二十八章　商業銀行內部審計風險管理
347 \
347 \ 第一節　審計風險及其風險特徵和風險模型
352 \ 第二節　商業銀行內部審計風險與風險管理
360 \ 第三節　檢查風險的管理控制程序與技術
365 \ 第四節　產品審計風險管理與控制的方法技術
369 \ 第五節　整改風險管理與控制的方法技術
370 \ 第六節　審計風險分析評估預警
376 \ 第七節　審計風險責任

第二十九章　審計質量管理與控制
377 \
377 \ 第一節　審計質量管理與控制機制
378 \ 第二節　關鍵流程審計質量即時控制
385 \ 第三節　審計整改和持續審計質量管理與控制
387 \ 第四節　審計質量評估與評價

389 \ 　　　第五節　審計質量考核與問責

396 \ **第三十章　審計風險信息管理系統**
396 \ 　　　第一節　審計風險信息管理系統及其基本功能
397 \ 　　　第二節　審計風險信息管理系統的基本內容
400 \ 　　　第三節　審計風險信息管理系統的管理與運用

402 \ **第三十一章　商業銀行內部審計工作績效考核評價**
402 \ 　　　第一節　審計工作績效考核的基本原則
403 \ 　　　第二節　審計績效考核指標體系
405 \ 　　　第三節　績效考核的流程與基本方法

第一篇 商業銀行內部審計基本理論

第一章
怎樣當好商業銀行分支行會計主管

第一節 審計的概念及其基本特徵

一、審計的概念

《中華人民共和國審計法實施條例》對審計的定義是：審計是審計機關依法獨立檢查被審計單位的會計憑證、會計帳簿、財務會計報告以及其他與財政收支、財務收支有關的資料和資產，監督財政收支、財務收支真實、合法和效益的行為。

美國會計學會《基礎審計概念的說明》中對審計的定義是：審計是為了查明經濟活動和經濟現象的表現與所定標準之間的一致程度而客觀地收集和評價有關證據，並將其結果傳達給有利害關係使用者的有組織的過程。

日本著名審計學家三澤一教授在《審計基礎理論》一書中為審計所下的定義是：審計是具有公正不偏立場的第三者，就一定的對象的必須查明的事項進行批評性的調查行為，還包含報告調查結果。

所有這些不同國家及其審計專家學者關於審計的定義，都是對審計實踐的科學總結，是對審計這一客觀事物特有屬性的揭示，它準確地說明了審計的本質、審計的主體、審計的客體、審計的基本工作方式和主要目標。

二、審計的基本特徵

審計是一項具有獨立性的經濟監督活動，獨立性是審計區別於其他經濟監督的基本特徵。這些特徵主要包括：

(一) 審計的職能

審計的基本職能是監督，而且是經濟監督，是以第三者身分所實施的監督。

(二) 審計的主體

審計的主體是從事審計工作的專職機構或專職的人員，是獨立的第三者，如國家

審計機關、會計師事務所及其人員等。

（三）審計的對象

審計的對象是被審計單位的財政、財務收支及其他經濟活動。這就是說，審計對象不僅包括會計信息及其所反應的財政、財務收支活動，還包括其他經濟信息及其所反應的其他經濟活動。

（四）審計工作內容

審計的基本工作方式是審查和評價，也即是搜集證據，查明事實，對照標準，做出好壞優劣的判斷。

（五）審計的目標

審計的主要目標，不僅要審查評價會計資料及其反應的財政、財務收支的真實性與合法性，而且還要審查評價有關經濟活動的效益性。

三、審計的技術

審計的技術是隨著商品經濟的發展和經營管理技術的變革以及審計需求條件的變化而不斷發展變化的。根據審計工作流程以及審計技術發展變化的特點，審計技術經歷了過程導向、目標導向、制度導向和風險導向等階段，形成了過程導向審計技術、目標導向審計技術、制度導向審計技術和風險導向審計技術以及戰略導向、效益導向、系統審計、平衡審計等審計技術和審計思想。從商業銀行內部審計的特點、性質和目標出發，把這些審計技術運用於商業銀行內部審計，就形成了商業銀行內部審計的基本理論與方法技術。

第二節 商業銀行內部審計及其基本特徵

國際內部審計師協會（IIA）認為，內部審計是通過獨立的監督、評價和諮詢，促進其組織實現價值增加，並提高組織的經營效率，實現組織目標的活動。國際內部審計師協會關於內部審計的定義，從本質上揭示了商業銀行內部審計的基本特徵、基本目標和基本功能。

商業銀行內部審計是商業銀行按照我國《企業內部控制基本規範》以及國家有關法律法規建立內部監督機構，通過獨立、客觀履行監督、評價和諮詢職能作用，審查評價商業銀行經營活動、風險狀況、內部控制（簡稱內控，下同）和公司治理效果，促進銀行實現穩健發展目標的內部監督活動，是商業銀行內部控制體系的重要組成部分。

一、商業銀行內部審計的基本特徵

現代審計按照審計主體，可以劃分為外部審計和內部審計。外部審計包括政府審計（國家審計）和民間審計（註冊會計師審計）。商業銀行內部審計和外部審計都是現代審計體系的重要組成部分，都是對被審計對象經營管理活動進行審計監督和評價。但是，商業銀行內部審計與外部審計由於審計職能、審計授權、審計目標、審計重點、

審計風險不同，因此還是有很大區別的。商業銀行內部審計與外部審計特徵異同分析如表1-1所示。

表1-1　　　　　　商業銀行內部審計與外部審計特徵異同分析

項目	授權方式	獨立性	審計重點	審計作用	審計風險
內部審計	根據商業銀行風險管理需要安排	受商業銀行董事會或者高級管理層領導，對審計對象具有獨立性	突出內部控制、突出風險管理、突出審計整改、突出持續監督	審計結論只能作為商業銀行改進內控、完善風險管理的依據，對外不起鑒證作用，並對外保密	商業銀行內部控制缺陷或者重大風險隱患未查出而發生重大錯弊或者損失的可能性
外部審計	根據審計委託安排	擁有雙向獨立性	財務報表審計	審計結論對股東、債權人及社會投資者負責，審計報告對外起鑒證作用	財務報表存在重大錯報或漏報而審計人員審計後發表不恰當的審計結論的可能性

深入研究分析商業銀行內部審計的基本特徵，有利於科學地認識、全面地把握內部審計的基本規律，充分發揮內部審計的監督、評價和諮詢職能作用，更好地促進實現商業銀行經營管理目標和提升審計價值。

（一）突出內控監督和重大風險隱患檢查是商業銀行內部審計的基本特徵

通過履行審計監督職能作用，充分發現和揭示商業銀行經營管理中潛藏的、未被發現的重大內部控制缺陷以及重大風險隱患，是商業銀行內部審計區別於外部審計的基本特徵。

商業銀行內部審計授權，是董事會根據風險管理的實際需要安排的。而這種審計計劃安排的基本依據，就是風險導向審計原則和重要性審計原則。商業銀行的內部控制體制機制和內部控制措施等，在一定時期內是相對穩定的，但市場是在不斷發展變化的。商業銀行相對穩定的內部控制政策、制度安排與不斷發展變化著的市場之間始終存在著矛盾。因此，充分、及時地識別和揭示商業銀行經營管理中潛藏的各種未被發現的重大風險隱患和內部控制重大缺陷，是商業銀行內部審計監督檢查的重點，也是商業銀行內部審計區別於外部審計的基本特徵。這些風險是商業銀行內部審計風險的基本領域，也是檢查風險的基本特徵。其主要表現在以下幾個方面：

1. 控制風險

商業銀行是高風險行業，自律管理是銀行這個高風險行業經營管理的基本特徵，健全有效的內部控制體系，可以為銀行提供合理的內部控制保障。商業銀行內部審計的首要任務，就是檢查內部控制體系的健全性和有效性。通過審計檢查，及時、充分地識別和揭示內部控制體系存在的重大缺陷或者風險，準確、科學地評價內部控制體系能否為商業銀行提供合理的內控保障，促進商業銀行有效管理和控制風險。

2. 合規風險

銀行是現代經濟的核心，金融安全是國民經濟安全的重要基礎。因此，商業銀行是在政府的嚴格監管下經營。依法合規經營既是商業銀行穩健經營的保證，也是政府依法監管的基本要求。商業銀行內部審計要把合規風險監管作為重要內容。通過審計檢查，及時、充分地識別和揭示合規風險管理中存在的重大缺陷或者主要問題，準確、科學地評價合規風險管理狀況，促進商業銀行有效管理和控制合規風險。

3. 經營管理風險

商業銀行進行風險經營，是通過風險分析、風險計量、風險轉移，在對風險進行有效管理和控制的基礎上獲取風險收益。高收益補償高風險，低風險補償低收益。這種風險與收益的補償、抵換關係，就是商業銀行經營管理的基本規律。能否或者是否要獲取高收益，關鍵要看商業銀行的風險偏好和風險管理能力。商業銀行內部審計要把風險狀況以及風險管理作為審計監督的基本任務。通過審計檢查，充分地識別和揭示風險管理中存在的重大缺陷或者重大風險隱患，準確、科學地評價商業銀行風險偏好、風險管理政策、風險管理體制機制和風險管理技術工具以及風險狀況，促進商業銀行有效管理和控制經營管理風險。

4. 安全運行風險

計算機信息技術在商業銀行的廣泛運用，促進了商業銀行經營管理的革命性變革。經營管理全過程的信息化，既提高了商業銀行經營管理和服務的效率，也對商業銀行安全營運提出了新的挑戰。商業銀行內部審計要把安全營運作為審計監督的重要任務。通過審計檢查，充分地識別和揭示商業銀行信息技術領域存在的重大缺陷或者重大風險隱患，準確、科學地評價商業銀行信息技術安全政策和信息系統規劃設計、開發運行及管理維護風險，促進商業銀行有效管理和控制安全營運風險。

5. 財務報告真實性風險

會計記錄和財務報告是商業銀行全部經營管理活動及其結果的反應。會計記錄和財務報告真實、準確、可靠，既是商業銀行經營管理的內在需要，也是政府監管部門依法監管的基本要求，更是商業銀行履行社會責任、對投資者負責的基本道德準則。商業銀行內部審計監督，要把會計記錄和財務報告的真實性、準確性與可靠性風險作為審計的重點。通過審計檢查，充分地識別和揭示商業銀行會計核算、財務管理以及財務報告中存在的重大錯報、漏報問題以及財務管理風險隱患，準確、科學地評價商業銀行會計記錄和財務報告的準確性與可靠性，促進商業銀行有效管理和控制財務報告真實性風險。

（二）突出審計整改是商業銀行內部審計區別於外部獨立審計的顯著特徵

通過履行審計監督、評價和諮詢職能作用，組織推動審計整改，是商業銀行內部審計的基本出發點和歸宿。

商業銀行內部審計是通過系統化和規範化的方法，審查評價並改善商業銀行經營活動、風險狀況、內部控制和公司治理效果，促進商業銀行穩健發展。這個定義對商業銀行內部審計的職能定位，提出了以下三方面的基本要求：

第一，內部審計要通過履行審計職能，對商業銀行經營活動、風險狀況、內部控

制和公司治理效果進行審查監督。

第二，內部審計要通過履行審計監督職能，對商業銀行經營活動、風險狀況、內部控制和公司治理效果進行客觀評價。

第三，內部審計要通過履行審計監督職能，促進商業銀行不斷改善經營活動、風險狀況、內部控制和公司治理，提高經營管理效果。

由此可見，在三者的關係之中，第一、第二是審查監督和評價，是履行內部審計監督職能的過程；而第三，即改善銀行經營活動、風險狀況、內部控制和公司治理效果才是目的，也就是最終達到促進商業銀行穩健發展這個根本目標。因此，有效組織、推動審計整改，不斷促進、完善內部控制體系，是商業銀行內部審計區別於外部審計的顯著特徵。

1. 建立健全審計整改的體制機制

審計整改和審計整改管理是兩個不同的概念。

審計整改是指審計對象根據審計部門的建議，按照內部控制的要求，制訂審計整改行動方案，組織實施審計整改，對整改的質量效果負責。

審計整改管理是指審計部門以及業務經營管理部門，按照內部控制的基本要求，對審計整改工作進行計劃、協調、推動、評價、反饋和全面風險評估的組織活動。

因此，建立健全審計整改管理體制機制，加強審計整改管理，是落實審計整改、實現審計監督目標和提升審計價值的重要措施。

2. 建立審計整改質量效果的核實驗證評價反饋機制

落實審計整改質量效果的核實驗證，準確客觀地評價審計整改質量效果，是提高審計監督質量效果和監督水平、降低審計監督成本、增加商業銀行價值的重要措施。

第一，要建立健全審計整改質量效果的核實驗證制度體系。

第二，要落實和創新審計整改質量效果的核實驗證的方法工具和技術手段。

第三，要建立切實可行的審計整改質量效果評估評價體系。

3. 建立健全審計整改責任機制

建立健全審計整改責任機制，是落實審計整改的根本措施。

第一，要按照審計整改的主體和審計整改方案的要求，落實審計整改時間進度、組織措施、質量要求和整改責任人。

第二，要按照內部控制要求，落實經營管理部門審計整改管理責任及責任人。

第三，要按照審計管轄，落實審計部門推動審計整改的責任。

第四，要按照商業銀行員工違規行為處理辦法的相關規定，對不履行審計整改責任，或者弄虛作假，不按照要求進行審計整改的責任人進行責任追究，確保審計整改的規定和要求得到有效落實。

(三) 突出商業銀行價值提升是商業銀行內部審計的根本目標特徵

通過履行審計監督、評價和諮詢職能作用，為董事會和高級管理層提供經營管理諮詢服務，不斷促進提升商業銀行價值和審計價值，是商業銀行內部審計區別於外部審計的根本目標特徵。

商業銀行內部審計監督和評價的基本功能，就是為董事會和高級管理層經營管理

決策提供準確科學的審計諮詢服務。這種審計諮詢服務區別於外部審計的顯著特點在於內部審計諮詢服務必須符合銀行經營管理的總體要求，必須具有針對性和可操作性，審計部門要對審計諮詢建議負責。按照內部審計諮詢服務的總體要求，審計部門要從以下幾個方面（不限於）開展審計諮詢服務：

1. 準確客觀地提供經營管理審計諮詢服務

審計部門要就銀行發展戰略、風險管理、內部控制和經營狀況等方面的問題，為董事會和高級管理層提供經營管理諮詢服務，但不應直接參與或負責內部控制設計和經營管理決策與執行。

2. 準確客觀地提供審計政策諮詢服務

審計部門要在年度風險評估的基礎上，科學合理地確定審計重點、審計頻率和程度，使之與商業銀行的業務性質、複雜程度、風險狀況和管理水平相一致。在此基礎上，審計部門為董事會和高級管理層提出審計政策和年度以及循環審計計劃建議，供董事會和高級管理層制定經營管理目標以及審計政策和審計計劃時參考。

3. 準確客觀地提供審計質量管理諮詢服務

審計部門要在董事會和高級管理層領導下，建立審計復議制度，對審計對象提出異議的審計結論，由作出審計結論的審計部門的上級機構進行復議。以確保審計結論準確、客觀、公正，保證審計監督質量。同時，要通過建立審計質量管理制度，促進審計部門和審計人員嚴格按照審計程序和審計方案實施審計項目和審計評估，並定期對審計程序和審計方法以及審計風險進行自我評估，以確保審計監督、評價和諮詢服務的質量效果，有效控制審計風險。

二、商業銀行內部審計監督架構體系

按照中國銀行業監督管理委員會《銀行業金融機構內部審計指引》的規定，商業銀行要建立和維護健全有效的內部審計體系。這個體系主要包括以下四個方面的內容：

（一）內部審計體系

商業銀行內部審計體系要由商業銀行董事會負責建立和維護。沒有設立董事會的，由高級管理層負責履行此項職責。

董事會應下設審計委員會。審計委員會成員不少於3人，多數成員應是非執行董事。審計委員會主席應由獨立董事擔任。沒有設立董事會的，審計委員會組成及委員會負責人由高級管理層確定。

（二）內部審計機構

商業銀行要建立審計全系統經營管理行為的內部審計部門，設立首席審計官，負責全系統的審計工作。首席審計官由董事會任命，並納入銀行業金融機構高級管理人員任職資格核准範圍。首席審計官崗位變動，要事前向中國銀監會報告。

（三）內部審計管理

商業銀行要建立獨立垂直的內部審計管理體系。審計預算、人員薪酬、主要負責人任免，由董事會或其專門委員會決定。內部審計人員薪酬不低於本機構其他部門同職（級）人員平均水平。

（四）審計人員配備

商業銀行內部審計人員，原則上按員工總人數的 1% 配備，並建立內部崗位輪換制度。內部審計人員應具備相應的專業從業資格。商業銀行內部審計人員從業資格的基本條件包括：

1. 專業水平

審計人員應具備大專以上學歷，掌握與銀行業金融機構內部審計相關的專業知識，熟悉金融相關法律法規及內部控制制度。

2. 從業經驗

審計人員至少應具備兩年以上金融從業經驗；審計項目負責人員至少應具有 3 年以上審計工作經驗，或 6 年以上金融從業經驗。

3. 道德準則

審計人員應具有正直、客觀、廉潔、公正的職業操守，並且從事金融業務以來無不良記錄。

三、商業銀行內部審計的基本職能

商業銀行內部審計是一種獨立、客觀的監督、評價和諮詢活動，是通過系統化和規範化的方法，審查評價並改善商業銀行經營活動、風險狀況、內部控制和公司治理效果的、周而復始的內部審計過程和審計循環。這種獨立、客觀的審計監督、評價和諮詢活動，主要包括以下幾個方面的內容：

（一）審計監督

審計監督是商業銀行內部審計的基本職能。審計部門要按照國家經濟金融政策和商業銀行董事會審計政策，對商業銀行內部控制和經營管理進行獨立、客觀的審計監督，包括對審計發現的問題組織推動審計整改。商業銀行內部審計監督的主要事項包括：

（1）經營管理的合規性及合規管理部門的工作情況。
（2）內部控制的健全性和有效性。
（3）風險狀況及風險識別、計量、監控程序的適用性和有效性。
（4）信息系統規劃設計、開發運行和管理維護的情況。
（5）會計記錄和財務報告的準確性與可靠性。
（6）與風險相關的資本評估系統情況。
（7）機構營運績效和管理人員履職情況等。

（二）審計評價

審計評價是商業銀行內部審計的重要職能，審計評價結論是商業銀行制定經營管理戰略和內部控制措施的重要依據。商業銀行內部審計評價要堅持以下三個原則：

1. 重要性原則

重要性原則是風險導向審計技術的基本原則。商業銀行是經營風險的，要準確認識、理解和把握商業銀行經營管理面臨的各種風險的本質，按照重要性原則對風險進行計量、排序，根據風險是否可知、可控、可承受進行評價。

2. 全面性原則

全面性原則是商業銀行內部審計評價的基本原則。要綜合分析商業銀行面臨的市場風險、信用風險、操作風險以及國別風險、集團跨行業經營風險等，根據風險是否可知、可控、可承受進行評價。

3. 客觀性原則

客觀性原則是商業銀行內部審計評價權威性、有效性的基礎。要以客觀、公正的職業操守和職業審計人員的專業水準，對商業銀行經營管理面臨的各種風險進行獨立準確的價值判斷，保證審計評價結論的準確、科學、公正。

(三) 審計諮詢

審計諮詢是商業銀行內部審計的顯著特徵。要發揮審計人員風險識別、控制與管理的專業能力，寓審計諮詢服務於審計監督、評價之中，促進審計對象不斷完善內部控制體系，加強風險管理與控制，增加商業銀行的價值，更好地實現穩健經營目標。

四、商業銀行內部審計的基本目標

《銀行業金融機構內部審計指引》提出，銀行業金融機構內部審計的目標是保證國家有關經濟金融法律法規、方針政策、監管部門規章的貫徹執行；在銀行業金融機構風險框架內，促使風險被控制在可接受水平；改善銀行業金融機構的營運，增加價值。該要求從內涵與外延的結合上明確了商業銀行內部審計的價值取向和目標任務。

(一) 審計價值取向

商業銀行內部審計是一種獨立、客觀的監督、評價和諮詢活動，是通過系統化和規範化的方法，審查評價並改善銀行經營活動、風險狀況、內部控制和公司治理效果，促進銀行穩健發展，增加商業銀行價值的活動。由此可見，商業銀行內部審計的價值取向主要包括以下幾個方面：

1. 穩健經營目標取向

商業銀行是負債經營，商業銀行的存款客戶什麼時候提取存款、貸款客戶什麼時候需要資金，金融市場，尤其是存款市場和貸款市場受宏觀經濟的影響會發生什麼樣的變化，商業銀行不是完全可以知道的。商業銀行是信用企業，隨時滿足客戶存款的提取和貸款的需要，是商業銀行生存和發展的根本。商業銀行又是現代經濟的核心，商業銀行的支付能力直接關係到國民經濟的正常運行，關係到社會的穩定。因此，流動性是商業銀行的生命線。沒有了流動性，沒有了對外支付能力，商業銀行就失去了賴以生存和發展的基礎。因此，商業銀行內部審計的基本目標是商業銀行的穩健經營審計，是流動性風險審計，是商業銀行的對外支付能力審計。通過審計監督，促使商業銀行在保證安全和確保對外支付的前提下，實現利潤最大化。

2. 風險收益最優化目標取向

商業銀行是風險經營，這個特點表明商業銀行獲取的是風險收益。沒有風險就沒有收益，低風險低收益，高風險高收益。商業銀行在獲取風險收益的同時，必須對風險進行相應的、恰當的管理和控制，以確保商業銀行經營安全，進而保證國民經濟安全。因此，商業銀行經營管理的總方針，是在保證安全和保持一定的流動性的前提下，

實現利潤的最大化。商業銀行經營管理的基本理念和基本原則是風險收益最優化。商業銀行沒有相應的風險識別、揭示、控制、管理手段和能力，非但不能獲取相應的風險收益，而且還會威脅商業銀行的經營安全。另外，商業銀行經營管理的風險有市場風險、信用風險和操作風險。不同的風險有其不同的表現形式和不同的風險損失率。因此，商業銀行內部審計就是要充分識別、揭示和評估商業銀行經營中潛藏的市場風險、信用風險和操作風險，通過審計整改和審計諮詢，促進被審計對象有效地管理風險、控制風險和轉移風險。商業銀行在這個基礎上獲取風險收益，實現風險收益最優化。

3. 商業銀行價值最大化目標取向

按照現代金融企業制度建立的我國現代化商業銀行基本都是公眾持股銀行。公眾持股銀行首要的目標是股東價值最大化。不然投資者就會「用腳投票」，商業銀行就會失去賴以生存和發展的資本條件。股東價值最大化和商業銀行價值最大化主要表現在資產收益率（ROA）、淨資產收益率（ROE）的最大化。因此，商業銀行內部審計的根本目標取向是實現股東價值和商業銀行價值最大化，是實現商業銀行的資產收益率（ROA）、淨資產收益率（ROE）的最大化。

（二）審計目標取向

商業銀行內部審計監督是商業銀行內部控制的自我免疫系統，是對內部控制體制機制的建立與實施情況進行自我監督檢查，進而自我評價內部控制的有效性，發現內部控制缺陷，及時進行自我糾正和改進完善，不斷提高商業銀行價值的活動。由此可見，商業銀行內部審計的基本目標主要包括以下幾個方面：

1. 促進內控建設，增加商業銀行價值

商業銀行內部審計的基本目標就是要實現銀行價值的增加。因此，促進建立內控嚴密、運行有效的內部控制體系，就是內部審計的基本目標和根本任務。評價內部審計的價值，也只能看其是否促進了商業銀行建立了內控嚴密、運行有效的內部控制體系，是否促進了商業銀行穩健發展。

2. 履行監督職能，保證銀行安全

內部審計的基本職能是監督、評價和諮詢，是通過系統化和規範化的方法，審查評價並改善商業銀行的經營活動、風險狀況、內部控制和公司治理效果，促進商業銀行穩健發展。正確地理解和把握內部審計的基本職能，正確地理解和把握審計在促進內控體系建設中的基本手段和方法途徑，是正確履行內部審計職能作用、實現審計價值最大化的基礎。

（1）內部審計促進內控體系建設，是通過履行審計監督、諮詢和評價職能活動實現的，而不是通過其他手段或者渠道和方法。因此，要牢牢抓住通過履行審計監督職能這個根本途徑開展審計工作，聚精會神地抓好內部審計監督評價諮詢，一心一意地促進商業銀行內控體制機制建設。

（2）內部審計促進內控體系建設的監督、諮詢和評價活動必須是獨立、客觀的價值判斷，這是內部審計具有權威性、有效性的基礎。

（3）履行審計監督、諮詢和評價職能，促進商業銀行內控體系建設，要按照商業

銀行經營管理規律辦事，要以風險收益最優化和商業銀行價值最大化為基本原則，從全局上理解和把握審計風險。

3. 加強隊伍建設，實現可持續發展

建設內控嚴密、運行有效的內部控制體系與充分發揮內部審計監督、評價和諮詢職能的作用，是一個問題的兩個方面，相互作用、相互促進、共同發展。商業銀行內部審計以科學嚴密的內控體系建設為目標，從審計計劃、審計檢查、審計整改、審計評價、審計諮詢和審計循環等各個環節上充分履行審計職能作用，從全局上、總體上理解把握和管理控制審計風險，促進內控建設。商業銀行的內控建設成果又反作用於內部審計，促進審計監督的思路、方法、手段和技術工具的不斷創新與發展，促進審計隊伍建設，實現審計事業的可持續發展。

第三節　搞好商業銀行內部審計要正確理解和把握好的幾個關係

根據商業銀行內部審計的基本目標、特徵和任務要求，結合商業銀行內部審計實踐，一般來說要搞好商業銀行內部審計工作，必須正確地理解、把握和處理好以下三個方面的關係：

一、風險與收益的關係

商業銀行經營的是風險，沒有風險，商業銀行就沒有收益。同時，商業銀行賺取的是風險收益，風險得不到有效控制和管理，商業銀行的安全就會受到威脅，收益也就無從談起。因此，商業銀行內部審計工作既不能談風險色變，又不能對風險視而不見。商業銀行要善於通過專業化的審計，充分地識別風險、計量風險和揭示風險。在這個基礎上，客觀、準確地做出風險評估和審計評價，指出審計中發現的問題，有針對性地提出審計建議，有效地組織督促審計整改。這樣就體現了商業銀行風險經營的特點，體現了商業銀行內部審計目標與商業銀行經營管理目標的一致性。這樣也就實現了《銀行業金融機構內部審計指引》提出的通過系統化、規範化的方法審查評價，並改善銀行業金融機構經營活動、風險狀況、內部控制和公司治理效果，促進銀行業金融機構穩健發展的目標。

二、風險容忍度與風險管理的關係

商業銀行經營管理的全部活動集中到一點，就是進行風險與收益的平衡，即高收益補償高風險，低風險補償低收益。這種風險與收益的抵換關係，是建立在對風險的有效識別、揭示、控制和管理基礎之上的。

（一）看風險是否可知

商業銀行內部審計的職能就是要通過風險審計技術、風險計量工具對風險狀況進行識別、計量和分析，通過風險評估方法和工具對風險狀況進行評估。要通過審計檢查，看風險是否得到充分地識別、評估和揭示。

（二）看風險是否可承受

這就是要通過風險計量評估，看商業銀行所承擔的風險是否在商業銀行風險管理

政策所規定的風險容忍度範圍之內。
（三）看風險是否可控
這就是要通過風險計量評估，看業務經營管理部門風險管理的措施與風險度是否相匹配，風險是否得到了有效地轉移、緩釋、控制和管理。
（四）看風險與收益是否平衡
這就是要通過風險計量評估，看商業銀行所承擔的風險是否與收益相匹配。通過審計檢查、審計分析，做出審計評價，提出在商業銀行機構風險框架內，促使風險控制和管理的審計意見、政策建議以及整改措施，達到改善商業銀行業務營運，增加商業銀行價值的目的。

三、審計監督與審計諮詢服務的關係
審計諮詢是商業銀行內部審計的一個重要職能。要寓審計諮詢服務於審計監督之中，促進商業銀行穩健發展，必須努力把握好以下幾點：
（一）寓審計諮詢服務於審計監督之中要體現在審計監督的全過程
商業銀行內部審計的指導思想、審計理念、審計方法、審計意見和審計建議等，都要體現商業銀行經營管理的總方針。商業銀行要在保證安全和確保對外支付的前提下，實現利潤的最大化。
1. 要把商業銀行的安全營運始終作為內部審計的重點
圍繞市場風險、信用風險和操作風險進行全面的審計監督。始終使商業銀行所承擔的風險處於可知、可控、可承受的範圍之內。
2. 要把商業銀行的流動性風險、把保證商業銀行對外支付能力作為審計的重要領域
要從商業銀行資產負債的總量、期限、結構、質量和業務發展能力，尤其是創造負債的能力等方面，全面評價、評估商業銀行的流動性風險和對外支付能力，確保商業銀行支付安全。
3. 要把風險收益最優化、最大化原則貫穿於審計的全過程
商業銀行價值最大化是內部審計全部工作的出發點和歸宿。商業銀行要圍繞增加收入、降低成本、控制支出、提高質量和可持續發展進行審計監督、諮詢和評價，促進實現商業銀行價值最大化。
（二）寓審計諮詢服務於審計監督之中要體現在審計監督的每個具體環節之中
寓審計諮詢服務於審計監督之中是抽象的，更是具體的。審計部門要在不斷研究和改進審計監督方法、充分揭示風險的基礎上，更好地發揮審計諮詢職能作用，具體地幫助被審計對象研究改進內控管理，創新、優化風險管理與控制的流程、工具和手段，不斷改善和提高金融服務的質量、水平和效果，實現被審計對象內控嚴密、運行安全、服務和效益良好的發展目標。
（三）寓審計諮詢服務於審計監督之中還要體現在審計隊伍的素質作風和形象建設上
建設一流的商業銀行，要有一流的員工隊伍，尤其要有思想政治強、業務技術精、

作風形象好的審計骨幹隊伍。要通過建立審計管理機制和審計激勵約束機制，加強審計培訓，造就一支精通商業銀行業務、熟悉監管政策、掌握審計技能、善於溝通合作的高績效審計團隊。這個審計團隊的基本要求有三個方面：

第一，要有良好的職業操守，忠誠商業銀行內部審計事業。

第二，要有良好的業務素質，要熟悉商業銀行業務系統、操作流程、管理規定和監管當局的政策法規。

第三，具有先進的審計理念和高超的審計技能。

第二章
過程導向審計技術及其在商業銀行內部審計中的運用

過程導向審計技術是指從接受審計委託，或者從制訂審計計劃開始，通過對審計的每個階段的計劃、實施和控制來完成審計任務，實現審計目標的活動。

過程導向審計強調運用財務報告審計流程，從審計受託或者審計計劃制訂，到運用分析程序初步確定可能發生錯報的領域或者方面，以此為基本依據制訂審計方案，實施審計計劃，形成審計工作底稿，並採用常用的實質性審計程序取證，從而完成獨立審計的一般流程。

商業銀行過程導向審計是按照商業銀行經營管理規律、業務運行流程和內部控制體系，依據內部審計邏輯順序實施的、結構嚴謹的閉合審計循環活動。商業銀行過程導向審計是從制訂審計計劃開始，到出具審計報告、進行審計處理、落實審計整改，促進商業銀行不斷完善內部控制體制機制，實現穩健經營目標，所經過的審計管理過程和工作步驟。這個過程一般包括審計計劃、審計準備、審計實施、審計報告、持續審計和審計循環等階段。

商業銀行過程導向審計流程如圖2-1所示。

第一節 審計計劃

審計計劃是商業銀行董事會或者高級管理層落實風險管理與內部控制，實施內部監督的重要措施和基本手段。搞好審計計劃管理，有利於充分整合審計資源，提高審計效能，實現審計價值最大化。

一、制訂審計計劃的基本依據

商業銀行內部審計部門要按照董事會或者高級管理層風險管理和審計監督政策要求，在年度風險評估的基礎上，執行分析程序，查找可能存在重大風險隱患和內部控制缺陷及其內部管理薄弱的方面，確定審計重點和重要性水平，有針對性地制訂審計

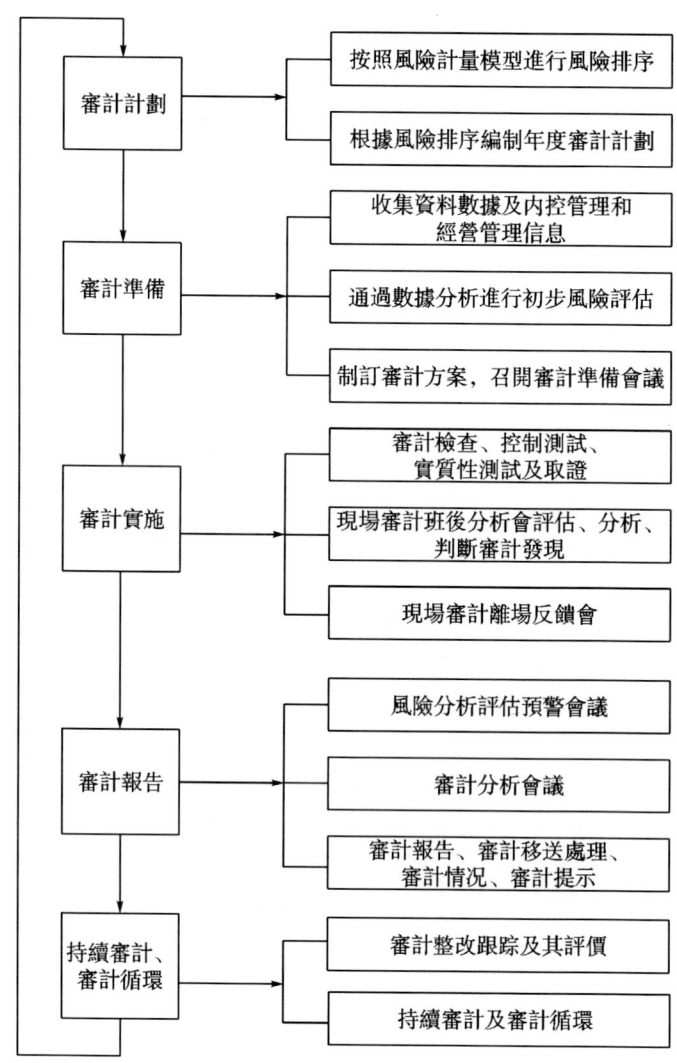

图 2-1　商业银行过程导向审计流程

计划。根据商业银行内部审计实践，制订审计计划的基本依据主要包括：
(1) 董事会审计监督政策。
(2) 政府监管部门监管政策及其要求。
(3) 高级管理层经营管理战略。
(4) 商业银行风险评估报告和内部控制评价报告。
(5) 金融生态环境和市场风险、信用风险、操作风险状况以及金融案件高发、易

發重點領域。

二、制訂審計計劃的基本原則

制訂審計計劃的基本原則主要包括以下兩個方面：

（1）審計頻率和程度應與審計對象業務性質、複雜程度、風險狀況和管理水平相一致。

（2）按照中國銀監會的要求，對每一個營業機構及其業務經營管理職能部門的風險評估每年至少一次，現場審計每兩年至少一次。

三、審計計劃的管理

審計計劃是商業銀行內部監督的重要業務計劃，要按照規定的報告路徑進行報批和管理。

年度審計計劃要報經商業銀行董事會或者高級管理層審查批准。

經批准的年度審計計劃，必須嚴格執行。商業銀行內部審計部門和審計人員，要嚴格按照審計程序和審計方法實施審計項目，並定期進行自我評估。

審計部門根據工作需要，經董事會或者高級管理層批准後，可將部分內部審計項目外包。但需事先對外包機構的獨立性、客觀性和專業勝任能力進行評估。

第二節 審計準備

充分有效的審計準備是搞好項目審計的前提條件和重要基礎。搞好審計準備，有利於全面完成審計項目任務，提高現場審計效率，保證審計項目質量效果。

一、收集數據資料，開展數據分析，查找疑點線索，確定審計重點

要通過收集和分析被審計對象業務經營管理過程的各種資料、報表數據，從資金發生額、餘額、累計發生額、平均餘額等項目的變化及其資金用途、走向和授權管理等環節進行邏輯分析。判斷資金支付結算過程中潛藏的各種風險和重大隱患，判斷可能存在較大風險的業務領域和重點、疑點問題，判斷過程控制的有效性。對被審計對象風險管理狀況和風險狀況作出初步評估，初步確定項目審計的具體內容和審計重點，有針對性地制訂審計方案。

二、召開審計準備會議

在現場審計方案（草案）形成後，審計部門要組織審計組成員及有關人員，召開審計準備會議。審計準備會議的重點如下：

（1）聽取審計組關於現場審計方案的匯報。

（2）研究分析被審計對象內部控制、風險管理、業務經營與財務管理等方面的問題疑點線索及異常情況。

（3）審議現場審計方案。

三、發送審計通知書

實施現場審計的部門要根據審計準備會議的討論情況和會議決定，組織現場審計組落實審計準備會議決定的事項，修改、完善現場審計方案，擬寫審計通知書，按規定的報告路徑報有權批准人簽發。

第三節　審計實施

審計實施階段是過程導向審計的關鍵階段。要根據審計方案確定的審計範圍、重點、時間、步驟和方法，突出過程導向審計技術的基本要求，進行審計取證和審計分析、判斷與評價。

一、控制測試

控制測試是在對審計對象內部控制初步瞭解的基礎上，對內部控制體系設計的合理性、內部控制運行機制的健全性和內部控制執行機制的有效性進行的測試。

過程導向審計更加重視過程控制的測試，從測試中發現過程控制的缺陷和重大風險隱患，有針對性地進行風險分析評估。進而深入調查取證，確認審計事實。控制測試的重點主要包括（但不限於）以下方面：

（1）全行內部控制的健全性、有效性的全面測試。
（2）業務板塊、專業條線內部控制的健全性、有效性測試。
（3）產品風險的內部控制健全性、有效性測試。
（4）計算機系統安全運行的有效性測試。

二、實質性程序

實質性程序是過程導向審計的必經程序。實質性檢查的範圍和時間取決於審計組對內部控制測試的結果。在控制測試基礎上，通過實質性程序，對審計對象內部控制的健全性、完整性和有效性進行審計檢查與驗證，作出客觀、公正、準確的評價和風險評估。

過程導向審計的實質性檢查要突出以下幾個方面：

（1）突出對過程控制測試發現的全局性問題進行深入檢查取證，從過程管理的全局性和審計發現的普遍性上認識、分析、評估風險。
（2）突出對過程控制測試發現的系統性問題進行深入檢查取證，從問題的系統性控制缺陷上認識、分析、評估風險。
（3）突出對過程控制測試發現的產品風險問題進行深入檢查取證，從產品風險控制的鏈條上認識、分析、評估風險。

三、現場審計班后分析會

現場審計班后分析會是過程導向審計管理的有效組織形式，是審計過程管理的重要措施。

現場審計班后分析會的主要任務和內容如下：
(1) 匯報研究當天現場審計的基本情況。
(2) 對審計檢查發現的重點、難點、疑點問題進行分析、研究和討論，確定進一步審計的方向、方案、方法和措施。
(3) 根據審計工作需要，調整審計計劃進度，安排次日審計工作重點、人員配置和審計分工等。

四、離場反饋

現場審計離場反饋是審計溝通的有效組織形式。現場審計結束后，要在離場前邀請被審計對象有關方面負責人參加，召開現場審計離場反饋會，就現場審計情況向被審計對象進行反饋。通報審計發現，初步分析評估內控風險，有針對性地提出審計建議，初步達成管理層整改行動共識。

被審計對象對反饋的審計事實以及對審計所發現問題的風險理解有異議的，應實事求是地進行解釋和說明。

為確保現場審計工作的嚴謹性，在離場反饋結束后，審計組要根據離場反饋會交流、溝通的情況，對有異議的現場審計（問題）工作底稿進行再次核實。主要是對問題事實是否清楚、表述是否準確、引用依據是否適用、證據是否充分有效等進行檢查核實。

核實修改后的現場審計（問題）工作底稿再提交被審計對象簽字確認。對經進一步核實、修改后，仍未得到被審計對象簽字確認的現場審計（問題）工作底稿，由現場審計組提交有管轄權的商業銀行內部審計部門部務會或審計分析會討論審定。

第四節 審計報告

審計報告是審計的基本成果，是審計整改、審計處理的基本依據。

一、復審現場審計工作底稿，整理評價審計證據

審計組專業、條線和產品審計主審要全面復審現場審計中形成的工作底稿，運用專業判斷技術，分析評估現場審計收集的各種審計證據，通過對審計證據之間的因果聯繫以及審計證據的獲取途徑、渠道等進行深入分析，綜合判斷審計證據的有效性、合理性和準確性，並對審計證據進行整理和評價。

二、整理編製現場審計檢查問題清單

現場審計檢查問題清單是現場審計的重要工具和文件。現場審計檢查問題清單，要按內部控制「五要素」順序排列，簡要描述審計事實和問題表現，根據審計程式測量風險度。

三、風險分析評估

通過對現場審計方法、審計過程和審計結果的綜合分析，按產品、專業條線評估

判斷被審計對象內控狀況、風險狀況和審計發現的重要問題，評價審計結果，形成風險分析評估報告。

四、撰寫審計報告

按照商業銀行內部審計報告規範文本格式撰寫審計報告。對嚴重違規違紀的問題，要發送審計移送處理書、審計情況、審計提示等。撰寫審計報告的總體要求是：審計評價客觀公正、審計問題定性準確、審計事實表述清楚、審計建議切實可行、報告文本格式規範、文字內容簡明精煉。

五、召開審計分析會

審計分析會是商業銀行內部審計監督管理的有效組織形式。要通過審計分析會，審定審計結論，討論風險評估，研究審計處理和審計情況，落實審計整改行動方案。

第五節　持續審計和審計循環

持續審計是指在一個審計循環週期內，對審計對象的內部控制持續實施動態的審計監督過程，是過程導向審計的重要內容。

審計循環是根據審計監督及其持續審計情況，按照過程導向和風險導向審計原則，對審計對象實施的週期性的、不間斷的審計監督活動。

一、監督整改

持續監督審計發現的問題以及審計建議和管理層審計整改行動方案的落實情況，促進審計對象內控糾錯機制建設和審計整改。

二、持續監控

持續監控審計對象內部控制體系運行狀況和風險狀況，對持續審計發現的問題疑點，要及時進行風險評估和審計質詢，有針對性地採取審計監督措施。

三、后續審計

對審計對象內部控制體系運行狀況和風險狀況進行定期風險分析評估和預警預報，對高風險重要問題要按程序實施例外查核或者后續審計，及時識別和揭示風險，促進審計對象不斷加強內控建設，加強風險管理，保證經營安全。

四、審計循環

根據審計監督及其持續審計情況，按照過程導向和風險導向審計原則，對審計對象實施週期性、不間斷的審計監督循環。通過年復一年的審計循環，不斷促進審計整改，促進完善內部控制體系，為商業銀行的安全運行提供合理的內控保障。

第三章
目標導向審計技術及其
在商業銀行內部審計中的運用

　　目標導向審計技術是指以審計對象的需要確定項目審計目標，以審計目標為起點，通過特定的審計程序，收集充分、適當的審計證據，實現審計目標的系統過程。

　　目標導向審計強調審計目標的先導作用，審計目標決定審計程序和審計方法。從財務報告認定、具體審計目標的確定以及審計證據的收集技術、渠道、方法等方面，都突出了審計目標對審計程序和審計證據的影響。

　　目標導向審計的流程是從審計目標開始，通過審計程序，收集審計證據，實現審計目標。目標導向審計和我們在審計實踐中經常開展的專項審計有相同之處，都強調審計目標的先導作用。這種審計技術方法強調事先規劃、有的放矢，有利於對項目審計工作的控制，有利於提高審計工作的針對性和實效性，有利於降低審計成本和提升審計價值。

　　商業銀行目標導向審計流程如圖3-1所示。

第一節　確定目標

　　確定目標是目標導向審計的基礎。商業銀行目標導向審計技術主要用於重大內控事件、風險事件和重大業務錯弊以及新產品、新系統的審計。

　　目標導向審計，確定目標很重要。要從目標導向審計技術的基本特徵出發，根據商業銀行經營管理和內部控制審計監督的需要，科學合理地確定審計目標。搞好事先規劃，有的放矢地開展審計檢查，更好地發揮目標導向審計技術針對性和實效性強的優勢，不斷提升審計價值。

　　目標導向審計，確定目標要重點考慮以下幾個方面的因素：

一、從經營管理的全局分析確定審計目標

　　要全面、深入地研究分析商業銀行經營管理的總體狀況以及宏觀經濟金融狀況，針對影響經營管理總體目標實現的主客觀問題，分析和確定審計目標。

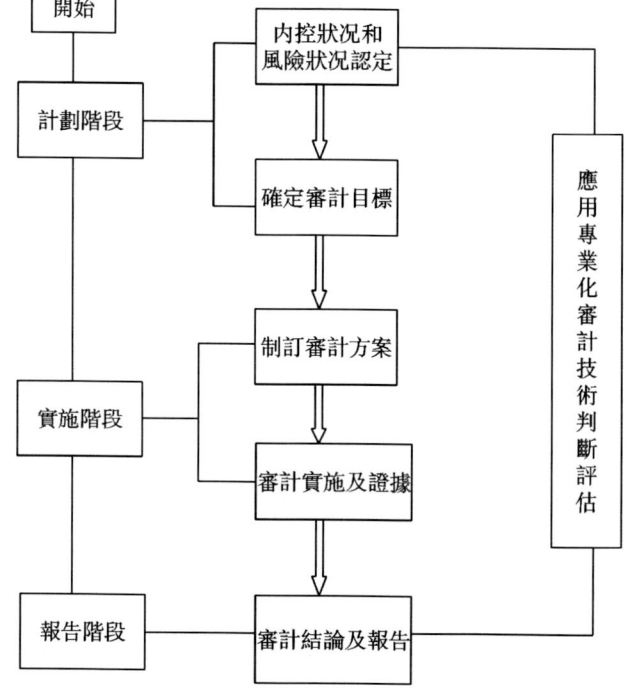

圖 3-1　商業銀行目標導向審計流程

二、從風險管理的全局分析研究確定審計目標

要全面、深入地研究分析商業銀行內控狀況、風險狀況以及內控體制機制建設和運行狀況，針對影響內控管理的關鍵環節和高風險領域、高風險問題，分析和確定審計目標。

三、從新業務、新產品和新系統的運行質量狀況及風險分析評估中確定審計目標

創新是商業銀行發展的不竭動力和永恆主題。要密切跟蹤新業務、新產品和新系統的運行狀況、風險管理及其內部控制狀況，有針對性地分析和確定審計目標。

第二節　實施審計

審計從本質上講是一種驗證。目標導向審計更具驗證的特性。從一般意義上來說，驗證是指對他人的認定的可靠性發表「專業的」「權威的」結論。因此，審計師的職責就是對審計對象的認定進行驗證，對審計對象認定的認識和理解是目標導向審計的真諦。

一、目標驗證

要通過審計技術手段和工具對內控體系、財務報表、資產質量、重大風險事項和經營成果的真實性、完整性、合規性、有效性以及存在與發生、認定與評估、計提與分攤、表達與披露等進行審計檢查，實施合規驗證和邏輯驗證。

二、收集證據

審計證據是審計部門為了得出審計結論，支持審計意見而使用的所有信息，包括會計記錄中的信息及其他實物證據、書面證據、口頭證據、環境證據以及電子信息證據等。要通過特定的審計程序，收集充分、適當的審計證據，支持審計評價和審計結論。

三、分析評價證據信息之間的邏輯關係，確認證據的充分性、有效性與可靠性

充分、恰當的審計證據是得出審計結論，形成審計意見的基礎。要對審計證據的來源渠道的合法性、審計證據之間的因果關聯和邏輯關係、審計證據的證明力以及對審計結論的影響等，進行謹慎的分析評估，保證審計結論客觀、公正、準確。

第三節　審計報告

目標導向審計具有審計目標明確、審計要求具體、審計風險易於控制等特點。因此，審計報告要突出目標導向的具體要求和性質特點，準確、客觀、公正地認定和反應審計目標及其存在的問題或者保留意見。

第四章
制度導向審計技術及其在商業銀行內部審計中的運用

　　制度導向審計是以被審計對象內部控制制度風險為導向，在對被審計對象內部控制進行瞭解和測試的基礎上，評價風險控制狀況，以此為基礎設計實質性程序的一種審計技術。

　　制度導向審計是世界各國審計人員普遍採用的一種現代審計技術和審計方式。制度導向審計是在詳查法和抽查法基礎上發展起來的。制度導向審計強調控制風險的先導作用，強調通過對內部控制的瞭解、測試以及實施實質性審計程序對審計結論的影響。

第一節　制度導向審計的基本流程

　　制度導向審計技術是在審計計劃階段和審計實施階段之間，通過對商業銀行內部控制的瞭解和測試，評價商業銀行內部控制體系、控制風險，並依據評價結果設計實質性程序，對商業銀行內部控制進行審計。

　　商業銀行制度導向審計流程如圖 4-1 所示。

一、制度導向審計的基本流程

制度導向審計的基本流程主要如下：
（1）瞭解內部控制的基本要素。
（2）評估整個經營管理和業務運行流程的控制風險。
（3）實施控制測試。當審計人員控制測試評估認定某一業務流程控制風險可接受時，要獲得這一業務流程的相關制度、程序設計的有效性和運行一致性的證據。
（4）決定將要執行的實質性程序的性質、時間和範圍。

二、制度導向審計的重點內容

按照我國《企業內部控制基本規範》的要求和 COSO（美國反虛假財務報告全國

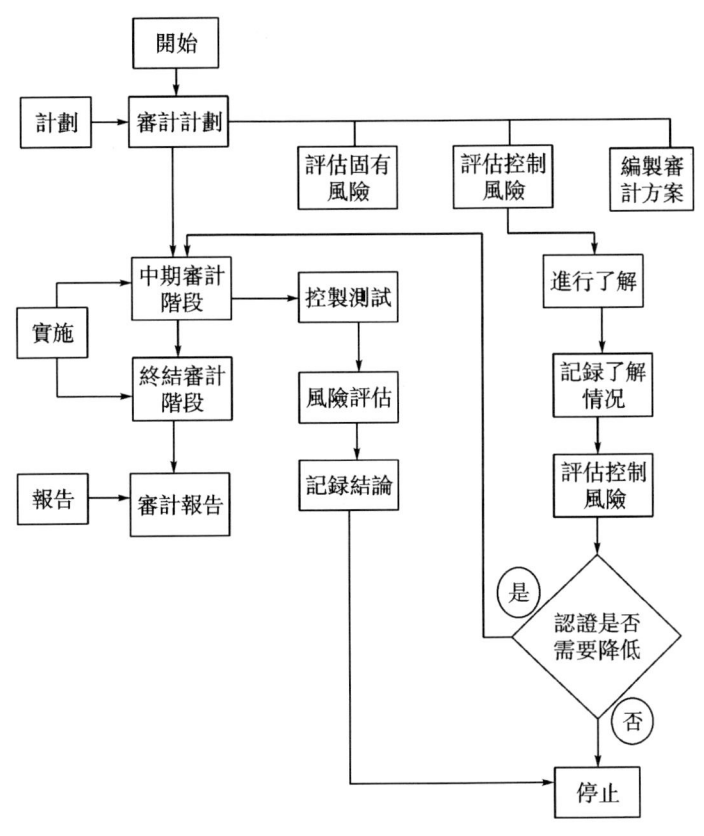

圖 4-1　商業銀行制度導向審計流程

委員會的發起組織委員會，下同）內部控制架構，全面瞭解商業銀行內部控制體系建設和內部控制運行機制。

（1）重點瞭解內部控制的全面性、重要性、制衡性、適應性和成本效益原則的落實情況。

（2）初步評估商業銀行內部控制體系是否能夠為銀行依法、合規、穩健經營提供合理的保障，進而保證銀行資產安全、財務報告及相關信息真實完整，促進商業銀行實現發展戰略目標和價值增加。

（3）存在的主要問題及其審計檢查的重點與基本方法。

商業銀行控制風險評估流程分解如圖 4-2 所示。

第二節　控制測試和實質性程序

控制測試和實質性檢查是制度導向審計的基本流程和重要環節。

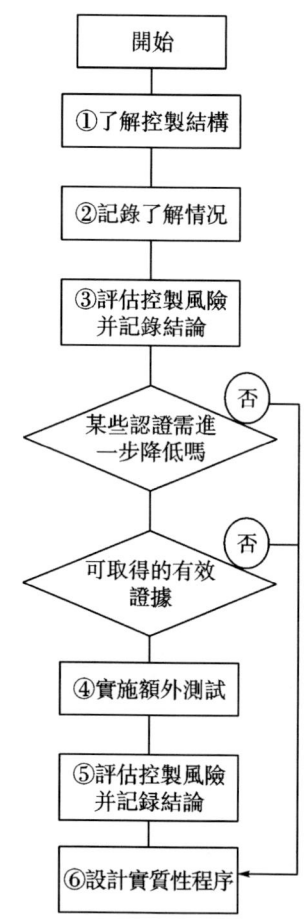

圖4-2　商業銀行控制風險評估流程分解

一、控制測試

控制測試包括對商業銀行內部控制環境、風險識別與評估、內部控制措施、信息交流與溝通和監督與糾正的全面控制測試。

（一）內部控制環境測試

內部控制環境是實施內部控制的基礎。內控環境控制測試的內容一般主要包括：
(1) 治理結構。
(2) 機構設置及權責分配。
(3) 內部制衡。
(4) 系統控制。

（5）人力資源政策。
（6）企業文化等。
（二）風險識別與評估測試
風險識別評估系統測試的重點主要包括：
（1）看是否能夠通過風險識別機制，及時有效地識別和揭示風險。
（2）看是否能夠通過風險評估機制，準確計量評估風險，系統分析經營活動中與實現內部控制目標相關的風險。
（3）看是否能夠合理確定風險應對策略。
（三）內部控制措施測試
看是否能夠根據風險評估結果，採用相應的控制措施，將風險控制在可承受的範圍之內。
（四）信息交流與溝通測試
看是否能通過有效的信息交流與溝通，及時、準確地收集、傳遞與內部控制相關的信息，確保信息在內部以及與外部之間進行有效溝通。
（五）監督與糾正測試
看是否能通過內部監督，對內部控制機制的建立與實施情況進行有效監督檢查，評價內部控制的有效性，發現內部控制缺陷，及時採取行動方案加以改進。

二、實質性檢查

按照內部控制測試的結果，經過初步風險分析評估，確認實質性檢查的重點內容，組織開展實質性審計檢查取證。
總結國內外制度導向審計的基本方法，內部控制實質性檢查的內容主要包括以下三個方面：
（一）審計檢查內部控制制度「有沒有」
審計檢查內部控制的規章制度是否健全，看有無制度控制盲區，看有無實施細則等，評價制度的健全性與可操作性。
（二）審計檢查內部控制制度「對不對」
審計檢查內部控制制度是否符合國家的法律法規，是否符合監管部門的規定，是否符合總行的制度要求，評價規章制度的準確性。看有無過度控制而影響服務效率，或者控制不足而形成風險。
（三）審計檢查內部控制制度「做沒做」
審計檢查內部控制制度的執行機制、執行流程和執行工具，評價制度執行力及其執行的實際效果，找出制度執行中存在的主要問題。

第五章
風險導向審計技術及其在商業銀行內部審計中的運用

進入20世紀中期以後，隨著經濟環境的巨大變化，企業經營的不穩定性日益增強，各種舞弊詐欺行為也隨之不斷發生。過程導向、目標導向和制度導向審計技術已經不能滿足審計環境和審計目標變化的要求。

由於過程導向、目標導向和制度導向審計技術對經營環境和經營風險瞭解甚少，不能從更高層次鑑別和揭示可能發生的重大錯弊及其根源，使其審計結論和審計評價失去意義，進而形成審計風險。另外，過程導向和制度導向審計技術對審計資源在高風險和低風險領域分配上的低效率，使低風險項目或者業務環節審計過度，而高風險項目或者業務環節審計不足，審計效能和審計價值不高。

因此，風險導向審計技術在彌補日益擴大的審計期望差距的社會因素中應運而生。

第一節 風險導向審計的概念、模型與基本特徵

一、風險導向審計的概念

風險導向審計技術是以審計主體的審計風險為導向，是在對被審計對象的重大錯報風險，包括固有風險和控制風險進行全面分析評價的基礎上，將審計風險降低至可接受水平的一種審計技術。

二、風險導向審計的模型

風險導向審計的模型是：

審計風險＝重大錯報風險×檢查風險

重大錯報風險＝固有風險＋控制風險

審計風險由重大錯報風險和檢查風險組成。

重大錯報風險是固有風險和控制風險的聯合。重大錯報風險反應了被審計單位風險管理的總體水平和狀況，包括風險的識別、評估、控制與管理等，可以通過審計檢

查進行有效的揭示、評估和管理。

三、風險導向審計的基本特徵
風險導向審計有以下三個顯著的特徵：

（一）風險導向審計是先進審計技術的融合與發展

風險導向審計從審計風險模型、風險評價技術、重要性技術以及審計分析程序和實質性程序等方面，研究識別和評估控制風險的審計技術，融合了制度導向審計技術、目標導向審計技術和過程導向審計技術，是現代審計技術的全新理念和思路。

（二）風險導向審計強調控制風險的重要性

風險導向審計強調控制風險的重要性，要求對被審計對象的固有風險和控制風險進行全面分析評價。這是因為被審計對象的風險會對審計產生影響，進而影響審計風險的評估，影響實現風險導向審計的目標任務。

（三）風險導向審計有利於更好地實現審計目標和審計價值

風險導向審計將審計對象的風險植入到了審計風險的評估中去，目的是為了更加科學、合理地確定審計範圍和審計重點，為降低審計風險提供支持，更好地實現審計目標和審計價值。

第二節 商業銀行風險導向審計的基本內容與流程

商業銀行風險導向審計與外部獨立審計的風險導向審計技術應用從理論上講是一致的，但是在風險導向的主體位次上存在著很大的不同。

商業銀行風險導向審計技術是以被審計對象的重大風險，包括固有風險和控制風險為基本導向，以促進審計整改、改善銀行營運、增加銀行價值為根本目標，以控制審計風險、提高審計監督效能、降低審計成本為管理手段的一種審計技術。這也就是將審計風險的管理與控制前移至客戶風險管控，通過有效識別、評估和揭示審計對象的重大風險，並組織、推動促進整改，進而有效管理和控制審計風險。

一、商業銀行風險導向審計的基本目標與要求

風險導向審計的核心是深入充分地瞭解審計對象的經營管理情況和風險狀況，深入地分析評估商業銀行經營管理中存在的固有風險、控制風險以及重大錯弊風險，按照風險排序，確定審計重點和範圍，制訂審計方案，實施現場審計，進而有效管理和控制審計風險。

（一）風險導向審計的目的

商業銀行風險導向審計的目的是保證國家有關經濟金融法律法規、方針政策、監管部門規章的貫徹執行。在商業銀行風險管理框架內，促使風險控制在可接受水平，改善商業銀行的業務營運，增加商業銀行的價值。

（二）風險導向審計的重點

商業銀行內部審計與外部獨立審計在對風險導向審計技術的理解與運用上是有所

區別的，特別是在審計目標確定、審計風險內容以及控制審計風險的方法途徑等方面，還是有很大區別的。商業銀行內部審計與外部獨立審計風險導向審計技術的對比分析如表5-1所示。

表5-1　　　　　商業銀行內部審計與外部獨立審計
風險導向審計技術的對比分析

項目	風險導向 審計目標	審計風險 內容	控制審計風險的 方法與途徑
商業銀行內部審計	1. 揭示被審計對象內控缺陷及重大風險隱患，促進整改，改善營運，增加商業銀行價值 2. 控制審計風險	1. 檢查風險 2. 未有效促進審計整改風險 3. 發生重大錯弊或者損失的可能性風險	1. 充分識別揭示固有風險和控制風險 2. 有效促進審計整改 3. 降低和控制審計檢查風險 4. 審計風險管控前移至客戶風險管控
外部獨立審計	控制審計風險	審計人員審計后發表不恰當的審計結論的可能性風險	將客戶風險植入審計風險評估

按照商業銀行風險導向審計的目標任務，商業銀行風險導向審計的重點，主要是在審計計劃的制訂、審計程序的設計、審計方法和審計重點的確定上，要更加突出商業銀行對各項業務以及財務會計報表核算系統的固有風險和控制風險的識別、評估、揭示和管理與控制。

（三）風險導向審計的基本要求

風險導向審計的基本要求是通過實施風險導向審計原則，科學合理地確定審計範圍和審計重點，充分有效地配置有限的審計資源，避免過度審計監督或者審計監督不足，最大限度地識別和揭示經營管理中未被發現的、潛藏的各種重大風險隱患，提高審計效能，降低審計風險，使審計風險始終處於可知、可控、可承受的範圍。

二、商業銀行風險導向審計的基本內容

商業銀行風險導向審計突出了風險，涵蓋面很廣。商業銀行風險導向審計既包括了財務風險導向審計，又包括了合規風險導向審計。商業銀行風險導向審計是目前商業銀行內部審計的基本原則和方法。其基本內容主要包括以下五個方面：

（一）審計對象的確定和審計資源的配置以風險來排序

根據銀行面臨的市場風險、信用風險和操作風險，制定風險測算工具。按照審計管轄，綜合測算轄區被審計對象及其單個審計對象不同專業產品的風險值。在這個基礎上，對轄區被審計對象及其單個審計對象不同專業產品的風險狀況進行排序。根據這個排序，按照風險導向審計原則，制訂轄區年度審計項目計劃及其單個審計對象不同專業產品的專項審計計劃。

根據按照風險導向審計原則制訂的年度全面審計計劃和專項審計計劃，以風險為導向，合理分配審計資源。使審計資源的配置充分體現向風險程度較高的審計對象和

單個審計對象的高風險專業板塊、高風險業務和高風險產品傾斜。

（二）審計的內容和過程以風險的內部控制為主

審計的內容要按照風險導向審計原則，重點突出內部控制「五要素」，即內部控制環境、風險識別與評估、內部控制措施、信息交流與溝通、監督評價與糾正機制的建設及運行狀況的審計。

對被審計對象內部控制組織架構、制度安排和制度執行力的審計實施，要按照風險導向審計原則，突出以下「三步驟」：

一是檢查是否具備，即「有沒有」；

二是檢查是否適用，即「對不對」；

三是檢查是否得到有效執行，即「做沒做」。

（三）審計評價突出風險狀況

通過風險導向審計對被審計對象按照風險計分表進行評分、評價和排序，得出總體風險分值或風險等級，作為審計評價，寫入審計報告，報告商業銀行董事會和高級管理層。

（四）按照風險導向審計原則對高風險分支行、專業和產品進行持續的審計監督

內部控制審計或專項審計結束後，管轄的審計部門要按照風險導向審計原則，對高風險分支行和專業、產品進行持續的審計監督，跟蹤監控資產和新產品存續期的風險狀況以及內部控制狀況。

（五）按照風險導向審計原則開展審計循環

按照風險導向審計原則對分支行進行持續審計跟蹤，形成持續性、週期性的審計循環監督過程，即以風險導向審計為原則的審計閉合、循環系統。著眼於年復一年地降低、化解、控制和管理風險，形成內控嚴密、營運安全的內部控制管理機制。

三、商業銀行風險導向審計的基本流程

商業銀行風險導向審計是國際內部審計發展的最新趨勢。按照商業銀行風險導向審計的基本原則和基層分支行內部審計實踐，商業銀行風險導向審計的基本流程如圖5-1所示。

（一）初步風險評估

（1）從宏觀經濟金融環境和商業銀行的經營管理文化、內控狀況以及產品的設計、行銷與風險管理政策中，充分地識別評估固有風險。

（2）從內控管理體系的建設及其運行狀況中，識別評估控制風險，包括內部控制的健全性、適宜性和有效性風險，查找內控缺陷和薄弱環節。

（3）從資金走向、業務運行及其關鍵崗位人員職業操守和風險文化的把握中，識別評估重大錯弊風險。

（二）制訂審計方案

按照風險排序，確定審計重點、審計時間和審計範圍，制訂審計方案。

（三）組織實施審計

根據初步風險評估結果，進行控制測試和實質性檢查，收集和評估審計證據，分

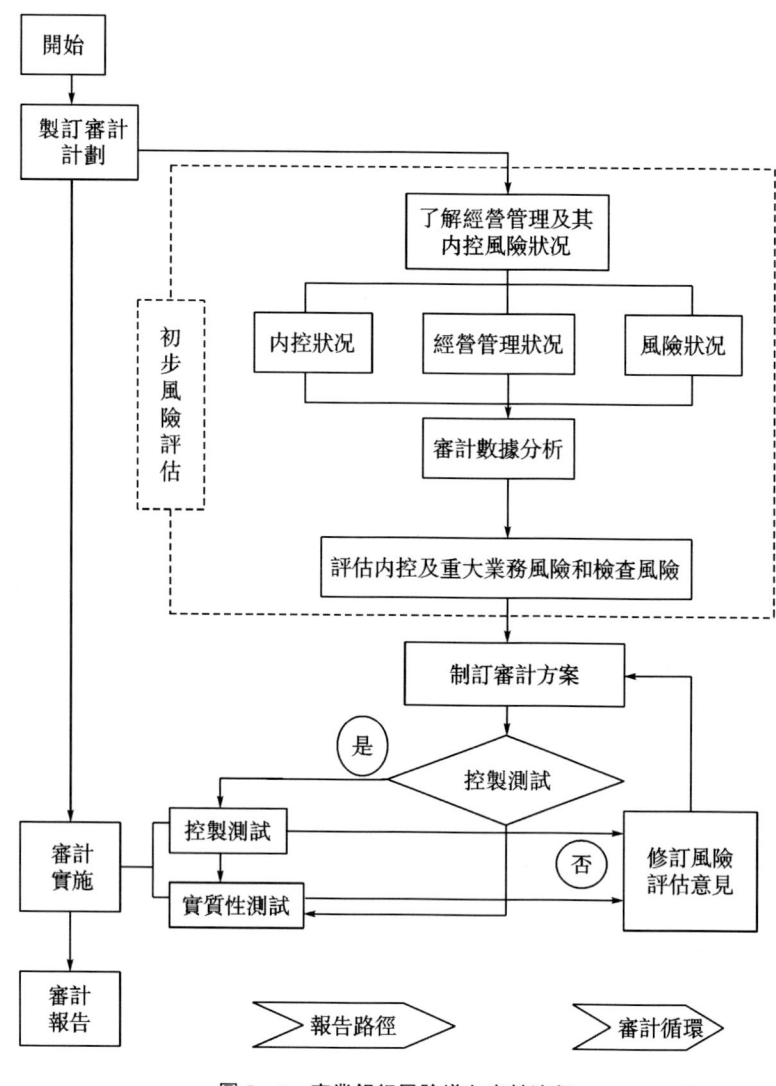

```
                    ┌──────┐
                    │ 開始 │
                    └──┬───┘
                       ▼
                  ┌────────┐
                  │ 製訂審計 │
                  │  計劃   │
                  └────┬───┘
                       │
         ┌─────────────┼──────────────────────────┐
         │             ▼                          │
         │      ┌──────────────┐                  │
         │      │了解經營管理及其│                  │
      初步      │  內控風險狀況 │                  │
      風險      └──────┬───────┘                  │
      評估  ┌──────────┼──────────┐               │
         │ ▼          ▼          ▼               │
         │┌──────┐ ┌──────────┐ ┌──────┐          │
         ││內控狀況│ │經營管理狀況│ │風險狀況│         │
         │└──────┘ └─────┬────┘ └──────┘          │
         │               ▼                        │
         │       ┌──────────────┐                 │
         │       │ 審計數據分析 │                  │
         │       └──────┬───────┘                 │
         │              ▼                         │
         │  ┌──────────────────────────┐          │
         │  │評估內控及重大業務風險和檢查風險│        │
         └──└──────────────┬───────────┘──────────┘
                           ▼
                    ┌────────────┐
                    │ 制訂審計方案 │◄──────┐
                    └──────┬─────┘        │
                           ▼              │
                     ┌───是──◇控製測試◇    │
   ┌──────┐          │       ╲    ╱       │
   │ 審計 │──┬─►┌────────┐    否           │
   │ 實施 │  │  │ 控製測試│     │    ┌─────────┐
   └──────┘  │  └────────┘     └───►│ 修訂風險 │
             │  ┌────────┐          │ 評估意見 │
             └─►│實質性測試│─────────►└─────────┘
                └────────┘
      ┌──────┐
      │ 審計 │        ▷報告路徑▷        ▷審計循環▷
      │ 報告 │
      └──────┘
```

圖 5-1　商業銀行風險導向審計流程

析、評估、預警審計風險，進行審計報告和審計處理，落實審計整改。

第三節　商業銀行風險導向審計的基本方法與技術

　　商業銀行風險導向審計的基本方法和工具主要包括以下幾個方面的內容：

一、建立風險導向審計管理機制

現場審計是實施風險導向審計的主體。現場審計的質量決定著風險導向審計的成效。因此，搞好現場審計是實施風險導向審計的基礎。要在風險排序的基礎上，按照風險導向審計原則，建立現場審計的流程工具與管理機制，實現對內部控制風險的有效審計。

建立風險導向審計管理機制，要重點抓好以下三個方面的工作：

（一）建立風險導向審計工作機制

制定並執行切實有效的現場審計流程和工具，從制度層面控制現場審計質量。這些制度、流程和工具主要包括：

（1）現場審計組人員組成及其職責。
（2）現場審計方案的制訂及質量控制要求。
（3）現場審計工具包括審計質詢、審計談話和審計調查等。

通過創新審計技術和審計工具，落實履行審計職能必需的審計權限，保證現場審計對風險識別、揭示的充分性。

（二）建立風險導向審計管理機制

管理出效益，管理出人才。建立健全現場審計管理機制，整合審計資源，是提高審計效能、保證風險導向審計質量、控制審計風險的關鍵。現場審計管理機制主要包括：

（1）現場審計班后分析會。
（2）審計分析會。
（3）現場審計項目實施質量講評分析會。
（4）審計復議制度和審計問責制度等。

只有持之以恒的制定和實施一整套行之有效的現場審計管理機制，才能保證現場審計質量，不斷提高現場審計效果，落實風險導向審計原則。

（三）建立實施產品風險導向審計制度

實行以風險為導向的產品專業化審計，建立實施產品審計主審制度，是風險導向審計的重要方法和措施。

商業銀行產品審計主審制度是以商業銀行經營的產品為審計對象的內部審計制度，是按照風險導向審計原則，通過內部審計對象、方法、技術和工具的創新，實現對其產品專業化的合規性審計、風險審計和效益審計，充分識別、揭示產品在研發、驗收、核算、推廣、分銷、售後管理和風險收益平衡等方面存在的突出問題。

二、建立以風險為導向的持續審計和審計循環制度

審計是成本很高的內部自律性監管資源。有效整合審計信息資源，提高審計效能，降低審計成本，把有限的審計資源配置到風險較高的分支行、業務條線和產品上去，是商業銀行風險導向審計的基本方法和重要內容。要按風險導向審計原則，建立審計整改監管機制，進行風險量化分析、評價和管理，實施以風險為導向的持續審計和審

計循環。

（一）建立審計整改管理機制

商業銀行審計整改管理機制是包括審計整改信息收集、分析、評價、交流、反饋和報告的系統性審計管理活動。

審計部門要建立審計整改管理機制。通過有效的審計整改管理，實現對被審計對象內部控制風險狀況的量化管理。審計整改管理機制，一般主要包括以下四個方面的內容：

1. 審計整改季報制度

要建立審計整改季報制度，要求被審計對象按季報告審計整改進度、審計整改成效和審計整改中存在的主要問題以及解決措施。

2. 審計整改臺帳制度

要按被審計對象建立審計整改臺帳，詳細記載審計發現的問題、風險度、審計整改建議、審計整改進度、審計整改責任人等。按季根據被審計對象整改季報，對審計整改臺帳進行更新和分析。

3. 審計整改季度分析和通報制度

審計部門要按季度根據審計整改臺帳和審計整改季報，對被審計對象整改情況進行分析、研究和通報。及時總結交流審計整改的經驗，研究分析審計整改中存在的問題，針對性地提出搞好審計整改的建議，持續不斷地推動審計整改工作。

4. 審計整改年度評價制度

審計部門要根據審計整改管理信息及審計整改成效，對被審計對象整改進行年度評價，評價結果納入年度內部控制審計評價內容。

（二）落實審計整改推動機制

按照風險導向審計原則，充分發揮商業銀行內部審計的諮詢職能作用，幫助和促進被審計對象建立健全整改管理機制。被審計對象整改管理機制主要包括：

（1）審計整改管理流程。

（2）審計整改管理工具。

（3）審計整改管理考核評價和反饋機制等。

（三）落實持續審計和審計循環

實行以風險為導向的商業銀行內部持續審計和審計循環，要根據審計整改信息管理系統提供的量化風險信息，制訂內部持續審計計劃和審計循環計劃。

（1）加大對風險相對較高分支行現場持續審計的頻率，加強跟蹤審計，督促被審計對象落實審計整改。

（2）對風險相對較低的分支行實行非現場持續審計，在降低審計成本的同時，實行跟蹤持續審計，落實審計整改。

（3）對風險相對較高的產品進行專項審計和非現場持續監管，實現審計的專業化。

（4）對風險管理好的分支行減少現場審計頻率，以非現場審計為主、現場審計為輔，不斷提高審計監督的效能和質量。

三、按風險管理水平及風險狀況開展審計評價

現代金融企業都十分重視內部控制和風險管理。商業銀行高級管理人員的薪酬待遇、職位聘任和晉升等，都與內控管理成效掛鈎。要按風險管理水平及風險狀況評價商業銀行分支行的內控管理，評價商業銀行高級管理人員的履職情況。

（一）通過審計評價，促進風險導向審計的正向激勵

依據審計整改管理信息系統的風險量化信息，按照審計管轄，科學、客觀和準確評價分支行的內部控制風險等級，為高級管理層提供管理信息。通過薪酬激勵約束機制，實現風險導向審計的正面激勵。

（二）通過審計評價，實現風險導向審計的成果

依據審計整改管理信息系統的風險量化信息，按照審計管轄，對被審計對象高級管理人員進行履職評價。通過審計評價，建議高級管理層通過職位管理，改善內部控制環境，更好地體現風險導向審計的成果。

（三）通過審計評價，不斷增強審計的威懾力

根據審計事實和審計整改管理信息，對嚴重違規問題和未按要求進行審計整改的問題，及時督促被審計對象進行審計整改，並移送管轄的分支行和總行有關部門，對有關責任人進行責任追究，以實現風險導向審計成果的綜合運用，不斷增強審計的威懾力。

四、建立以風險導向審計為目標的審計績效激勵機制

商業銀行風險導向審計的成效，取決於審計政策管理和審計執行力兩個方面。建立以風險導向審計為激勵約束目標的商業銀行內部審計管理評價機制，按風險識別、揭示的充分性和質量，考核評價審計部門和審計人員工作成效，實行有效的審計激勵約束制度，是搞好風險導向審計的重要措施。

以風險導向審計為激勵目標取向的審計管理機制，主要包括以下三個方面的內容：

（一）審計的充分性考核評價體系

審計的充分性是指審計主體通過審計，發現問題、揭示問題和報告問題的深度與廣度，是最大可能地揭示審計對象經營管理中潛藏的重大風險隱患。考核審計的充分性，有利於引導審計人員以風險為導向，深入開展審計檢查，查深、查透，充分識別和揭示風險，進而有效控制和管理審計風險。

審計的充分性主要考核評價審計發現問題的數量和風險度。對審計部門、審計人員在現場以及非現場審計中發現的問題數量和風險度進行量化考核評價。要區別重要問題、主要問題和一般問題，按審計程式進行風險計量，根據問題數量和風險度進行審計量化考核激勵。

（二）審計質量考核評價體系

審計質量主要考核評價審計執行的情況、審計成果以及審計成果的綜合運用。對審計部門、審計人員現場及非現場審計發現的內控制度缺陷，或系統性、全局性重大風險問題，通過深入的審計檢查分析，形成審計情況、審計提示和審計移送處理等，

對控制、化解和轉移風險,減少、挽回損失,促進加強和改進內控管理成效顯著的,要按質量、效果的不同給予量化考核激勵。

(三) 審計失誤及其審計問責制度體系

對審計部門、審計人員由於審計工作不認真,對嚴重違規、違章、違紀問題在審計中未查出或審計問題失實,審計中發生重大差錯事故,或隱瞞審計事實的,要根據風險程度及其嚴重性,進行量化考核。情節嚴重、造成嚴重后果的,要按有關規定追究責任。

第六章
系統審計技術及其
在商業銀行內部審計中的運用

審計是伴隨著市場經濟和社會生產力的不斷發展而發展的事業,已經走過了幾百年的歷程。

英國工業革命成功以後,資本主義生產力得到迅速發展,生產的社會化程度大大提高,企業的所有權與經營權進一步分離。企業主希望有外部獨立的會計師來檢查他們所雇傭的經營管理人員是否忠誠、是否存在舞弊行為。這樣英國就出現了以查帳為職業的獨立會計師。

美國獨立戰爭勝利以後,英國的巨額資本開始流入美國,促進了美國經濟的騰飛。同時,這也促進了美國會計師事業的進一步發展。

到了 20 世紀三四十年代,資本主義國家出現了嚴重的經濟危機,大批企業倒閉,投資人遭受了巨大的經濟損失,迫使企業的老板們更加關注企業的經營結果。這樣,就出現了損益審計。

第二次世界大戰以後,跨國公司得到空前發展,全球經濟、金融一體化趨勢逐步形成,跨國公司的發展促進形成了一大批國際性會計師事務所。目前,國際上著名的普華永道(Price waterhouse Coopers,PwC)、畢馬威(KPMG)、德勤(Deloitte & Touche)、安永(Emst & Young,EY)等,就是在這樣的大背景下發展起來的。

經濟發展決定審計事業的發展,審計事業的發展又反過來影響經濟的發展。社會經濟的不斷發展與進步,促進了審計事業的進步。同時,也對審計工作不斷提出新的、更高的要求。因此,100 多年來,審計技術從過程導向、目標導向、制度導向發展到風險導向,乃至效益導向、戰略導向等。

隨著信息論、系統論和控制論的建立與發展,計算機技術廣泛運用於企業經營管理和財務核算。與此相適應,審計技術也已經開始進入系統審計技術新時代。

第一節 系統審計技術的理論基礎

系統思想就是根據事物本身的有機性和系統性基本特徵,通過深入研究事物的內

在聯繫，從而找出事物內部發展中帶有規律性東西的思路和方法。

系統論是從唯物辯證法原理出發，結合現代科學技術成果，提出了有關係統的基本思想，反應了各類系統的共同特徵。

系統審計思想就是運用系統論的基本原理，根據審計對象經營管理的思想、行為、過程和結果的有機聯繫，通過深入檢查分析審計對象的戰略目標、經營目標、報告目標與合規目標管理以及企業整體、業務部門、經營單位、子公司等內部控制狀況，準確、客觀、公正地評價審計對象經營管理工作的思路和方法。

商業銀行系統審計的思想與方法技術，也就是在這個大背景下逐步形成的。

一、商業銀行經營的多元化、綜合化和國際化是系統審計技術產生的內在因素

隨著全球經濟金融一體化進程的加快，企業跨國經營、跨業經營、集團化經營的趨勢勢如破竹，發展迅猛。商業銀行適應經濟金融形勢的發展變化，正在向多元化、綜合化、國際化和集團化經營發展。傳統的審計思想和方法技術，已經不能滿足新形勢下商業銀行內部審計的基本要求。

傳統審計的基本思維方式是從部分到整體，先分析審計對象的各個部分，然後再綜合為整體的審計結論和審計評價。這種思維方法的局限性在於把分析與綜合、部分與整體、原因與結果機械地割裂開來，認為部分是原因、整體是結果、部分決定整體。傳統審計方法著眼於一個個具體要素，進而得出整體的性能，其邏輯結論往往是組成整體的要素好則整體的性能也就好。不論是過程導向、目標導向還是制度導向技術，審計的思想方法都是從部分去推測整體，只把各組成部分孤立地、簡單地加起來，而這並不能說明審計對象經營管理活動的整體戰略性質和功能，並不能說明審計對象的執行力管理以及合規管理。因為各要素的簡單相加，並不能構成一個系統。因此，在全球經濟金融一體化和商業銀行經營多元化、綜合化、國際化、集團化發展的大背景下，必須研究系統審計的思想和方法技術，以更好地適應商業銀行內部審計事業發展的需要。

二、國民經濟的宏觀調控是系統審計技術產生的外部原因

1936年，英國經濟學家凱恩斯出版了《就業、利息和貨幣通論》一書，凱恩斯在書中對國家干預經濟的實踐進行了理論總結，形成了凱恩斯主義。

凱恩斯主義主張政府對經濟積極干預，突出了政府赤字支出對總需求的擴張作用，認為在總需求不足，即經濟陷入產出水平遠遠低於潛在產出水平的狀況下，通俗地講，也就是實際產能達不到設計要求的情況下，如果政府增加其購買量，總需求就會增加。

凱恩斯主義之所以被全球各國政府廣泛關注和運用，其根本原因還是全球經濟一體化和經濟社會化發展的結果。國家為了保證國民經濟的持續發展和社會就業的基本穩定，進而保證國家社會政治和經濟的穩定，政府就必須對宏觀經濟進行必要的調控。

經濟決定金融。傳統審計的思維方式，從部分入手，再到整體分析判斷，缺乏對宏觀經濟、金融形勢的基本估計與分析，不能用系統論的思想，把商業銀行的經營管理與宏觀經濟政策有機結合起來，準確地審計檢查、分析評估商業銀行經營中的機遇

與風險，顯然不能滿足現代商業銀行經營管理的基本要求。因此，只有運用系統審計思想，把商業銀行的經營管理與宏觀經濟政策有機結合起來，才能準確地審計檢查、分析評估銀行經營中的機遇與風險，更好地促進商業銀行的經營管理與發展。

三、計算機技術在商業銀行經營管理與財務核算中的廣泛運用是系統審計技術產生的客觀條件

管理從本質上講，就是對信息的收集、分析和運用。審計系統本身就是一個信息系統，它必須借助日益發展的信息技術才能完成收集、處理、儲存和審計運用。

傳統審計的信息收集、儲存和管理運用，基本上是依靠人工處理。計算機技術在商業銀行經營管理與財務核算中的廣泛運用，為開展系統審計創造了很好的技術條件。

一是商業銀行實現數據大集中，所有的經營管理信息和財務核算數據都集中在總行，這就為商業銀行開展系統審計提供了數據來源。

二是計算機技術在商業銀行內部審計中的廣泛運用，系統審計所需要的海量財務數據信息輸入、存儲、處理、輸出等，都依靠計算機技術完成，大大提高了審計管理的效率。

三是商業銀行依靠計算機技術，建立了龐大的審計信息系統，為開展系統審計提供了強大的技術支持，使系統審計成為現實。

四是計算機技術的發展，進一步促進了審計數據分析軟件工具的開發。國際上一大批先進的數據分析系統、數據分析軟件工具面市，為系統審計數據分析提供了很好的技術條件。

第二節　系統審計的基本思路

系統審計的技術和方法是整體—部分—整體的審計，是從整體出發，通過部分的檢查驗證，再回到整體評價的審計模型。

一、系統審計的基本思維方式

系統審計的基本思維方式是從整體出發，先進行系統綜合分析和初步風險評估，形成初步的系統審計方案，再進行系統分析，分析系統各要素及其相互關係，建立模型。然后進行系統選擇，實現最優化，再重新綜合成整體。

商業銀行系統審計強調系統的整體性，把審計對象作為一個有機的整體來對待。其具體的方法如下：
（1）先看整體的戰略目標和經營目標，再看部分實施與執行。
（2）先看全局經營管理狀況，再看局部的業務管理活動。
（3）先看宏觀的發展態勢與風險管理，再看微觀的執行狀況。
（4）先看全過程的管理與控制，再看某一個專業、某一個分支機構、某一個階段、某一個環節的經營管理狀況。

從總行與分支行、整體與環境、全局與部分的相互依賴、相互制約中，去揭示商

業銀行系統的經營管理特徵和業務運行規律。

對分支行及其業務品種的審計檢查也要放在整體中去研究，從其和整體的各個部分的聯繫、制約中去加以審計檢查和評價。

二、系統審計的基本程序

系統審計的基本程序是綜合—分析—綜合，就是先進行基本狀況整體的綜合分析判斷，再進行具體問題的分析驗證，最后回到綜合分析，形成對整體的概念和判斷。

系統審計的基本程序是從綜合判斷出發，進行審計分析，然后形成綜合的分析結論。它不僅著眼於個別要素的優劣好壞分析評估，而且利用了要素之間的因果關係和相互作用，來深入觀察和綜合判斷系統的整體性。

系統審計把審計對象的經濟活動當成一個有機系統來研究。這一有機系統的性質和規律，存在於組成要素的相互聯繫、相互作用之中。系統審計要把任何審計對象，包括總行、分支行、業務板塊、產品、服務等，都看成一個有機的系統。然后對總分支行、業務板塊和產品以及服務等系統和環境之間、系統和要素之間的相互關係進行審計分析，確定審計重點及其層次結構。在此基礎上，運用數學方法從定性和定量的結合上開展審計抽樣和審計檢查。

內部控制要素審計與內部控制整體審計不是一種簡單的線性因果關係。內部控制的整體性審計結論，並不完全取決於組成內部控制各要素的審計情況，而且還有要素審計之間的相互聯繫和相互作用。商業銀行系統審計方法要在內部控制要素之間相互作用的關係中進行分析和綜合，從而正確地認識審計對象的整體性和系統性經營管理狀況與問題。

三、系統審計是在繼承傳統審計方法技術中發展起來的，以傳統審計的理論和方法為基礎

系統審計繼承了傳統審計中的很多合理成份，系統審計是以傳統審計的理論和方法為基礎的，是傳統審計理論和方法的發展與完善。

系統審計要很好地保留和發展傳統審計中的統計抽樣、控制測試和風險評估等理論和技術，這些理論和技術在以系統科學支持下的系統審計中仍具有重大意義。

第三節　系統審計的基本方法與技術

開展系統審計要充分運用系統論原理，建立和不斷豐富系統審計的基本思路，創造性地開展審計分析、審計抽樣和審計檢查以及審計評價。從商業銀行內部審計實踐來講，開展系統審計的基本方法主要包括（但不限於）以下內容：

一、改進審計思維方法，形成一套系統的、整體的審計思維

開展系統審計，就是從戰略上、全局上、整體上研究商業銀行內部審計。開展系統審計就是在審計內容方面，從傳統審計中偏重關注單點問題、單個現象、單個機構

為主的審計檢查評價，轉向關注經營戰略、管理體制、經營機制、控制程序和業務流程等全局性、系統性問題的審計檢查評價；從傳統審計偏重於對局部、單點、單個問題檢查，上升到對系統問題、流程問題和執行機制問題的審計檢查和評價。

二、豐富審計技術導向，從單一導向向多維導向發展

審計技術經歷了過程導向、目標導向、制度導向、風險導向，現在還有效益導向和戰略導向等。系統審計要以風險導向為基礎，多維導向為輔助，不斷發展豐富審計導向技術。對待不同的審計對象和審計過程，要有靈活思維導向。在以風險導向為基礎的前提下，靈活運用效益導向、管理導向、合規導向、戰略導向等技術，促進系統審計的發展。

三、堅持以內部控制的系統性理論為指導，開展系統審計

內部控制的基本理論，即內部控制 COSO 架構，是全球廣泛採用的內部控制管理工具。商業銀行內部系統審計，要堅持內部控制系統性思維，把內部控制架構和全面風險管理架構的基本內容作為系統審計的技術導向，不斷豐富系統審計的內容。

（1）抓住內部控制的兩個層次，即總體目標和控制層級開展系統審計。

（2）抓住內部控制的四大目標，即戰略目標、經營目標、報告目標和合規目標開展系統審計。

（3）抓住為了達到內部控制目標的四個控制層次，即企業整體、職能部門、業務單位、子公司，開展系統審計。控制的層次要涵蓋整體、涵蓋業務條線、涵蓋子公司。

（4）抓住內部控制八個要素，即內部控制環境、目標設定、事項識別、風險評估、風險應對、控制活動、信息與溝通、監督與糾正開展系統審計。

四、改進審計組織方式，不斷提升系統審計效能

改進審計的組織方式、作業方式，形成縱橫結合、點線面結合的矩陣式審計管理機制，不斷完善從整體到局部，再到整體的商業銀行內部審計監督流程，持續提升系統審計的效能。

五、改進審計技術工具，促進系統審計的發展

要廣泛採用國際上先進的審計技術軟件工具，豐富和改進商業銀行審計技術，提升系統審計的技術水平和質量效果。

第七章
平衡審計技術及其
在商業銀行內部審計中的運用

平衡審計，從本質上講是一種審計思想，或者說是一種審計哲學思想，平衡審計與系統審計有著密切的聯繫。

第一節 平衡審計的理論與實踐基礎

商業銀行經營的總方針是在保證安全和確保一定的流動性的前提下，實現利潤的最大化。高收益必然是高風險，資產的流動性好必然盈利性就差，要保證安全、要保證流動性、要保證利潤最大化，就必須要很好地協調資產的安全性、流動性和盈利性的關係，這就是商業銀行經營管理的內在規律。因此，平衡審計是商業銀行經營管理的基本規律決定的。

一、商業銀行是經營貨幣的特殊企業，盈利是商業銀行的基本目標

商業銀行是企業，盈利是企業的基本目標。商業銀行的盈利在商業銀行經營管理中有以下三個方面的重要作用：

（一）擴大資本，擴大經營

按照國際慣例，商業銀行的盈利要保留一部分用於擴大資本金。商業銀行盈利能力強，也便於籌集新的資本金。因此，只有獲取更多的盈利，才能不斷增加資本金，壯大商業銀行的經營實力，才能進一步更多地吸收存款、發放貸款、擴大規模、增加盈利，進而促進商業銀行業務的不斷擴大與發展。

（二）增強承擔風險損失的能力

商業銀行遭受風險損失，總是要先用當年的利潤來抵償，抵償不足的才用資本金來抵償。商業銀行提取貸款損失準備金，也是在稅前利潤中提取。因此，只有獲取更多的盈利，才能不斷增強商業銀行抵禦風險的能力，保證商業銀行的安全經營。

（三）建立商業銀行信譽和商業銀行實力

商業銀行的信譽和實力歸根究柢是建立在它的資本充足程度上的，是建立在它的

經營管理能力上的。商業銀行有了比較多的盈利，才有可能擴大資本金，才有可能吸引優秀的人才到商業銀行來，進而不斷提高銀行的經營管理水平，實現商業銀行的可持續發展。

二、商業銀行是風險經營，安全永遠是第一位的

商業銀行是負債經營，營運資金的絕大部分來自客戶的存款，來自負債業務。商業銀行要隨時滿足客戶提取存款的需要，要保證客戶資金的安全。而商業銀行的資產是金融資產，是一種不完整的債權、是一種信用，包含著市場風險、信用風險和操作風險。因此，商業銀行的經營承擔著很大的流動性風險和安全性風險，承擔了對客戶、對社會更大的責任。商業銀行是風險經營，安全永遠是第一位的。

三、流動性、安全性、盈利性矛盾的協調決定了商業銀行內部審計必須是平衡審計

（一）資產的流動性、安全性、盈利性是有矛盾的

1. 資產的流動性和資產的安全性基本上是一致的

資產的流動性，首要的是解決商業銀行的支付能力問題；資產的安全性所要解決的問題，是確保能夠收回資產本息的問題。兩者都涉及商業銀行經營中的風險，都是對風險的管理和控制，其目的都是為了保持商業銀行的信譽和安全。

2. 資產的流動性和資產的盈利性是有矛盾的

商業銀行的資產主要是金融資產，包括現金資產、證券資產和貸款等。現金資產在商業銀行的金庫裡，隨時可以用，流動性沒有問題，但它卻是非盈利資產。證券資產因可以在二級市場上買賣，是有流動性的資產，但它是低盈利資產。商業銀行的貸款最不具有流動性，因為它必須到期才能收回，但它是高盈利資產。

3. 資產的安全性和資產的盈利性是有矛盾的

現金資產相對比較安全，但它是非盈利資產。證券資產有的是政府債券，又有發達的次級市場流通轉讓，也是比較安全的，但它是低盈利資產。商業銀行的貸款由於受時間因素、市場變化因素以及借款人經營狀況等因素影響，風險要大得多，但它是高盈利資產。

（二）資產的流動性、安全性、盈利性是一個有機整體，必須同時予以滿足

商業銀行對資產的流動性、安全性和盈利性的要求是一個整體，它們雖然有矛盾，但是相互依存、不可分割、不可偏廢，必須同時予以滿足。只有這樣，才能實現商業銀行的經營管理目標。

（三）資產的流動性、安全性、盈利性矛盾是可以協調的

商業銀行資產的流動性、安全性、盈利性矛盾，可以通過以下三個方面來予以協調：

1. 從盈利性的角度來協調

盈利是商業銀行的基本經營目標，而流動性和安全性要求的最終目的也是為了盈利。因此，商業銀行要從盈利的目標出發，更好地管理和控制流動性和安全性風險。

2. 從銀行信譽的角度來協調

商業銀行是信用機構，信譽是商業銀行的本錢，是商業銀行的生命，也是商業銀行取得盈利必不可少的條件。流動性和安全性都是為了保持商業銀行的信譽。盈利本身也是增強商業銀行信譽的一個重要因素。

3. 風險收益最優化是協調「三性」矛盾的基本方法

資產的流動性、安全性和盈利性可以協調，但並不是沒有矛盾了。資產的流動性、安全性和盈利性的要求，實際上構成了風險和收益的抵換關係，流動性和安全性反應風險，盈利性反應收益。所謂抵換關係，是指風險和收益兩者不可兼得，但是可以做出選擇。這種選擇一般情況下有以下兩種類型：

（1）風險相同的條件下，選擇盈利最大。
（2）盈利相同的條件下，選擇風險最小。

具體地說，就是用高盈利來補償高風險，或者用低風險來補償低盈利。這種抵換關係，就是風險收益最優化。這個要求就是商業銀行的風險文化，就是協調「三性」的基本方法。這個要求要貫穿在商業銀行業務經營的全過程之中，貫穿在商業銀行每一筆業務之中，是商業銀行業務經營的核心問題。

第二節　平衡審計的基本內容與方法技術

商業銀行經營管理的總方針是在保證安全和確保一定的流動性的前提下，實現利潤的最大化。要實現這一目標任務，就必須實現穩健、協調和可持續發展。從本質上講，就是科學發展，是質量、速度、效益的平衡發展，是商業銀行的業務發展與員工的職業成長平衡協調發展。

從商業銀行經營管理的內在規律出發，結合商業銀行內部審計實踐，平衡審計的內容和重點主要包括以下幾個方面：

一、資產的流動性、安全性、盈利性平衡審計

資產的流動性、安全性和盈利性的平衡審計，要作為商業銀行內部審計的基本思想，貫穿於審計管理的全過程，貫穿於審計業務的全過程，貫穿於審計諮詢和審計評價的全過程。

（1）總體審計和總體評價要貫徹資產的流動性、安全性和盈利性的平衡審計理念，從總體上審計、分析、評價商業銀行經營管理的「三性」協調狀況和是否實現了風險收益最優化。

（2）對專業條線、業務板塊審計檢查評價，要貫徹資產的流動性、安全性和盈利性的平衡審計理念，從專業條線、業務板塊、產品經營等方面，看專業條線、業務板塊產品的研發、推廣以及經營管理的「三性」協調狀況和是否實現了風險收益最優化。

（3）對分支行的審計檢查評價，要貫徹資產的流動性、安全性和盈利性的平衡審計理念，從分支行的經營管理全局看「三性」協調狀況和是否實現了風險收益最優化。

(4）對子公司的審計檢查評價，要貫徹資產的流動性、安全性和盈利性的平衡審計理念，從子公司的經營管理全局看「三性」協調狀況和是否實現了風險收益最優化。

二、發展的質量與效益的平衡審計

商業銀行發展的質量與經營管理中面臨的風險並不完全是一個概念。經營管理中面臨的風險主要包括市場風險、信用風險和操作風險。發展的質量除了包括發展中面臨的風險以外，還要包括發展戰略、業務結構、市場地位、核心競爭力以及可持續發展能力等。發展的質量與效益的平衡審計，就是要用平衡審計的思想，審計檢查商業銀行發展質量與效益的關係，評價商業銀行的可持續發展能力。

（1）總體審計和總體審計評價要按照平衡審計的思想，審計檢查商業銀行發展的質量與效益，包括經營管理中面臨的風險和發展戰略、業務結構、市場地位、核心競爭力、可持續發展能力以及商業銀行的盈利能力，全面評價商業銀行的發展狀況和存在的主要問題。

（2）對專業條線、業務板塊審計檢查評價，要按照平衡審計的思想，審計檢查專業條線和業務板塊發展的質量與效益，包括專業條線和業務板塊在經營管理中面臨的風險、發展戰略、市場地位、創新能力、產品競爭力和可持續發展能力以及專業條線、業務板塊的盈利能力，全面評價商業銀行專業條線、業務板塊的發展狀況與存在的問題。

（3）對分支行的審計檢查評價，要按照平衡審計的思想，審計檢查分支行發展的質量與效益，包括經營管理中面臨的風險和客戶結構、業務結構、發展質量與可持續發展能力以及盈利能力，全面評價分支行的發展狀況與存在的問題。

（4）對子公司的審計檢查評價，要按照平衡審計的思想，審計檢查子公司發展的質量與效益，包括經營管理中面臨的風險和發展戰略、市場地位、核心競爭力與可持續發展能力以及盈利能力，全面評價子公司的發展狀況與存在的問題。

三、業務發展與員工職業成長的平衡審計

人是生產力中最活躍的因素。商業銀行的競爭與發展的核心是人才的競爭。員工的勝任能力是內部控制環境的重要因素，平衡審計要高度關注商業銀行業務發展與員工職業發展的平衡與協調。

（1）總體審計和總體評價要按照平衡審計的思想，審計檢查商業銀行業務發展與員工職業發展狀況，關注員工的勝任能力與職業成長，關注企業文化的建設與發展，看商業銀行是否培育和建立了穩健經營、積極健康的企業文化。

（2）對專業條線、業務板塊審計檢查評價，要按照平衡審計的思想，審計檢查專業條線和業務板塊業務發展與員工職業發展狀況，關注專業人才隊伍的培養與開發，看專業條線和業務板塊是否培育和建立了專業化的人才隊伍和開拓創新的企業文化。

（3）對分支行的審計檢查評價，要按照平衡審計的思想，審計檢查分支行業務發展與員工職業發展狀況，關注員工的勝任能力、執行力與職業成長，關注合規文化建設，看分支行是否培育和建立了依法合規、穩健經營的企業文化。

（4）對子公司的審計檢查評價，要按照平衡審計的思想，審計檢查子公司業務發展與員工職業發展狀況，關注子公司專業團隊的建設和員工的勝任能力與職業成長，關注子公司的文化建設，看子公司是否培育和建立了穩健經營和風險收益最優化的企業文化。

四、企業發展與履行社會責任的平衡審計

銀行是國民經濟的核心。商業銀行既承擔著支持國民經濟健康協調發展的重任，又承擔著為千家萬戶開展金融服務的社會責任。

商業銀行內部審計要按照平衡審計的思想，審計檢查商業銀行及其分支行和子公司是否履行了支持國民經濟健康協調發展的社會責任，是否履行了改善金融服務的社會責任，是否履行了支持社會慈善事業發展的社會責任；看商業銀行及其分支行和子公司的企業發展與履行社會責任是否平衡，是否樹立了良好的社會形象，是否保持了良好的商譽，是否為商業銀行的可持續發展奠定了良好的社會基礎。

第八章
審計數據分析及其方法與技術

隨著計算機技術在商業銀行會計業務處理、帳務報表核算以及經營管理領域的廣泛運用，商業銀行內部審計逐步實現了信息化和科技化。目前在全球範圍廣泛使用的審計數據分析技術主要包括 IDEA 系統、SQL 數據庫、EXCEL、ACCESS 等技術工具。從商業銀行內部審計的性質、特點以及業務運行和經營管理規律出發，深入研究數據分析技術在商業銀行內部審計中的運用，有利於提高審計效能，降低審計成本，控制審計風險，實現審計價值最大化。商業銀行內部審計數據分析技術流程如圖 8-1 所示。

第一節 審計數據分析的基本方法

一、審計數據來源及其結構分析

（一）有效及時獲取審計數據信息是開展數據分析的基礎

要按照審計信息化和科技化發展的客觀要求，建立審計數據庫，建立獲取項目審計所需的信息渠道，保證審計信息獲取的全面性、及時性和準確性。

（二）弄清數據結構是開展數據分析的前提條件

商業銀行經營管理及業務運行的數據信息量很大，要根據審計的需要，全面熟悉獲取的數據結構、內容及其相互邏輯關係，為充分利用數據資源開展審計分析創造良好條件。

二、通過數據處理，建立數據分析表

按照審計計劃任務要求，根據業務運行及其經營管理中反應出的風險特徵，進行數據處理，提取審計分析所需的數據分析表。

（一）分析提煉風險特徵

提煉風險特徵是產生數據分析表和開展數據分析的前提條件。要在初步審計分析

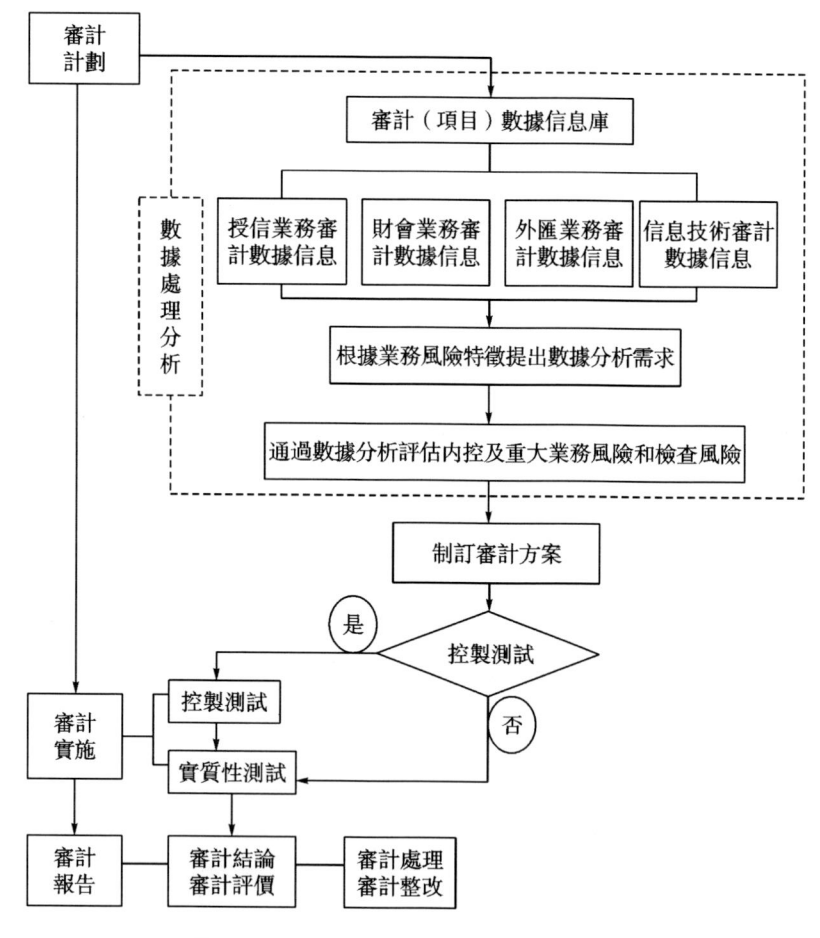

圖 8-1　商業銀行內部審計數據分析技術流程

和審計準備的基礎上，按照審計目標要求，結合宏觀經濟金融形勢和區域金融生態環境，根據商業銀行經營管理的內在規律和業務運行、帳務核算及其內部控制的特點，分析提煉審計對象可能存在的各種風險及其風險特徵，為建立審計數據分析表奠定基礎、創造條件。

（二）綜合運用數據分析工具，產生數據分析表

數據分析表是開展數據分析的基本條件。要綜合運用 IDEA 工具、SQL 數據庫、EXCEL、ACCESS 以及內部審計技術工具等，對獲取的數據信息進行處理，按照風險特徵建立審計分析所需的數據分析表。要力求風險特徵描寫準確、數據篩選有效性強、數據結構合理精煉。

三、前審計階段數據分析

前審計階段主要是採用非現場審計方式開展審計分析檢查，基本方法就是數據分析。組織進場前的審計數據分析，開展初步風險評估是風險導向審計的基本內容和重要環節。

（一）前審計階段數據分析的基本目標任務

前審計階段的基本任務是初步風險評估。這就是要通過數據分析，對被審計對象內部控制和風險狀況進行控制測試，判斷可能存在重大內控缺陷和重大風險隱患的方面、領域和環節，為現場審計階段提供審計疑點線索和審計重點方向。

（二）前審計階段數據分析的基本方法

（1）要充分運用對比分析法、因果分析法、趨勢分析法、靜態分析法和動態分析法等基本數據分析技術，開展全面、深入和細緻的審計數據分析，查找錯弊疑點線索，評估內控風險。

（2）從商業銀行經營管理和業務運行以及帳務報表核算過程的邏輯關係中分析可能存在的錯弊。要通過對發生額、余額、累計發生額以及日均、月均、年均余額的因果分析、邏輯分析和趨勢分析，判斷可能存在的各種錯報、錯弊和重大風險隱患。

（3）從宏觀經濟金融形勢、區域金融生態環境、商業銀行各級經營管理人員的風險偏好、管理特點、管理層人員結構以及管理文化等方面的綜合情況出發，進行數據分析，查找可能存在的內控缺陷和風險隱患。

（4）從銀行帳戶資金走向的分析中，判斷有無挪用企業資金問題，有無挪用銀行貸款資金、危及銀行貸款安全等問題。

四、現場審計階段數據分析

進場前的數據分析由於數據來源、數據結構、分析工具以及數據證據的局限性，不可避免地存在一些數據分析局限性。因此，要在進場前數據分析的基礎上，統籌安排現場數據分析。

（一）現場數據分析的目標任務

數據分析是現場審計階段的主要審計工具和審計技術。現場審計階段數據分析的基本目標任務就是通過全面深入的數據分析，完成控制測試，進行穿行測試和實質性檢查，進一步發現審計線索和疑點問題，通過審計取證，確認審計事實。

（二）現場數據分析的基本方法

（1）根據數據分析進展情況和審計分析的初步結果以及項目審計需要，通過數據分析，進行控制測試。

（2）在進入實質性程序后，通過數據分析，進行審計取證，確認審計事實。

（3）綜合運用商業銀行內部各種管理工具和數據分析工具，提高現場數據分析的效率和效果。

第二節　數據分析技術工具的運用與管理

商業銀行內部審計技術是隨著審計學和審計實踐，特別是商業銀行內部審計實踐的發展而發展的，是隨著商業銀行經營管理和金融創新的不斷發展而發展的，也是隨著金融科技化、電子化的不斷發展而發展的。審計數據分析技術在商業銀行內部審計中的應用，要突出銀行內部審計的目標、性質和特點，重點研究解決好以下幾個方面的問題：

一、數據分析要堅持風險導向審計技術

風險導向審計技術融合了制度導向審計技術、目標導向審計技術和過程導向審計技術，是現代信息科技水平高度發展的產物，是現代審計技術的全新理念和思路。審計的目標、審計的重點和審計的流程，更加符合商業銀行風險經營、負債經營的特點和規律，更加符合商業銀行內部審計的性質和特點。內部審計從控制審計風險的目標出發，通過控制和檢查風險，進而有效識別和揭示經營管理中的固有風險及控制風險，達到及時識別、揭示、控制和管理經營管理中重大錯報風險的目的。這是由風險導向審計的特點和風險模型決定的。

審計技術的發展和其他任何事物一樣，都有一個循序漸進的過程。風險導向審計技術也經歷了一個逐步演變和發展的漸進過程，要更好地運用風險導向審計技術，就要在學習運用風險導向審計技術的同時，科學地吸收制度導向、目標導向、過程導向審計技術在商業銀行內部審計中的積極作用，根據審計目標、審計對象、審計範圍和審計重點的不同，綜合運用各種審計技術，科學合理地分配審計資源，最大限度地提高審計效能、降低審計成本、控制和降低審計風險。

二、建立審計數據信息庫和數據管理機制

建立健全科學、有效、安全的審計數據信息管理機制，保證適時、全面、準確地獲取審計分析所需的數據信息，是運用審計技術手段開展審計檢查的重要基礎，是控制審計風險、實現審計目標的關鍵環節。建立健全科學、有效、安全的審計數據信息管理機制，要重點研究和解決好以下幾個方面的問題：

（一）要建立即時、全面、準確獲取審計數據信息的機制

即時、全面、準確地獲取審計數據信息，是開展審計數據分析，進行審計驗證的基礎。商業銀行內部審計的根本目標和商業銀行經營管理的根本目標即實現商業銀行價值最大化是一致的。因此，要建立內部審計數據信息庫。每日營業終了，即時從總行數據處理中心將生產數據移植到審計數據信息庫。內部審計部門直接從總行內部審計數據信息庫提取審計數據信息。只有建立起內部審計數據信息庫以及審計數據信息的獲取渠道，才能保證內部審計部門根據審計項目以及風險導向審計技術的需要，適時、全面、準確地獲取審計數據信息。

（二）建立審計數據信息應用管理機制

在風險導向審計技術條件下，審計數據信息是項目審計的重要資源。內部審計部

門要建立審計數據信息應用管理機制，合理規劃，統籌安排，條塊結合，綜合利用。

（1）數據整理橫向到邊。對獲取的全部審計數據信息要進行全面整理，建立數據分析表，為審計分析做好準備。

（2）數據分析縱向到底。對獲取的審計數據信息要按專業、條線、產品，從業務報表到會計流水等全過程進行數據分析，做到不遺不漏，全面過濾，一查到底，查深查透。

（3）縱橫結合，資源共享，統籌協調，有效溝通。要提高審計數據信息使用效率，深入全面篩選疑點，分析評估風險，實現審計信息數據分析資源共享，實現審計數據信息分析功效最大化。

（三）建立健全審計信息安全管理機制

審計數據信息是商業銀行重要商業秘密，涉及商業銀行經營安全。加強審計數據信息安全管理是內部審計管理的重要內容。

（1）建立審計數據信息安全管理機制。落實審計數據信息安全管理部門、安全管理制度、安全管理人員和管理流程及管理工具。

（2）加強審計數據安全管理教育，增強審計數據信息安全責任意識。

（3）建立審計數據信息安全管理責任制。嚴格追究審計數據信息洩密事件。

三、審計技術推廣應用與創新

科學技術是第一生產力。充分、有效地推廣應用和持續不斷的研究創新商業銀行內部審計技術，是控制審計風險、實現審計目標的關鍵。

（1）建立健全商業銀行內部審計技術推廣運用機制。從審計技術的研究、培訓、使用和效果反饋以及評價激勵等全過程落實審計技術的運用、研究和創新。

（2）加強審計理論研究和審計技術骨幹隊伍建設，建立審計技術研究、創新機制。

（3）建立審計技術應用案例研討機制，持續不斷地普及和推廣審計應用技術，提高審計技術應用水平。

第二篇　內部控制審計
　　　　與內部控制評價

第九章
內部控制審計

內部控制審計，也稱內部控制全面審計、常規審計、系統審計等，是對商業銀行內部控制的健全性、適宜性和有效性進行獨立、全面和系統審計監督評價的一種活動，是商業銀行內部審計的主要內容。

第一節 內部控制的基本概念

一、內部控制的定義

內部控制是受企業董事會、管理層和其他人員影響，為經營的效率效果、財務報告的可靠性、相關法規的遵循性等目標的實現而提供合理保證的過程。企業內部控制體系如圖9-1所示。

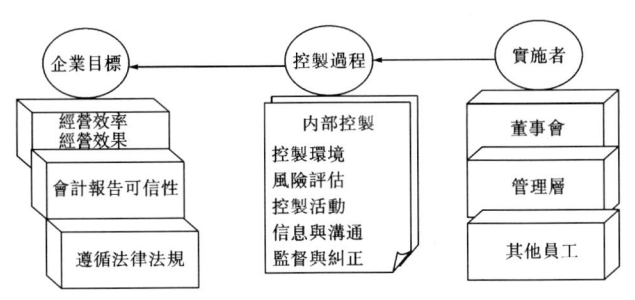

圖9-1 企業內部控制體系

內部控制的這個定義，包含了以下三個方面的內容：
一是內部控制被定義為一個過程，由組織的董事會、管理層和其他人員共同實施。
二是內部控制的根本目的是實現以下三個目標：

(1)經營的效果和效率。
(2)財務報告的可靠性。
(3)法律和法規的遵從性。
三是內部控制對組織的安全營運提供「合理保證」。

二、內部控制架構產生的社會背景及其發展趨勢

(一)內部控制架構產生的社會背景

1985年,由美國註冊會計師協會、會計協會、財務主管協會、內部審計師協會、管理會計師協會聯合創建了反虛假財務報告委員會,旨在通過強化商業道德,建立完善有效的內部控制和法人治理結構,以提高財務報告的質量,探討財務報告中的舞弊產生的原因,並尋找解決措施。基於該委員會的建議,COSO委員會(Committeeof Sponsoring Organizationof the Treadway Committee,美國反虛假財務報告全國委員會的發起組織委員會,下同)成立,專門研究內部控制問題。

1992年9月,COSO委員會提出了報告《內部控制——整體框架》。

1994年,該報告進行了增補,形成COSO內部控制框架。這個框架是迄今為止全球最被廣泛認可的內部控制整體框架。

2002年7月,美國以COSO內部控制框架為基礎的《薩班斯·奧克斯利法案》生效。之后世界多國(澳大利亞、加拿大、德國、英國、日本、新加坡、印度尼西亞、韓國、泰國、菲律賓等)相繼制定了與《薩班斯·奧克斯利法案》類似的規定。

(二)我國內部控制發展的趨勢

2006年6月5日,上海證券交易所率先發布了《上海證券交易所上市公司內部控制指引》,對上市公司建立健全和有效實施內部控制制度提出了原則性指導意見,明確了公司董事會對公司內部控制所負有的責任,並要求上市公司從2006年年度報告起,披露內部控制自我評估報告和會計師事務所對自我評估報告的核實評價意見。作為我國第一部指導上市公司建立健全內部控制機制的規範性文件,《上海證券交易所上市公司內部控制指引》引起了業界專家和媒體的廣泛關注。

2006年12月8日,中國銀行業監督管理委員會(簡稱銀監會,下同)第54次主席會議通過並發布了《商業銀行內部控制指引》之后陸續發布了《銀行業金融機構內部審計指引》以及一系列內部控制的指導性文件,內部控制架構在中國銀行業得到廣泛使用。

2008年5月,財政部會同證監會、審計署、銀監會、保監會等部委發布了《企業內部控制基本規範》,自2009年7月1日起在上市公司範圍內施行,鼓勵非上市的大中型企業執行。要求執行《企業內部控制基本規範》的上市公司,應當對本公司內部控制的有效性進行自我評價,披露年度自我評價報告,並可聘請具有證券、期貨業務資格的會計師事務所,對內部控制的有效性進行審計。這一部門立法,被業界專家和媒體稱為中國版的《薩班斯·奧克斯利法案》。

三、內部控制架構的基本內容

企業內部控制基本架構如圖9-2所示。

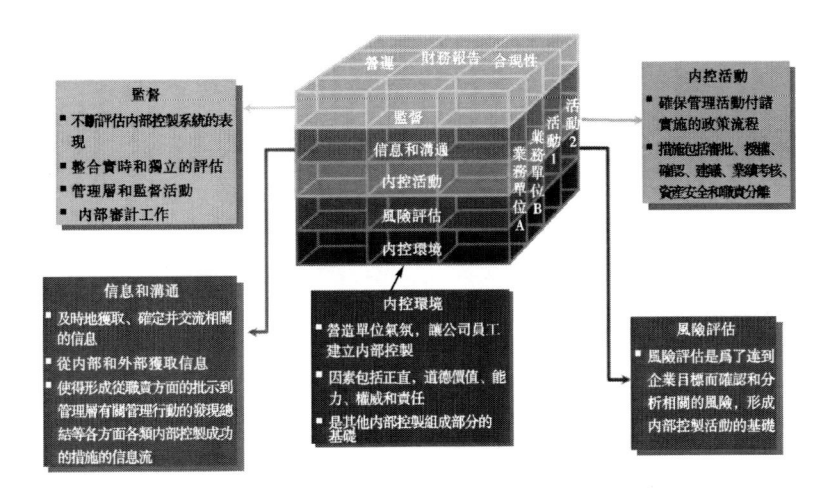

圖9-2　企業內部控制基本架構

(一) 內部控制的目標

內部控制的目標是保證企業經營管理合法合規、資產安全，財務報告及相關信息真實完整，提高經營效率和效果，促進企業實現發展戰略目標。

(二) 內部控制的基本原則

1. 全面性原則

內部控制應當貫穿決策、執行和監督全過程，覆蓋企業及其所屬單位的各種業務和事項。

2. 重要性原則

內部控制應當在全面控制的基礎上，關注重要業務事項和高風險領域。

3. 制衡性原則

內部控制應當在治理結構、機構設置及權責分配、業務流程等方面形成相互制約、相互監督，同時兼顧營運效率。

4. 適應性原則

內部控制應當與企業經營規模、業務範圍、競爭狀況和風險水平等相適應，並隨著情況的變化及時加以調整。

5. 成本效益原則

內部控制應當權衡實施成本與預期效益，以適當的成本實現有效控制。

(三) 內部控制的基本要素

1. 內部控制環境

內部控制環境是企業實施內部控制的基礎，一般包括治理結構、機構設置以及權責分配、內部審計、人力資源政策、企業文化等。

2. 風險評估

風險評估是企業及時識別、系統分析經營活動中與實現內部控制目標相關的風險，

合理確定風險應對策略。

3. 控制活動

控制活動是企業根據風險評估結果，採用相應的控制措施，將風險控制在可承受範圍之內。

4. 信息與溝通

信息與溝通是企業及時、準確地收集、傳遞與內部控制相關的信息，確保信息在企業內部、企業與外部之間進行有效溝通。

5. 內部監督

內部監督是企業對內部控制建立與實施情況進行監督檢查，評價內部控制的有效性，發現內部控制缺陷，及時加以改進。

第二節　商業銀行內部控制及其審計監督的目標任務與重點

商業銀行內部控制是銀行為實現經營目標，通過制定和實施一系列制度、程序和方法，對風險進行事前防範、事中控制、事後監督和糾正的動態管理過程和機制，是商業銀行的自我免疫系統。

一、商業銀行內部控制的基本目標

內部控制是商業銀行安全經營的基礎，是實現商業銀行穩健經營的合理保證，也是商業銀行實現經營管理目標的重要措施。根據監管部門有關規定和商業銀行經營管理實踐，商業銀行內部控制的基本目標主要包括：

(1) 確保國家法律規定和商業銀行內部規章制度的貫徹執行。
(2) 確保商業銀行發展戰略和經營目標的全面實施和充分實現。
(3) 確保風險管理體系的有效性。
(4) 確保業務記錄、財務信息和其他管理信息的及時、真實和完整。

二、商業銀行內部控制的基本原則

商業銀行內部控制應當貫徹全面、審慎、有效、獨立的原則。其基本內容主要包括：

(1) 內部控制應當滲透商業銀行的各項業務過程和各個操作環節，覆蓋所有的部門和崗位，並由全體人員參與，任何決策或操作均應當有案可查。

(2) 內部控制應當以防範風險、審慎經營為出發點，商業銀行的經營管理，尤其是設立新的機構或開辦新的業務，均應當體現「內控優先」的基本原則。

(3) 內部控制應當具有高度的權威性，任何人不得擁有不受內部控制約束的權力，內部控制存在的問題應當能夠得到及時反饋和糾正。

(4) 內部控制的監督、評價部門應當獨立於內部控制的建設、執行部門，並有直接向董事會、監事會和高級管理層報告的渠道。

(5) 內部控制應當與商業銀行的經營規模、業務範圍和風險特點相適應，以合理

的成本實現內部控制的目標。

三、商業銀行內部控制審計及其目標任務

商業銀行內部控制審計是一種獨立、客觀的監督、評價和諮詢活動，是商業銀行內部控制的重要組成部分。商業銀行內部控制審計通過系統化和規範化的方法，審查、評價並改善商業銀行內部控制體系和公司治理效果，促進商業銀行穩健發展。

商業銀行內部控制審計的基本目標是保證商業銀行內部控制體系的健全性、適宜性和有效性，為商業銀行穩健經營提供合理保證，促使風險控制在可接受水平，不斷改善商業銀行的營運，增加商業銀行的價值。

四、商業銀行內部控制審計的重點與基本內容

商業銀行內部控制審計的重點與基本內容主要包括內部控制環境、風險識別與評估、內部控制措施、信息交流與反饋、監督評價與糾正等內部控制基本要素的建設和執行情況的審計檢查。

（一）內部控制環境審計的重點與基本內容

內部控制環境是內部控制的基礎，為內部控制提供文化氛圍，是內部控制審計的重點。內部控制環境審計的基本內容主要包括以下四個方面：

1. 公司治理結構審計

公司治理結構審計檢查商業銀行是否建立了良好的公司治理結構以及分工合理、職責明確、相互制衡、報告關係清晰的組織結構，為內部控制的有效性提供必要的前提條件。

2. 董事會、監事會和高級管理層內部控制履職審計

董事會對商業銀行的內部控制負最終責任。要審計檢查董事會履行內部控制管理職責情況，評價履職的有效性。

董事會內部控制管理的基本職責主要包括：

（1）負責保證商業銀行建立並實施充分而有效的內部控制體系。
（2）負責審批整體經營戰略和重大政策並定期檢查、評價執行情況。
（3）負責確保商業銀行在法律和政策的框架內審慎經營，明確設定可接受的風險程度，確保高級管理層採取必要措施識別、計量、監測並控制風險。
（4）負責審批組織機構。負責保證高級管理層對內部控制體系的充分性與有效性進行監測和評估。

監事會是公司治理結構中的監督部門，負責監督董事會以及高級管理層經營管理活動和經營管理行為。要審計檢查監事會在內部控制管理中的履職情況，評價監事會履職效果。

監事會內部控制管理的基本職責主要包括：

（1）負責監督董事會、高級管理層執行和完善內部控制體系。
（2）負責監督董事會及董事、高級管理層和高級管理人員履行內部控制職責。
（3）負責要求董事、董事長及高級管理人員糾正其損害商業銀行利益的行為並監

督執行。

高級管理層是內部控制的執行者。要審計檢查高級管理層履行內部控制管理、落實內部控制政策、機制、制度、程序和措施的情況，評價高級管理層履職效果。

高級管理層內部控制管理的基本職責主要包括：

（1）負責執行董事會決策。
（2）負責制定內部控制政策、制度規定以及實施細則。
（3）負責建立識別、計量、監測並控制風險的程序和措施。
（4）對內部控制體系的充分性與有效性進行監測和評估。
（5）負責建立和完善內部組織機構，保證內部控制的各項職責得到有效履行。

3. 內部控制架構審計

內部控制架構是內部控制環境的基本內容，要審計檢查商業銀行是否設立了自我制約、自我控制的內部控制架構體制，是否落實了有效制衡的內部控制機制和制度。審計檢查的重點主要包括：

（1）是否設立了履行風險管理職能的專門部門，負責具體制定並實施識別、計量、監測和控制風險的制度、程序和方法，以確保風險管理和經營目標的實現。

（2）是否明確劃分了相關部門之間、崗位之間、上下級機構之間的職責，建立職責分離、橫向與縱向相互監督制約的運行機制。

（3）是否根據不同的工作崗位及其性質，賦予其相應的職責和權限，各個崗位是否有正式、成文的崗位職責說明和清晰的報告關係。

（4）是否明確了關鍵崗位及其控制要求，關鍵崗位是否實行定期或不定期的人員輪換和強制休假制度。

（5）是否建立了重要崗位人員管理制度，有無違反「涉及資產、負債、財務和人員等重要事項變動均不得由一個人獨自決定」的規定。

4. 企業文化審計

企業文化是企業占統治地位的思想、文化、觀念和價值觀，是企業精神的總和。審計檢查的重點主要包括：

（1）審計檢查商業銀行及其分支行是否建立了穩健經營的企業文化。
（2）是否建立了風險收益最優化的企業文化。
（3）是否建立了科學、平衡、有效的激勵約束機制。
（4）是否建立和培育良好的企業精神和內部控制文化，創造全體員工均充分瞭解且能履行職責的內部控制環境。

（二）風險識別與評估審計的重點與基本內容

風險識別與評估是制定內部控制措施的基本依據，也是驗證內部控制質量效果的重要措施。審計檢查的重點主要包括：

1. 風險識別與評估體系審計

審計檢查商業銀行是否建立了內部控制的評價制度體系，是否對各個業務系統的運行情況、內部控制的制度建設及其執行情況定期進行回顧和檢討，是否根據國家法律規定、銀行組織結構、經營管理狀況、市場環境的變化等對內部控制體制機制和制

度辦法等進行修訂和完善。

2. 新業務、新系統的風險識別與評估審計

審計檢查商業銀行設立新的機構或開辦新的業務是否事先制定有關的政策、制度和程序，對潛在的風險是否進行計量和評估，並提出管理、控制和防範風險的措施。

（三）內部控制措施審計的重點與基本內容

內部控制措施是內部控制體制機制和制度的具體落實，要重點審計檢查內部控制措施的健全性、有效性和執行力。審計檢查的重點主要包括：

1. 全面風險管理體系審計

審計檢查商業銀行是否建立涵蓋各項業務、各個專業條線與業務板塊的全行範圍的風險管理體系，開發和運用風險量化管理的方法和模型，對信用風險、市場風險、流動性風險、操作風險等各類風險進行持續的監控與管理。

2. 內部控制制度及操作流程審計

審計檢查商業銀行是否對各項業務制定了全面、系統、成文的政策、制度和程序，在全行範圍內保持統一的業務標準和操作流程設計要求，並保證其連續性和穩定性。

3. 授權體系與授權制度審計

授權體系建設和授權制度管理是內部控制措施的重要內容。審計檢查的重點主要包括：

（1）審計檢查商業銀行是否根據各分支機構和業務部門的經營管理水平、風險管理能力、地區經濟狀況和業務發展需要，建立相應的授權體系，實行統一法人管理和法人授權。

（2）審計檢查授權制度是否適當、明確，是否採取書面形式。

（3）審計檢查是否利用計算機程序監控等現代化手段，鎖定分支機構的業務權限，對分支機構實施有效的管理和監控。

（4）審計檢查商業銀行下級機構是否嚴格執行上級機構的決策，是否在自身職責和權限範圍內開展工作。

4. 業務復核監控體系審計

業務復核監控制度是內部控制措施的關鍵環節，是有效管理和控制操作風險的重要措施。審計檢查的重點主要包括：

（1）審計檢查商業銀行及其分支行是否建立了有效的核對、監控制度。

（2）是否對各種帳證、報表定期進行核對，對現金、有價證券等有形資產及時進行盤點，對櫃臺辦理的業務實行復核或事後監督把關。

（3）是否對重要業務實行雙簽有效的制度，對授權、授信的執行情況進行監控等。

5. 法律合規管理審計

法律合規管理是落實內部控制措施的自我監督管理機制，是通過專業化管理進行有效管理和控制風險。審計檢查的重點主要包括審計檢查商業銀行是否設立獨立的法律事務部門或崗位，統一管理各類授權、授信等法律事務，制定和審查法律文本，對新業務的推出進行法律論證，確保各項業務的合法和有效。

6. 應急預案審計

應急預案是風險管理和控制的重要措施，是在發生風險事件後，盡可能地減少損

失的應急方法和措施。

應急預案審計檢查的重點主要包括：

（1）審計檢查是否建立了有效的應急預案，並定期進行測試。

（2）審計檢查並評價在意外事件或緊急情況發生時，能否按照應急預案及時做出應急處置，以預防或減少可能造成的損失，確保業務持續開展。

（四）信息交流與溝通審計的重點與基本內容

信息交流與溝通是內部控制管理的載體和重要手段，是商業銀行有效管理和控制風險的基礎。信息交流與溝通審計檢查的重點主要包括：

1. 信息交流和反饋機制審計

審計檢查是否建立了有效的信息交流和反饋機制，確保董事會、監事會、高級管理層及時瞭解商業銀行的經營和風險狀況，確保每一項信息均能夠傳遞給相關的員工，各個部門和員工的有關信息均能夠順暢地反饋到高級管理層。

2. 數據安全管理審計

審計檢查是否實現業務操作和管理的電子化，促進各項業務的電子數據處理系統的整合，做到業務數據的集中處理。

3. 信息系統運行狀況審計

審計檢查是否實現經營管理的信息化，建立了貫穿各級機構、覆蓋各個業務領域的數據庫和管理信息系統，做到及時、準確提供經營管理所需要的各種數據，並及時、真實、準確地向銀監會及其派出機構報送監管報表資料和對外披露信息。

4. 檔案管理審計

審計檢查是否按照規定進行會計核算和業務記錄，建立完整的會計、統計和業務檔案，妥善保管，確保原始記錄、合同契約和各種資料的真實、完整。

（五）監督與糾正審計的重點與基本內容

監督與糾正是內部控制的自我監督、自我完善、自我糾正機制，是自律管理的重要措施，是商業銀行的自我免疫系統。監督與糾正審計檢查的重點主要包括：

（1）審計檢查業務部門是否建立了內部自我糾正機制，對各項業務經營狀況進行經常性檢查，及時發現內部控制存在的問題，並迅速予以糾正。

（2）審計檢查內部審計是否具有充分的獨立性，實行全行系統垂直管理。

（3）審計檢查內部審計部門是否有權獲得商業銀行的所有經營信息和管理信息，並對各個部門、崗位和各項業務實施全面的監督和評價。

（4）審計檢查下級機構內部審計負責人的聘任和解聘是否由上一級內部審計部門負責，總行內部審計負責人的聘任和解聘是否由董事會負責。

（5）審計檢查是否配備充足的、具備相應的專業從業資格的內部審計人員，並建立專業培訓制度，每人每年確保一定的離崗或脫產培訓時間。

（6）審計檢查是否建立了有效的內部控制報告和糾正機制，業務部門、內部審計部門和其他人員發現的內部控制的問題是否有暢通的報告渠道和有效的糾正措施。

第三節　內部控制審計的基本流程與方法技術

內部控制審計的基本流程和方法步驟按照審計的一般規律和現代商業銀行審計思想與方法技術，可以分為前審計階段、中審計階段和后審計階段。

一、前審計階段

前審計階段我們過去叫審計準備階段。

前審計階段和審計準備階段有什麼區別？

審計準備階段是商業銀行會計核算手工帳時代，或者計算機處理商業銀行業務初級階段，商業銀行會計帳表以及經營管理的數據都還在基層分支行。在這種背景下，審計工作必須要到現場才能全面展開。因此，審計進場前這個階段的工作，只能是以收集資料為主要內容的審計準備工作。這一階段就叫審計準備階段。

隨著計算機信息技術在商業銀行會計核算和經營管理中的廣泛運用，商業銀行實行了數據大集中。全行會計核算以及經營管理的所有數據和信息都集中在總行。在這種背景下，審計部門、審計人員通過數據分析，進行控制測試，甚至開展實質性檢查就成為可能。這也為進一步提高審計效率、降低審計成本、增加審計價值創造了條件。因此，與時俱進，創新審計組織方式、審計作業方式、審計業務流程和審計技術工具，更好地適應計算機信息技術在審計領域的應用，前審計階段的概念就應運而生了。

前審計階段就是通過整合審計資源，把審計準備階段和前審計階段非現場審計融為一體，成為內部控制審計的第一階段。

弄清楚前審計階段和審計準備階段的本質區別，目的在於啓發和引導審計人員從內部控制審計的目標任務出發，以多出、快出審計成果，增加審計價值，規避審計風險為動力，重視前審計階段工作。通過廣泛運用計算機信息技術，深入研究前審計階段數據採集、數據分析的方法和思路，落實前審計階段的工作措施，從內部控制的總體測試和驗證評估中，獲取更多的有價值的審計線索，甚至審計成果，不斷提升前審計階段的工作成效。前審計階段的工作內容、重點和方法技術主要包括：

（一）控制測試

控制測試是內部控制審計的基本方法。要按照內部控制架構及其運行機制和流程，對內部控制體系的健全性、適宜性和有效性進行控制測試。

1. 審計抽樣

要根據內部控制審計的基本目標任務和審計重點，進行審計抽樣。

（1）內部控制審計抽樣應遵循風險導向原則。對較低風險的內部控制要素可降低抽樣比例，對較高風險的內部控制要素相應提高抽樣比例。尤其是對內部控制環境、內部控制措施、監督與糾正等要素，要適當增加抽樣比例。

（2）審計抽樣方式包括（但不限於）：

一是隨機抽樣。對尚未判斷出明顯風險特徵的審計事項，可以相同概率隨機抽取樣本進行檢查。隨機抽樣可進一步通過分層抽樣進行。

二是判斷抽樣。可運用審計經驗判斷，對具有明顯風險特徵的審計事項，選取高風險樣本進行檢查。

（3）內部控制環境、監督與糾正等審計抽樣，主要採用判斷抽樣。其他要素可採用判斷抽樣與隨機抽樣相結合的方法進行。

（4）審計抽樣主要運用於前審計階段，但在中審計階段，即現場審計實施階段，應根據實際情況變化適度調整審計抽樣的比率與方法。

2. 數據分析

數據分析是控制測試的基本方法。要通過數據分析，篩選疑點線索，搜集審計證據，確認審計事實。

數據分析工具包括商業銀行內部審計系統、相關業務系統、數據分析工具與統計軟件等。

3. 疑點線索的實質性檢查

在控制測試中，對前審計階段發現的重大疑點與線索，要及時組織研究分析，有針對性地運用審計工具和審計方法進行實質性跟蹤檢查，確認審計事實，或者進一步確定問題疑點以及下一階段實質性檢查的基本思路和方法措施。

（二）初步風險分析與評估

在內部控制審計的前審計階段，要充分運用審計分析的工具和方法技術，通過初步風險分析與評估，發現內部控制中潛藏的重大內控缺陷和重大風險隱患。

1. 收集資料

審計風險主要產生於審計信息不對稱。要搞好內部控制審計，搞好前審計階段的控制測試和審計驗證，就必須要廣泛地收集審計信息。這些信息主要包括（但不限於）：

（1）國家有關金融法律法規以及內部控制的規範性文件。

（2）總行政策、制度和內部控制管理規定。

（3）被審計對象內部控制管理制度辦法、實施細則和文件規定。

（4）被審計對象主要經營情況，包括工作總結、年度財務報表、決算報告等。

（5）被審計對象的內外部檢查情況及整改情況報告。

（6）各類業務數據。

（7）信訪舉報材料。

（8）媒體及互聯網的有關報導。

（9）其他審前分析所需資料。

2. 風險分析

風險分析是前審計階段的重要審計技術方法。要通過對大量的審計數據的因果關係分析，特別是通過對數據和非數據信息的關聯分析驗證，發現經營管理中潛藏的重大風險線索和重大風險隱患。驗證分析可從下列方面對被審計對象進行概況分析：

（1）宏觀經濟金融形勢和同業競爭狀況以及當地金融生態環境等外部因素，對被審計對象內部控制的影響。

（2）被審計對象業務結構、發展模式、盈利模式等經營管理狀況以及員工薪酬競

爭力等內部因素,對內部控制的影響。
(3) 以往內外部檢查發現的問題以及整改情況,對內部控制的影響。
(4) 相關法律法規、政策、制度及其執行情況,對內部控制的影響。
(5) 上級和下級業務考核指標體系以及考核評價情況,對內部控制的影響。
(6) 相關內部控制及其執行情況。
(7) 相關信息系統及其電子數據情況。
(8) 其他需進行審計前分析的情況。

3. 發現重大疑點與線索的主要途徑

高度關注經營管理中潛藏的重大風險隱患是審計工作的重中之重,緊緊盯住重大疑點線索,是堅持風險導向審計和審計重要性原則的基本要求。要綜合運用各種審計信息,充分發揮審計人員的職業敏感性,盡可能地識別和揭示重大風險隱患、重要內控缺陷和重大財產損失風險。發現重大疑點與線索的主要途徑包括(但不限於):
(1) 同業,特別是被審計對象所在地區的同業近期發生的重大問題。
(2) 以往內外部檢查發現的被審計對象存在的重大問題。
(3) 被審計對象可能存在重大問題的特徵、動機和原因。

4. 重大疑點線索分析與價值評估

對重大疑點線索進行深入分析和價值評估,是提高審計效能的關鍵,是審計驗證的重點工作。要在對被審計對象內部控制基本概況分析的基礎上,結合以往審計發現的問題與審計經驗,判斷重大問題的高發領域和環節,確認和評價重大疑點與線索的價值以及進一步審計檢查的思路和方法措施。

重大疑點線索分析和價值評估的基本方法主要包括(但不限於):
(1) 通過充分收集審計風險信息進行重大疑點線索分析評估。要充分利用各種渠道收集審計信息,特別是重要審計風險信息。信息收集渠道包括商業銀行紀檢監察與業務管理部門、內部人員、媒體網路等內外部渠道。
(2) 通過企業帳戶數據分析,進行重大疑點線索分析評估。通過充分開展企業帳戶數據分析,從企業帳戶發生額的異常變化、發生額與余額的異常變化、累計發生額與余額的異常變化、資金走向的異常變化以及財務報表的邏輯關係中,分析評估判斷重大疑點線索及其價值。
(3) 通過經營管理數據分析,進行重大疑點線索分析評估。通過分析商業銀行及其分支行經營管理數據的異常變化,特別是業務指標異常差或異常好的分支行(尤其是基層營業機構),從這些異常變化中分析評估重大疑點線索及其價值。
(4) 綜合運用各種信息做出職業判斷。要充分利用各種渠道收集審計信息,特別是要把重要審計風險信息、業務數據和非業務數據信息結合起來,在綜合比較分析中,發揮審計人員的職業敏感性,運用審計人員的職業判斷,分析評估重大疑點線索及其價值。

(三)預審報告及其預審分析會議

預審報告及預審分析會是前審計階段工作的重要組成部分。搞好預審報告的分析,對前審計階段發現的重要審計線索和問題疑點,進行深入細緻的討論研究,明確下一階

段實質性檢查取證的基本工作思路和工作方法，是搞好內部控制審計的關鍵環節。

1. 前審計階段的工作底稿

前審計階段是內部控制審計的重要組成部分。對前審計階段，在控制測試和初步風險分析與評估中獲取的審計事實，或者重要審計線索，要按照審計程式，出具內部控制審計工作底稿，作為預審報告的基本依據。

（1）突出前審計階段的工作特點，盡可能多地體現審計工作成果。前審計階段的工作特點如下：

一是在充分佔有格式化數據的基礎上，進行重大問題的數據測試和數據分析。

二是在充分佔有大量非數據信息材料的基礎上，進行全面的內部控制健全性、適宜性、有效性驗證與系統分析。

要把對內部控制健全性、適宜性、有效性驗證與分析中發現的問題以及問題線索，提煉出來，深入分析取證，形成審計成果。

（2）前審計階段工作底稿，既要反應審計發現的問題，又要反應審計發現的重要疑點線索，為下一階段實質性檢查創造條件。

前審計階段通過控制測試、數據分析和系統驗證，在這個基礎上形成的審計底稿，有以下兩種類型：

一是經過數據分析和審計驗證確認的審計事實形成的審計工作底稿。

二是通過控制測試和審計分析發現的關於整個內部控制體系和內部控制措施的重要缺陷、重大問題的疑點線索。

這兩個方面的成果都很重要，要認真研究分析，充分挖掘內在價值，形成更為重要的審計成果。

（3）前審計階段工作底稿的質量，決定著整個內部控制審計的成敗。現代化信息時代的商業銀行，數據已經基本都集中在總行，前審計階段佔有了大量的數據信息和時間資源，如果沒有實質性的突破，那麼進入現場後，受時間、空間等資源因素的限制，就很難再有所作為、有所突破。因此，整個內部控制審計成功與否，與前審計階段出的工作底稿多少有很大關係，與前審計階段出的工作底稿的質量高低有很大關係，與前審計階段的工作成效有很大關係。一定要充分認識前審計階段在整個內部控制審計中的重要作用，充分利用各種資源，深入開展前審計階段的各項工作，爭取取得更好的前審計成效。

2. 預審報告

預審報告是前審計階段的重要成果。要充分整合前審計階段的工作底稿，形成預審計報告。

預審計報告的基本內容主要包括以下幾個方面：

（1）項目基本情況，包括審計項目名稱、審計目標任務、審計依據、審計組人員組成等。

（2）審計抽樣以及資料收集情況。

（3）前審計階段發現的主要問題以及線索和問題疑點。

這部分內容是預審報告的重點。

一是要寫清楚前審計階段發現的問題，包括審計事實、審計證據等。

二是要寫清楚前審計階段發現的重要問題疑點線索，包括初步的審計事實和間接的審計證據等。

三是要寫清楚前審計階段發現的問題疑點，包括控制測試和驗證檢查中發現的問題疑點以及信訪舉報的問題線索等。

（4）下一步實質性檢查的重點、思路、方向和方法措施等。

3. 預審分析會議

預審分析會議是內部控制審計的重要組織形式。要充分調動各方面的積極性，開好預審分析會議。

（1）預審分析會議的主要內容與重點。預審分析會議的主要內容是討論預審報告。預審分析會議討論的重點如下：

一是要重點討論對被審計對象整體內部控制狀況的初步分析與初步風險評估判斷。

二是要對被審計對象內部控制重大缺陷以及重大風險隱患問題進行深入的研究分析和評估判斷。

三是要把被審計對象內部控制總體狀況、內控重大缺陷和重大風險隱患以及重要疑點線索等聯繫起來，進行系統性的分析和評估，研究這些問題背後可能存在的問題。在此基礎上，形成對被審計對象內部控制整體問題的工作底稿和重大問題的工作底稿以及其他疑點線索工作底稿，提出下一步實質性檢查的方向、思路和方法措施。

（2）預審會議的組織。預審會議一般應有審計部門主要負責人主持，審計部門領導、審計專家、審計管理人員和審計組全體成員參加。

（四）編製審計方案

審計方案是審計執行的依據，也是審計問責的基本依據。要在預審報告基礎上，編製審計方案。

1. 審計方案的主要內容

審計方案的內容可以根據審計目標任務的不同，有所側重。從商業銀行內部審計實踐來講，審計方案一般主要包括以下內容：

（1）審計項目背景。

（2）以往檢查發現的主要問題。

（3）重點審計事項和檢查方法。

（4）人員分工與時間安排。

2. 審計方案的文本格式

審計方案可採取文字或文字與表格相結合的形式。審計方案由審計組內部掌握，一般不向被審計對象提供。現場審計中可以根據實質性檢查需要，調整補充審計方案，以更好地實現審計目標。

3. 審計方案編製的主要流程

審計方案編製的流程可以因審計目標任務的不同而有所區別，一般來講審計方案編製的基本流程主要包括：

（1）收集審計資料與數據。主審人一般應至少提前3周向被審計對象、相關部門

與持續審計人員索取相關資料，採集相關數據。

（2）審計組研究。審計組組長召集審計組成員，研究分析被審計對象的主要情況與特點，指導審計員開展審前分析。

（3）審前分析。審計組成員利用收集的資料與數據，對所負責的審計事項進行審前分析，並根據審計分工，撰寫相應的審計方案。

（4）匯總編製。主審人匯總審計員編製的專業和產品審計方案，通過對被審計對象的現狀與問題進行總體性分析，匯總編製審計實施方案，並由審計組組長初審。

（5）召開審計準備會議。審計準備會議對審計方案進行討論與分析，提出補充修改意見。

（6）修訂方案。主審人根據審計準備會議的意見修改審計方案，並由審計組組長審定，按規定程序報批。

二、中審計階段

中審計階段也就是現場審計階段，也叫主審計階段。這個階段是以現場審計為主。中審計階段的工作目標任務與重點和方法技術主要包括以下方面：

（一）中審計階段的主要任務

中審計階段是內部控制審計的主體階段，主要有以下兩個方面的任務：

第一，對前審計階段的審計發現進行核實驗證，確認審計事實。

（1）對前審計階段非現場審計發現的問題，形成的工作底稿，進行核實驗證，搜集審計證據，確認審計事實，形成審計事實工作底稿，按照審計程序提請被審計對象簽字確認。

（2）對前審計階段非現場審計發現的審計線索，形成的工作底稿，進行進一步的審計核實和審計拓展。通過搜集審計證據，能夠確認的審計事實，就形成審計事實工作底稿，按照審計程序，提請被審計對象簽字確認。不能通過搜集審計證據確認審計事實，但仍存有許多疑點的，形成審計備忘錄，以備以后審計時參考。

（3）對前審計階段非現場審計發現的審計疑點形成的工作底稿，要進一步落實核查，充分搜集證據，確認審計事實，形成新的審計底稿。

第二，根據對前審計階段審計發現的核實情況和現場審計需要，調整審計方案，進行補充抽樣，深入檢查，獲取新的審計證據，進一步發現新的疑點線索和新的問題，再出審計工作底稿。

（二）中審計階段內部控制審計檢查的基本程序

中審計階段內部控制審計檢查的基本程序一般可分為：

（1）內部控制總體測試。

（2）內部控制實質性檢查。

（三）內部控制總體測試

內部控制總體測試是指審計人員對被審計對象內部控制概況進行初步瞭解，進而尋找內部控制的薄弱環節。內部控制總體測試是實質性檢查的基礎。

1. 內部控制總體測試程度與範圍要重點考慮的因素

根據商業銀行內部控制審計實踐，內部控制總體測試程度與範圍要重點考慮的因

素主要包括：

（1）被審計對象業務規模。

（2）被審計對象業務的複雜程度。

（3）以往內外部檢查情況。

（4）對業務規模大、複雜程度高，尤其是初次開展內部控制審計的要擴大總體測試範圍。

2. 內部控制總體測試的基本方法與技術

要通過審閱和分析被審計對象組織架構、職責分工、相關規章制度、經營管理基本狀況、以往內外部檢查報告等方法，進行總體分析、評價和判斷，充分發現審計疑點線索。

內部控制總體測試的技術方法主要包括詢問、觀察、檢查、重新執行、穿行測試等。

（1）詢問。審計人員可以向被審計對象有關人員進行必要的詢問，獲取內部控制運行情況相關的信息。例如，詢問參數中心系統管理人員，如何應基層營業機構業務人員要求，通過維護和修改系統參數，進行錯帳衝正等。同時，通過檢查參數維護單，從中發現參數維護修改中的違規違章行為，評價參數管理內部控制制度的執行情況。

（2）觀察。觀察是測試不留下書面記錄的控制措施執行情況的有效手段。例如，上門收款收回來的現金不能當天馬上對外支付。審計人員就可以在現場觀察上門收款人員收回來的現金有無馬上用於櫃臺對外支付、有無馬上用於自助銀行裝鈔等。又如，對監控探頭的覆蓋範圍、櫃員離開櫃臺時現金以及印章要收起上鎖等，也可以通過現場觀察進行測試。

（3）檢查。對內部控制運行情況留有書面證據的控制措施，檢查是最好的測試辦法。例如，簽字授權制度、審批制度等，都可以通過檢查來進行測試和驗證。

（4）重新執行。在通過詢問、觀察和檢查等程序結合起來進行測試後，仍無法獲得充分的證據證明內部控制的狀況時，就要考慮通過重新執行來證實內部控制是否有效。

（5）穿行測試。穿行測試是通過追蹤交易在財務報告信息系統中的處理過程，來證實審計人員對內部控制的瞭解，評價內部控制設計的有效性以及確定控制是否得到執行的一種審計技術。

穿行測試是一種重要的審計程序，但是穿行測試不是單獨的一種審計程序，而是將多種審計程序按照特定的審計需要進行組合運用的方法。穿行測試更多地運用於瞭解內部控制狀況。

（四）內部控制實質性檢查

內部控制實質性檢查是指審計人員根據內部控制總體測試的結果，對內部控制的薄弱環節進行實證性審核，檢查業務活動是否合法合規，業務信息是否正確、真實可靠，風險是否有效控制等。

開展內部控制實質性檢查，要從全面深入檢查內部控制五個要素，即內部控制環境、風險識別與評估、內部控制措施、信息交流與反饋、監督與糾正等方面開展工作，

審計檢查評價商業銀行及其分支行內部控制的健全性、合規性和有效性。
　　1. 內部控制環境實質性檢查
　　內部控制環境實質性檢查的重點，是驗證內部控制制約體制機制的健全性。審計驗證的內容主要包括：
　　（1）管理層的經營理念、權責分配、決策程序和議事規則。
　　（2）組織結構、經營模式、職責劃分的合理性。
　　（3）企業文化。
　　（4）業績考核與激勵機制的合理性。
　　（5）人力資源，包括人員配備、素質、培訓、勝任能力等。
　　2. 風險識別與評估實質性檢查
　　風險識別與評估實質性檢查的重點是驗證風險識別與評估機制的健全性和有效性。審計驗證的內容主要包括：
　　（1）審計檢查引發風險的內外因素分析以及風險識別的正確性。
　　（2）驗證對風險進行評價和衡量的情況以及測算風險發生的可能性和預計后果情況。
　　（3）審計檢查風險轉移措施。
　　（4）審計檢查抵禦風險的能力。
　　（5）審計檢查風險管理的具體方法及效果。
　　3. 內部控制措施實質性檢查
　　控制措施實質性檢查的重點，主要是驗證內部控制措施的適當性、合理性、有效性。審計驗證的內容主要包括：
　　（1）重要業務有無適當的授權。
　　（2）不相容職責是否分離。
　　（3）有效控制憑證和記錄的真實性。
　　（4）資產和記錄的接觸限制。
　　（5）獨立的業務審核。
　　4. 信息交流與反饋實質性檢查
　　信息交流與反饋實質性檢查的重點是驗證內部控制信息獲取與交流溝通的成效。審計驗證的內容主要包括：
　　（1）獲取內部信息和外部信息的能力。
　　（2）信息處理的及時性和適當性。
　　（3）信息傳遞的便捷與暢通。
　　（4）管理信息系統的安全可靠性。
　　5. 監督與糾正實質性檢查
　　監督與糾正實質性檢查的重點是驗證監督糾正的獨立性、權威性和有效性。審計驗證的內容主要包括：
　　（1）管理層、條線管理部門和審計監督部門是否全面有效履行監督職責。
　　（2）是否認真落實整改。

（3）內部審計的獨立性、有效性和權威性。

（五）重大問題實質性檢查

審計部門和審計人員要保持職業謹慎精神和高度的職業敏感性，充分關注被審計對象可能存在的重大問題和重要風險隱患。

1. 重大問題的主要範圍

重大問題主要包括（但不限於）：

（1）詐欺與舞弊，即內部、外部人員採用欺騙等違法違規手段，損害銀行利益，同時為個人帶來不正當利益的行為；

（2）重大風險，即業務發生重大損失的可能性較大。

（3）重要事項失誤，即「三重一大」，重大決策、重要人事任免、重大項目安排和大額度資金運作決策或執行失誤，造成嚴重損失、浪費或風險，違反財經紀律和廉潔自律規定等。

（4）嚴重的控制缺陷，即內部控制中存在的嚴重缺陷，即使尚未造成現實損失，但也可能導致未來出現較大損失。

2. 重大問題的主要跡象

要認真核實審計方案中列出的重大疑點與線索，並持續重點關注重大問題和重要風險隱患。重大問題的主要跡象包括（但不限於）：

（1）經營管理中存在的異常事項。

（2）財務與非財務數據的異常變化。

（3）目標設定、考核機制不合理，導致管理層遭受異常壓力，或個人利益、局部利益與整體利益存在較大衝突。

3. 重大問題發現的主要途徑

重大問題發現的主要途徑包括（但不限於）：

（1）廣泛的信息渠道。要充分利用各類信息，包括會議紀要、紀檢監察與業務管理部門提供的線索、媒體報導等信息，運用職業判斷發現異常情況。

（2）發布審計公告，通過員工舉報發現重大問題線索。進入審計現場后，審計組要發布審計公告，公布審計項目名稱、審計範圍內容、審計時間、舉報電話、舉報郵箱地址等，鼓勵員工舉報違規違紀問題。

（3）有效交流。要進行勤勉詢問，主動地與被審計對象各層級人員進行交流，獲取有益的信息，並通過信息之間的比較分析，發現重大問題線索。

（4）外部調查。對通過內部檢查無法認定重大疑點的問題，可運用發函查詢、媒體信息、系統查詢或實地查看等外部調查方法進行認定。

（5）數據分析。要充分利用各類數據信息和系統開展數據分析，並結合交流、調查等其他途徑排查，以發現重大問題。

4. 發現重大問題后的應對

發現重大問題后，審計組可採取下列（但不限於）應對措施：

（1）增派具有相關經驗與能力的人員。

（2）做好審計保密工作，控制知曉範圍。

（3）擴大檢查範圍，覆蓋重大問題可能涉及的領域。
（4）獲取必要的外部證據。
（5）向所在審計部門或上級審計部門報告並取得指導。
（6）其他必要的應對措施。

發現重大問題時，審計組組長應親自組織、指導並參與檢查工作。

（六）現場審計的組織與管理

1. 審計組組長

審計組組長是現場審計組織管理的直接責任人，應定期或不定期地對審計人員的檢查進展和檢查內容進行檢視，分階段聽取匯報，查找遺漏與不足，把握和控制現場審計進度，確保項目的順利進行。

為確保審計方向與被審計對象的主要風險特徵和領域基本一致，審計組組長要根據檢查實際情況，適時調整審計重點、樣本、方法、時間與人員安排。

審計人員要自覺跟進現場審計進度，並相互協作保持溝通，發現疑點后及時向審計組組長報告。

2. 審計計劃調整

遇到下列情形時，審計組應及時調整審計方案和審計計劃及措施：
（1）審計目標發生重大變化。
（2）被審計對象及其環境發生重大變化。
（3）審計判斷與實際情況有較大差異。
（4）重要審計事項調整。
（5）其他審計組認為需要調整的情況。

（七）審計證據

審計證據是審計人員獲取的用於證實審計結論的全部依據。

1. 審計證據的種類

審計證據主要包括以下形式：

（1）書面證據，即審計人員所搜集的各種以書面文件形式存在的證據，包括（但不限於）原始憑證、會計記錄、業務記錄、會議記錄、規章制度、公文、合同、協議、函件以及審計人員的計算與分析結果等。

（2）實物證據，即審計人員通過實際觀察或清點所搜集的用以確定某些實物資產與重要單證存在狀況的證據。

（3）視聽證據，即審計人員搜集的存儲於視聽介質上的證據，視聽介質包括磁帶、磁鼓、磁盤、光盤、膠片、照片等。

（4）言詞證據，即審計人員經過詢問或調查所搜集的口頭證據。

（5）環境證據，即審計人員搜集的對被審計對象產生影響的各種環境事實記錄，包括內部控制系統狀況、管理層與職員的素質以及管理條件與管理水平等。

2. 有效審計證據的基本要求

審計證據要具有充分性、相關性與可靠性。

（1）充分性，即審計證據數量足以支持審計結論。

（2）相關性，即審計證據與審計事項及其具體審計目標之間具有實質性聯繫。

（3）可靠性，即審計證據真實、可信。

3. 審計證據的確認

審計人員取得審計證據，要由證據提供者簽名或蓋章。不能取得提供者簽名或蓋章的，審計人員要註明原因。雖不能取得簽名或蓋章，但不影響事實存在的，該審計證據仍然有效。

審計組組長要督導審計人員搜集並審核審計證據。發現審計證據不符合要求的，應要求審計人員進一步取證。

4. 獲取審計證據的方法

獲取審計證據的方法主要包括（但不限於）：

（1）檢查，即對紙質、電子或其他介質形式存在的文件、記錄進行審查，或對有形資產進行審查。

（2）觀察，即察看相關人員從事的活動或執行的程序。

（3）詢問，即以書面或口頭方式向有關人員瞭解關於審計事項的信息。

（4）外部調查，即通過對與審計事項有關的第三方進行調查。

（5）分析性復核，即研究財務數據之間、財務數據與非財務數據之間可能存在的合理關係，對相關信息做出評價，並關注異常波動與差異。

（八）審計記錄與審計工作底稿

審計人員要按照審計制度的規定，撰寫審計記錄與審計工作底稿，真實、完整地記錄實施審計的過程與審計事項。

1. 審計記錄和審計工作底稿是重要審計文書

審計記錄是審計工作底稿的基礎，是審計人員在現場審計中對審計過程的簡要記錄，包括未納入審計工作底稿的審計事項，如抽查樣本的檢查記錄等。審計記錄應以電子形式記錄，審計記錄一般要保存兩年以上。

審計工作底稿是審計人員對被審計對象問題做出的歸納性記錄。對審計發現的問題，審計人員要按規定格式編製審計工作底稿。在審計報告中表述的問題均應有審計工作底稿支持。審計工作底稿要以電子形式記錄，並保存紙質檔案。

2. 審計工作底稿的主要內容

審計工作底稿的具體內容要根據審計任務的不同而定，但要以滿足審計報告的基本要求為原則。一般來講，審計工作底稿的基本內容主要包括：

（1）檢查的基本情況，包括檢查時間、檢查項目、檢查對象、檢查事項、審計人員、索引號及頁次等。

（2）審計發現問題的情況摘要，包括檢查認定的事項、認定的依據等。

（3）與問題或事實有關的取證材料等附件。取證材料對應多個審計工作底稿時，應附在與其關係最密切的審計工作底稿后面，並在其他審計工作底稿上註明。

（4）被審計對象反饋意見。

3. 審計工作底稿的基本要求

審計工作底稿的基本要求就是要滿足審計報告的撰寫，滿足審計事實描述的基本

要求。

（1）審計工作底稿應簡潔清晰，所附審計證據要真實可靠，並能充分支持結論。一般一事一稿，如多個問題性質相同或為了有利於確認，也可合併處理。

（2）審計人員應與被審計對象進行充分溝通，促進被審計對象對審計工作底稿內容的理解與認知。

（3）審計人員應對審計工作底稿的真實性負責。審計工作底稿應經過復核，由審計組組長或主審人簽發，由被審計對象簽署反饋意見。

（九）離點反饋會議

現場審計工作結束后，審計組要召開離點反饋會議，通報檢查的總體情況與發現的主要問題。

參加離點反饋會議的人員主要是被審計對象的管理層，必要時可擴大至主要業務部門負責人。但對詐欺與舞弊、重大風險等問題，應根據審計保密規定嚴格控制知曉範圍。

離點反饋會議的內容不具有正式性，審計發現問題與整改意見以審計組出具的審計報告為準。被審計對象對有關審計情況提出異議的，審計組應進行核實。

三、后審計階段

后審計階段是內部控制審計的第三個階段。這是一個全新的概念，在我們傳統的審計管理中，沒有明確的界定后審計階段的概念。

（一）后審計階段的基本特點

后審計階段是內部控制系統審計方式方法的一個創新，不是簡單的審計匯總分析和撰寫報告，而是要通過對前審計階段和中審計階段發現的具體問題的深入分析，查找問題背後的問題，挖掘審計對象內部控制中潛藏的重大風險隱患和內部控制缺陷。因此，后審計階段是提升審計價值的關鍵階段。后審計階段有以下三個基本特點：

1. 后審計階段是整個內部控制審計項目的深入和繼續

后審計階段從時間角度來講，是指從現場審計回來以後，到審計報告完成的這一段時間。但從內部控制審計內在規律角度來講，后審計階段是指對整個內部控制審計項目的全面梳理、綜合分析和評估判斷，是整個內部控制審計項目的深入和繼續。

2. 后審計階段是以項目的綜合分析和風險評估以及價值提升為主

后審計階段的主要任務是對前審計階段和中審計階段發現的、散落在各個專業條線、各個審計人員手頭的具體的、零碎的問題進行梳理，綜合起來，深入分析，從全局上、整體上系統地分析評估這些問題以及這些問題對內部控制健全性、適宜性和有效性的影響，進而形成新的、更為全面和確切的審計結論，提升審計的價值。

3. 后審計階段以非現場審計為主

后審計階段主要是對中審計階段和前審計階段發現的具體問題，進行綜合分析、判斷，形成新的潛藏在管理層的更為重要的問題，評估這些問題的風險狀況，確定問題風險度。當然，經過分析，認為對中審計階段沒有查清的問題，在后審計階段也要繼續進行跟蹤檢查。因此，后審計階段是以非現場審計為主，重大審計事項需進一步

查明的，在獲得審計部門批准后還要進行補充現場審計。

(二) 后審計階段的基本任務

根據后審計階段的工作特點，后審計階段的基本任務主要包括（但不限於）以下幾個方面：

1. 全面梳理審計工作底稿，徹底弄清審計中發現的問題

要通過組織全面梳理現場審計工作底稿，徹底弄清審計中所發現問題的來龍去脈，弄清問題背後的問題，弄清問題的風險度。經過各個專業全面綜合分析，認為問題還沒有查深查透，還沒有查清楚的，要通過不同的渠道和方法，進一步深入檢查、取證，徹底查清問題，確認審計事實。

2. 深入分析，綜合提煉，形成新的工作底稿

要組織各個專業審計人員，對前審計階段以及中審計階段在現場發現的很多具體的、零碎的問題，進一步歸類梳理，從內部控制總體上進行分析評估判斷，把這些問題綜合起來分析，評估其對內部控制全性局和系統性的影響，找出這些問題背後的問題，形成新的、更為重要問題的工作底稿。

3. 綜合會診，全面評估內控狀況和風險狀況

評估被審計對象內部控制體系的健全性、適宜性和有效性以及風險狀況，是內部控制審計的基本職能和基本任務。因此，后審計階段要在前審計階段和中審計階段大量工作的基礎上，通過整合資源，綜合會診，全面準確、客觀公正地評估內部控制體系及其風險狀況。評估的基本內容主要包括（但不限於）以下幾個方面：

（1）綜合評估內部控制缺陷。判斷被審計對象內部控制體系是否健全，或者是否存在缺陷，或者是否存在重大缺陷，基本的標準就是看內部控制審計中是否發現被審計對象存在內部控制重要問題和重大風險隱患。

判斷重要問題或者重大風險隱患的基本方法，主要有以下兩條：

一是單個重要問題。單個重要問題，屬於嚴重違反規章制度的問題，外延和內涵都很清楚，一目了然，很好定性。

二是具有全局性和系統性問題。這類問題有兩個顯著的特點，即全局性和系統性。這些問題，就單個問題而言或許並不重要，但是如果具有了全局性、普遍性和系統性特徵就不一樣了，就重要了。這些問題加在一起，由於問題要素之間的相互作用，1級加1級以後的風險等級就不是2級了，可能就是3級、4級，甚至是5級風險了。

（2）綜合評估重大風險隱患。重要性原則是審計的基本原則。后審計階段佔有了大量的審計信息資源，是發現重大風險隱患和案件線索的主要途徑。

前審計階段和中審計階段發現的一些重要風險線索和問題，沒有聯繫起來放在一起，就不構成重大問題。后審計階段，經過梳理歸類、綜合分析，這些問題經過疊加，就會產生一個新問題。這個新問題並不是原來問題的簡單突破，而是很多問題連在一起，這些違規問題和違規要素之間相互作用、相互影響，就成為一個具有系統性、全局性重大風險隱患和重要問題。

(三) 后審計階段工作的基本方法

1. 梳理審計發現，看每個問題是否都查清楚了

內部控制審計涉及面廣、工作量大、任務很重，加上審計資源有限，因此要全面認真梳理前審計階段和中審計階段的工作底稿，看每一個審計發現的問題是否都查清楚了，審計證據是否可靠、充分和有效。

2. 綜合分析，發現問題背后的問題

前審計階段和中審計階段主要的任務是控制測試和實質性檢查。發現的問題主要表現為一些具體問題、具體指標等。就像醫院看病做體檢一樣，經過各個專業科室大量的現場檢查，查了很多指標，這些單個的指標，雖然也能反應出一些問題，但不是最后的體檢結論，不能證明被體檢者的身體總體健康狀況。只有查完以後，通過專家會診，才能做出客觀準確的體檢結論。把這些指標放在一起是什麼意思，外行是看不懂的，只有真正的專家才能看懂。光看一個指標說明不了問題，還要看其他指標，看指標之間的相互關係，幾個指標加在一起也可能還需要再復查、再會診，最后才能準確確診。因此，后審計階段要從專家的角度，對前兩個審計階段發現的具體問題、具體指標進行分析，通過對這些具體問題、具體指標以及指標之間的相互關係反應出來的內部控制的現象或者表象，深入分析、綜合判斷、全面評估，找出問題背后的真正的問題。把這些問題形成審計結論，這些審計結論是在對大量的審計工作底稿的綜合分析以後，對整體內部控制的狀況、內部控制執行機制、內部控制執行的環節和要素的深層次問題的挖掘和發現。

3. 不斷探索，形成「整體—局部—整體」的有機審計過程

內部控制審計很具體、工作量大、要求高、責任重。要搞好內部控制審計，必須要樹立「整體—局部—整體」的審計思路。

(1) 從整體出發，組織實施內部控制審計項目。一方面，內部控制審計立項就要從總體內部控制狀況出發，合理配置審計資源。另一方面，審計方案和前、中兩個審計階段都要從被審計對象內部控制總體狀況出發，有針對性地開展工作。只有這樣，才能取得很好的審計成效。

(2) 查深、查透局部，才能得出整體結論。局部的審計發現是整體審計結論的基本依據。只有廣泛、充分地佔有局部信息，才能做出整體的價值判斷。

(3)「整體—局部—整體」審計思路是由非現場審計到現場審計再到非現場審計、由綜合到分析再到綜合、由總體到局部再到總體的有機過程，各部門相互聯繫、相互作用、互為條件、互相補充。把這個過程科學地完成好，就能解決審計的零散性，增加審計的系統性，增加審計的深度和科學性，進而不斷提升內部控制審計的價值。

4. 審計分析會議

內部控制風險分析評估報告和審計報告初稿形成后，審計部門要召開審計分析會議，審議審計項目實施情況。審計分析會議的參加人員包括審計部門負責人、審計組全體成員、其他應參加會議的審計管理人員。

審計分析會議的主要內容與議程如下：

(1) 審計員、專業高級審計師和審計組組長分別匯報內部控制風險分析評估報告

和審計報告初稿。

（2）研究分析檢查發現的問題，看表述是否清晰、風險定級是否恰當、整改建議是否可行。

（3）確定問題的風險定級。

（4）確定需形成審計情況與移交處理的事項。

（5）確定被審計對象的內部控制評價與評級。

第四節　內部控制審計報告

審計報告是商業銀行內部審計部門按照規定的報告路徑，向被審計對象以及上級主管部門、董事會、監事會、高管層報告審計結果的重要審計文件。

審計報告的內容主要包括對被審計對象的審計評價、審計問題事實和審計建議等。審計報告的質量是審計工作質量、效果的重要體現。撰寫審計報告的總體要求是審計評價客觀公正，審計問題定性準確，審計事實表述清楚，審計建議切實可行，報告文本格式規範，文字內容簡明精煉。寫好內部控制審計報告，要重點把握好以下幾個方面的問題：

一、怎樣寫審計評價

中國銀監會內部審計指引明確指出，內部審計是一種獨立、客觀的監督、評價和諮詢活動。因此，獨立、客觀、準確地對審計對象進行內部控制評價，是商業銀行內部審計的基本職能。要通過現場審計和綜合分析評估，對被審計對象內部控制管理的健全性、適宜性和有效性以及存在的主要問題進行全面、客觀、公正的評價。寫好審計評價要重點把握好以下三個方面的問題：

（一）審計評價的目的

審計評價的目的是通過對被審計對象內部控制體系進行全面、客觀、公正的審計評價，如實反應其內部控制狀況，肯定內部控制管理的有效方面，揭示內部控制管理的薄弱環節和存在的主要問題，通過審計監督，促進其不斷完善內部控制體系，實現內控嚴密、營運安全的目標。

（二）審計評價的內容

內部控制評價的內容要依據《企業內部控制基本規範》和《商業銀行內部控制指引》的基本要求，對被審計對象內部控制體系的健全性、適宜性和有效性進行全面評價。

1. 對被審計對象內部控制體系的健全性、適宜性和有效性的評價

內部控制體系有效性評價，主要是按照內部控制「五要素」，對被審計對象執行總行內部控制管理政策、完善內部控制體系、健全內部控制機制、提高內部控制執行力以及實現經營安全的主要方法、措施和效果等進行客觀評價。

2. 對被審計對象內部控制缺陷及內部控制管理體系不健全的問題揭示

內部控制缺陷及內部控制管理體系不健全的問題揭示，主要是按內部控制「五要

素」，對被審計對象內部控制管理體系中存在的體制、機制以及內部控制執行力等方面影響經營安全的重要問題進行揭示。

（三）寫好審計評價的基本要求

審計評價是對被審計對象的內部控制管理狀況的總體評價。寫好審計評價的基本要求主要包括以下三個方面：

1. 要高度概括

要通過對大量的內部控制審計信息的深入研究、分析、加工和整理，去粗取精，去偽存真，按內部控制「五要素」，總結抽象出被審計對象內部控制管理體系中的有效做法和存在的主要問題。

2. 要深刻揭示問題背後的問題

審計評價揭示存在的主要問題不要就事論事，要就事論理。要通過深刻查找問題背後的問題，有效揭示經營管理中帶有全局性、系統性的重要問題以及體制機制方面的問題。審計評價是被審計對象開展內部控制建設和內部控制管理的指導性意見，切忌本末倒置。

3. 要客觀公正準確

評價意見要準確、客觀、公正地反應被審計對象內部控制管理狀況，要有利於指導被審計對象不斷總結完善有效的管理方法措施，組織開展審計整改，加強和改善內部控制體制機制建設。

二、怎樣認定重要問題

審計報告反應的重要問題是指內部審計發現的被審計對象內部控制體系不健全，經營管理中嚴重違反總行和監管當局金融法規制度辦法，系統性、全局性以及影響商業銀行安全運行的問題。重要問題一般具有以下四個方面的基本特徵：

（一）內部控制體系不健全

被審計對象沒有按照總行和監管當局要求，按照內部控制「五要素」，建立內部控制體系，形成自我控制、自我反饋、自我糾錯、內控嚴密、營運安全的內部控制自律管理體系。這類問題一般都屬於重要問題。

（二）內部控制制度不健全

內部控制制度不健全一般表現為（不限於）以下幾種情況：

（1）被審計對象內部控制制度與國家金融法規和總行規章制度存在相悖現象，不符合國家金融法規和總行規章制度要求。

（2）被審計對象內部控制制度存在缺陷，沒有覆蓋商業銀行所有業務活動和經營管理活動，存在制度控制盲區。

（3）被審計對象制度體系不健全，沒有根據國家或者總行規章制度，結合商業銀行經營管理實際，制定具有操作性的實施細則。

（4）過度控制。被審計對象內部控制制度繁瑣，存在過度控制現象，增加內部控制成本，影響經營管理和服務的效率。

（三）內部控制系統執行力差

被審計對象業務營運管理系統執行力普遍較差，存在系統性、全局性操作風險和

法律風險。

（四）經營管理中存在嚴重違反金融法規、制度、辦法的問題

被審計對象經營管理中存在嚴重違反金融法規、制度、辦法的問題。這些問題雖然是具體問題，但嚴重違反國家法規法令、財經紀律和監管政策，危及商業銀行資金安全和運行安全。

三、怎樣認定和表述主要問題

審計報告反應的主要問題是指內部審計發現的被審計對象在經營管理中存在的違反內部控制和業務運行管理制度辦法規定的問題。主要問題是審計報告的主體。認定和表述主要問題，要把握好以下兩個方面：

（一）主要問題的基本特徵與表現形式

把握好主要問題的定性，避免把一般問題當成主要問題寫入審計報告，增加報告篇幅，衝淡報告重點內容，影響報告質量和運用效果。關鍵是要研究主要問題的基本特徵與表現形式、主要問題的危害性和風險度。一般來說主要問題的基本特徵與表現形式有以下三個特點：

（1）主要問題大都表現為不執行內部控制和業務運行的基本管理規定、操作流程和管理工具。

（2）主要問題的危害性是直接影響業務運行管理系統內部控制的嚴密性和有效性。

（3）主要問題的風險不直接表現為商業銀行的資金和財產損失，而是由於違章違規操作形成的操作風險。這些操作風險必然給商業銀行帶來潛在的資金風險、法律風險和安全隱患，危及商業銀行業務運行、控制和管理系統的安全。

（二）主要問題表述的「三要素」

主要問題的表述是對主要問題審計事實的總結、歸納、提煉和概括反應。表述主要問題，一般要明確回答是什麼問題、是什麼性質、審計依據是什麼。由於主要問題的表現形式是不執行業務運行、內部控制管理的基本規定、流程和工具，因此對主要問題的表述應該開門見山，直奔主題，準確引用審計依據。

例如，違反中國人民銀行銀發〔2003〕121號文件規定，向「四證」不全的房地產項目發放房地產開發貸款。

這個主要問題表述的「三要素」如下：

第一個要素回答了是什麼問題，即違規發放房地產開發貸款。

第二個要素回答了問題的性質，即違反中央銀行的監管規定。

第三個要素回答了審計依據，即中國人民銀行銀發〔2003〕121號文件。

簡短的三句話，就準確地描述了審計發現的主要問題、問題性質和審計依據。

四、怎樣寫審計事實

審計事實是支撐審計問題的基本素材，是審計報告的基本內容。審計事實的寫法要採取寫實的手法，一般有兩種敘述方式，即綜合敘述法和列項敘述法。

（一）綜合敘述法

綜合敘述法就是對審計發現的多項審計事實，通過綜合分析、歸納整理，抽象出審計事實要點進行敘述。這種寫法適用於寫帶有普遍性、系統性、全局性問題的審計事實以及反應被審計對象履行經營管理職能與組織開展經營管理活動的情況。

（二）列項敘述法

列項敘述法就是對審計發現的審計事實，逐項進行敘述。這種寫法適用於寫反應審計發現被審計對象違反金融法規、政策和規章制度的審計事實。

（三）審計事實敘述的「五要素」

審計事實敘述要採取寫實的手法。其基本要素包括（但不限於）：
（1）審計事實發生的時間。
（2）審計事實發生的地點。
（3）審計事實的責任主體。
（4）違規事實的基本情節。
（5）違規問題的風險狀況。

例如，經查：××××年×月×日×××支行×××授權櫃員休假，但非會計流水反應，有其進行業務授權的記錄。經進一步審計確認：×××授權員違規將授權卡和密碼交與×××櫃員使用，業務授權管理失控。

五、怎樣寫審計建議

內部審計是通過獨立的審計監督、評價和諮詢，促進其組織實現價值增加，並提高組織經營效率，實現組織目標的活動。因此，審計建議不但是審計報告的重要內容，而且是推動審計整改、完善內部控制體系、實現經營安全的有效措施。寫好審計建議要重點把握好以下三個環節：

（一）要突出重點

審計建議要針對審計發現的被審計對象在內部控制管理中存在的重要問題、主要問題，按照內部控制「五要素」進行深入分析，從建立健全內部控制環境、風險識別與評估機制、監督與糾正機制、信息交流與反饋機制和完善內部控制措施五個方面，有重點、有針對性地提出審計建議。

（二）要切實可行

審計建議的生命力在於審計建議本身的科學性、可行性和可操作性。要綜合研究審計問題的性質、審計整改的主體、審計整改的主客觀條件、審計整改的方法流程工具和審計整改的資源配置，按照不同的審計整改主體提出審計建議和審計整改要求，保證每條審計建議的科學性、可行性和整改的可操作性。

（三）要明確審計問題責任追究的要求

對審計報告反應的重要問題，要區別直接責任、直接管理的領導責任和領導責任，提出責任追究的要求，移送管轄的商業銀行高級管理層進行責任追究，並要求按時反饋處理結果。

六、怎樣製作審計問題清單

審計問題清單是根據經被審計對象簽字確認的現場審計工作底稿，按照規範的文本格式歸納整理而成的審計報告附件。審計問題清單是審計報告形成的基礎和重要組成部分。審計問題清單由審計員根據有效的現場審計工作底稿，按照統一格式進行整理，由現場審計主審審定。製作審計問題清單要求定性準確、表述嚴謹、文字精煉、格式規範。

七、審計報告的文本格式和寫作要求

審計報告的文本格式除了要符合國家公文管理規範要求外，還要符合商業銀行內部審計管理的規範要求。

（一）審計報告的內容

審計報告的內容，一般要包括審計執行概況、審計評價、重要問題、重複發現的問題、主要問題、審計意見和整改要求等，並附審計問題清單。

（二）審計報告的寫作要求

審計報告寫作，一般要求語言文字表述準確、審計事實證據確鑿、審計評價客觀公正、審計報告內容全面完整。

1. 語言文字表述準確

審計報告是審計的重要成果，是審計處理的基本依據。審計報告要求語言文字表述準確、嚴密、莊重、得體、簡練。一般不要使用「據稱」「據悉」「據說」等缺乏審計事實證據的詞語。要正確使用形容數量、程度和判斷性質的副詞。涉及單位、個人的審計事實，要用具體法人或自然人名，不用他、她、它等代詞。要盡量刪除多余的字句，力求語言文字表述簡練、準確、鮮明。要避免使用容易引起歧義的語言文字表達，以免形成審計風險。

2. 審計事實證據確鑿充分

審計報告文字一定要憑審計事實說話。切不可言之無物，更不可虛構材料。一方面，報告文字所列審計事實的證據必須確鑿可靠，運用的素材資料必須是經過被審計對象簽字確認的審計（問題）工作底稿或者有確鑿證據的審計事實，引用的依據必須查對原文和出處；另一方面，審計報告文字所列審計事實必須具備充分性，應足以支持審計結論和審計意見的形成，決不能憑邏輯推理和主觀猜想對被審計對象做出審計結論。

3. 審計評價客觀公正

撰寫審計報告必須稟承客觀公正的態度，遵守審計人員的職業操守和職業準則。決不能喪失審計人員獨立、客觀、公正的審計立場。審計報告中做出審計價值判斷和提出意見，無論是給予肯定、表示保留、還是反對，都必須站在獨立、客觀、公正的立場上，不能先入為主，更不能帶有個人成見或單憑個人印象草率表示意見。

4. 審計報告內容全面完整

審計報告要做到內容完整、重點突出，要按規定的格式、結構和內容編寫，標題、主送單位、正文、附件、署名、日期等要素都應齊全、完整、規範和有效。

八、審計成果運用

審計成果運用是指審計部門完成現場審計項目后，對審計報告進行深度綜合加工利用，將審計成果報送高級管理層、職能管理部門以及上級審計部門，以增加審計價值。審計成果運用的主要渠道和方式方法如下：

（一）「高風險審計報告」

「高風險審計報告」是指反應問題多、風險程度高的審計報告。要根據風險狀況和預期損失以及對經營管理全局的影響，區別不同情況發送高風險審計報告，報告董事會、監事會和高級管理層。

（二）「審計情況」

「審計情況」是指將審計報告中的重要問題，進行歸納和反應的審計業務文書。「審計情況」根據一事一議的原則，按照審計報告路徑，報告董事會、監事會和高級管理層。

準確及時地通過「審計情況」將審計發現的重要問題報告高級管理層，有利於及時化解、管理和控制風險，避免風險損失。搞好「審計情況」反應，要重點把握好以下三個環節：

（1）全面過濾風險，準確甄別反應。「審計情況」主要反應一個或多個審計報告中發現的帶有普遍性、傾向性和系統性高風險的重要問題。它的顯著特點是風險高、危害大，具有苗頭性和普遍性。

（2）深入研究分析，找準形成原因。要按業務種類、違規主體進行梳理歸納，深入分析，找出形成這些問題的深層次主客觀原因和問題背後的問題。

（3）建議措施具體，文字簡明精煉。要有針對性地提出具有操作性的、切實可行的審計建議。同時，文字要簡明扼要。

（三）「審計移交處理函」

「審計移交處理函」是指按照銀監會內部審計指引的規定，將審計報告中涉及責任人追究的重要違規違紀問題，移交高級管理層，建議依據審計事實和人員處罰規定，對責任人進行責任處理的公函。

1. 審計移交處理的分類

「審計移交處理函」按審計發現問題嚴重程度和幹部管理權限，大體上可分為以下三類：

（1）涉嫌經濟犯罪或性質很嚴重，相關責任人屬總行管理的幹部，要移交總行處理。

（2）違規問題性質嚴重，相關責任人屬分行管理的幹部，但需要總行行政監察部門參與調查核實或督辦的，要移交分行處理，抄報總行。

（3）違規問題性質較為嚴重，相關責任人屬分行管理的幹部，分行可獨立完成調查核實和責任人處理的，要移交分行處理。

2. 搞好移交處理要把握好的幾個重點環節

正確運用審計移交處理工具，有利於加強審計威懾力建設，震懾違規行為，提高

審計成果運用水平，推動內部控制建設。搞好審計移交處理，要重點把握好以下三個環節：

（1）仔細甄別，慎重移交。審計移交處理是帶有強制性的審計執行工具，目的是要提高審計成果的綜合運用水平和審計威懾力。因此，對每個審計移交處理的違規問題都要通過審計分析會認真慎重的分析、研究，對違規事實、性質情節、風險危害和處理依據等，都要仔細甄別，慎重移交。

（2）適時跟蹤，講求效果。「審計移交處理函」發出后，要及時建立審計移交處理檔案，適時跟蹤處理結果。對未按規定進行審計處理，並報告處理結果的分支行，持續審計部門要及時發送「審計整改提示函」，督促被審計對象抓緊處理、報告。

（3）堅持原則，一抓到底。對不按審計移交處理要求和總行有關規定進行責任追究、審計整改不力、屢查屢犯現象嚴重的分支行，要及時向上級行發送「審計整改提示函」，建議上級行指導督促整改，並按照總行有關規定對違規責任人進行責任追究。

（四）審計工作提示

審計報告中有以下（不限於）情況的可以通過審計提示，報告有關部門，實現重要審計信息共享和審計價值最大化：

（1）審計報告中反應的重大問題，具有苗頭性、傾向性，需引起審計條線關注，防範問題蔓延。

（2）審計組成功運用審計經驗、方法和技術查出了重大問題，需在審計條線推廣等。

（五）內部審計備忘錄

審計備忘錄是在審計報告制度基礎上建立的內部審計信息分析、利用和管理制度。現場審計結束后，現場審計組組長、主審要組織專業條線產品審計主審人員，全面收集分析現場審計情況，整理撰寫現場審計備忘錄。

1. 疑點問題備忘錄

對在非現場審計分析和現場審計檢查中發現的疑點問題，通過現場審計檢查無法取得證據確認審計事實，或者無法取得證據排除問題疑點的，要將這些疑點問題及其審計發現的過程、方法和情況，整理形成內部審計備忘錄，在審計檔案中另行保管，作為下一個現場審計檢查時的重點，繼續跟蹤核查，以確認審計事實或排除問題疑點。

2. 風險狀況備忘錄

現場審計結束后，現場審計主審要組織各專業條線產品審計主審人員，對本條線產品審計中，通過各種審計技術工具分析、檢查，全面過濾風險情況，發現及排除問題疑點情況，確認審計事實及其性質和風險狀況等，進行全面綜合分析，客觀準確判斷被審計對象可能或不可能存在重大風險隱患的方面和業務環節，形成內部控制狀況審計備忘錄。經審計分析會研究后，在現場審計檔案中另行保管備查。

附：①商業銀行內部控制審計流程圖（見圖9-3）。

②現場審計檢查問題清單參考樣本（見表9-1）。

③審計情況參考樣本（見圖9-4）。

④審計移交處理函參考樣本（見圖9-5）。

⑤審計檔案移交目錄表參考樣本（見表9-2）。

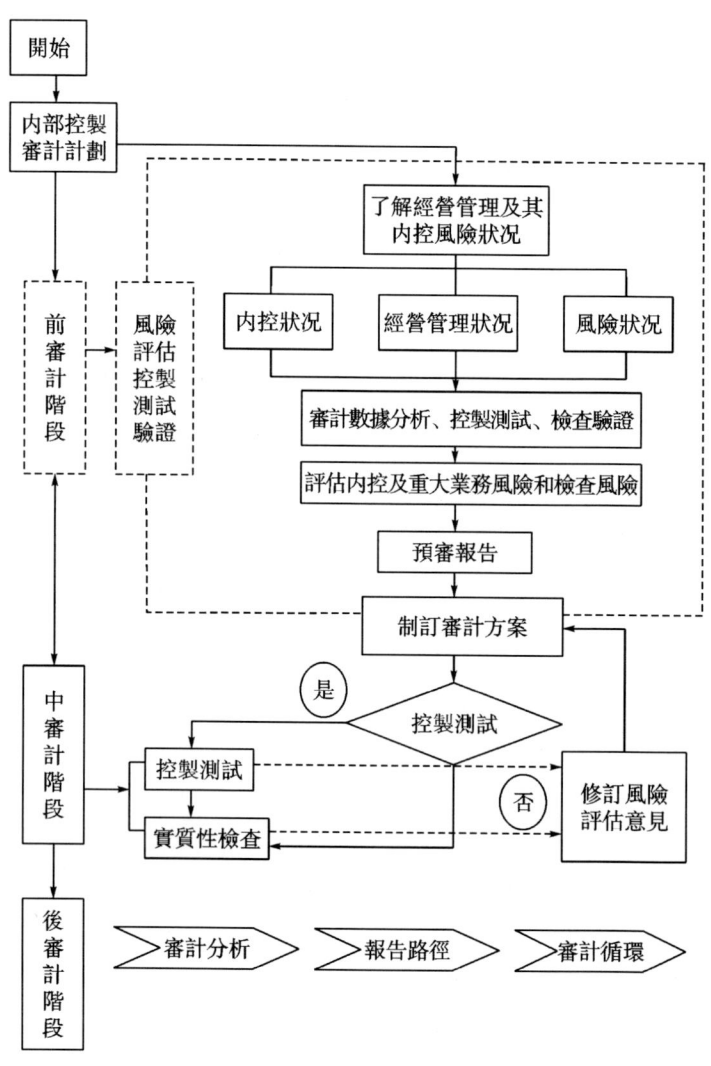

圖9-3　商業銀行內部控制審計流程圖

表9-1　　　　　　　　　　審計檢查問題清單

審計內容	審計發現的問題	風險度	審計整改意見
整體經營管理方面	1.×××。	●●●●●	1.×××。
	2.×××。	●●●●	2.×××。
	…….	…….	…….
授信業務方面	1.×××。	●●●●●	1.×××。
	2.×××。	●●●	2.×××。
	…….		…….
財會業務方面	1.×××。	●●●●●	1.×××。
	2.×××。	●●●●	2.×××。
	…….	…….	…….
……	…….	…….	…….

審計情況

編號：××××-××

致：×××××
自：×××××××
內容：×××分行違規發放個人住房按揭貸款
日期：××××年×月××日
（正文）

××××年××月×日

_____

抄報：×××××
抄送：×××××

圖9-4　審計情況樣本

審計移交處理函

編號：審移××××—××

×××銀行××分行：

　　我部於××××年××月對你行進行內部控制審計，發現×××支行嚴重違反總行有關規定發放個人住房按揭貸款。現將此問題移交你行，請對違規問題進一步組織核實，根據相關規定對責任人進行責任追究，並將處理結果在收到此函30個工作日內書面告知我部。

××××銀行審計部
二○一×年×月××日

附件：××××銀行×××分行×××支行違規發放個人住房按揭貸款基本錯誤事實

抄報：總行××部

圖9-5　審計移交處理函樣本

表9-2　　　　　審計檔案移交目錄表

被審計行行名：　　　　　　　　　審計項目名稱：
項目編號：

序號	文件名	勾對	備註
1	關於對××分行進行××審計的通知		
2	審計方案		
3	關於發送××分行××審計報告書的通知書		
4	審計報告書（正式稿）		
5	審計報告書發送審批表		
6	××分行對××審計的整改報告		
7	審計移送處理書		
8	經分行確認違規事項的審計工作底稿		
9	其他與本次審計檢查有關的材料（工作單）		
10	審計發現重要問題工作底稿附件		
11	審計移交處理結果		
12	對該行審計檢查中未放入報告中的有關材料，如內部審計備忘錄、審計情況等		
……	……		

註：
1. 請按檔案移交目錄的順序排列審計項目檔案的順序，便於清點交接。
2. 按序號、文件名——勾對，有的畫「√」，沒有的畫「/」。
3. 文件名一欄中××分行××審計項目不必填寫。
4. 審計項目編號為審計通知發文編號。

組長：　　　　　　　　　　　　　主審：
移交人：　　　　　　　　　　　　簽收人：
簽收日期：　　　年　　月　　日

第十章
商業銀行內部控制評價的基本方法與指標體系

內部控制評價是指商業銀行董事會或其授權機構，根據《企業內部控制基本規範》，對內部控制設計與運行的健全性、適宜性和有效性進行綜合評估的過程。商業銀行主要負責人對內部控制評價結論的真實性負責。內部控制評價結果和整改情況是內部績效考評的重要依據。

第一節　企業內部控制評價的基本原則、內容與程序

內部控制評價是企業經營管理的重要內容。按照《企業內部控制基本規範》的要求，深入理解企業內部控制評價的基本原則、內容和程序，對於搞好商業銀行內部控制評價有著十分重要的意義。

一、內部控制評價的基本原則

實施內部控制評價，要遵循全面性、重要性和獨立性原則，確保內部控制評價工作標準統一、客觀公正。

（一）全面性原則

全面性原則是指內部控制評價工作，要包括內部控制的設計與運行，涵蓋企業及其所屬單位的各種業務和事項，涵蓋內部控制的各個要素，涵蓋內部控制的全過程，實現全員、全面、全過程的內部控制體制機制和制度以及運行流程、效果的評價。

（二）重要性原則

重要性原則是指在全面評價的基礎上，要關注內部控制的關鍵環節、關注事關全局的重點領域、關注主要業務部門、關注高風險領域、關注內部控制的薄弱環節等。

（三）獨立性原則

獨立性原則是指內部控制評價工作，要與內部控制的設計與運行相互分離，確保內部評價工作標準統一、客觀公正。

二、內部控制評價的內容與重點

內部控制評價要以內部控制環境為基礎，以內部控制要素為主要內容，重點關注（但不限於）以下幾個方面：

（1）治理結構是否健全。
（2）發展戰略是否可行。
（3）機構設置是否合理。
（4）權責分配是否明晰。
（5）不相容崗位是否分離。
（6）人力資源政策和激勵約束機制是否科學有效。
（7）企業文化是否促進員工勤勉盡責。
（8）社會責任是否有效履行等。

三、內部控制評價的程序與基本方法

（一）內部控制評價的機構

內部控制評價工作由企業內部審計機構或者其他具有專業資質的仲介機構具體組織實施。

借助仲介機構或外部專家實施內部控制評價，參與內部控制評價的仲介機構，不得同時為企業提供內部控制審計服務。

（二）內部控制評價的基本方法

內部控制評價的機構或部門要廣泛收集內部控制體制機制設計運行情況資料，綜合運用多種方法，全面檢查分析、客觀評價內部控制情況。

可供採用的內部控制檢查分析評價的基本方法主要包括（但不限於）以下幾個方面：

（1）個別訪談。
（2）調查問卷。
（3）專題討論。
（4）穿行測試。
（5）統計抽樣檢查。
（6）比較分析等。

（三）內部控制缺陷及其認定的基本方法

內部控制評價的機構或部門要通過廣泛搜集被評價單位內部控制設計和運行的證據，研究認定內部控制設計缺陷和運行缺陷。

研究認定的內部控制缺陷要按照規定的權限和程序報經審批後確定。

內部控制缺陷按其嚴重程度分為重大缺陷、重要缺陷和一般缺陷。

1. 內部控制存在重大缺陷

內部控制重大缺陷是指一個或多個控制缺陷的組合，可能導致企業嚴重偏離控制目標的情形。

2. 內部控制存在重要缺陷

內部控制重要缺陷是指一個或多個控制缺陷的組合，其嚴重程度和經濟後果低於重大缺陷，但仍有可能導致企業偏離控制目標的情形。

3. 內部控制存在一般缺陷。內部控制一般缺陷是指除重大缺陷、重要缺陷之外的其他控制缺陷。

（四）內部控制缺陷的整改

要建立內部控制缺陷整改機制，明確內部各管理層級和單位整改的職責分工，確保內部控制設計與運行中的主要問題和重大風險得到及時解決和有效控制。

（1）董事會負責重大缺陷的整改，接受監事會的監督。
（2）高級管理層負責重要缺陷的整改，接受董事會的監督。
（3）內部有關單位負責一般缺陷的整改，接受高級管理層的監督。

四、內部控制評價報告及其基本內容

內部控制評價報告是內部控制評價的結果，要按照內部控制評價的要素和評價結果，編製內部控制評價報告，董事會對內部控制評價報告的真實性負責。

（一）內部控制評價報告的基本內容

內部控制評價報告要根據內部控制評價結果和整改情況編製。內部控制評價報告至少應當包括下列內容：

（1）組織實施內部控制評價的總體情況。
（2）內部控制責任主體的聲明。
（3）內部控制評價的範圍和內容。
（4）內部控制評價的標準和依據。
（5）內部控制評價的程序和方法。
（6）內部控制重大缺陷及其認定情況。
（7）內部控制重大缺陷的整改措施及責任追究情況。
（8）內部控制有效性的結論。

（二）內部控制評價無效的結論認定

通過內部控制檢查分析和評價，確認整個內部控制體制機制存在一個或多個內控重大缺陷的，應當做出內部控制無效的結論。

認定內部控制無效的結論，要由負責內部控制評價工作的機構或部門的上級主管部門和主要領導批准。

第二節　商業銀行內部控制評價的基本原則與模型

商業銀行內部控制評價是商業銀行經營管理的重要內容，是加強內部控制體制機制建設與完善的重要措施。要按照《企業內部控制基本規範》和《企業內部控制指引》的基本要求，準確理解和把握商業銀行內部控制評價的基本原則，探索建立內部控制評價模型，促進商業銀行內部控制評價體系的科學性、可行性和客觀公正性。

一、商業銀行內部控制評價的基本原則

商業銀行內部控制評價在遵循監管部門提出的全面性、重要性和獨立性基本原則的基礎上，要遵循全面有效、真實可靠、客觀公正的原則。通過對商業銀行及其分支行內部控制體系和運行狀況的定期評價，引導和促進商業銀行及其分支行不斷完善內部控制體制機制，有效管理控制風險，提升經營效率和效益，減少損失。

（一）全面有效的原則

全面有效的原則就是內部控制評價要嚴格按照監管部門規定的基本原則和制度規範，遵循國際上商業銀行內部控制的最佳實踐和本行實際，制定內部控制評價辦法。內部控制評價內容要包括內部控制體系的設計與運行，涵蓋商業銀行及其分支行、子公司的各種業務和內部控制的各個要素以及內部控制的全過程，重點關注內部控制的關鍵環節、事關全局的重點領域、主要業務部門、高風險領域和內部控制的薄弱環節。實現全員、全面、全過程的內部控制體制機制和制度以及運行流程、效果的評價。通過內部控制評價，促使全行不斷加強和完善內部控制體制機制建設，實現穩健經營的目標。

（二）真實可靠的原則

真實可靠的原則就是內部控制評價要建立在認真嚴格的審計檢查的基礎上，通過深入瞭解商業銀行及其分支行內部控制體制機制運行情況，有針對性地開展控制測試、穿行檢查和實質性檢查等，驗證全行內部控制體制機制運行狀況，真實評價和反應內部控制風險狀況。

（三）客觀公正的原則

客觀公正的原則就是內部控制評價要建立在對內部控制體制機制運行情況全面、客觀、公正的審計分析和風險評估的基礎上，以審計檢查事實為依據，以內部控制評價辦法為標準，準確、客觀、公正地進行內部控制評價和評級，真實反應內部控制狀況及風險狀況。

二、商業銀行內部控制評價的基本模型

商業銀行內部控制評價模型要在企業內部控制評價基本要素基礎上，緊密結合商業銀行經營管理實際，突出過程控制，重視控制結果，科學合理地設計評價模型，促進商業銀行不斷完善內部控制體制機制。

（一）內部控制評價模型，要體現以過程控制為主的基本理念

內部控制是受企業董事會、管理層和其他人員影響，為經營的效率效果、財務報告的可靠性、相關法規的遵循性等目標的實現而提供合理保證的過程。內部控制的這一基本概念，把內部控制活動定義為一個過程，由組織的董事會、管理層和其他人員共同實施。

因此，商業銀行內部控制評價基本模型要充分體現內部控制體系建設重在過程管理這一內部控制的基本理念，把過程控制作為內部控制評價的主要內容。

（二）內部控制評價模型，要體現內部控制的基本目標

內部控制的基本概念提出內部控制活動要實現以下基本目標：

（1）經營的效果和效率。
（2）財務報告的可靠性。
（3）法律和法規的遵從性。

因此，商業銀行內部控制評價模型要在突出過程控制為主的基礎上，體現內部控制的結果，過程控制與結果評估相結合，定量評估與定性評估相結合，準確、客觀、公正地反應內部控制的狀況和風險狀況。

（三）建立過程控制為主、結果控制為輔、過程與結果綜合體現的評價模型

商業銀行內部控制評價模型要按照內部控制的基本目標，採取以過程控制評價為主、結果控制評價為輔、過程控制評價與結果評估評價綜合體現內部控制結果的內部控制評價模型。

因此，商業銀行內部控制評價模型為：

內部控制評價＝內部控制過程控制評價＋內部控制結果評價

第三節　商業銀行內部控制評價體系的基本框架結構

商業銀行內部控制評價體系要按照監管部門內部控制基本規範和內部控制評價指引的基本要求，結合商業銀行經營管理實際，根據其業務規模、性質、複雜程度、流動性風險偏好和外部市場發展變化等情況，建立內部控制評價體系的基本框架結構。

一、內部控制評價體系的基本架構

商業銀行及其分支行內部控制評價的基本框架結構，由內部控制評價對象和內部控制評價要素兩部分內容組成。

（一）內部控制評價對象

內部控制評價對象主要包括以下兩部分內容：

1. 整體評價對象

整體評價對象是指以商業銀行及其分支行為內部控制評價對象，進行內部控制評價。整體評價對象包括商業銀行總行及其分支行等。

2. 單項評價對象

單項評價對象是指按照商業銀行及其分支行的管理架構，以專業條線、業務單元、產品等為內部控制評價對象，進行內部控制評價。

在單項評價對象中，公司信貸、零售信貸、營運管理、預算財務四項主要業務單元為內部控制基本評價對象。在此基礎上，根據商業銀行經營管理和內部控制管理需要，將其他業務條線，如個人金融、公司金融、國際業務、信息技術、電子銀行等，根據統一的計劃安排，按年度動態列入單項內部控制評價範圍。

（二）內部控制評價要素

內部控制評價要素是指商業銀行及其分支行內部控制評價內容的構成方面，包括過程控制評價要素和結果控制評價要素等。

1. 過程控制評價要素

按照內部控制管理的基本規範要求，過程控制評價要素主要包括以下八個方面的內容：
（1）控制環境。
（2）目標管理。
（3）事項識別。
（4）風險評估。
（5）風險反應。
（6）控制活動。
（7）信息交流。
（8）監督糾正。

2. 結果控制評價要素

按照內部控制評價的基本理念，結合商業銀行經營管理實際，結果控制評價要素主要包括以下三個方面的內容：
（1）經營的效果和效率。
（2）財務報告的可靠性。
（3）法律和法規的遵從性。

二、過程控制評價的基本內容

過程控制是指商業銀行及其分支行按照內部控制的基本規範和控制要素對經營管理全過程進行有效管理和控制的活動。

（一）控制環境

內部控制環境是內部控制的基礎，是商業銀行及其分支行經營管理的整體文化氛圍。這個文化氛圍影響包括董事會、監事會和高級管理層以及全體員工的控制意識，是其他要素的基礎。內部控制環境為整個內部控制提供架構控制和紀律約束。

內部控制環境評價是指對商業銀行及其分支行內部控制環境各要素的建設、運行質量效果的評估評價，包括內部控制文化、內部控制架構、內部控制系統和程序、內部控制制度體系等的健全性、適宜性和有效性的評價。根據商業銀行內部控制評價實踐，內部控制環境評價的子要素主要如下：

1. 內部控制文化

內部控制文化是商業銀行及其分支行內部控制的「軟件」，是內部控制的基石。內部控制文化的子要素包括商業銀行從業人員的正直、道德價值、能力、權威和責任等。

內部控制文化評價的基本要素如下：
（1）商業銀行的經營戰略、管理層的經營理念和經營風格。
（2）商業銀行的企業文化、員工的職業操守以及誠信和價值觀、道德觀。
（3）董事會和審計委員會參與內部控制的意願及其行為規範。
（4）各級經營管理人員和員工的勝任能力。

（5）人力資源政策和激勵約束措施。

2. 內部控制架構及其系統和程序

內部控制架構及其系統和程序是商業銀行及其分支行內部控制的「硬件」，是內部控制的制約機制。

內部控制架構及其系統和程序評價的基本要素主要如下：
（1）商業銀行的組織結構。
（2）董事會和管理層的授權。
（3）職能部門有效制衡的職責分工。
（4）營運管理體系。
（5）業務運行管理系統和程序。

3. 內部控制制度體系

內部控制制度體系是商業銀行內部控制的載體和手段，是內部控制的執行機制、執行流程和執行工具。

內部控制制度體系評價的基本要素主要如下：
（1）經營管理的基本規章制度。
（2）業務操作流程及其管理制度。
（3）實施細則及其業務手冊。

（二）目標管理

目標管理是內部控制管理的重要內容，是實施商業銀行經營管理戰略的基本要求。

目標管理評價是以商業銀行及其分支行在經營管理過程中設定的目標為導向，以目標達成的結果為標準，評價各級機構和員工在目標管理中所採取的一系列管理程序和方法及其成效。目標管理評價主要包括目標設定、推進實現與考核等方面。

目標管理評價的基本要素如下：
（1）業務發展目標。
（2）風險管理目標。

（三）事項識別

事項識別包括風險與機遇的識別，是風險評估的前提條件，是風險管理與控制的基礎。

事項識別的評價是指對商業銀行及其分支行運用先進的技術手段和方法以及經營管理經驗，在業務經營活動中分析判斷影響戰略實施和目標實現的事項（事件），識別和發現風險或機遇（或風險與機遇並存），進而有效管理風險與機遇，更好地獲取風險收益成效的評價。事項識別評價的基本要素主要包括識別事項、識別技術等方面。

1. 事項識別
（1）風險事項識別。
（2）業務機遇事項識別。

2. 識別技術與機制
（1）事項識別的技術手段。
（2）事項識別的報告路徑及其反饋。
（四）風險評估
　　風險評估是為了達到經營管理目標而確認和分析相關的風險，為形成經營管理決策和內部控制活動提供依據，是經營管理和內部控制的基礎。
　　風險評估和計量的評價是指對商業銀行及其分支行在風險評估與計量中，通過採取一系列專業化的工具和方法，對影響目標實現的風險和效益（效率）等因素進行分析和衡量，有針對性地採取適合的控制措施和應對手段，推進目標實施工作的評價。風險評估和計量評價的基本要素主要包括影響評估、評估技術等方面。
1. 影響評估
（1）評估風險與收益的平衡性、協調性及其對實現經營管理目標的影響。
（2）評估風險與機遇對經營管理的影響。
2. 評估技術。
（1）評估模型；
（2）評估技術手段。
（五）風險反應
　　風險反應是在風險識別、風險評估基礎上，對風險事件採取措施，以有效管理控制風險，獲取風險收益，並且實現風險收益最優化。
　　風險反應的評價是評價商業銀行及其分支行對風險事件採取措施的恰當性、及時性和有效性。風險反應評價的基本要素主要包括對風險事件採取措施的恰當性、及時性和有效性。
1. 對風險事件採取措施的恰當性
　　對風險事件採取措施的恰當性，主要評價商業銀行及其分支行，是否根據風險評估計量的結果，有針對性地對風險採取措施，有效進行風險轉移、化解、減持、退出、加固等，看有無過度反應，影響風險收益，或者反應不足，形成風險損失。
2. 對風險事件採取措施的及時性
　　對風險事件採取措施的及時性主要評價商業銀行及其分支行對已經暴露出的風險是否及時採取措施進行管理和控制，有效化解風險，提高風險收益，降低以至減少風險損失。看有無對風險事件反應遲緩，貽誤風險應對和處置的最佳時機，形成不必要的風險損失，或者風險反應過度，影響風險收益。
3. 對風險事件採取措施的有效性
　　對風險事件採取措施的有效性主要是評價商業銀行及其分支行對已經暴露出的風險採取的管理和控制措施的實際效果。既要看風險化解、管理和控制的實際效果，又要評價化解、管理和控制風險的成本是否恰當，看有無過度消耗成本，或者在風險化解管理控制過程中，違反財務管理制度和財經紀律等現象。
（六）控制活動
　　控制活動是為確保董事會和高級管理層的經營戰略、經營目標和管理措施、指示

等得以有效執行的政策和程序。控制活動包括一系列不同的管理活動，如審批、授權、確認、核對、考核經營業績、資產保護、職責分離等。

控制活動的評價是指對商業銀行及其分支行管理層的決策、指令和目標等一系列政策、制度和程序，在各級機構和員工中的執行情況及其效果進行評價。控制活動評價主要包括政策和流程、控制手段、控制實施、控制結果等。

控制活動可以分為三個類別：為提高經營效率效果而實施的控制活動、為增強財務報告的可靠性而實施的控制活動、為保證經營管理活動遵守法規而實施的控制活動。

控制活動評價的基本要素主要包括以下四個方面：

1. 政策和流程

它主要評價政策和流程設計的恰當性，評價商業銀行及其分支行是否針對每一項業務活動都制定了必要和恰當的政策和程序。

2. 控制手段

它主要評價控制手段的科學性和可行性，評價商業銀行及其分支行是否針對每一項控制活動都制定了必要和恰當的控制手段。看有無過度控制影響效率，或者控制不足形成風險損失。

3. 控制實施

它主要評價商業銀行及其分支行確定的控制行為、控制措施是否都得到恰當的執行。看是否正確地按照設計意圖執行，出現例外或發生需要跟蹤的情況時，是否採取了恰當、及時的措施，是否有內部監督人員審核控制的功能。

4. 控制結果

它主要評價控制活動的有效性，評價控制活動的實施結果對商業銀行及其分支行經營管理戰略目標的影響，對風險管理和內部控制管理的影響。

（七）信息溝通

信息交流與溝通包括從內部與外部獲取信息以及信息的傳遞與反饋，使得形成從董事會的指示到高級管理層的行動以及員工的執行等各類內部控制成功措施與存在問題的信息流。

信息交流與溝通評價是指對商業銀行及其分支行各項重要信息，如經營戰略、規章制度、授權指令、管理事件等，能否在總行及其分支行上下級之間、同級之間以及內外部之間按照有關規定，進行有效傳遞和反饋，促進形成機構和員工履行職責的機制。信息交流與溝通評價的基本要素主要包括信息的獲取渠道、傳導與反饋等方面。

1. 信息的獲取渠道

信息的獲取渠道主要評價商業銀行及其分支行是否建立了有效獲取內部和外部各種經營管理信息的渠道、途徑和手段與載體，評價信息獲取的全面性、及時性和有效性。

2. 傳導與反饋

傳導與反饋主要評價商業銀行及其分支行是否建立了有效的信息交流與反饋機制、流程和工具，形成了上下左右以及內外部之間順暢、有效的信息交流溝通與反饋機制和渠道。

(八) 監督糾正

監督糾正和提高是內部控制持續有效的體制機制保障，是商業銀行自律管理、自我監督的重要機制和措施。

內部監督與糾正評價，是指通過專業化的、獨立的審計監督評估，評價商業銀行及其分支行內部控制系統在一定時期內的運行質量，目的是保證內部控制持續有效。監督評估的範圍和頻率取決於商業銀行及其分支行風險的重大性或現有監控程序實施的有效性。監控的方式包括持續性監控和獨立的評估，如內部審計不斷評價內部控制系統的表現，獨立評估管理層及其監督活動，內部審計工作的獨立性、權威性、有效性等。

監督與糾正的評價主要是對商業銀行及其分支行內部控制體系運行狀況的持續監控、整改糾錯、改進提高的流程和機制進行評價。監督與糾正評價的基本要素主要包括日常監控與報告、糾錯整改與提高和獨立評估等方面。

1. 日常及其持續性監控與報告

日常及其持續性監控與報告主要評價商業銀行及其分支行對貫穿於經營管理全過程的內部控制措施的即時和動態監督活動以及中後臺部門、條線管理部門、審計監督部門的檢查監督活動。

2. 糾錯整改與提高

糾錯整改與提高主要評價商業銀行及其分支行對內部和外部監督檢查部門發現的問題的整改糾錯情況，對經營管理中穩健的、先進的內部控制措施的維持與提高情況。

3. 獨立評估

獨立評估是商業銀行自律管理、自我監督的基本要求。獨立評估主要評價商業銀行及其分支行內部控制評估評價的獨立性和準確性，是否客觀公正地反應了商業銀行及其分支行的內部控制狀況，是否促進了商業銀行及其分支行的內部控制體制機制建設，是否促進了穩健經營目標的實現。

三、結果控制評價的基本內容

根據 COSO 框架關於內部控制的核心定義以及關於內部控制基本目標的要求，內部控制評價體系中，結果控制評價的子要素主要包括商業銀行及其分支行經營的效果和效率、財務報告的可靠性以及法律和法規的遵從性三個方面的內容。

(一) 經營的效果和效率

商業銀行及其分支行經營管理的效率效果指標很多，內部控制評價要按照重要性原則，優選直接反應商業銀行及其分支行經營管理成果的關鍵性指標進行評價。從商業銀行經營管理的實踐出發，經營管理的主要指標包括：

(1) 資產負債業務發展指標完成情況。
(2) 資產質量指標完成情況。
(3) 經營利潤指標完成情況。

(二) 財務報告的可靠性

(1) 財務報告的真實性。

（2）財務報告的準確性。
（3）財務報告的完整性。
（三）法律和法規的遵從性
1. 重大違規事件
重大違規事件是商業銀行及其分支行違反國家法律法規和金融政策及規章制度等禁止性規定，被監管部門查處的重大問題，或發生的內部舞弊詐欺事件等。重大違規事件由相關的專業標準界定。其主要指標包括：
（1）重大違規記錄。
（2）重大內部舞弊詐欺事件。
2. 重大險情事件
重大險情事件是商業銀行及其分支行在業務經營管理過程中，由於防範、履職不當而發生的重大責任及重大營運事件。重大險情事件由相關的專業標準界定。其主要指標包括：
（1）因發生重大不良資產損失，被認定存在重大崗位責任或重大管理責任的事件。
（2）因安全防範措施不當，發生造成重大影響或損失的金融詐騙、盜竊、搶劫、爆炸等案件。
（3）因管理和處置不當，發生重大影響或損失的重大營運事件。

第四節　商業銀行內部控制評價的基本方法、指標體系與計分規則

內部控制評價的基本方法與指標體系和計分規則是指商業銀行根據內部控制評價的總體政策要求和監管部門的規定，結合商業銀行經營管理實際，對內部控制評價要素合理設定評價分值和計分標準，客觀、公正地體現評價對象的內部控制管理狀況，為高級管理層制定和實施經營管理戰略提供科學依據。

一、內部控制評價的基本方法

（一）內部控制評價的基本方法
內部控制評價的基本方法是以商業銀行全行審計條線開展的內部控制審計為基礎，結合當年度合規、監察、風險管理、營運管理、信息科技等業務條線及外部監管方面檢查反應的重大事件等信息，對評價對象進行評分和評級。
（二）內部控制評價的計分方法
（1）內部控制年度綜合評分採用百分制，滿分為100分。
（2）內部控制年度綜合評分由商業銀行內部審計評價綜合得分和重大事件評價綜合扣分兩部分組成。

二、內部控制評價的指標體系

年度內部控制評價滿分為100分。其中，過程控制評價為70分，結果控制評價為

30 分。結果控制中法律法規的遵從性為扣分項。

（一）過程控制（70 分）

1. 控制環境（20 分）
（1）內部控制文化（5 分）。
（2）內部控制架構及其系統和程序（10 分）。
（3）內部控制制度體系（5 分）。

2. 目標管理（5 分）
（1）業務發展目標管理 2.5 分。
（2）風險管理與控制 2.5 分。

3. 事項識別（5 分）
（1）事項識別 2.5 分。
（2）識別技術與機制 2.5 分。

4. 風險評估（5 分）
（1）影響評估 2.5 分。
（2）評估技術 2.5 分。

5. 風險反應（5 分）
（1）對風險事件採取措施的恰當性 2 分。
（2）對風險事件採取措施的及時性 1.5 分。
（3）對風險事件採取措施的有效性 1.5 分。

6. 控制活動（10 分）
（1）政策和流程 2.5 分。
（2）控制手段 2.5 分。
（3）控制實施 2.5 分。
（4）控制結果 2.5 分。

7. 信息溝通（10 分）
（1）信息的獲取渠道 5 分。
（2）傳導與反饋 5 分。

8. 監督糾正（10 分）
（1）日常及其持續性監控與報告 5 分。
（2）糾錯整改與提高 3 分。
（3）獨立的評估 2 分。

（二）結果控制評價（30 分）
（1）資產負債業務發展指標 5 分。
（2）資產質量指標 10 分。
（3）營業收入及經營利潤指標 10 分。
（4）財務報告的真實可靠 5 分。

（三）法律和法規的遵從性

對發生重大違規事件、重大險情事件的，按照有關辦法扣分。

1. 重大違規事件
（1）重大違規記錄。
（2）重大內部舞弊詐欺事件。
2. 重大險情事件
（1）因發生重大不良資產損失，被認定存在重大崗位責任或重大管理責任的事件。
（2）因安全防範措施不當，發生造成重大影響或損失的金融詐騙、盜竊、搶劫、爆炸等案件。
（3）因管理和處置不當，發生重大影響或損失的重大營運事件。
3. 重大聲譽事件
重大聲譽事件是指造成商業銀行集團重大財務或非財務損失、股價大幅波動、引發系統性風險乃至影響社會經濟秩序穩定的聲譽事件。

三、內部控制評價計分規則

（一）內部控制評價綜合得分的計算

內部控制評價綜合得分是按照商業銀行內部審計部門對評價對象進行內部控制審計綜合得分（過程控制得分）加上結果評價得分，減去有關部門對其年度內發生的重大違規事件、重大險情事件、重大聲譽事件扣分后的得分。

內部控制評價得分計算公式為：

年度內部控制評價綜合得分 = 過程控制審計評價綜合得分 + 結果評價得分 - 重大事件評價綜合扣分

（二）過程控制審計評價綜合得分的計算

過程控制審計評價綜合得分是指商業銀行內部審計部門對評價對象進行內部控制審計后，對內部控制的總體狀況、公司信貸、零售信貸、營運管理和預算財務等內部控制單項評價對象的檢查匯總得分的加權平均值。其計算公式為：

$$審計評價綜合得分 = \frac{\sum_{i=1}^{n}(i_1 + i_2 + \cdots + i_n)}{n}$$

其中，i 為單項評價對象檢查得分；n 為單項評價對象個數。

（1）過程控制審計評價綜合得分滿分為 70 分。
（2）各單項過程控制評價對象檢查得分滿分均為 70 分。
（3）各單項評價對象得分由相應的過程控制評價要素得分加總得出。每項一級指標得分由下設的二級指標得分加總得出。各項一級指標和二級指標按重要性程度不同，分別設置不同權重。
（4）根據內部控制審計檢查發現問題的個數和風險定級，對各項二級指標進行計分。其計分規則為所有審計發現的問題必須扣分，並與各控制評價要素的二級指標相對應。
（5）二級指標按下列情況扣分：

一是審計未發現問題，不扣分。
二是問題風險等級為一級的，每個問題扣 0.1 分。
三是問題風險等級為二級的，每個問題按嚴重程度分三檔，相應扣 0.2 分、0.3 分和 0.4 分。
四是問題風險等級為三級的，每個問題按嚴重程度分三檔，相應扣 0.5 分、0.7 分和 1 分。
五是問題風險等級為四級的，每個問題按嚴重程度分三檔，相應扣 1.5 分、2 分和 3 分。
六是問題風險等級為五級的，每個問題扣 3 分。
七是如同一問題涉及多個二級指標，分別反應不同內控環節的缺失，則各指標應分別扣分。
八是各項二級指標分扣完為止，不倒扣分。
(6) 實施審計評價時，先計算評價總得分，再根據定級標準確定相應的審計評價等級，並掌握下列原則：
一是分支行如出現五級風險問題，相應的單項評價對象及該行整體的審計評價等級不能評為 A 級。
二是分支行如出現 3 個四級風險問題，該行整體的審計評價等級不能評為 A 級。如單項評價對象出現四級風險問題，其審計評價等級不能評為 A 級。
三是新開業分支行內控體系和業務經營均處在初建階段，一般對其分支行整體內控狀況的首次審計評價等級不高於 B 級。
四是出現上述情況時，可直接調整審計評價等級，再確定相應得分。

(三) 結果控制評價綜合得分的計算
結果控制評價綜合得分計算公式為：
結果控制評價綜合得分＝結果控制評價得分－重大事件評價綜合扣分

1. 結果控制評價得分的計算
結果控制評價得分按照結果控制評價項目的資產負債業務發展指標、資產質量指標、營業收入及經營利潤指標、財務報告真實可靠性四項指標計劃完成比例乘以該指標的基準分計算得出。得分最高為該項基準分，不得超過基準分。

2. 重大事件評價綜合扣分
重大事件評價綜合扣分按結果控制評價要素的二級指標的扣分計算。
(1) 每發生一項重大事件，根據嚴重程度分三檔，相應扣 1 分、2 分和 3 分，扣滿 20 分止。
(2) 如轄屬分支行發生重大險情事件，該轄屬分支行及其上級分行同時按上述原則扣分。
(3) 分支行年度內未發生重大違規和險情事件，其年度綜合評分即為過程控制得分與結果評價得分之和。
(4) 分支行如當年度未被實施內部控制審計，原則上本年度審計評價結果即為上年度的審計評價結果，再根據本年度結果評價得分與重大事件評價結果計算出本年度

綜合評價結果。

第五節　商業銀行內部控制評價等級

內部控制評價等級由評價得分和評價定級相結合產生。

一、內部控制評價得分

內部控制評價得分是通過內部控制審計檢查和內外部監管信息匯總，對商業銀行及其分支行過程控制評價要素和結果控制評價要素各二級指標進行評分的匯總分。

二、內部控制評價定級

內部控制評價定級由評價得分確定。根據國際上內部控制評級的通行做法和我國商業銀行內部控制評價實踐，內部控制評價等級共分為「四級十檔」，即 A 級（優秀）、B 級（良好）、C 級（合格）、D 級（不合格）；其中，A 級、B 級和 C 級根據得分高低進一步細分為三個檔次，D 級不再細分檔次。各內部控制等級的含義及對應的得分區間如下：

（一）A 級（優秀）

這是指內部控制體系健全，執行有效，僅個別一般控制環節存在缺陷。其中：

(1) A+級，96（含）分~100 分。
(2) A 級，93（含）分~96 分。
(3) A-級，90（含）分~93 分。

（二）B 級（良好）

這是指內部控制體系比較健全，執行比較有效，少數一般控制或個別重要控制環節存在缺陷。其中：

(1) B+級，86（含）分~90 分。
(2) B 級，83（含）分~86 分。
(3) B-級，80（含）分~83 分。

（三）C 級（合格）

這是指內部控制體系建設達到最低要求，執行基本到位，部分一般控制和個別重要控制環節存在缺陷。其中：

(1) C+級，76（含）分~80 分。
(2) C 級，73（含）分~76 分。
(3) C-級，70（含）分~73 分。

（四）D 級（不合格）

這是指內部控制體系建設和執行在主要方面未達到規範要求，部分重大控制環節存在缺陷（評價得分在 70 分以下）。

三、內部控制評價排名

內部控制評價排名是指商業銀行根據年度內部控制綜合評價等級，由高至低對分

支行進行排列。

若內部控制綜合評價等級相同，則綜合評價得分高者在前，低者在后；若評價得分相同，則按照商業銀行機構序列表先后並列。

第六節　商業銀行內部控制評價的基本程序

內部控制評價程序包括內部控制審計、內部控制審計評價、重大事件評價以及年度綜合評價四個階段。

一、內部控制審計

內部控制審計是指商業銀行內部審計部門，根據總行審計方法規定的要求和程序，按照經董事會或者高級管理層批准的審計計劃，實施內部控制現場審計，並在實施過程中對內部控制過程評價要素進行逐一的、系統性和實質性檢查。

（一）內部控制審計方案

內部控制審計方案要根據企業內部控制基本規範及相應的監管法規和商業銀行內部控制政策制訂。

（二）內部控制審計實施

內部控制審計要圍繞過程控制評價要素，對其中的二級指標進行檢查，對發現的問題進行定性和定級，並提出整改建議。

（三）內部控制審計的範圍要符合內部控制評價的基本要求

內部控制審計一般包括對分支行的內部控制總體狀況審計和主要業務條線的內部控制審計。其中，內部控制總體狀況審計的內容主要為「內控環境」「目標管理」「信息交流」「監督糾正和提高」等一級指標及其對應的二級指標。業務條線的內部控制審計的內容為過程控制評價要素的全部八項一級指標及其對應的二級指標。

二、內部控制審計評價

內部控制審計評價是指商業銀行內部審計部門，對評價對象內部控制審計內容進行計分和評價。

對各項過程控制評價要素的二級指標按評價對象進行逐一計分，得出各類評價對象的審計檢查評分，確定其對應等級。

根據評價對象中總體狀況和公司信貸、零售信貸、營運管理、預算財務等主要業務的內部控制檢查評分，計算出審計評價綜合得分，確定相應的審計評價等級。

三、重大事件評價

重大事件評價是指對分支行年度內發生的重大違規、險情事件等內部控制結果要素進行評分，是確定分支行內部控制年度綜合評價結果的重要因素。

重大事件信息主要來源於合規、監察、風險管理、營運管理、信息科技、外部監管等方面，內部控制審計評價已涉及的事件不再重複評價。

重大事件評價不按業務種類細分，評價的子要素主要包括：
（1）重大違規記錄。
（2）內部舞弊詐欺事件。
（3）重大崗位或管理責任事件。
（4）重大案件。
（5）重大營運事件。
（6）重大聲譽事件。

四、年度內部控制綜合評價

內部控制年度綜合評價是將商業銀行及其分支行的內部控制過程評價、結果評價和重大事件評價加以綜合，得出其最終的內部控制年度綜合評價結果。

第七節　商業銀行內部控制評價的組織與管理

一、年度內部控制評價的牽頭組織

根據監管部門的規定，商業銀行內部審計部門是內部控制評價的主辦部門，履行全行內部控制評價的基本職能，牽頭組織內部控制評價工作。合規、監察、風險等相關部門密切配合，參與實施，共同評價。

二、協辦部門的工作內容與職責

內部控制評價中，結果評價內容要由總行各有關業務職能部門協助提供。其中：
（1）重大違規記錄主要由法律合規部門負責提供。
（2）重大內部舞弊詐欺事件和重大案件主要由監察部門負責提供。
（3）重大崗位或管理責任事件主要由總行審計部門負責提供。
（4）重大營運事件主要由營運管理部門及信息技術管理部門負責提供。
（5）其他各部門負責提供本部門掌握的各類重大事件情況。

三、年度內部控制評價結果的形成與發布

商業銀行總行審計部門匯總「內部控制過程評價和結果評價表」「內部控制重大事件評價表」數據，初步得出年度綜合評價結果和排名，完成「商業銀行內部控制綜合評價匯總表」，會同合規、監察、風險等部門研究形成初步評價結果，報行領導審定後發布。

第八節　商業銀行內部控制評價結果的運用

商業銀行內部控制評價結果是商業銀行經營管理的重要參考依據，要廣泛運用於商業銀行的經營管理活動。

一、運用內部控制評價結果，完善經營管理戰略

商業銀行的內部控制及其內部控制評價是在董事會及其授權的審計委員會的直接領導下，組織實施的內部監督管理活動。內部控制評價結果是董事會、監事會、高管層制定經營管理戰略的重要依據，要通過充分運用內部控制評價結果，不斷完善商業銀行經營管理發展戰略，促進商業銀行持續健康發展。

二、運用內部控制評價結果，完善內部控制體系

內部控制是受企業董事會、管理層和其他人員影響，為經營的效率效果、財務報告的可靠性、相關法規的遵循性等目標的實現而提供合理保證的一個過程。商業銀行及其分支行要充分運用內部控制評價結果，肯定內部控制的有效做法，改進和解決內部控制的缺陷和存在的問題，不斷健全內部控制體系，提高內部控制管理水平和質量效果，為實現穩健經營目標提供合理的保障。

三、運用內部控制評價結果，完善激勵約束機制

內部控制評價體系包含了內部控制管理的過程控制和結果控制，全面系統地反應了商業銀行及其分支行經營管理的成果，要充分運用內部控制評價結果，完善全行激勵約束機制，促進各項業務和經營管理工作全面發展。

四、運用內部控制評價結果，完善專業管理工作

專業管理是商業銀行經營管理的基礎，商業銀行及其分支行以及各個業務管理職能部門，要充分運用內部控制評價結果，完善相關機構和業務的考評，加強專業條線內部控制管理工作，不斷提高專業管理水平和專業內部控制的質量效果。

五、運用內部控制評價結果，更好地實施風險導向審計

審計資源是稀缺的、昂貴的內部控制監督管理資源。要充分運用內部控制評價結果，按照風險導向審計原則，制訂和實施內部控制審計計劃，科學合理地確定審計重點和審計頻率，不斷提升審計價值，促進商業銀行穩健發展。

第三篇　授信業務審計

第十一章 授信業務風險管理審計

在我國金融市場還不夠發達、企業融資能力不足、金融服務水平和中間業務發展還比較落后的大背景下，今后一個相當長的時期，授信業務仍然是商業銀行的主體業務，是商業銀行經營收入的主要來源。同時，商業銀行是特殊的企業，進行風險經營，商業銀行所擁有的金融資產所有權與使用權分離，是不完整的財產所有權。在市場經濟條件下，這種所有權潛藏較大的信用風險、市場風險和操作風險。因此，銀行家們都深深地體會到，商業銀行「成亦信貸，敗亦信貸」。搞好授信業務風險管理審計，對於實現商業銀行經營管理目標，促進商業銀行穩健發展，更好地支持國民經濟持續、健康、協調發展，有著十分重要的意義。

第一節　授信業務內部控制審計

授信業務內部控制審計是指商業銀行內部審計部門，按照監管部門和銀行內部控制管理政策及其規章制度，對授信業務內部控制體制機制建設以及運行質量效果開展的獨立審計監督、諮詢和評價活動。

一、授信業務內部控制環境審計

授信業務內部控制環境包括商業銀行授信業務內部控制文化、授信業務內部控制架構及其系統和程序、授信業務內部控制制度體系等。授信業務內部控制環境審計檢查的重點主要包括：

（一）授信文化審計

授信文化是商業銀行授信業務發展的根本指導思想，是授信業務健康發展的基礎。審計檢查的重點主要包括（但不限於）：

（1）是否建立了穩健的經營戰略、經營理念和經營風格以及風險收益最優化的授信管理文化。

（2）高級管理人員和授信業務經營管理人員是否具有誠實守信、愛行敬業的職業

精神和職業操守，是否具備正確的社會價值觀和道德觀。

(3) 各級授信業務經營管理人員的配置以及業務素質和技能是否勝任授信業務經營管理的基本要求，是否符合監管部門的基本規定。

(4) 人力資源政策和激勵約束機制是否符合授信業務發展的客觀實際和基本要求。

(二) 授信業務內部控制架構及其系統和程序審計

授信業務內部控制架構及其系統和程序審計的重點主要包括：

1. 授信業務的組織架構審計

審計檢查商業銀行及其分支行是否設立了獨立的授信業務管理部門，對不同幣種、不同客戶對象、不同種類的授信業務進行統一管理。審計檢查是否設置授信風險限額，避免信用失控。

2. 職能部門有效制衡機制審計

審計檢查商業銀行授信崗位設置是否做到分工合理、職責明確，崗位之間是否相互配合、相互制約，做到審貸分離、業務經辦與會計帳務處理分離。

3. 審貸分離授信機制審計

審計檢查商業銀行是否建立了審貸分離機制，是否建立了有效的授信決策機制。這些機制主要包括：

(1) 設立授信審查委員會，負責審查權限內的授信。

(2) 行長不得擔任授信審查委員會的成員。

(3) 授信審查委員會審議表決應當遵循集體審議、明確發表意見、多數同意通過的原則，全部意見應當記錄存檔。

4. 集中統一授信制度審計

審計檢查商業銀行是否建立了嚴格的授信風險垂直管理體制，對授信實行統一管理。

5. 貸款審批程序審計

審計檢查商業銀行各級機構是否明確規定了授信審查人、審批人之間的權限和工作程序，嚴格按照權限和程序審查、審批業務，看有無故意繞開審查、審批人審批貸款的問題。

6. 客戶信用評級體系審計

審計檢查商業銀行是否以風險量化評估的方法和模型為基礎，開發和運用統一的客戶信用評級體系，作為授信客戶選擇和項目審批的依據，看客戶信用評級結果是否根據客戶信用變化情況及時進行調整。

(三) 授信業務內部控制制度體系審計

授信業務內部控制制度體系是商業銀行授信業務內部控制的載體，是授信業務內部控制的執行機制、執行流程和執行工具。授信業務內部控制制度體系審計的重點主要包括：

(1) 審計檢查商業銀行是否根據監管部門的法律法規和商業銀行經營管理實際，建立了授信管理的制度體系，看有無制度控制盲區或者制度控制缺陷。

（2）審計檢查商業銀行是否建立了完備的授信業務管理實施細則和操作流程及其管理工具，評價授信業務手冊和操作細則的可行性，看有無過度控制，影響授信業務經營管理效率。

二、授信業務風險識別與評估審計

授信業務風險識別與評估是商業銀行及其分支行運用授信管理技術、方法等手段及其經營管理的經驗，在授信業務活動中分析判斷影響授信業務發展戰略實施和經營管理目標實現的事項（事件），識別和發現授信業務風險或機遇（或風險與機遇並存）。授信業務風險識別與評估審計的重點主要包括識別事項、識別技術等方面。

（一）授信風險識別計量評估審計

授信風險識別計量評估審計主要審計檢查商業銀行內部評級模型設計的科學性，系統參數抽樣本覆蓋面的全面性和評級結果的可靠性。

（二）授信管理過程風險識別與評估審計

授信管理過程風險識別與評估審計主要審計檢查分析貸前調查、貸時審查和貸后管理中的授信風險識別、評估技術水平和質量效果，評價授信業務風險狀況，揭示重大資產風險隱患。

三、授信業務內部控制措施審計

授信業務內部控制措施主要是指授信業務風險管理的控制流程、授權制度、風險限額、責任分離、業績考核等。授信業務內部控制措施審計的重點主要內容包括（不限於）以下幾個方面：

（一）信用風險限額審計

審計檢查商業銀行信用風險限額管理的政策、制度和執行程序，看是否對不同幣種、不同客戶對象、不同種類的授信進行統一信用風險管理，設置授信風險限額，避免信用失控。

審計檢查信用風險限額設定的程序以及風險計量的技術方法是否可靠，評價信用風險限額的合理性與實際執行的效果。

（二）授權制度審計

審計檢查是否對授信業務實行統一的法人授權制度，上級機構是否根據下級機構的風險管理水平、資產質量、所處地區經濟環境等因素，合理確定授信審批權限。

審計檢查是否根據風險大小，對不同種類、期限、擔保條件的授信確定不同的審批權限。

審批權限是否採用量化風險指標管理控制。

（三）信用風險集中度審計

信用集中度風險是商業銀行經營管理中需要特別關注的風險，直接危害商業銀行的流動性和安全性。信用集中度風險審計的重點，主要包括以下幾個方面：

1. 整體信用風險集中度審計

審計檢查商業銀行各級機構是否通過實行授信組合管理，制定在不同期限、不同

行業、不同地區的授信風險分散化目標，及時監測和控制授信組合風險，防止授信風險的過度集中，確保總體授信風險控制在合理的範圍內。

2. 單一客戶授信風險審計

審計檢查是否對單一客戶的貸款、貿易融資、票據承兌和貼現、透支、保理、擔保、貸款承諾、開立信用證等各類表內外授信實行一攬子管理，確定總體授信額度。看有無違反統一授信管理制度發放貸款的現象。

3. 集團授信業務風險審計

集團客戶具有規模大、經營穩定、抗風險能力強等特點。但是由於集團客戶多元化、綜合化和國際化經營，關聯交易風險較大。加強集團授信審計是有效管理控制授信風險的重要措施。集團客戶授信業務審計檢查的重點，主要包括以下幾個方面：

（1）對集團客戶授信是否按照統一、適度和預警的原則進行管理。

（2）對集團客戶是否實行統一授信管理，合理確定對集團客戶的總體授信額度，看有無多頭授信、過度授信和不適當授信額度的情況。

（3）是否建立風險預警機制，對集團客戶授信集中風險實行有效監控，防止集團客戶通過多頭開戶、多頭借款、多頭互保等形式套取商業銀行資金。

（4）審計檢查集團授信管理的技術條件和業務能力，評價集團客戶授信業務風險管理狀況。

4. 關聯方授信業務審計

關聯方授信極易隱藏信用風險、操作風險和道德風險，是授信風險管理的重點，也是信用風險集中度審計的一個重點。

（1）審計檢查對關聯方的授信是否按照商業銀行法規定的原則，以不優於對非關聯方同類交易的條件進行。

（2）在對關聯方的授信調查和審批過程中，商業銀行內部相關人員是否執行迴避制度。

（四）授信操作流程審計

授信業務操作流程是授信風險識別、管理與控制的基本措施。要審計檢查商業銀行是否建立了統一的授信操作管理規範，明確貸前調查、貸時審查、貸後檢查各個環節的工作標準和盡職要求。授信業務操作流程審計檢查的重點，主要包括以下幾個方面：

1. 雙人調查制度審計

審計檢查貸前調查是否做到雙人實地查看，如實報告授信調查掌握的情況，不迴避風險點，不因任何人的主觀意志而改變調查結論。

2. 借款人資格合規性審計

審計檢查借款人資格合法性、融資背景以及申請材料的真實性和借款合同的完備性，防止借款人騙取貸款，或以其他方式從事金融詐騙活動。

3. 審貸分離制度審計

審計檢查貸時審查是否做到審貸分離、獨立審貸、客觀公正。是否充分、準確地揭示業務風險，提出降低風險的對策和風險收益最優化的授信方案。

4. 貸后檢查審計

審計檢查貸后檢查是否做到實地查看、如實記錄、及時將檢查中發現的問題報告有關人員，看有無隱瞞或掩飾問題的現象。

5. 貸款用途審計

審計檢查是否嚴格監控貸款用途，防止借款人通過貸款、貼現、辦理銀行承兌匯票等方式套取授信資金，改變借款用途。

6. 授信產品風險管理措施審計

審計檢查是否制定了統一的各類授信品種的管理辦法，是否明確規定了各項業務的辦理條件，包括授信准入的基本條件、期限、利率、收費、擔保、審批權限、申報資料、貸后管理、內部處理程序等具體內容。

7. 授信條件落實情況審計

實施有條件授信時，要審計檢查是否遵循「先落實條件、后實施授信」的原則，看有無授信條件未落實或條件發生變更未重新決策就實施授信的現象。

8. 授信盡職調查情況審計

審計檢查是否對授信工作實施獨立的盡職調查。授信決策是否依據規定的程序進行，有無違反程序或減少程序進行授信。在授信決策過程中，授信管理人員是否嚴格遵循客觀、公正的原則，獨立發表決策意見，不受任何外部因素的干擾。

(五) 資產存續期管理措施審計

1. 資產質量監測預警機制審計

審計檢查是否建立了資產質量監測、預警機制，嚴密監測資產質量的變化，及時發現資產質量的潛在風險並發出預警提示，是否深入分析不良資產形成的原因，及時制定防範和化解風險的對策，有效管理和控制資產風險，保證商業銀行資產安全。

2. 貸款質量分類情況審計

審計檢查是否建立了貸款風險分類制度，規範貸款質量的認定標準和程序，確保貸款質量的真實性，看有無掩蓋不良貸款真實狀況的情況。

3. 授信業務風險管理責任制實施情況審計

審計檢查是否建立了授信風險管理責任制，明確規定各個部門、崗位的風險責任。授信業務風險管理責任制實施情況審計檢查的重點如下：

（1）調查人員承擔調查失誤和評估失準責任的情況。
（2）審查和審批人員承擔審查、審批失誤責任的情況。
（3）貸后管理人員承擔檢查失誤、清收不力責任的情況。
（4）放款操作人員對操作性風險負責的情況。
（5）高級管理層對重大貸款損失承擔相應責任的情況。

4. 違規、違法辦理授信業務責任認定及其問責情況審計

審計檢查是否對違規、違法授信發放貸款造成的風險和損失，逐筆進行責任認定，並按規定對有關責任人進行處理。

四、授信業務信息交流與溝通審計

授信業務信息交流與溝通審計是指通過對各項授信業務經營管理重要信息，如經

營戰略、規章制度、授權指令、管理事件等，在總行及其分支行上下級之間、同級之間以及內外部之間按照有關規定，進行有效傳遞和反饋情況的檢查，看商業銀行是否建立了授信業務信息交流與溝通機制。授信業務信息交流與溝通審計的重點包括如下幾個方面：

（一）授信管理信息系統審計

審計檢查是否建立了完善的授信業務管理信息系統，對授信業務全過程進行持續監控，並確保提供真實的授信客戶經營狀況和資產質量狀況信息，對授信風險與收益情況進行綜合評價。

（二）客戶管理信息系統審計

審計檢查是否建立了完善的客戶管理信息系統，全面和集中掌握客戶的資信狀況、經營管理狀況、財務狀況、償債能力和非財務因素等信息，對客戶進行分類管理，對資信不良的借款人實施授信禁入。

（三）授信手冊審計

審計檢查是否建立了動態管理的授信手冊，是否及時更新、補充和完善授信手冊的有關內容。評價授信手冊的全面性、合規性與可操作性。

五、授信業務監督與糾正機制審計

授信業務內部控制監督糾正是指通過專業化的、獨立的授信業務審計監督評估，評價商業銀行及其分支行授信業務內部控制系統在一定時期內的運行質量，目的是保證授信業務內部控制持續有效。授信業務內部控制監督評估的範圍和頻率取決於商業銀行及其分支行授信業務風險的重大性或現有授信資產質量監控程序實施的有效性。

（一）非現場日常持續性授信業務內部監控情況審計

審計檢查授信業務運行情況及其授信資產質量狀況，檢查貫穿於授信管理全過程的內部控制措施的即時和動態監控活動，以及法律合規部門、風險管理部門、審計監督部門的檢查監督活動。

（二）現場系統審計及其審計報告

檢查授信業務內部控制審計情況，看是否全面評價授信業務內部控制狀況。

（三）糾錯整改與提高情況審計

主要看商業銀行及其分支行對內部和外部監督檢查部門，在授信業務審計檢查中發現的問題的整改糾錯情況，對經營管理中穩健的、先進的授信業務內部控制措施的維持與提高情況。

第二節　授信業務盡職審計

授信業務盡職審計是按照監管部門法律法規和商業銀行授信業務內部控制管理規章制度，對各級授信工作人員和授信管理人員盡職情況進行獨立的檢查驗證、評價和報告。

一、客戶調查和業務受理盡職審計

客戶調查和業務受理調查是授信業務發展與風險管理的第一道關口。落實客戶調查和業務受理調查制度是有效管理授信業務風險，促進授信業務健康發展的基礎。

客戶調查和業務受理盡職審計的重點主要包括如下幾個方面：

（一）目標客戶發展審計

培育發展目標客戶群是商業銀行擴大業務規模、控制業務風險、增加經營收入、提升銀行價值的重要措施。目標客戶發展審計的重點主要包括：

1. 目標客戶發展戰略審計

審計檢查授信業務經營管理部門是否根據商業銀行確定的業務發展規劃及風險戰略，擬定明確的目標客戶，包括已建立業務關係的客戶和潛在客戶，看目標客戶戰略是否符合商業銀行經營管理實際、業務規模和經營特點以及市場定位等。

2. 目標客戶條件審計

審計檢查授信業務經營管理部門確定目標客戶條件時，是否明確所期望的客戶特徵，並確定可受理客戶的基本要求。這些要求是否符合商業銀行授信業務發展戰略、策略和經營管理實際。

3. 目標客戶發展成效審計

審計檢查授信業務經營管理部門目標客戶發展措施是否恰當、執行是否有力，評價目標客戶發展成效與存在的主要問題。

（二）業務受理盡職調查審計

審計檢查業務受理過程中對市場風險、信用風險、操作風險以及其他風險的識別、評估管理措施是否到位，看有無剩餘風險。

業務受理過程中風險管理盡職調查審計的重點主要包括（但不限於）：

1. 客戶檔案管理盡職審計

審計檢查客戶調查是否根據授信種類收集客戶基本資料，建立客戶檔案，評價客戶檔案管理的完整性、合規性和安全性。

2. 關聯交易風險識別與評估盡職審計

審計檢查客戶調查是否關注和收集集團客戶以及關聯客戶的有關信息，有效識別授信集中風險及關聯客戶授信風險。

3. 借款人資格調查盡職審計

審計檢查授信調查人員是否對客戶提供的身分證明、授信主體資格、財務狀況等資料的合法性、真實性和有效性進行認真核實，並將核實過程和結果以書面形式記載。

4. 貸前調查及其客戶資料真實性審查盡職審計

審計檢查的主要內容包括：

（1）對客戶調查和客戶資料的驗證是否以實地調查為主、間接調查為輔。

（2）通過外部徵信機構核實客戶資料的真實性情況。

（3）通過政府有關部門及社會仲介機構索取相關資料，驗證客戶提供材料的真實性情況。

(4) 檢查客戶資料變動是否要求客戶提供書面報告，並且進一步核實后在檔案中重新記載。

(5) 客戶資料補充或變更時，授信工作人員之間是否主動進行溝通，確保授信管理各方均能夠及時得到相關信息。

5. 客戶經營狀況調查盡職審計

審計檢查授信業務經營管理人員是否瞭解和掌握客戶的經營管理狀況，督促客戶不斷提高經營管理效益，保證授信業務安全。

6. 客戶突發事件應對盡職審計

審計檢查客戶發生突發事件時，授信業務經營管理部門是否立即派員實地調查，並依法及時做出是否更改原授信方案、條件等意見。

7. 同業授信政策信息收集情況審計

審計檢查商業銀行及其分支行是否與其他商業銀行之間就客戶調查資料的完整性、真實性建立相互溝通機制。

二、授信分析與評價盡職審計

授信分析是識別、揭示、評估授信風險與機遇的重要環節，是制訂授信方案，平衡風險與收益的基本依據。搞好授信分析與評價盡職審計，對於促進授信管理，提高授信管理的質量與水平有著十分重要的意義。授信分析與評價盡職審計的重點，主要包括以下幾個方面：

（一）客戶風險分析盡職審計

客戶風險主要表現為違約風險，即信用風險。客戶風險是授信業務面臨的主要風險。客戶風險分析盡職審計的重點主要包括：

1. 客戶財務報表分析盡職審計

審計檢查授信業務經營管理人員是否認真評估客戶的財務報表，對影響客戶財務狀況以及貸款安全的各項因素進行分析評價，預測客戶未來的財務和經營情況。必要時是否進行利率、匯率等敏感度分析。

2. 非財務因素分析評價盡職審計

審計檢查授信業務經營管理人員是否對客戶的非財務因素進行分析評價，對客戶公司治理、管理層素質、履約記錄、生產裝備和技術能力、產品和市場、行業特點以及宏觀經濟環境等方面的風險進行識別和分析。

3. 第二還款來源分析評價盡職審計

審計檢查授信業務經營管理人員是否對第二還款來源進行分析評價，確認保證人的保證主體資格和代償能力以及抵押、質押的合法性、充分性和可實現性。

（二）授信風險分析盡職審計

授信風險分析是商業銀行授信管理部門和管理人員，通過專業化的技術手段和方法措施，對授信業務進行風險分析評估，按照風險收益最優化原則，制訂授信方案。授信風險分析盡職審計的重點主要包括（但不限於）：

1. 授信品種的風險提示盡職審計

審計檢查授信管理部門和管理人員是否根據不同授信品種的特點，建立授信風險

提示，對客戶申請的授信業務進行分析評價，重點關注可能影響授信安全的因素，有效識別各類風險。

2. 信用分析盡職審計

審計檢查授信業務經營管理人員是否通過專業化的信用分析技術，對客戶的信用等級進行評定並予以記載。必要時是否委託獨立的、資質和信譽較高的外部評級機構完成客戶信用調查和信用分析。

3. 貸款可行性評審盡職審計

審計檢查各級授信業務經營管理人員是否根據國家法律、法規、有關方針政策以及商業銀行授信制度，對授信項目的技術、市場、財務等方面的可行性進行評審，並以書面形式予以記載。

4. 授信分析評估報告審計

審計檢查授信分析報告是否詳細說明客戶的經營、管理、財務、行業和環境等狀況，分析評價報告內容的真實性與授信方案的可行性，看授信分析報告有無明顯的缺陷和風險漏洞。

5. 對發生影響客戶資信的重大事項后，授信項目重新分析評估的盡職審計

審計檢查在客戶信用等級和客戶評價報告的有效期內，對發生了影響客戶資信的重大事項後，授信經營管理人員是否重新進行授信分析評價。重大事項包括：

（1）外部政策變動。
（2）客戶組織結構、股權或主要領導人發生變動。
（3）客戶的擔保超過所設定的擔保警戒線。
（4）客戶財務收支能力發生重大變化。
（5）客戶涉及重大訴訟。
（6）客戶在其他銀行交叉違約的歷史記錄。
（7）其他。

6. 信用等級失效客戶評價盡職審計

審計檢查授信業務經營管理人員對發生變動或信用等級已失效的客戶評價報告，看是否隨時進行審查，及時做出相應的評審意見。

三、授信決策與實施盡職審計

授信決策是授信風險管理的關鍵環節，要通過授信決策與實施盡職審計，促進授信決策科學化，更好地實現商業銀行授信業務的穩健發展。授信決策與實施盡職審計的重點主要包括（但不限於）以下幾個方面：

（一）授信決策盡職審計

1. 授權權限盡職審計

審計檢查授信管理人員的授信決策是否在書面授權範圍內進行，看有無超越權限開展授信業務情況。

2. 授信程序盡職審計

審計檢查授信管理人員的授信決策是否依據規定的程序進行，看有無違反程序或

減少程序開展授信業務情況。

3. 履職客觀性審計

審計檢查授信管理人員在授信決策過程中，是否嚴格遵循客觀、公正的原則，獨立發表決策意見，不受任何外部因素的干擾。

4. 授信條件發生變更的重新授信的審計

審計檢查在授信決策做出后，授信條件發生變更的，授信業務經營管理人員是否依據有關法律、法規或相應的合同條款重新決策或變更授信。

5. 授信條件落實情況審計

實施有條件授信時，要審計檢查是否遵循「先落實條件、后實施授信」的原則，看有無違反「授信條件未落實或條件發生變更未重新決策的不得實施授信」的規定情況和問題。

6. 貸款法律合同文件審計

審計檢查商業銀行及其分支行的貸款法律合同文本是否合法合規；授信實施時是否關注借款合同的合法性；是否逐項審查客戶確切的法律名稱、被授權代表客戶簽名者的授權證明文件、簽名者身分以及所簽署的授信法律文件合法性等，看借款合同有無法律瑕疵。

（二）授信項目合法性審計

1. 貸款用途合法性審計

審計檢查有無對國家明令禁止的貸款用途進行授信。

按照目前的監管法規的規定，不得對以下用途的業務進行授信：

（1）國家明令禁止的產品或項目。

（2）違反國家有關規定從事股本權益性投資，以授信作為註冊資本金、註冊驗資和增資擴股。

（3）違反國家有關規定從事股票、期貨、金融衍生產品等投資。

（4）其他違反國家法律法規和政策的項目。

2. 貸款項目合法性審計

審計檢查有無對客戶未按國家規定取得有效批准文件之一的，或雖然取得，但屬於化整為零、越權或變相越權和超授權批准的項目提供授信。

按照國家監管法規的規定，貸款項目需提供有效批准文件包括（但不限於）：

（1）項目批准文件。

（2）環保批准文件。

（3）土地批准文件。

（4）其他按國家規定需具備的批准文件。

四、授信后管理和問題授信處理盡職審計

授信后的跟蹤監控是授信風險管理的重要環節。要通過授信后管理和問題授信處理盡職審計，促進授信后的跟蹤監控和授信風險管理，保證商業銀行資產安全。

（一）授信后持續監測盡職審計

審計檢查在授信實施后是否對所有可能影響還款的因素進行持續監測，並形成書

面監測報告。

按照授信管理實踐，授信后重點監測的內容主要包括：

（1）客戶是否按約定用途使用授信，是否誠實地全面履行合同。

（2）授信項目是否正常進行。

（3）客戶的法律地位是否發生變化。

（4）客戶的財務狀況是否發生變化。

（5）授信的償還情況。

（6）抵押品可獲得情況和質量、價值等情況。

（二）授信后跟蹤管理盡職審計

1. 授信后跟蹤檢查履職情況審計

審計檢查授信業務經營管理人員是否通過非現場和現場檢查，及時發現授信主體的潛在風險並發出預警風險提示。授信工作人員是否及時對授信情況進行分析，發現客戶違約時及時制止並採取補救措施。

2. 授信后跟蹤管理履職審計

審計檢查授信業務經營管理部門是否根據客戶償還能力和現金流量，對客戶授信進行調整，包括展期、增加或縮減授信，要求借款人提前還款，並決定是否將該筆授信列入觀察名單或劃入問題授信。

3. 列入監察名單的貸款管理履職情況審計

對列入監察名單的授信，審計檢查授信經營管理部門是否設立明確的指標，進一步觀察判斷是否將該筆授信從監察名單中刪去或降級。對劃入問題授信的，是否指定專人管理。

4. 貸款質量分類情況審計

審計檢查授信經營管理部門是否嚴格按照風險管理的原則，對已實施授信進行準確分類，並建立客戶情況變化報告制度。

5. 問題貸款管理盡職審計

審計檢查授信經營管理部門以及風險管理部門是否對問題授信有針對性地採取了有效措施，管理控制風險。

按照授信管理實踐和監管部門的有關規定，問題貸款管理措施主要包括（但不限於）：

（1）確認實際授信餘額。

（2）重新審核所有授信文件，徵求法律、審計和問題授信管理等方面專家的意見。

（3）對於沒有實施的授信額度，依照約定條件和規定予以終止。依法難以終止或因終止將造成客戶經營困難的，應對未實施的授信額度專戶管理，未經有權部門批准，不得使用。

（4）書面通知所有可能受到影響的分支機構並要求承諾落實必要的措施。

（5）要求保證人履行保證責任，追加擔保或行使擔保權。

（6）向所在地司法部門申請凍結問題授信客戶的存款帳戶以減少損失。

（7）其他必要的處理措施。

五、授信盡職調查制度審計

建立授信盡職調查制度是促進商業銀行授信業務經營管理人員更好地履職盡責，實現授信業務健康、協調、可持續發展的重要措施。要通過對商業銀行授信盡職調查制度的建立以及執行情況的審計，促進授信盡職調查制度的不斷完善，進而促進商業銀行授信業務的更好發展。

（一）授信盡職調查制度審計

審計檢查商業銀行是否建立了授信工作盡職調查制度，設立獨立的授信工作盡職調查崗位，明確崗位職責和工作要求。

審計檢查從事授信盡職調查的人員是否具備較完備的授信、法律、財務等知識，接受相關培訓，並遵循誠信和公正原則開展工作。

（二）授信盡職調查人員履職審計

審計檢查商業銀行是否支持授信工作盡職調查人員獨立行使盡職調查職能，必要時是否聘請外部專家或委託專業機構開展特定的授信盡職調查工作。

審計檢查授信盡職調查人員是否對授信業務流程的各項活動都進行了盡職調查，準確客觀地評價授信工作人員是否勤勉盡責，準確地確定授信工作人員是否免責。

審計檢查授信工作盡職調查人員是否及時報告盡職調查結果。

（三）授信盡職調查整改情況審計

審計檢查商業銀行及其分支行對授信工作盡職調查發現的問題，經過按照規定程序確認后，是否責成相關授信工作人員及時進行糾正。

（四）授信盡職調查結果運用審計

審計檢查商業銀行是否根據授信盡職調查結果，對具有以下情節的授信工作人員依法、依規追究責任：

（1）進行虛假記載、誤導性陳述或存在重大疏漏的。
（2）未對客戶資料進行認真和全面核實的。
（3）授信決策過程中超越權限、違反程序審批的。
（4）未按照規定時間和程序對授信和擔保物進行授信後檢查的。
（5）授信客戶發生重大變化和突發事件時，未及時實地調查的。
（6）未根據預警信號及時採取必要保全措施的。
（7）故意隱瞞真實情況的。
（8）不配合授信盡職調查人員工作或提供虛假信息的。
（9）其他。

第三節　貸款審查委員會制度及其執行情況審計

貸款審查委員會（以下簡稱貸審會）是商業銀行高級管理層下設的專門委員會，是全面風險管理委員會的專設機構之一，是對正常類公司授信客戶、同業及債券投資

授信客戶等進行授信審查的專業機構。貸審會通過集體審議，向有權審批人提供審查意見。

商業銀行授信管理部門是貸審會日常辦事機構，負責授信材料準備、會議記錄、日常聯絡等會議組織工作。

一、貸審會制度審計

審計檢查商業銀行及其分支行貸審會制度是否健全以及是否符合政府監管部門制度的規定。

二、貸審會委員組成及其資質審計

審計檢查商業銀行及其分支行貸審會成員是否實行委員制、席位設置是否為單數（一般設 7～9 個委員席位）、部門委員和專職委員是否具備商業銀行授信業務專業資質要求。

（一）部門委員基本任職條件

（1）熟悉國家經濟金融政策和相關法律法規，在公司和同業等授信業務領域具有豐富實踐經驗和專業水平。

（2）取得商業銀行公司授信審批人資質。

（3）一般應具有商業銀行及其分支行部門中層及以上職級。

（二）專職委員選聘條件

（1）熟悉國家經濟金融政策和相關法律法規，熟悉商業銀行授信政策和制度辦法，具有較強的政策水平。

（2）在商業銀行公司和同業等授信業務領域具有豐富實踐經驗和專業水平，具有較強的洞察和識別風險的能力。

（3）具有較強的企業財務分析判斷能力。

（4）取得商業銀行公司授信審批人資質。

三、貸審會審議範圍審計

審計檢查商業銀行及其分支行是否根據商業銀行經營規模、業務特點、管理體制機制和授信業務發展實際，確定貸審會審議範圍，看有無貸審會審議授信額度起點過低或者過高的現象。

根據授信管理實踐經驗，以下情況一般不需要提交貸審會審議，由商業銀行授信管理部門審查後，直接報送有權審批人審批：

（1）經授信管理部初步否決的授信業務。

（2）由規定範圍的其他商業銀行提供全額擔保的授信業務。

（3）經商業銀行及其分支行審批的授信業務，在授信期限內調整授信安排。

（4）意向性貸款承諾。

（5）同業客戶的一次性額度。

（6）完全現金保證項下同業授信業務。

（7）緊急情況下的同業授信業務。

四、貸審會運行情況審計
（一）貸審會組織情況審計
（1）檢查貸審會是否採取例會制，能否原則上每週召開一次。
（2）檢查每次會議審議項目數量，能否確保審議充分有效。
（3）檢查貸審會會議材料，看會議材料是否包含了授信分析報告、盡職調查報告和授信審查報告等方面的內容，是否充分反應了業務部門和授信管理部門的審查意見。
（二）貸審會審議貸款情況審計
審計檢查貸審會是否就以下內容進行充分審議：
（1）對授信業務的政策合規性進行全面審視，尤其是授信投向、客戶選擇方面是否符合國家的經濟金融政策、產業政策以及本行相關授信政策。
（2）授信業務的主要風險點揭示、應對措施、授信條件和授後管理要求以及對該筆業務已揭示的風險的管理控制措施是否合理有效。
（3）授信方案是否對客戶的綜合貢獻度與風險度進行了深入分析，是否體現了風險收益配比原則，實現了風險收益最優化。
（三）重大風險點審議情況審計
審計檢查貸審會主任對審議中提出的重大風險點，是否組織進行充分討論后再進行表決。審議認為審查依據不充分的，是否推遲表決，要求在補充相關材料后再進行審議。
（四）會議表決情況審計
審計檢查在委員表決前，貸審會主任是否根據審議情況明確表決對象。
（1）一般情況下，貸審會委員表決的對象為授信管理部門的審查意見，包括授信方案、授信條件和管理要求。貸審會審議過程中對審查意見有補充或修改的，則由貸審會主任進行總結，貸審會委員對貸審會主任的總結性結論進行投票表決。要審計檢查是否將貸審會主任對審議項目的總結性結論形成書面意見，並寫在表決書上提交委員表決。
（2）貸審會是否採用記名投票表決方式。委員是否在投票表決書上明確選擇「同意」或「不同意」，持「不同意」意見的委員是否在投票表決書上說明主要理由或建議，未選擇的是否視作「不同意」。
（3）審計檢查貸審會表決結果（同意和反對票數）是否當場公布，看有無採取會后統計方式現象。
（4）審計檢查是否嚴格執行「被審議的授信業務須經三分之二以上委員同意方可」的規定。
（5）審計檢查「貸審會通過的授信業務行長具有否決權，貸審會否定的授信業務行長無權同意授信」制度執行情況。
（五）項目復議情況審計
審計檢查貸審會否決項目的復議情況。

（1）貸審會否定的授信業務，如有充足的風險降低理由或其他特殊情況要求復議的，應報貸審會主任同意。
（2）貸審會同意但經行長否決的授信業務，申請復議還須經行長同意。
（3）貸審會兩次否決的授信業務，無重大變動的半年內不得再提交貸審會審議。
（六）貸審會記錄和檔案管理情況審計
審計檢查貸審會記錄和檔案管理是否全面、完整、準確。
根據貸審會管理實踐和監管部門的有關規定，貸審會記錄一般要符合以下基本要求：
（1）授信管理部門應指派專人負責會議記錄，並保持會議記錄人員相對固定。貸審會委員不能擔任會議記錄工作，審查員不能負責本人主審業務的記錄工作。
（2）貸審會記錄不能採取紀要形式，應真實、準確、完整地記錄各位委員的發言要點，客觀反應貸審會的審議全過程。貸審會記錄內容應包括貸審會召開時間、地點、出席人員、委員發言要點、表決對象、表決結果等內容。若貸審會有委員實行迴避制，也須在貸審會記錄上載明。
（3）貸審會記錄由貸審會主任簽字后，與投票表決書、授信審批資料等一併歸檔保存，並按有關規定定期移交檔案管理部門保管。由於推遲表決或者復議等原因經多次貸審會審議的項目，各次貸審會審議內容都應記錄並保存。

五、貸審會委員履職情況審計

審計檢查貸審會委員是否獨立、客觀地履行審議職責，履行了審查權利。
根據貸審會管理實踐和監管部門有關規定的精神，貸審會委員的基本權利與義務主要包括以下幾個方面的內容：
（1）瞭解全行授信業務經營戰略、授信業務發展計劃、授信經營情況和授信資產狀況，查詢與授信審批相關宏觀經濟、行業運行等必要的信息。
（2）認為審議材料不滿足決策所需的，可要求授信管理部門補充或者通過授信管理部門要求經營部門予以補充。
（3）不負責審議材料的真實性和準確性，但對審議材料的真實性和準確性有疑問的，可提出質疑。
（4）對審議的授信業務獨立表述個人意見，並有一票否決權。

六、貸審會紀律執行情況審計

審計檢查貸審會委員是否嚴格遵循貸審會工作紀律。
根據貸審會管理實踐和監管部門的有關規定，貸審會紀律的基本內容主要包括以下幾個方面：
（1）自主、公正、客觀地審查授信業務和表述審查意見，並對此負責。
（2）按時出席貸審會，不得無故缺席或中途退席。
（3）拒絕任何人直接或間接提出的影響授信申請審查的要求，對干擾貸審會或強行要求貸審會通過授信申請的行為給予堅決抵制，並可行使舉報權利。

（4）不得將客戶信息、貸審會審議內容、表決情況等信息透露給客戶、經營部門或其他利害關係人。

七、貸審會迴避制度執行情況審計

審計檢查商業銀行及其分支行是否建立了貸審會委員迴避制度。實行迴避的委員對所迴避授信業務不發表評審意見，不參與投票表決。

根據貸審會管理實踐和監管部門的有關規定，貸審會委員迴避制度的基本內容主要包括以下幾個方面：

（1）貸審會主任認為本人參與審議某筆授信業務可能有重大利益衝突，可向行長提出申請迴避，由「B角」主持。

（2）貸審會主任如認為某位貸審會委員參與審議某筆授信業務可能有重大利益衝突，可要求該成員迴避。

（3）貸審會委員認為本人參與審議某筆授信業務可能有重大利益衝突，應主動向貸審會主任說明情況，由主任決定該成員是否應該迴避。

（4）授信申報單位認為某位貸審會委員與審議項目可能有重大利益衝突，或有其他可能原因影響公正評審時，也可向貸審會主任提出迴避申請，由主任決定該委員是否應該迴避。

第十二章 流動資金貸款審計

流動資金貸款是指商業銀行向企（事）業法人或國家規定可以作為借款人的其他組織發放的用於借款人日常生產經營週轉的本外幣貸款。

第一節　流動資金貸款風險管理審計

流動資金貸款是短期信貸銀行的主體業務。加強流動資金貸款風險管理審計是保證流動資金貸款業務穩健發展的重要措施。

一、流動資金貸款政策原則審計

流動資金貸款的政策原則是開展流動資金貸款業務的基本依據。審計檢查的重點主要包括（不限於）以下幾個方面：

（一）流動資金貸款基本原則審計

審計檢查商業銀行及其分支行開展流動資金貸款業務是否遵循依法合規、審慎經營、平等自願、公平誠信的原則。審計檢查有無違反流動資金貸款原則發放貸款的現象和問題。

（二）流動資金貸款基本政策審計

流動資金貸款的基本政策審計主要包括以下幾個方面的內容：

（1）流動資金貸款政策是否符合國民經濟宏觀調控政策和國家經濟金融法律法規。

（2）流動資金貸款投向是否符合商業銀行經營管理戰略目標和信貸投向政策。

（3）流動資金貸款風險收益平衡是否符合商業銀行董事會風險偏好和商業銀行經營管理目標任務要求。

二、流動資金貸款內部控制審計

審計檢查商業銀行及其分支行是否建立了完善的流動資金貸款內部控制機制，形

成了自我發展、自我控制、自我風險識別評估應對、自我監督糾正的自律管理機制，實行貸款全流程管理，全面瞭解客戶信息，建立流動資金貸款風險管理制度和有效的崗位制衡機制，將貸款管理各環節的責任落實到具體部門和崗位，並建立各崗位的考核和問責機制。審計檢查流動資金貸款管理體制機制有無控制缺陷。

三、流動資金貸款風險管理限額審計

審計檢查商業銀行及其分支行是否將流動資金貸款納入對借款人及其所在集團客戶的統一授信管理，並按區域、行業、貸款品種等維度建立風險限額管理制度。審計檢查有無違反流動資金貸款風險管理限額發放貸款的情況和問題。

四、流動資金貸款內部績效考核指標平衡性審計

審計檢查商業銀行及其分支行是否根據經濟運行狀況、行業發展規律等，合理確定內部績效考核指標，看有無制定不合理的貸款規模考核指標，促使信貸業務部門開展惡性競爭和突擊放貸等。

五、流動資金貸款監管合作審計

審計檢查商業銀行及其分支行是否積極配合監管部門監督檢查，落實整改措施，持續不斷地完善信貸管理工作，不斷提高信貸管理的質量與效果。審計檢查有無受到監管部門通報批評或者經濟處罰乃至監管制裁的情況。

第二節　流動資金貸款「六要素」審計的方法與技術

從貸款實務來說，每一筆貸款都包括了六個方面必須要研究和考慮的內容，稱為貸款「六要素」。具體包括貸款的用途、額度、期限、抵押品、還本付息的方式和利率。流動資金貸款「六要素」審計主要是檢查商業銀行及其分支行對貸款風險管理和控制的成效以及風險收益的平衡。

一、貸款用途管理審計

貸款的用途是一筆貸款中最關鍵的因素。貸款的金額、貸款的期限都和貸款的用途相聯繫。貸款的使用效益在一定程度上也是由貸款的用途決定的。不同用途的貸款存在著不同的風險和收益。貸款用途審計的重點主要包括：

（一）貸款直接用途審計

審計檢查授信業務經營管理部門是否按照國家現行金融監管法規政策發放貸款，看貸款投向是否符合國家產業政策和本行信貸投向，借款企業生產經營的產品是否落實銷售合同，歸還貸款的第一資金來源是否可靠；看有無違反流動資金貸款不得用於固定資產、股權等投資，不得用於國家禁止生產、經營的領域和用途等問題。

（二）貸款用途監控審計

審計檢查流動資金貸款是否按照約定的用途使用。檢查授信業務經營管理人員是

否按照合同約定，檢查、監督流動資金貸款的使用情況，看有無違反貸款管理規定，挪用流動資金貸款的情況。

（三）貸款風險收益平衡審計

檢查貸款的風險收益是否平衡，看風險調整后的收益（RAROC）是否符合總行經營管理戰略總體要求和規定，是否做到風險收益最優化。

二、貸款額度審計

在一筆貸款業務的管理中，除了用途之外，第二個遇到的要特別關注的就是金額問題。貸款的金額大小是和貸款的用途相聯繫的，也是和企業的經營規模相聯繫的。但是，貸款金額的本身仍然單獨存在風險與收益的抵換關係。金額大，收益大，風險也大；金額小，風險小，收益也小。

流動資金貸款需求量應基於借款人日常生產經營所需營運資金與現有流動資金的差額（即流動資金缺口）確定。一般來講，影響流動資金需求的關鍵因素為存貨（原材料、半成品、產成品）、現金、應收帳款和應付帳款；同時，還會受到借款人所屬行業、經營規模、發展階段、談判地位等重要因素的影響。

要審計檢查授信業務經營管理人員是否根據借款人當期財務報告和業務發展預測，合理測算借款人營運資金需求，審慎確定借款人的流動資金授信總額及具體貸款的額度，看有無超過借款人的實際需求發放流動資金貸款的情況。

貸款額度審計的重點和方法主要包括（但不限於）：

（一）審計和評估借款人營運資金量

影響借款人營運資金量的因素主要包括現金、存貨、應收帳款、應付帳款、預收帳款、預付帳款等。要在深入調查分析的基礎上，預測各項資金週轉時間變化，合理估算借款人營運資金量。在實際測算中，借款人營運資金需求計算可參考如下公式：

營運資金量＝上年度銷售收入×（1－上年度銷售利潤率）×（1＋預計銷售收入年增長率）/營運資金週轉次數

其中：

營運資金週轉次數＝360/（存貨週轉天數＋應收帳款週轉天數－應付帳款週轉天數＋預付帳款週轉天數－預收帳款週轉天數）

週轉天數＝360/週轉次數

應收帳款週轉次數＝銷售收入/平均應收帳款餘額

預收帳款週轉次數＝銷售收入/平均預收帳款餘額

存貨週轉次數＝銷售成本/平均存貨餘額

預付帳款週轉次數＝銷售成本/平均預付帳款餘額

應付帳款週轉次數＝銷售成本/平均應付帳款餘額

（二）審計和評估新增流動資金貸款額度

將估算出的借款人營運資金需求量扣除借款人自有資金、現有流動資金貸款以及其他融資，即可估算出新增流動資金貸款額度。計算公式為：

新增流動資金貸款額度＝營運資金量－借款人自有資金－現有流動資金貸款－其

他渠道提供的營運資金

（三）審計評估貸款額度確定的合理性

要綜合分析企業經營規模、行業特點、季節性因素、內外部競爭環境和經營管理水平等因素，評估判斷貸款額度確定的合理性。

（1）根據實際情況和未來發展情況（如借款人所屬行業、規模、發展階段、談判地位等）分別合理預測借款人應收帳款、存貨和應付帳款的週轉天數，並可考慮一定的保險系數。

（2）對集團關聯客戶，可採用合併報表估算流動資金貸款額度，原則上納入合併報表範圍內的成員企業流動資金貸款總和不能超過估算值。

（3）對小企業融資、訂單融資、預付租金或者臨時大額債項融資等情況，可在交易真實性的基礎上，確保有效控制用途和回款情況下，根據實際交易需求評估流動資金貸款額度。

（4）對季節性生產借款人，可按每年的連續生產時段作為計算週期，評估流動資金需求和貸款額度。

三、貸款期限的審計

借貸行為是一種信用活動。信用活動的風險，一方面是由商業銀行信貸資產的所有權不完整決定的；另一方面是由期限這個時間因素決定的。存在於時間因素中的風險，一是經濟狀況、市場狀況或借款人本身的經營狀況，都有可能發生預料不到的變化，形成風險；二是貨幣的現值和它的未來值是不一樣的。因此，貸款期限長，風險大，收益也應該相應高一些；貸款的期限短，風險小，收益也就會相應低一些。貸款期限審計的重點主要包括：

（一）貸款期限確定的合理性審計

審計檢查授信業務經營管理人員是否根據借款人生產經營的規模和週期特點或者財務收支計劃、現金流計劃等，合理設定流動資金貸款的業務品種和期限，以滿足借款人生產經營的資金需求。

（二）貸款期限管理審計

審計檢查授信業務經營管理人員是否落實了對貸款期限的管理措施，實現對貸款資金回籠的有效控制。

四、貸款風險緩釋與控制的審計

商業銀行經營風險，獲取風險收益。但是，商業銀行不承擔風險，要把風險轉移出去。貸款風險緩釋與控制審計的重點主要包括：

（一）貸款風險緩釋工具的恰當性審計

審計檢查流動資金貸款風險緩釋轉移的基本方法與技術工具，包括貸款的擔保、抵押、質押、保險、套期保值等，看風險管理措施是否與貸款風險度相適應，是否貫徹了審慎的風險管理與控制理念。

（二）押品審計

通過抵押方式轉移貸款風險，是流動資金貸款風險管理與控制的主要渠道和方法

手段。要審計檢查押品的合法性以及押品的價值管理與風險控制措施。

合格的貸款抵押品，要同時具備以下四個條件：
(1) 易於出售。
(2) 價格穩定。
(3) 不會變質。
(4) 估價方便。

五、貸款還本付息方式審計

貸款的還本付息方式既和企業的經營管理、資金週轉有關，也和商業銀行的風險管理與控制以及經營管理目標的實現有關。合理確定流動資金貸款的還本付息方式，既有利於貸款的風險管理與控制和商業銀行的經營管理，又有利於更好地維護客戶關係，培育和建立優質的基本客戶群。要審計檢查貸款的還本付息方式是否科學合理，是否符合商業銀行經營管理實際和風險管理的需要。

貸款還本付息方式一般有以下幾種：
(1) 一次貸款，一次還本付息，即到期還本付息。
(2) 一次貸款，分期付息，到期還本。
(3) 一次貸款，分期付息，分期還本。
(4) 分期貸款，分期還本付息。

貸款還本付息方式實際上也是用來協調風險和收益的手段。一般情況下，短期貸款風險小，可以允許到期一次還本付息；中長期貸款風險大，要求分期還本付息。分期還本付息的貸款還可以提高信貸資金的週轉率，更好地滿足新客戶的流動資金借款需要，培育新的基本客戶群，擴大商業銀行的業務範圍，增加商業銀行的收益。

六、貸款利率定價審計

貸款的利率既是貸款的價格，又是平衡風險與收益的基本手段。貸款的利率包含了貸款風險的報酬，這個報酬要與商業銀行承擔的風險相適應。貸款利率審計檢查的重點主要包括：

（一）從貸款定價的基本要素出發，審計檢查貸款定價的合理性

貸款的用途、金額、期限是決定一筆貸款風險與收益取得平衡的基本要素，而抵押品、還本付息方式、利率是用來協調兩者之間關係的手段。要從貸款定價的基本要素出發，審計檢查貸款的定價機制，看商業銀行貸款定價是否科學合理，貸款利率的確定是否符合定價管理的基本規定和要求。

（二）從貸款六要素的總體協調上，分析評估貸款定價的風險收益平衡性

對於每一筆貸款的定價，都要從貸款的六要素進行全面的考慮，要綜合考慮客戶的信用風險、市場風險和流動性風險以及客戶綜合貢獻度、資金轉移價格、經濟資本回報等因素，使其各個要素有機結合起來，形成最優的搭配，以保持風險與收益在總體上的協調與平衡。要審計檢查貸款利率的確定是否符合風險收益平衡的基本要求。

（三）從市場利率走勢，分析評估貸款定價方式的恰當性

通過利率敏感性分析，找出商業銀行利率敏感性資產和利率敏感性負債的缺口，

針對市場利率走勢，審計檢查和分析評估貸款定價方式的恰當性，也就是採用浮動利率方式或者固定利率方式定價，哪種方式更加有利於穩定利差、增加盈利，審計分析評估利率敏感性缺口管理的方法措施是否恰當、準確。

（四）綜合評估貸款定價管理的成效

要通過全面、系統的檢查分析，評估評價貸款定價要素，客觀公正地評價貸款定價管理的理念方法和技術工具以及定價機制的科學合理性，評價貸款定價管理的質量與效果，評價風險與收益的平衡性。

第三節　流動資金貸款流程管理審計

貸款流程管理是貸款風險管理與控制的基本措施，也是貸款風險收益協調與平衡的重要過程。貸款流程管理包括貸前調查、貸時審查和貸款發放管理等。

一、貸前調查制度及其執行情況審計

貸前調查是流動資金貸款業務發展和風險管理的重要環節，一筆好的貸款，一個穩健發展的商業銀行，其貸前調查工作一定是好的、高質量的。要通過貸前調查審計，促進商業銀行及其分支行不斷提高貸款風險識別與評估的能力和水平，實現授信業務更好發展。

（一）貸前調查制度審計

審計檢查商業銀行是否按照監管部門的規定，建立了貸前調查制度，看貸前調查制度是否健全、完善，看有無制度控制缺陷。

（二）貸前調查制度執行情況審計

審計檢查貸前調查制度的執行機制和執行流程與執行工具，評價貸前調查制度的執行效果和存在的主要問題。

（三）貸前調查真實性審計

通過抽樣檢查，評價貸前調查的質量和真實性，看有無貸前調查嚴重失實的情況和問題。

二、貸款合規風險審計

流動資金貸款的合規性審計包括借款人基本資格條件的合規、經營管理活動以及貸款用途等。審計的重點包括（但不限於）：

（一）借款人基本資格條件審計

審計檢查借款人的基本資格條件是否符合監管部門的規定，是否符合商業銀行流動資金貸款政策和貸款辦法的規定。

按照現行監管規定，申請流動資金貸款應具備以下條件：

（1）借款人依法設立。

（2）借款資金用途明確、合法。

（3）借款人生產經營合法、合規。

（4）借款人具有持續經營能力，有合法的還款來源。
（5）借款人信用狀況良好，無重大不良信用記錄。
（6）貸款人要求的其他條件。

（二）借款人信用狀況審計

審計檢查借款人是否符合商業銀行內部評級體系違約概率（PD，下同）評級規定的相應最低風險等級要求以及信用狀況是否良好和有無重大不良記錄。

（三）流動資金貸款對象合法性審計

審計檢查借款人申請流動資金貸款，其所從事的生產經營活動是否符合國家產業政策；是否符合國家土地、環保、安全生產等法律法規以及商業銀行信貸投向政策和准入要求；是否按規定履行了相應的合法管理程序。審計檢查借款人除滿足商業銀行信貸手冊規定的授信客戶基本條件外，是否還具備以下條件：

（1）有固定的生產經營場所和符合國家規定要求的註冊資本。
（2）按規定持有稅務部門核發的稅務登記證；特殊行業還須持有有權機關頒發的營業許可證；按規定需取得環保許可、安全生產許可證明的，應取得有權部門出具的相應許可證明。
（3）持有人民銀行核准發放並通過年檢的貸款卡及技術監督部門頒發的組織機構代碼。
（4）實行公司制的企業法人申請借款必須符合相關法律法規和公司章程的規定。
（5）在商業銀行及其分支行開立結算帳戶，自願接受商業銀行信貸監督和結算監督，能及時提供財務報表和其他資料。
（6）能夠根據要求提供合法有效的擔保。
（7）申請外幣流動資金貸款，應符合國家外匯管理政策的規定。

三、貸時審查及其風險評估審計

貸時審查是授信風險管理的關鍵環節，也是風險收益平衡的關鍵環節。

（一）授信報告審計

要審計檢查授信報告和授信方案是否根據商業銀行的信貸手冊及相關信貸政策規定，對借款人進行全面分析，評估風險與收益；是否根據借款人經營規模、業務特徵及應收帳款、存貨、應付帳款、資金循環週期等要素，測算其營運資金需求，綜合考慮借款人現金流、負債、還款能力、擔保等因素，合理確定貸款結構，包括金額、期限、利率、擔保和還款方式等。

授信報告和授信方案風險分析的重點主要包括以下內容：

（1）借款人是否滿足商業銀行規定的授信對象的基本條件。涉及集團客戶的，是否調查集團客戶整體的經營、財務狀況以及關聯交易情況。
（2）借款人所處行業屬性、行業地位及市場佔有率、生產技術和工藝、產品服務質量及購銷渠道、經營發展戰略和策略等非財務因素分析。
（3）借款人近年來及當期資產負債狀況、經營效益、或有負債及現金流分析與預測。

(4) 借款人在商業銀行和其他金融機構的授信及使用情況、歷史信用記錄、他行授信條件、與銀行的合作關係、在銀行的日均存款及結算量等情況分析。

(5) 本次借款申請的合規性、真實性、合理性及還款來源充足性分析與評價。這包括借款申請是否符合法律法規、產業政策、節能環保要求及其他內外部監管規定，是否反應了借款人的真實貸款需求，是否與借款人的經營規模、經營特點、發展計劃和生產週期等因素相一致，是否超出了借款人的支付能力，本次借款還款來源是否充足，還款計劃是否合理，是否與客戶的現金流預測相適應。

(6) 擔保情況分析。採用信用方式的，要重點分析採用此方式的理由。採用第三方連帶責任保證的，要重點分析保證人的保證資格、資信狀況、代償能力、代償意願及對其他企業的有效擔保情況。採用抵（質）押方式的，重點分析抵（質）押物的物類、權屬、價值、變現能力、可控性、抵（質）押率。同時，應對客戶在他行借款的擔保情況進行比較分析。

(7) 風險評級。分析授信對象及授信業務的風險評級意見。對本次評級比上次評級下降較大的，應分析評級下降的原因。凡在「主觀推翻」模塊提出評級升降建議的，需深入分析理由。

(8) 本次借款申請的綜合效益分析，包括直接收益和間接收益分析。

(9) 借款風險與防範措施分析，分析借款人生產經營風險狀況及相應的防範措施。這包括借款人在生產經營過程中存在的行業、市場、經營等風險，管理層已經採取或準備採取的措施及效果；其他風險及擬採取的措施以及針對借款發放后的主要風險因素，銀行擬採取的降低或規避風險的措施分析。

(10) 流動資金貸款額度計算分析。分析是否根據借款人生產經營規模及應收帳款、存貨、應付帳款、資金循環週期等要素測算其營運資金需求，綜合考慮借款人現金流、負債、還款能力、擔保等因素，按照商業銀行信貸手冊有關政策規定審慎確定流動資金貸款額度。同時，應針對借款人的生產經營特點、貿易服務結算方式等合理設定流動資金貸款的業務品種和期限，提出完整的授信方案，包括流動資金貸款業務品種、金額、期限、利率、擔保、還款方式及風險管理措施等。

(11) 結論分析。根據上述分析，評估評價授信報告、授信方案的可行性以及風險收益的平衡性。

（二）授信審查情況的審計

審計檢查授信審查報告是否遵循審慎原則，以授信經營部門授信報告和授信申報資料為基礎，依據相關法律法規、宏觀經濟和行業政策、節能環保等政策以及商業銀行信貸政策制度，通過財務分析與非財務分析等手段，根據不同流動資金貸款品種的風險特點，有針對性地審查影響流動資金貸款安全的因素，判斷申請金額是否與借款人實際需求相適應，審慎分析評價關聯交易行為和第二還款來源，有效識別貸款的風險與收益，提出貸與不貸、貸款業務品種組合、金額、幣種、期限、利（費）率、還款計劃、財務指標約束條件和相應的風險規避措施建議等，評價授信審查報告的質量。

1. 授信審查報告內容的完整性、準確性與合規性審計

授信審查報告是商業銀行授信審查人員通過專業化審查，對授信報告貸款六要素風險與收益的進一步識別、揭示與評估，是貸審會以及行長審議、審批貸款的基本依據。要審計檢查授信審查報告內容的完整性、準確性與合規性，看有無剩餘風險未被揭示。

根據授信審查實踐和監管部門有關規定的精神，授信審查分析的內容主要包括（但不限於）：

（1）借款人基本條件和借款用途是否符合規定。
（2）借款人生產經營及財務狀況是否正常，發展趨勢是否良好。
（3）借款人申請支付貸款的商業交易行為是否合法、有效。
（4）對提供擔保的，看擔保是否合法、有效、足額、可靠。
（5）借款人是否有充足的還款能力，還款計劃是否合理。
（6）內部評級相關信息、評級路徑及評級使用報表是否準確，風險評級結果是否恰當、合適。
（7）涉及集團客戶的，還應審查分析集團客戶整體的經營、財務狀況以及關聯交易情況，判斷集團客戶整體風險。

2. 授信方案和授信條件的可行性與風險收益的平衡性審計

審計檢查授信方案是否平衡，是否針對借款人資信狀況和具體貸款品種的風險控制要求，設定貸款使用條件和管理要求，是否做到風險收益最優化。要重點審計檢查以下內容：

（1）對客戶辦理具體貸款業務品種、額度、期限及保證金比例（若有）的限制。
（2）按照貸款風險程度，確定貸款擔保的條件。
（3）確定交易對手名單、交易商品，必要時還須限定交易商品價格波動區間和應收帳款帳齡。
（4）供應鏈融資核定下游經銷商貸款授信方案，必須明確經銷商借款直接支付核心企業。
（5）明確借款人借款對應的特定還款來源，提出鎖定還款來源、監管客戶物流與現金流的具體措施，並落實借款的第一貸后管理責任人。
（6）設定資產負債率等核心償債能力或其他指標的控制線。
（7）對客戶對外擔保的限制。
（8）交叉違約要求。
（9）股東分紅約束。
（10）資本出售限制。
（11）兼併收購約束。
（12）資本支出約束。
（13）償債優先條款。
（14）貸后管理要求。
（15）其他條件和要求。

(三) 貸審會審議情況審計

貸審會審議是貸款風險管理的重要關口，要按照貸審會工作規則，審計檢查貸款審議情況是否合規、充分、有效。

(四) 貸款審批情況審計

貸款的審批是貸款風險管理的最后關口。要審計檢查貸款審批的合規性、有效性。

(1) 審計檢查商業銀行及其分支行是否建立了內部審批授權與轉授權制度和機制。

(2) 審計檢查是否根據貸審分離、分級審批的原則，建立規範的流動資金貸款評審制度和流程，確保風險評價和信貸審批的獨立性。

(3) 審計檢查有權審批人是否在授權範圍內，根據授信申報材料、審查報告等，依據法律法規、產業政策和商業銀行信貸政策等，分析貸款的主要風險和收益情況以及風險規避和防範措施，決定是否批准。

(4) 審計檢查有權審批人有無違反程序、縮減程序或逆程序審批貸款。

四、貸款發放與支付風險審計

貸款發放是貸款管理的重要環節，加強貸款發放與貸款支付環節的審計，對促進有效管理和控制貸款法律風險，保證貸款安全有著十分重要的意義。

(一) 貸款法律文件審計

貸款法律文件包括貸款的合同、借據、質押憑證等，是商業銀行的金融債權憑證。要審計檢查貸款法律文件的合規性、完整性和有效性，確保商業銀行資產安全。

1. 貸款合同內容合規性審計

審計檢查貸款合同內容是否符合政府有關監管規定和商業銀行貸款管理的要求。重點審查以下幾個方面 (但不限於) 的內容：

(1) 是否使用商業銀行統一的借款合同文本，如使用非統一的借款合同文本，是否按照合同管理辦法規定辦理。

(2) 除批准的信用貸款外，是否提供合法有效的擔保，簽訂擔保合同，並根據需要辦理或督促擔保人辦理抵 (質) 押登記手續。

(3) 是否准許商業銀行成為借款人或擔保人為所投保商業保險的第一受益人或第一順位保險金請求權人，或協助商業銀行採取合法有效措施控制保險賠款權益。對於有多家金融機構同時參與的，本行所處順位不應劣於其他金融機構。

(4) 利率檔次、利率浮動、計息方法、結息時間及加、罰息等均按有關規定由商業銀行與借款人協商確定，並在借款合同和相關憑證中載明。

2. 合同要素完整性審計

審計檢查商業銀行除與借款人在合同文本中約定具體的貸款金額、期限、利率、用途、還款方式、還款保障及風險處置等要素和有關細節外，是否還將借款人與貸款相關的重要內容列入借款合同約定條件。這些條件主要包括 (但不限於) 以下內容：

(1) 流動資金貸款資金的支付方式和貸款人受託支付的金額標準；支付方式變更及觸發變更條件；貸款資金支付的限制、禁止行為；借款人應及時提供的貸款資金使

用記錄和資料等。
（2）約定借款人在商業銀行指定專門資金回籠帳戶並及時提供該帳戶資金進出情況。
（3）商業銀行可根據借款人信用狀況、融資情況等，與借款人協商簽訂帳戶管理協議的，明確約定對指定帳戶回籠資金進出的管理。
（4）借款人承諾借款事項符合法律法規的要求。
（5）借款人及時向商業銀行提供完整、真實、有效的材料。
（6）借款人配合商業銀行進行貸款支付管理、貸後管理及相關檢查。
（7）借款人發生影響其償債能力等重大不利事項應及時通知本行。
（8）借款合同履行期間，發生合併、分立、合資、股權轉讓、股份制改造等產權變更或承包、租賃等經營方式改變的，對外投資、實質性增加債務融資等重大事項的，應事先徵得商業銀行書面同意，並在落實貸款債務和提供相應擔保後方可實施。
（9）商業銀行有權根據借款人資金回籠情況提前收回貸款。
（10）借款人出現未按約定用途使用貸款、未按約定方式支付貸款資金、未遵守承諾事項、申貸文件信息失真、突破約定的財務指標約束、發生重大交叉違約事件等以及違反借款合同約定的其他情形時，約定借款人應承擔的違約責任和商業銀行可採取的提前收貸、追加擔保等措施。
（11）如涉及耗能、污染、安全生產風險的企業，在合同中訂立與耗能、污染、安全生產風險有關的條款，包括借款人聲明節能減排、安全生產合規的條款，未履行承諾或耗能、污染、安全生產風險顯現時，商業銀行有權加速回收貸款或中止貸款，提前行使抵（質）押權等。
（二）貸款發放審計
審計檢查授信經營部門是否根據借款人書面提款申請，按合同約定及商業銀行流動資金貸款發放與支付操作規程的規定，進行提款條件落實審查。
貸款發放風險審查的重點主要包括：
（1）審批結論為有條件同意的，是否落實相關授信條件。
（2）貸款合同、擔保合同、抵（質）押登記等手續是否完備。
（3）借款人、保證人的經營、資信情況沒有發生重大的不利於商業銀行貸款的變化。貸款條件如發生變更的，是否重新審批。
（4）有無其他不利於商業銀行貸款的重大事項。
（三）受託支付審計
按照監管部門現行規定，審計檢查授信經營部門是否通過貸款人受託支付或借款人自主支付的方式對貸款資金的支付進行管理與控制。
貸款人受託支付是指商業銀行應借款人的提款申請和支付委託，將貸款資金通過借款人帳戶支付給符合合同約定用途的借款人交易對象。
借款人自主支付是指商業銀行根據借款人的提款申請將貸款資金發放至借款人帳戶後，由借款人自主支付給符合合同約定用途的借款人交易對象。
具有以下情形之一的流動資金貸款，原則上應採用貸款人受託支付方式：

（1）根據商業銀行內部評級體系 PD 評級，認為應該受託支付的借款人。
（2）與商業銀行建立信貸業務關係一年以內且商業銀行內部評級體系 PD 評級較低的借款人。
（3）申請臨時性、一次性授信，有明確的貸款資金支付對象的流動資金貸款。
（4）支付對象明確且單筆金額較大。
（5）重組貸款、借新還舊及其他具有置換情形的流動資金貸款。
（6）商業銀行認定的其他情形。

審計檢查採用自主支付方式的借款人，是否在提款申請書中承諾在支付限額內支付，確認本筆借款將用於借款合同約定的用途，並提供大致的資金使用說明等。

（四）貸款發放過程中風險審計

審計檢查流動資金貸款發放和支付過程，授信經營部門是否及時跟蹤監控貸款風險狀況。審計檢查的重點包括（但不限於）：

（1）借款人條件有無發生不利於貸款安全的變化，並且已在商業銀行開立帳戶。
（2）擔保合同（如有）已生效並持續有效，擔保合同系抵押合同及（或）質押合同的，擔保物權已設立並持續有效。若採用最高額擔保合同的，在后續貸款發放時仍是否繼續雙人實地核實擔保物權情況，確認擔保物權的持續、合法有效及押品價值的充足性。
（3）採用貸款人受託支付的，應按借款合同約定的貸款用途，確認借款人提供的支付申請所列對象、支付金額等信息與相應的商務合同等證明材料相符。
（4）採用借款人自主支付的，應按商業銀行流動資金貸款發放與支付操作規程規定，確認借款人分貸款業務品種的自主支付限額，借款人提款申請材料反應的借款用途、相關證明材料等信息與借款合同約定相符。
（5）流動資金貸款支付過程中，借款人信用狀況下降、主營業務盈利能力不強、貸款資金使用出現異常的，借款人指定的放款帳戶被有權機關凍結或劃付以及貸款條件發生較大變化、可能危及貸款安全的，授信經營部門是否與借款人協商補充貸款發放和支付條件，或根據合同約定變更貸款支付方式、停止貸款發放和支付。

第四節　貸后管理審計

貸后管理是授信風險管理的重點，是保證商業銀行資產安全的重要措施。要審計檢查貸后管理的政策、制度和工作機制，評價貸后管理的質量效果。

一、貸后管理工作機制審計

審計檢查商業銀行及其分支行是否建立了健全的貸后管理工作制度和工作機制，評價貸后管理工作機制和制度的健全性與有效性。

二、貸后管理工作審計

（一）貸款資金監控審計

審計檢查授信經營部門是否在貸款發放后 15 天內及時發起並做好信貸業務用途監控流程。

採用借款人自主支付的，審計檢查授信經營部門是否根據借款合同約定，要求借款人定期匯總報告貸款資金支付使用情況，並通過帳戶分析、憑證查驗、交易合同及相關材料核實、現場實地調查等方式，核查貸款支付是否符合約定用途。

採用貸款人受託支付的，審計檢查授信經營部門是否核查貸款支付是否符合約定用途，並將證明用途的劃款憑證、交易證明材料等資料歸檔管理。

審計檢查發放貸款之後，當借款人未按合同約定用途支付貸款資金，以化整為零方式規避商業銀行受託支付，授信經營部門是否停止辦理后續貸款發放支付手續，或與借款人協商補充相應放款條件和管理措施，並及時通過貸后監控流程上報授信管理部門。

（二）貸后監控措施審計

審計檢查授信經營部門是否按照商業銀行貸后管理工作制度和工作機制的規定及借款合同約定進行貸后管理，及時做好貸款資金的用途監控、定期監控與不定期監控等工作。

（三）借款人經營狀況監控審計

審計檢查授信經營部門是否針對借款人所屬行業及經營特點，對貸款使用情況、營運效益以及借款人生產經營總體情況等進行及時監控，分析借款人經營、財務、信用、支付、擔保及融資數量和渠道變化等狀況，掌握各種影響借款人償債能力的風險因素。

三、資金回籠帳戶結算資金往來情況審計

借款人在商業銀行的資金回籠帳戶結算往來情況，是反應借款人經營管理狀況的重要信號，是有效管理和控制貸款風險，增加商業銀行低成本存款，提高貸款綜合收益的重要措施。要通過審計檢查借款人在商業銀行的資金回籠帳戶結算往來情況，促進借款人在商業銀行的資金回籠帳戶辦理結算，有效控制授信風險，提高經營效益。

審計檢查借款人是否按照合同約定，在商業銀行開立了資金結算回籠帳戶，檢查資金回籠帳戶資金進出情況。

審計檢查授信業務經營管理部門是否根據借款人信用狀況、融資情況等，與借款人協商簽訂帳戶管理協議，明確約定對指定帳戶回籠資金進出的管理。

審計檢查授信業務經營管理部門是否關注大額及異常資金流入流出情況，加強對資金回籠帳戶的監控。

四、貸后不定期監控工作審計

審計檢查授信經營部門是否按規定開展貸后不定期監控工作，是否根據借款人生

產經營情況，重點實地檢查、動態監測借款人資金週轉情況和經營管理狀況，並書面記錄在授信客戶查訪報告中。審計檢查的重點包括：

（一）借款人資金回籠情況貸后不定期監控審計

審計檢查根據借款合同指定的專門資金回籠帳戶及其資金進出情況，檢查借款人大額及異常資金流入流出情況以及對本行貸款安全的影響。

（二）借款人經營狀況貸后不定期監控審計

審計檢查對借款人經營狀況的貸后不定期監控情況，是否及時發現借款人經營管理、財務及資金流向等方面的風險預警信號。當帳戶資金流動出現異常及其他貸款風險預警信號時，是否及時查明原因並採取相應措施。

（三）貸后不定期監控風險應對措施審計

審計檢查授信業務經營管理部門是否動態關注借款人經營、管理、財務及資金流向等重大預警信號，根據合同約定及時採取提前收貸、追加擔保等有效措施，防範和化解貸款風險。

（四）貸后不定期監控債權管理措施審計

審計檢查商業銀行及其分支行是否根據法律法規規定和借款合同的約定，參與借款人大額融資、資產出售以及兼併、分立、股份制改造、破產清算等活動，維護貸款人債權。

（五）貸后不定期監控授信風險動態評估分析審計

審計檢查授信經營部門是否將借款人流動資金貸款實際使用及生產經營情況與原授信分析報告進行對比分析，評估貸款品種、額度、期限與借款人經營狀況、還款能力的匹配程度，作為與借款人后續合作的依據。如有較大差異的，是否分析判斷該差異對償還能力的影響，並提出相應的規避風險措施，有針對性地採取信貸管理措施，調整與借款人合作的策略與內容等。

五、貸后第二還款來源的管理審計

審計檢查授信經營部門是否根據規定的頻率及監控要求，對抵（質）押物價值和保證人的擔保能力，進行動態監控和押品價值管理。當押品價值重估或保證人擔保能力不能覆蓋貸款本息時，是否採取要求借款人追加擔保、貸款減持退出等風險防範措施，保障貸款安全。

採用最高額抵押方式的，抵押貸款到期后，如需再次發放貸款，授信經營部門是否對抵押物進行再次實地核查，確認抵押物不存在被其他債權人查封等影響本行債權的情況。

六、貸款到期日管理審計

貸款到期日管理是貸款管理的重要環節，是保證貸款按期收回的重要措施。要審計檢查貸款到期日管理制度、管理責任以及履職情況，評價貸款到期日管理的成效。

（一）貸款到期日管理制度審計

審計檢查商業銀行及其分支行是否建立了貸款到期日管理制度和工作機制以及執

行工具，及時督促借款人按借款合同約定期限償還借款本息。
(二) 貸款到期日通知制度實施情況審計
審計檢查貸款到期前一個星期，授信經營部門及其客戶經理是否向客戶發送還本付息通知單，督促客戶按期償還貸款本息，並在授信客戶查訪報告中記錄相關情況。
(三) 貸款展期審計
對於流動資金貸款的展期，審計檢查授信經營部門及其客戶經理是否根據客戶申請，盡早審查貸款所對應的資產轉換週期的變化原因、借款人實際需要及貸款擔保有效性等，確定是否展期，並合理確定展期金額、期限，按照信貸管理的規定上報審批。
(四) 逾期貸款管理審計
審計檢查借款人未按約定期限償還借款本息的，授信經營部門是否按照借款合同或擔保合同約定直接從借款人或保證人帳戶中扣收，或依法處理抵(質)押物。

七、風險監控與資產保全審計

信貸資產風險監控保全是風險資產管理的重要措施，是保證商業銀行資產安全的基本手段。要審計檢查風險資產保全工作的政策制度和執行機制，評價資產保全工作的質量效果。
(一) 風險監控和資產保全制度審計
審計檢查商業銀行及其分支行是否建立了健全有效的貸款風險監控及其資產保全制度和工作機制。
(二) 風險監控審計
審計檢查風險管理部門、風險經理是否加強對流動資金貸款的風險監控，對風險過濾出的流動資金貸款客戶是否加大實地查訪頻率，協助授信經營部門及時制定應對措施。
審計檢查授信業務經營管理部門是否動態關注借款人經營、管理、財務及資金流向等重大預警信號，根據合同約定及時採取提前收貸、追加擔保等有效措施，防範和化解貸款風險。
審計檢查商業銀行及其分支行是否根據法律法規的規定和借款合同的約定，參與借款人大額融資、資產出售以及兼併、分立、股份制改造、破產清算等活動，維護貸款人債權。
(三) 資產保全審計
審計檢查流動資金貸款形成不良貸款的，是否按信貸管理規定移交資產保全部門專門管理，在全面分析評估問題類貸款成因的基礎上，及時制訂清收或盤活等行動計劃。
審計檢查資產保全部門、授信經營部門是否根據流動資金貸款特點，及時向借款人、保證人和其他還款義務人主張債權，並根據風險狀況採取相應保全措施。通過跟蹤借款人資金走向，查實借款人日常經營情況，對借款人保證金、應收帳款、存貨等流動資產及固定資產採取針對性的保全措施。
對借款人經營管理規範，確因暫時經營困難不能按期歸還貸款本息的，通過貸款

重組確能更好地化解商業銀行信貸資產風險的，審計檢查資產保全部門是否與借款人協商進行貸款重組，並按信貸管理規定的問題類貸款管理的程序與要求審查、審批。

對經過清收處置確實無法收回的流動資金不良貸款，審計檢查資產保全部門是否按照商業銀行資產損失核銷管理辦法的相關規定整理核銷材料，按程序完成實地核實和責任認定、追究後，辦理核銷審查、審批手續。貸款核銷後，資產保全部門、授信經營部門是否根據「帳銷案存」原則，加強對已核銷貸款的管理，繼續向債務人追索或進行市場化處置。

八、貸款檔案管理審計

貸款檔案是貸款的重要法律文件，是商業銀行的債權憑證。要審計檢查商業銀行及其分支行授信經營管理部門是否建立了有效的貸款檔案管理和嚴格的資料交接制度與工作機制，確保檔案資料的完整、有效、齊全。審計檢查授信管理部門、放款中心、保全部門負責保存的與貸款審查、審批、放款、保全等有關的資料是否完整有效，看有無信貸檔案毀損、遺失、蟲咬、霉爛、變質等情況。

第十三章 固定資產貸款審計

固定資產貸款是指商業銀行向企（事）業法人或國家規定可以作為借款人的其他組織發放的，用於借款人固定資產投資，包括新建、擴建、改造、購置、安裝固定資產等資本性投資支出的本外幣貸款。

第一節 固定資產貸款內控管理審計

固定資產貸款是商業銀行的基礎性業務，具有業務市場大、發展前景好、利息收入穩定、綜合收益率高等特點。但是，固定資產貸款項目大多屬於基礎建設性投資，不但受宏觀經濟調控影響大，而且投資週期長、貸款回收慢、資產流動性差、貸款風險比較高。因此，要加強固定資產貸款政策、原則以及內部控制審計，促進固定資產貸款健康協調發展。

一、固定資產貸款政策原則審計

固定資產貸款政策原則是國家按照國民經濟發展規劃和宏觀經濟調控政策，制定的關於固定資產貸款的基本規定，是商業銀行發展固定資產貸款業務的基本原則和基本規範。固定資產貸款政策原則包括國家以及政府監管部門的管理規定和商業銀行固定資產貸款的基本政策。審計檢查的重點包括：

（一）執行固定資產貸款基本原則審計

審計檢查商業銀行開展固定資產貸款業務，是否遵循依法合規、審慎經營、平等自願、公平誠信的原則，看有無違反固定資產貸款原則發放貸款的現象和問題。

（二）執行固定資產貸款政策審計

審計檢查固定資產貸款項目是否符合國家宏觀經濟金融政策，看有無違反國家固定資產貸款政策發放貸款的現象和問題。

（三）固定資產貸款投向審計

審計檢查固定資產貸款項目是否符合商業銀行信貸政策投向，是否符合商業銀行

發展戰略、經營規模和業務特點，看有無違反固定資產貸款投向政策發放貸款的現象和問題。

（四）固定資產貸款合規審計

審計檢查是否嚴格依照監管部門固定資產貸款管理辦法開展業務，看有無違反《固定資產貸款管理暫行辦法》發放貸款的現象和問題。

二、固定資產貸款內部控制審計

固定資產貸款具有較高的市場風險、信用風險和操作風險，是商業銀行高風險信貸業務。加強固定資產貸款內部控制審計，有利於促進固定資產貸款穩健發展，實現固定資產貸款風險收益最優化。審計檢查的重點主要包括（但不限於）：

（一）固定資產貸款內部控制機制審計

審計檢查商業銀行是否根據固定資產貸款的高風險特點，建立了固定資產貸款管理內部控制體制機制和管理工具，包括固定資產貸款內部控制環境、風險識別與評估、內部控制措施、信息交流與溝通、監督與糾正機制。審計檢查有無固定資產貸款內部控制缺陷和剩余風險。

（二）固定資產貸款管理流程審計

審計檢查商業銀行是否建立了完善的固定資產貸款管理流程，實行貸款全流程風險管理與控制，全面瞭解客戶和項目信息，準確識別與評估項目風險，審慎決策，科學平衡貸款風險與收益關係。

審計檢查商業銀行固定資產貸款是否遵循「先評估，後決策」的原則，確保固定資產貸款合法合規，保證貸款的質量與效益。審計檢查有無繞開固定資產貸款的授信程序，以流動資金貸款、承兌匯票或其他各種表內外方式向建設項目提供融資或擔保。

審計檢查商業銀行是否建立固定資產貸款風險管理責任制度和有效的崗位制衡機制，將貸款管理各環節的責任落實到具體部門和崗位，並建立各崗位的考核和問責機制。

三、固定資產貸款授信管理審計

固定資產貸款授信管理是商業銀行固定資產貸款管理的重要環節。審計的重點主要包括（但不限於）：

（一）固定資產貸款授信管理制度審計

審計檢查商業銀行是否建立了固定資產貸款授信管理制度，明確固定資產貸款審批程序和授權，看固定資產貸款授信、授權制度是否健全、有效以及有無制度缺陷。看有無違反固定資產貸款授信、授權制度發放貸款的現象和問題。

（二）固定資產貸款風險限額管理制度審計

審計檢查商業銀行是否建立了固定資產貸款風險限額管理制度，是否將固定資產貸款納入對借款人及借款人所在集團客戶的統一授信額度管理，是否按區域、行業、貸款品種等維度建立固定資產貸款的風險限額管理制度。審計檢查固定資產貸款的風險限額管理制度執行情況，看有無違反固定資產貸款風險限額管理制度發放貸款的現

象和問題。

第二節　固定資產貸款項目合規風險審計

固定資產貸款項目的合規性是固定資產貸款風險管理的前提和基礎。審計檢查固定資產貸款項目合規風險的重點主要包括：

一、固定資產貸款項目市場准入審計

（一）執行國家固定資產貸款准入政策審計

審計檢查固定資產貸款項目是否符合國家的產業、國土、環保及節能減排、安全生產、投資管理、資源、城市總體規劃、區域控制性詳細規劃及其他相關政策，是否按規定履行了固定資產投資項目的合法管理程序。

（二）執行商業銀行固定資產貸款准入政策審計

審計檢查固定資產貸款項目是否符合商業銀行經營管理戰略、風險管理政策和信貸投向政策等。

審計檢查固定資產貸款授信對象的風險評級是否為商業銀行內部評級體系 PD 評級較好的企業，信用狀況良好，無重大不良記錄，並且非商業銀行減持、退出類客戶及其項目。

審計檢查固定資產貸款授信對象是否被節能減排主管部門列入耗能、污染問題突出，並且整改不力的「黑名單」客戶。借款人為新設項目法人的，其控股股東是否符合上述資格條件。

審計檢查商業銀行對被國家環保部門列入「區域限批」或「流域限批」名單的地區，是否從嚴控制固定資產貸款授信。

二、固定資產貸款基本條件審計

固定資產貸款的基本條件是監管部門和商業銀行有效管理控制固定資產貸款風險的基本規定。加強固定資產貸款的基本條件審計，有利於促進商業銀行更好地發展固定資產貸款業務。要審計檢查固定資產貸款是否符合貸款的基本條件。

按照政府監管部門現行規定和商業銀行固定資產貸款業務實踐，固定資產貸款的基本條件一般主要包括：

（1）國家對擬投資項目有主體資格和經營資質要求的，應符合其要求。

（2）項目可行性研究報告或核准項目申請報告一般由具備甲級工程諮詢資質或符合商業銀行資格要求的相應工程諮詢資質的機構編製，並具有明確的結論性意見。

（3）已經完成審批、核准或備案手續。實行審批制的政府投資項目已經批准可行性研究報告，其中需審批初步設計及概算的項目已經批准初步設計及概算；實行核准制的企業投資項目，已經核准項目申請報告；實行備案制的企業投資項目，已經完成備案手續。

（4）規劃區內的項目選址和佈局符合城鄉規劃，並依照城鄉規劃法的有關規定已

經辦妥相關規劃許可手續。

（5）需要申請使用土地的項目已依法取得用地批准手續，並已經簽訂國有土地有償使用合同或取得國有土地劃撥決定書。

（6）已經按照建設項目環境影響評價分類管理、分級審批的規定完成環境影響評價審批。

（7）已經按照規定完成固定資產投資項目節能評估和審查。

（8）建築工程開工前，依照建築法的有關規定，已經取得施工許可證或者開工報告，並採取保證建設項目工程質量安全的具體措施。

（9）項目資本金比例符合國家有關投資項目資本金制度和商業銀行有關規定。

（10）項目各項資金來源明確並得到落實。

（11）借款用途及還款來源明確、合法。

（12）一般能夠提供合法有效的擔保。

（13）申請外匯固定資產貸款以及外匯擔保項下人民幣固定資產貸款應符合國家外匯管理局相關規定。申請外匯固定資產貸款，還應持有有效的外匯用途證明或登記文件。

第三節　固定資產貸款流程管理審計

固定資產貸款期限長、金額大、風險評審技術複雜，是高風險授信業務。加強對固定資產貸款授信調查與風險評估及其風險管理的審計，有利於促進商業銀行不斷加強固定資產貸款管理，更好地開展固定資產貸款業務。固定資產貸款流程風險管理審計的重點主要包括（但不限於）：

一、固定資產貸款項目授信調查與風險評估審計

固定資產貸款項目授信調查與風險評估是貸款決策的基礎，是固定資產貸款風險管理的關鍵環節。審計檢查的重點主要包括：

（一）固定資產貸款項目授信調查與風險評估工作機制及基本流程審計

審計檢查商業銀行是否建立了固定資產貸款授信調查與風險評估的工作制度、運行機制。審計檢查的重點主要包括：

審計檢查是否根據授信金額大小、項目複雜程度等情況，建立固定資產貸款授信調查與風險評估制度與機制。組織項目評估小組或團隊，按照信貸規定的程序、項目評估方法與工具，進行現場實地調查、評估。審計檢查有無違反固定資產貸款授信調查和風險評估工作制度規定的情況。

審計檢查是否本著「瞭解你的客戶」「瞭解你客戶的業務」的原則，在現場實地調查的同時，通過向節能減排主管部門、行業協會、徵信部門諮詢以及其他適當方式，深入瞭解客戶和項目的節能減排目標實施和環保合規、安全生產情況，仔細調查、分析評估客戶和項目可能存在的耗能、污染問題、安全生產以及可能引發的各類風險。審計檢查有無向不符合環保、安全等規定的企業或者項目發放固定資產貸款的現象。

審計檢查是否對情況複雜、專業性強、行內自身評估經驗不足的項目，在內部自主評估的同時，就某些具體事項如法律、稅務、保險、技術、環保和監理等聘請外部專家進行專業諮詢、獨立評估。審計檢查固定資產貸款項目有無剩余風險未被揭示及其影響貸款安全的情況。

（二）固定資產貸款項目重點內容授信調查與風險評估審計

要對固定資產貸款項目的重點內容授信調查與風險評估情況進行深入的審計檢查，看固定資產貸款的調查評估與風險評價，是否全面科學和準確，對重點內容是否深入分析評估。

重點檢查分析的內容主要包括（但不限於）：

（1）借款人是否滿足固定資產貸款授信對象應具備的基本條件。

（2）貸款項目的合法性、可行性和必要性。審查有權審批部門對項目的批覆情況、工藝技術、裝備的先進性和適用性，項目產品的國內外市場供求現狀、競爭能力及其發展趨勢等。

（3）環境保護及節能減排、國土資源管理、安全生產等的審批與落實情況。

（4）項目總投資及資金籌措。項目總投資及其構成的合理性，各項投資來源的落實情況及其可靠性。自有資金應是非債務性資金，項目法人在項目還貸期內無需返還且不承擔任何利息。對於新設法人，其自有資金為項目的資本金，即固定資產項目總投資中投資者認繳的出資額。

（5）貸款效益與償債能力。通過對項目的財務盈利能力和清償能力的各項指標的評估，如財務淨現值、內部收益率、投資利潤率、投資回收期及敏感性分析等，判斷該項目在財務上的合理性、貸款項目營運后的經濟效益、還款來源及償債能力、貸款項目綜合效益、貸款風險規避措施。尤其要評估分析國家調整產業結構、關閉落後產能對客戶和項目償還能力的影響，分析節能減排政策變化和節能減排標準提高對客戶和項目的現金流的影響，並加強敏感性分析。

（6）擔保能力。審計檢查保證人主體資格及償債能力、代償意願，抵（質）押物的合法有效性及可靠性。對於抵（質）押物的價值，應當按照有關規定的方法和程序，進行審慎評估。

（7）風險評級。審計檢查授信對象及其授信業務的風險評級意見，看風險評級是否準確。

（8）評估結論。審計檢查分析貸款經營管理部門是否從借款人的信譽和能力、項目建設的合法合規性和必要性、技術上的先進性和可行性、節能減排措施的落實、項目產品市場和項目融資方案、財務效益及還貸能力以及擔保、保險、銀行綜合效益與風險等方面深入、全面論證后，提出了明確的評估結論，評價評估結論的準確性、可靠性與風險收益的平衡性。

二、固定資產貸款項目資本金到位情況審計

固定資產貸款項目資本金比例是指固定資產貸款項目資本金占項目總投資的比例。固定資產項目總投資是指投資項目的固定資產投資（即建設投資和建設期利息之和）

與鋪底流動資金之和。

固定資產投資項目資本金占總投資的比例根據不同行業和項目的經濟效益、國家固定資產投資項目資本金比例規定及商業銀行風險管理政策等因素確定。

按照目前國家有關監管規定和商業銀行固定資產貸款實踐，固定資產貸款項目資本金比例一般為：

(1) 鋼鐵、電解鋁項目不低於40%。
(2) 水泥項目不低於35%。
(3) 鐵路、公路、城市軌道交通、化肥（鉀肥除外）項目不低於25%。
(4) 電力、石油加工、鉀肥、保障性和普通商品住房項目不低於20%。
(5) 其他行業項目一般不低於30%。

要審計檢查固定資產貸款項目資本金是否足額到位。

三、固定資產貸款還款資金來源審計

落實可靠的固定資產貸款還款資金來源是固定資產貸款風險管理的重點。要審計檢查固定資產貸款還款資金來源是否落實、是否真實可靠。

固定資產貸款的還款來源可為項目的稅後可分配利潤、折舊、攤銷和借款人的綜合效益及補貼收入等其他資金。要審計檢查以上還款資金來源的真實性與可靠性。

對不直接產生經營收入的固定資產貸款項目，要審計檢查是否考察了借款人財務生存能力。對有政府補助、稅收返還等其他還款來源的項目，看是否著重分析了上述其他還款來源的可靠性及落實情況，包括（但不限於）可用於歸還本項目貸款的預期現金流和資產的數量、時間、條件以及要審計檢查可作為項目還款來源的依據文件。

四、簡單評估程序審計

固定資產貸款簡單評估程序是指商業銀行對不涉及土建施工、金額較小、風險易於識別評估和管理控制的固定資產貸款，通過簡化授信調查與風險評估程序，提高貸款審批效率，改善金融服務，滿足客戶業務發展需要的固定資產貸款管理制度。

（一）簡單評估程序適用範圍審計

審計檢查簡單評估程序適用範圍是否符合商業銀行固定資產貸款管理辦法的規定，看有無超越簡單評估程序適用範圍發放固定資產貸款的情況。

根據商業銀行固定資產貸款管理實踐，固定資產貸款簡單評估程序一般主要適用於以下情況的貸款：

(1) 單純購置設備或器具，不涉及土建工程。
(2) 申請項目固定資產貸款金額一般不超過1,000萬元人民幣。
(3) 貸款保證金比例達到100%、全額存單或國債質押、100%外匯質押等。

（二）簡單評估程序貸款項目審計的重點

簡單評估程序貸款項目審計的重點如下：

(1) 審計檢查簡單評估程序項目的合法合規性、必要性、可行性、環境保護及節能減排、安全生產措施落實情況。

（2）審計檢查借款人還款能力及可靠性。
（3）審計檢查貸款擔保、保險的有效性及充足性等。

五、固定資產貸款擔保審計

固定資產貸款建設週期長、貸款期限長、市場風險和信用風險都很高。加強對固定資產貸款擔保措施的審計，有利於有效管理控制貸款風險，保證資產安全。

（1）審計檢查固定資產貸款擔保措施是否落實，看有無法律瑕疵。

（2）審計檢查項目建設和試生產期間，是否要求股東或項目發起人提供完工擔保，明確在項目建設延期、項目建設超支、項目不能按期完工、項目停建以至於最終放棄等情況下項目完工擔保人的擔保責任。

（3）審計檢查項目建設后，項目資產或項目收費權利依法可設定抵（質）押的，貸款形成的項目資產和權益是否抵（質）押給本行。審計檢查有無通過關聯交易轉移項目資產、懸空本行債權的情況和問題。

六、固定資產貸款授信審查與審批審計

固定資產貸款授信審查和審批是固定資產貸款風險管理的重要環節，是平衡貸款風險收益、進行貸款決策的關鍵過程。要通過對固定資產貸款授信審查和審批環節的審計，促進不斷加強固定資產貸款管理，提高固定資產貸款風險收益平衡能力。

（一）固定資產貸款審查審批制度程序審計

固定資產貸款審查審批制度程序是有效管理和控制固定資產貸款風險的重要工具。審計檢查的重點主要包括：

（1）審計檢查商業銀行是否建立了健全有效的固定資產貸款審查審批制度和程序。

（2）審計檢查授信管理部門是否遵從審慎原則，對借款人、項目發起人、項目合規性、項目技術及財務可行性、項目產品市場、項目融資方案、還款來源可靠性、擔保、保險等進行全面審查，是否對貸款的合規性、總投資、可行性、市場、風險揭示、綜合收益及授信方案等因素進行深入細緻的復審，提出明確的復審意見。審計檢查固定資產貸款項目中有無重大風險隱患未被揭示的情況，有無授信項目審查失職瀆職問題。

（3）審計檢查貸款審查委員會對固定資產貸款項目審議情況，評價貸審會的審議審查質量。

（二）固定資產貸款項目開工建設合規性審計

審計檢查項目開工建設的合規性，看貸款項目有無違反有關規定開工建設的情況。

按照政府監管部門規定和商業銀行固定資產貸款項目管理實踐，固定資產貸款項目開工建設必須同時滿足以下「六個必要條件」：

（1）項目必須符合國家產業政策和市場准入標準以及商業銀行的信貸投向政策。

（2）項目經過審批、核准或備案程序。

（3）通過用地預審。

(4) 獲得環境影響評價審批。
(5) 經過節能評估審查。
(6) 符合安全和城市規劃等規定和要求。

第四節　固定資產貸款發放與支付風險審計

固定資產貸款的發放與支付是固定資產貸款風險管理的重要環節。加強對貸款發放與支付的審計檢查，有利於促進加強貸款資金管理，有效監督借款人按照規定用途使用貸款資金，保證項目建設進度，進而保證商業銀行貸款安全和按期收回。

一、固定資產貸款合同審計

固定資產貸款期限長，業務存續期借貸雙方經營管理情況變化大，人員交接頻繁，貸款潛藏較大的法律風險和操作風險。加強對固定資產貸款合同管理審計，有利於促進加強貸款合同管理，保證商業銀行資產安全。

（一）固定資產貸款合同有效性審計

審計檢查借款人遵守商業銀行固定資產貸款管理規定的承諾情況，看有關固定資產貸款風險管理的措施在貸款合同中是否得到體現。

根據商業銀行固定資產貸款合同管理實踐，為了保證商業銀行的債權，這些規定主要包括（但不限於）以下要求：

（1）固定資產貸款原則上一般都要使用商業銀行統一的借款合同文本，如使用非統一的借款合同文本，須按規定經商業銀行相關法律合規部門審查。

（2）除批准的信用貸款外，應提供合法有效的擔保，簽訂擔保合同，並根據需要辦理或督促擔保人辦理抵（質）押登記手續。

（3）准許貸款人成為項目所投保商業保險的第一受益人或第一順位保險金請求權人，或協助商業銀行採取合法有效措施控制保險賠款權益。對於有多家金融機構參與的同一項目，貸款人所處順位不應劣於其他金融機構。

（4）準予商業銀行參與項目設備和工程招標等採購工作。

（5）借款合同履行期間，借款人或者項目發生合併、分立、合資、股權轉讓、對外投資、股份制改造等產權變更或承包、租賃等經營方式改變以及實質性增加債務融資等重大事項應事先徵得貸款人書面同意，並在落實貸款債務和提供相應擔保後方可實施。

（6）固定資產貸款利率檔次、利率浮動、計息方法、結息時間及加、罰息等均按有關規定由商業銀行與借款人協商確定，並在借款合同和相關憑證中載明。

（7）固定資產貸款如涉及耗能、污染、安全生產風險的項目，在合同中訂立與耗能、污染、安全生產風險有關的條款，包括借款人聲明節能減排、安全生產合規的條款，未履行承諾或耗能、污染、安全生產風險顯現時同意加速回收貸款或中止貸款的條款以及同意提前行使抵（質）押權的條款等。

（8）項目融資的借款人承諾在商業銀行開立專門的項目收入帳戶，並與商業銀行

簽訂帳戶監管協議，承諾項目經營所產生的資金結算、代收代付等中間業務按貸款占比在本行辦理。該帳戶資金對外支付需滿足約定條件。

（二）固定資產貸款合同內容完整性審計

（1）審計檢查固定資產貸款合同內容是否合法、有效。

（2）審計檢查貸款合同內容要素填寫是否完整、齊全、清晰、準確。

（3）審計檢查是否將借款人與貸款相關的重要內容列入借款合同約定條件。

按照監管規定要求和商業銀行固定資產貸款管理實踐，借款人與貸款相關的重要內容一般主要包括（但不限於）以下內容：

（1）固定資產貸款提款條件以及貸款資金支付接受商業銀行管理和控制。提款條件應包括與貸款同比例的資本金已足額到位、項目實際進度與已投資額相匹配等要求。

（2）約定對借款人相關帳戶實施監控，必要時可約定專門的貸款發放帳戶和還款準備金帳戶。

（3）借款人承諾貸款項目及其借款事項符合法律法規的要求。

（4）借款人及時向商業銀行提供完整、真實、有效的材料。

（5）借款人配合商業銀行對貸款的相關檢查。

（6）借款人發生影響其償債能力等重大不利事項應及時通知商業銀行。

（7）借款人進行合併、分立、股權轉讓、對外投資、實質性增加債務融資等重大事項前應得商業銀行書面同意。

（8）借款人出現未按約定用途使用貸款、未按約定方式支付貸款資金、未遵守承諾事項、申貸文件信息失真、突破約定的財務指標約束等情形時，約定借款人應承擔的違約責任和商業銀行可採取的措施。

二、固定資產貸款授信條件落實情況審計

授信條件是有效管理和控制貸款風險的重要措施。要審計檢查經有權審批人審批同意的各項貸款條件的落實情況，看有無未落實貸款條件就發放貸款的情況。

按照政府監管規定和商業銀行固定資產貸款管理實踐，固定資產貸款發放一般要達到以下基本要求：

（1）審批結論為有條件同意的，應落實相關條件。

（2）建築工程開工前，已取得施工許可證或新開工報告。

（3）項目資本金和其他建設資金已按規定的時間和比例足額到位，政府補助、轉貸、貼息的項目，國家有關部門已正式批准資金申請報告。

（4）借款人、保證人的經營、資信情況沒有發生重大的不利於商業銀行貸款的變化。

（5）項目的各項重要經濟技術指標沒有發生較大的負面變化。

（6）沒有其他不利於商業銀行貸款的重大事項。

三、受託支付或借款人自主支付審計

審計檢查商業銀行及其分支行是否按照監管規定，對固定資產貸款支付進行有效

管理監督。

按照現行監管規定，貸款支付分為商業銀行受託支付和借款人自主支付兩種方式。

受託支付是指商業銀行應借款人的提款申請和支付委託，將貸款資金支付給符合合同約定用途的借款人交易對手。

借款人自主支付是指商業銀行根據借款人的提款申請，將貸款資金發放至借款人帳戶后，由借款人自主支付給符合合同約定用途的借款人交易對手。

按照監管規定，單筆金額超過項目總投資5%或超過500萬元人民幣的貸款資金支付，一般應採用商業銀行受託支付方式。借款人不得違反合同約定，以化整為零的方式規避商業銀行受託支付管理。

四、貸款發放和支付過程風險管理審計

加強對固定資產貸款發放和支付環節的信貸管理，是有效控制固定資產貸款風險的重要措施。要通過對固定資產貸款發放和支付過程信貸管理的審計，保證貸款按照規定用途使用，有效管理和控制貸款風險。

按照監管規定和商業銀行固定資產貸款管理實踐，固定資產貸款發放和支付環節的信貸管理重點內容一般主要包括（但不限於）：

（1）借款人條件沒有發生不利於商業銀行的變化，並且已在商業銀行開立帳戶。

（2）擔保合同（如有）已生效並持續有效，擔保合同系抵押合同及（或）質押合同的，擔保物權已設立並持續有效。若採用最高額擔保合同的，在后續貸款發放時仍應雙人實地核實擔保物權情況，確認擔保物權的持續、合法有效及押品價值的充足性。

（3）執行審批、核准制的項目，核准批准文件在有效期內。

（4）執行核准制和備案制的項目已獲得城市規劃、國土資源管理、環境保護部門和其他法律法規部門出具的關於城市規劃、項目用地、環境影響評價文件等正式批准文件。

（5）與擬發放貸款同比例的項目資本金足額到位，並與貸款配套使用。

（6）項目其他建設資金（若有）已按合同約定的進度足額到位，並且貸款已按規定用途使用。

（7）項目進展順利，沒有發生重大的不利於商業銀行貸款的情況。

（8）項目實際進度與已投資額相匹配。

（9）按商業銀行固定資產貸款發放與支付操作規程要求，對提款進行審查。

五、貸款配套建設資金管理使用情況審計

貸款配套建設資金是固定資產貸款項目建設的重要資金來源，加強對貸款配套建設資金的管理，是有效管理和控制固定資產貸款風險的重要措施。要通過對貸款配套建設資金到位、使用情況管理的審計，促進商業銀行加強貸款配套建設資金管理，有效控制貸款風險。

按照監管規定和商業銀行固定資產貸款管理實踐，固定資產貸款各類配套建設資金的撥付管理與支用管理重點一般主要包括：

（1）用於建設項目的其他資金要與商業銀行貸款同比例到位、同比例支用。
（2）不得將所支用的固定資產貸款作為資本金、自有資金和自籌資金使用。
（3）建設項目應獲得而未獲得環評審批的，不得預先撥付資金進行開工前準備和建設。
（4）項目環保設施的設計、施工、營運與主體工程不同時的，應暫停主體工程建設的資金撥付，直到「三同時」實現為止。
（5）項目完工后應獲得而未獲得項目竣工環評審批的，不得撥付支用項目營運資金。
（6）對大型複雜的、專業技術要求高的項目，可要求借款人、獨立仲介機構和承包商等共同檢查設備建造或工程建設進度，出具共同簽證單。商業銀行憑共同簽證單進行貸款資金的發放和支付。

第五節　固定資產貸款貸后管理審計

固定資產貸款貸后管理是固定資產貸款管理的重要內容，是有效管理和控制貸款風險、保證貸款安全的重要措施。固定資產貸款貸后管理審計的重點主要包括（但不限於）以下幾個方面：

一、固定資產貸款授信后管理制度與工作機制審計

審計檢查商業銀行是否制定了完善有效的固定資產貸款授信后管理制度與工作機制，落實固定資產貸款授信后管理流程、管理工具和管理措施。審計檢查有無固定資產貸款貸后管理制度缺陷和重大風險隱患未被有效識別和揭示。

二、固定資產貸款授信后管理措施審計

固定資產貸款授信后管理措施是固定資產貸款貸后管理的具體方案、方法和行動，包括貸后管理的頻率、項目進度評審的方法技術、貸后管理的職責分解與考核等。固定資產貸款授信后管理措施審計的重點一般主要包括：

（一）貸款用途監控情況審計

審計檢查授信經營部門是否及時發起並做好授信業務用途監控。

（1）採用借款人自主支付的，授信經營部門是否要求借款人定期匯總報告貸款資金支付使用情況，並通過帳戶分析、憑證查驗、交易合同核實、現場實地調查等方式核查貸款支付是否符合約定用途。

（2）借款人採用受託支付的，授信經營部門是否通過現場檢查等授信后監控方式，核查貸款支付是否符合項目進度，並將證明用途的資料歸檔管理。

（二）貸后監控工作審計

審計檢查授信經營部門是否按照商業銀行信貸管理的規定及借款合同約定進行貸后管理，及時做好定期監控與不定期監控等工作；是否對貸款使用情況和項目建設內容、實施進度、營運效益以及借款人生產經營總體情況等進行及時監控。

（三）貸款項目監測情況審計

審計檢查授信經營部門是否根據項目建設實際，對貸款項目進行實地檢查、動態監測，並將監測情況書面記錄在授信客戶查訪報告中。

根據監管要求和商業銀行固定資產貸款管理實踐，貸款項目動態監測的重點一般主要包括：

（1）項目建設期檢查。檢查項目的建設進度是否按計劃進行，有無延長情況及延長原因；項目總投資中各類資金是否到位及使用情況；項目建設過程中總投資是否突破，突破原因及金額；項目的建設、技術、市場條件是否發生變化，承擔項目建設的能力和項目建設質量實際情況如何，是否出現較大事故，環保設施是否同步建設；等等。

（2）項目試生產期檢查。檢查環保設施是否與主體工程同時建成，並經環保部門驗收通過；項目建成的設施和設備運轉是否正常，項目生產數據和技術指標是否達到完工要求。

（3）項目經營期檢查。重點檢查項目所在行業風險情況、項目生產經營及市場銷售是否正常以及由項目產生的收入現金流及還貸資金是否能達到原來項目評估報告的要求；借款人整體現金流是否正常以及項目經營收入是否按約定按時、足額回籠商業銀行。同時，對項目經營收入帳戶要進行動態監測，當帳戶資金流動出現異常時，應及時查明原因並採取相應措施。

（4）項目建設工程招標和竣工驗收情況檢查。檢查商業銀行是否按照約定參與貸款項目的概算、預算、決算審查及項目建設工程招標和竣工驗收等工作。

（四）抵（質）押物價值和保證人擔保能力審計

（1）審計檢查授信經營部門是否根據規定的頻率及監控要求，對抵（質）押物價值和保證人的擔保能力進行動態監控和押品價值管理。

（2）審計檢查當押品價值重估或保證人擔保能力不能覆蓋貸款本息時，授信經營管理部門是否採取要求借款人追加擔保、貸款減持退出等風險防範措施，保障貸款安全。

（五）還款準備金帳戶監控情況審計

（1）審計檢查貸後管理部門是否按合同約定對借款人還款準備金帳戶進行監控，是否對固定資產投資項目或借款人的收入現金流進入該帳戶的比例和帳戶內的資金平均存量提出相應要求。

（2）審計檢查貸后管理部門是否督促借款人按借款合同約定期限償還借款本息。在貸款到期前一個月、結息日前10個工作日，授信經營部門及其客戶經理是否向客戶發送還本付息通知單，督促客戶按期償還貸款本息，並在授信客戶查訪報告中記錄相關情況。

（3）審計檢查借款人未按約定期限償還借款本息的，是否按照借款合同或擔保合同約定直接從借款人或保證人帳戶中扣收，或依法處理抵（質）押物。

（六）固定資產貸款展期審計

審計檢查固定資產貸款的展期是否按照固定資產貸款管理規定辦理，是否充分識

別和揭示了貸款展期的原因和貸款潛藏的風險，並進行了有效的管理與控制。審計檢查貸款展期的審批程序及其授信授權是否符合有關規定，看有無違規辦理貸款展期的情況和問題。

三、貸后管理風險應對審計

固定資產貸款貸后管理風險應對措施是商業銀行針對貸后管理發現的重大風險信號採取的保障商業銀行信貸資產安全的管理措施。要通過對固定資產貸款貸后管理風險應對措施的審計，客觀公正地評價貸后管理風險應對措施的及時性、恰當性、有效性，促進不斷提升固定資產貸款貸后管理的質量與效果，保證貸款安全。

（一）放款帳戶風險應對審計

審計檢查固定資產貸款發放之後，借款人出現重大風險信號，可能危及貸款安全的，看授信經營部門是否停止辦理后續貸款發放支付手續，或與借款人協商補充相應放貸條件和管理措施，並及時通過貸后監控流程上報高級管理層。

從商業銀行固定資產貸款管理實踐看，固定資產貸款發放之後，借款人出現的可能危及貸款安全的重大風險信號一般主要包括：

（1）借款人出現信用狀況下降。

（2）未按合同約定用途支付貸款資金，或者以化整為零方式規避商業銀行受託支付。

（3）項目進度明顯落后於資金使用進度。

（4）借款人指定的放款帳戶被有權機關凍結或支付。

（5）貸款條件發生較大變化，可能危及貸款安全。

（二）建設項目發生重大差異風險應對審計

審計檢查授信經營部門在進行定期監控時，是否將項目實際建設及投資完成情況與「項目評估報告」進行對比分析。如有較大差異的，是否分析判斷該差異對項目的影響並提出相應的規避貸款風險措施，如可要求借款人對項目投保建設期保險，投保與耗能、污染風險有關的工程責任險、環境責任險、產品責任險等。

（三）不良貸款風險應對審計

（1）審計檢查固定資產貸款形成不良貸款后，授信經營部門是否按信貸管理規定，移交資產保全部門專門管理，在全面分析評估問題類固定資產貸款成因的基礎上，及時制定清收或盤活等行動計劃與措施。

（2）對固定資產投資項目前景較好、借款人經營管理規範，確因暫時經營困難不能按期歸還貸款本息的，通過貸款重組確能更好地化解信貸資產風險的，資產保全部門是否與借款人協商進行貸款重組，並按信貸管理規定的問題類貸款管理程序與要求審查、審批。

（3）審計檢查通過延長貸款期限實施重組的固定資產貸款，是否根據項目建設期、營運期的變化情況，審慎測算貸款期限。因項目建設或營運需要，確需採用新增貸款實施重組的固定資產貸款，是否根據項目建設或營運的實際需求重新進行風險評價，嚴格評估測算資金需求。新增貸款部分是否要求借款人或項目發起人配套追加不

低於項目資本金比例的投資和相應擔保。重組貸款項目也應符合國家產業、土地、環保、安全生產和投資管理等相關政策，並獲得需要的相關批准、許可文件等。

（4）審計檢查新增重組固定資產貸款的發放與支付，是否採用受託支付方式，嚴格控制資金用途，確保封閉運行。

（5）審計檢查資產保全部門對固定資產投資項目前景不明、風險較大的問題類貸款項目，是否積極採取措施要求保證人或其他關聯方承擔風險。對借款人或控股股東惡意轉讓項目資產、擅自進行合併或分立等逃廢銀行債務的，資產保全部門、授信經營部門，是否及時採取訴訟保全措施，控制有效資產，保障信貸資金安全。

（6）對經過清收處置確實無法收回的固定資產不良貸款，資產保全部門是否按照資產損失核銷管理辦法的相關規定整理核銷材料，按程序完成實地核實和責任認定、追究后，辦理核銷審查、審批手續。核銷后，資產保全部門、授信經營部門是否根據「帳銷案存」原則，加強對已核銷貸款的管理，繼續向債務人追索或進行市場化處置。

四、固定資產貸款檔案管理審計

固定資產貸款檔案是商業銀行重要的債權文件。商業銀行要通過對固定資產貸款檔案管理的審計，促進不斷加強固定資產貸款檔案管理，保證商業銀行資產安全。

審計檢查授信經營管理部門是否建立了有效的固定資產貸款檔案管理制度，嚴格固定資產貸款資料交接制度，確保檔案資料的完整、有效、齊全。

審計檢查授信管理部門、放款中心、保全部門是否按照檔案管理規定，妥善保存與固定資產貸款審查審批、放款、保全有關的資料。審計檢查有無固定資產貸款檔案毀損、丟失、霉爛、蟲蛀等情況和問題。

第十四章
集團客戶
授信業務審計

　　集團客戶授信是指商業銀行為了發展集團客戶授信業務，有效管理和控制集團授信業務風險，對集團客戶實行統一授信的信貸管理模式。

　　集團客戶授信業務風險是指由於商業銀行對集團客戶多頭授信、過度授信和不適當分配授信額度，或集團客戶經營不善以及集團客戶通過關聯交易、資產重組等手段，在內部關聯方之間不按公允價格原則轉移資產或利潤等情況，導致商業銀行不能按時收回由於授信產生的貸款本金及利息，或給商業銀行帶來其他損失的可能性。

第一節　集團客戶授信業務內部控制審計

　　集團客戶授信業務具有規模大、專業化程度高、風險傳染性強等特點。要通過對集團客戶授信業務內部控制審計，促進商業銀行不斷建立健全集團授信業務內部控制體制、制度及其工作機制和流程工具，保證集團客戶授信業務穩健發展。

一、集團客戶授信內部控制環境審計

　　審計檢查集團客戶授信業務內部控制環境是否健全、有效，看商業銀行是否建立了有效制約、自我控制的集團客戶授信業務內部控制文化、系統、程序和機制，有無適應集團客戶授信業務風險管理的專業人才等。審計檢查的重點主要包括：

　　（一）集團客戶授信政策審計

　　集團客戶授信管理政策是集團客戶授信業務發展和風險管理的基本要求。審計檢查的重點主要包括以下幾個方面：

　　（1）審計檢查集團客戶授信業務發展政策是否與國家宏觀經濟金融政策相適應，是否符合國家金融監管政策規定。

　　（2）審計檢查集團客戶授信業務發展政策是否符合商業銀行業務規模、經營特點、管理水平和風險偏好等經營管理戰略要求。

　　（3）審計檢查集團客戶授信業務政策是否符合區域產業經濟社會發展規劃。

(4) 審計檢查集團客戶授信業務發展政策是否符合環境保護和安全生產的規定與要求等。

(二) 集團客戶授信原則審計

集團客戶授信管理原則是集團客戶授信管理必須遵循的基本規定。審計檢查商業銀行對集團客戶授信業務管理是否符合政府監管部門對集團客戶授信管理的基本原則要求以及商業銀行的經營戰略、策略和信貸政策。

商業銀行對集團客戶授信一般應遵循以下基本原則：

(1) 統一原則。商業銀行對集團客戶授信實行統一管理，集中對集團客戶授信進行風險控制。

(2) 適度原則。要根據授信客體風險大小和自身風險承擔能力，合理確定對集團客戶的總體授信額度，防止過度授信和信用集中風險。

(3) 風險收益最優化原則。對集團客戶授信要堅持風險與收益的平衡，做到風險收益最優化。

(4) 預警原則。商業銀行應建立風險預警機制，及時防範和化解集團客戶授信風險。

二、集團客戶授信業務風險識別與評估審計

集團客戶股權結構複雜、關聯關係多、風險隱蔽性強、風險識別與評估難度較大。加強對集團客戶授信業務風險識別與評估的審計，有利於促進加強風險管理，保證集團客戶授信業務健康發展。

審計檢查商業銀行是否建立了集團客戶授信業務風險識別與評估的機制，有無風險識別與評估的手段和技術工具，是否充分識別和揭示了集團客戶授信業務的風險。看集團客戶授信業務風險識別與評估的機制、手段和工具是否符合集團客戶授信業務發展需要。

三、集團客戶授信業務內部控制措施審計

集團客戶業務規模大、經營實力一般都比較強，商業銀行議價能力較弱、風險管理措施實施難度較大。因此，加強對集團客戶授信業務內部控制措施的審計檢查，有利於督促集團客戶授信業務經營管理部門，更好地落實內部控制措施，有效管理與控制風險，實現集團客戶授信業務健康協調發展。審計檢查集團客戶授信業務內部控制措施，一般主要包括集團客戶集中統一管理制度、集中統一授權制度、定期檢查評估風險制度、績效評價制度、問責制度等。集團客戶授信業務內部控制措施審計檢查的重點主要包括：

(一) 集團客戶統一授信制度審計

建立和不斷完善集團客戶統一授信制度，是落實集團客戶授信管理原則和授信政策的重要措施，是保證集團客戶授信業務健康發展的基礎。集團客戶統一授信制度審計的重點主要包括：

(1) 審計檢查是否建立了集團客戶統一授信制度，看統一授信制度是否完善，有

無制度控制缺陷。

（2）審計檢查集團客戶統一授信制度是否符合國家宏觀經濟金融政策規定，是否符合政府監管部門的基本規定和要求，是否符合商業銀行集團客戶授信管理的基本原則和政策。

（3）審計檢查集團客戶統一授信制度的執行機制、執行流程和執行工具，看授信經營管理部門是否嚴格按照集團客戶統一授信制度開展集團客戶授信業務，有無違反監管規定和集團客戶統一授信制度發放貸款的現象和問題。

（二）集團客戶授信範圍審計

集團客戶授信業務管理範圍主要包括客戶範圍與業務範圍兩個方面。

1. 集團客戶授信範圍管理審計

審計檢查授信業務經營管理部門是否將集團客戶全部納入集團統一授信管理。

按照監管部門的基本要求和商業銀行集團客戶授信業務實踐，集團客戶一般具有以下四個方面的基本特徵：

（1）在股權上或者經營決策上直接或間接控制其他企事業法人或被其他企事業法人控制的。

（2）共同被第三方企事業法人所控制的。

（3）主要投資者個人、關鍵管理人員或與其關係密切的家庭成員（包括三代以內直系親屬關係和兩代以內旁系親屬關係）共同直接控制或間接控制的。

（4）存在其他關聯關係，可能不按公允價格原則轉移資產和利潤，商業銀行認為應視同集團客戶進行授信管理的。

2. 集團客戶授信業務範圍審計

審計檢查授信業務經營管理部門是否將集團客戶所有業務全部納入了統一授信管理。

集團客戶授信業務一般主要包括貸款、拆借、貿易融資、票據承兌和貼現、透支、保理、擔保、貸款承諾、開立信用證以及類信貸業務等。

四、集團客戶授信業務信息交流與溝通審計

集團客戶的基本特徵是多元化、綜合化、國際化經營，業務範圍廣，具有顯著的親經濟週期特點。及時、廣泛、全面收集國內外市場發展變化信息，收集國民經濟發展趨勢及其宏觀經濟金融政策信息，對於有效管理控制集團客戶授信業務風險有著十分重要的意義。要審計檢查商業銀行獲取這些重要信息的渠道和手段，審計檢查對這些重要信息的加工利用和交流溝通情況及其運用效果。看有無信息不對稱或者信息交流與溝通不暢、影響業務發展和資產安全的情況和問題。

五、集團客戶授信業務監督與糾正審計

監督與糾正是集團客戶授信業務內部控制的重要環節，是集團客戶授信業務發展的自律管理手段。集團客戶授信業務監督與糾正審計檢查的重點主要包括以下兩個方面。

第一，審計檢查授信業務經營管理部門是否建立了內部自我監督糾正機制，能否及時發現集團客戶授信業務內部控制中存在的突出問題，能否及時識別、評估集團客戶授信業務的風險，有針對性地採取信貸管理措施，有效管理和控制風險。

第二，審計檢查內部審計部門是否對集團客戶授信業務開展獨立審計監督，有效識別和揭示集團客戶授信業務的風險，有針對性地提出整改建議，促進集團客戶授信業務穩健發展。

第二節　集團客戶授信風險管理審計

風險管理是商業銀行經營管理永恆的主題。集團客戶大部分都是跨業、跨境、跨市場經營，業務規模大、內部控制關係複雜。不但市場風險、信用風險、操作風險以及關聯交易風險高，而且由於商業銀行客戶經理隊伍數量與質量的限制，這些風險都很難及時、有效、充分地識別和揭示。因此，加強對集團客戶授信業務風險管理的審計檢查，是保證商業銀行信貸資產安全，促進集團客戶授信業務健康發展的重要措施。

一、集團客戶授信業務風險管理制度審計

審計檢查商業銀行是否根據政府監管部門的法規和經營管理戰略與規章制度，制定了集團客戶授信業務風險管理制度。審計檢查有無制度缺陷和制度控制盲區。

商業銀行集團客戶授信業務風險管理政策制度主要包括（但不限於）以下幾個方面：

（1）集團客戶授信業務風險管理組織架構。
（2）集團客戶授信業務風險管理與控制的制度措施。
（3）集團客戶授信業務管理範圍。
（4）單一集團客戶範圍認定依據與準則。
（5）單一集團客戶授信限額標準與授權。
（6）集團客戶授信業務審批流程與內部報告程序以及內部責任分配、考核評價等。

二、集團客戶授信業務風險管理機制審計

集團客戶授信業務風險管理機制是集團客戶授信業務管理的實施流程、操作程序和管理工具等。審計檢查的重點主要包括（但不限於）以下幾個方面：

（一）集團客戶授信業務管理機制審計

審計檢查商業銀行是否建立了與集團客戶授信業務風險管理特點相適應的管理機制，落實職能部門負責全行集團客戶授信業務的組織管理，負責組織對集團客戶授信的信息收集、信息服務和信息管理。

審計檢查集團客戶授信業務管理職能部門工作制度是否健全、有效。

審計檢查集團客戶授信業務管理職能部門的管理職責是否落實，管理流程、機制、工具的執行是否有效。

（二）集團客戶授信業務經營機制審計

審計檢查商業銀行對集團客戶授信是否落實集團客戶總部（或核心企業）所在地的分支機構或總行指定機構經營管理集團客戶授信業務。

審計檢查集團客戶授信業務經營部門的集團客戶授信業務經營管理工作制度是否健全、完善。

審計檢查集團客戶授信業務經營管理責任及其工作機制流程是否落實、執行是否有效。

（三）集團客戶經理制度審計

審計檢查商業銀行是否建立了集團客戶經理制度，落實集團客戶授信業務經營管理責任。集團客戶經理制度至少要包括（但不限於）以下幾個方面：

（1）集團客戶經理任職資格與條件。
（2）集團客戶經理工作機制、工作職責與權限。
（3）集團客戶經理工作績效評價與考核。
（4）集團客戶經理的培訓與提高。
（5）集團客戶經理風險責任範圍。

三、集團客戶授信業務風險管理措施審計

商業銀行進行風險經營。風險伴隨著業務的發展而發生、演變和遷徙，風險管理是商業銀行經營管理永恆的課題。集團客戶授信業務風險高、收益大，是商業銀行風險管理的重點。加強對集團客戶授信業務風險管理措施的審計檢查，有利於促進集團客戶授信業務經營管理部門不斷加強風險管理，更好地平衡風險收益，實現集團客戶授信業務的持續健康發展。

（一）集團客戶授信額度審計

授信額度是組成授信風險的重要因素。要審計檢查對集團客戶內各個授信對象核定最高授信額度時，是否在充分考慮了各個授信對象自身的信用狀況、經營狀況和財務狀況的同時，還充分考慮了集團客戶的整體信用狀況、經營狀況和財務狀況。最高授信額度是否與集團客戶經營狀況相適應，是否做到風險收益最優化，看有無過度授信的情況。

（二）集團客戶授信業務風險轉移分散措施審計

商業銀行經營風險，但不承擔風險。商業銀行要通過風險管理手段和措施，把風險轉移出去，進而達到有效管理和控制風險的目的，更好地獲取風險收益。

審計檢查有無超過自身承受能力對集團客戶授信。當一個集團客戶授信需求超過商業銀行風險的承受能力時，商業銀行是否採取組織銀團貸款、聯合貸款和貸款轉讓等措施分散風險。

按照監管要求和商業銀行集團客戶授信管理實踐，超過商業銀行風險承受能力，主要包括以下幾個方面：

（1）對單一集團客戶授信總額超過商業銀行資本余額15%以上的。
（2）超過商業銀行資產負債比例管理有關限額規定的。

(3) 流動性壓力測試已經出現異常情況，存在支付風險的。
(4) 不符合商業銀行風險偏好的。
(三) 集團客戶經營管理風險狀況審計

商業銀行面臨的信用風險，即客戶違約風險，說到底來自於客戶風險。加強對集團客戶經營管理風險狀況的審計，有利於及時揭示集團客戶經營風險，促進授信經營管理部門有效識別、管理和控制風險，保證商業銀行資產安全。

審計檢查集團客戶基本授信資料真實性和完整性，包括審計檢查集團客戶各成員的名稱、法定代表人、實際控制人、註冊地、註冊資本、主營業務、股權結構、高級管理人員情況、財務狀況、重大資產項目、擔保情況和重要訴訟情況等。必要時可要求集團客戶聘請獨立的、具有公證效應的第三方出具資料真實性證明。

審計檢查集團客戶授信盡職調查情況，分析評價集團客戶授信業務盡職調查的全面性、真實性以及授信分析報告的準確性。

審計檢查跨國集團客戶在境內外經營管理情況與授信情況，要特別關注跨國集團境外公司的背景、信用評級、經營和財務、擔保和重大訴訟等情況。

審計檢查分析集團客戶財務報表，特別是通過對資產負債表、利潤表和現金流量表的檢查分析，判斷集團客戶的資產質量、經營實力和償債能力，準確評估集團客戶的經營管理風險和商業銀行信貸資產風險。

(四) 集團客戶授信業務關聯交易風險審計

1. 關聯交易及其關聯交易事項

關聯交易（Connected Transaction）是企業關聯方之間的交易。關聯交易是公司運作中經常出現的而又易於發生不公平結果的交易。關聯交易在市場經濟條件下廣為存在，一方面交易雙方存在關聯關係，可以節約大量交易成本，提高交易效率；另一方面由於利益關係，關聯交易方可以運用行政力量撮合交易，從而有可能使交易的價格、方式等在非競爭的條件下出現不公正情況，形成對股東或部分股東權益的侵犯，也易導致債權人利益受到損害。

按照關聯交易的基本特徵和商業銀行關聯交易風險管理實踐，集團客戶關聯交易事項一般主要包括（但不限於）以下幾個方面：

(1) 購買或銷售商品。
(2) 購買或銷售除商品以外的其他資產。
(3) 提供或接受勞務。
(4) 代理。
(5) 租賃。
(6) 提供資金（包括以現金或實物形式）。
(7) 擔保。
(8) 管理方面的合同。
(9) 研究與開發項目的轉移。
(10) 許可協議。
(11) 贈與。

（12）債務重組。
（13）非貨幣性交易。
（14）關聯雙方共同投資。
（15）銀行認為應當屬於關聯交易的其他事項。

2. 關聯交易風險審計的重點

要全面審計檢查集團客戶關聯交易情況，看集團客戶關聯交易有無給本行資產安全帶來風險及其風險隱患。

（1）審計檢查集團客戶中關聯方是否全部納入集團客戶統一授信管理，授信額度的確定是否與集團客戶經營狀況相匹配，看有無過度授信情況，審慎評估集團客戶授信集中度風險。

（2）審計檢查集團客戶授信中內部關聯方之間互相擔保的風險。深入檢查集團客戶內部直接控股或間接控股關聯方之間互相擔保。

（3）審計檢查集團客戶對外投資情況，看集團客戶關聯方有無抽逃資本金或者運用銀行貸款建設的項目對外投資，從而懸空銀行債權，影響銀行信貸資產安全。

（4）審計檢查集團客戶關聯企業在破產、清算中有無侵害銀行債權現象。

（5）審計檢查集團客戶關聯企業重組中有無損害銀行資產安全的情況和問題。

（6）審計檢查集團授信客戶是否及時報告其淨資產10%以上關聯交易的情況，包括交易各方的關聯關係、交易項目和交易性質、交易的金額或相應的比例、定價政策（包括沒有金額或只有象徵性金額的交易）。

（五）信貸風險管理措施約定及其落實情況審計

審計檢查信貸管理措施及其落實情況，看商業銀行給集團客戶貸款時，是否在貸款合同中約定貸款對象有下列情形之一，貸款人有權單方決定停止支付借款人尚未使用的貸款，並提前收回部分或全部貸款本息：

（1）提供虛假材料或隱瞞重要經營財務事實的。

（2）未經貸款人同意擅自改變貸款原定用途，挪用貸款或用銀行貸款從事非法、違規交易的。

（3）利用與關聯方之間的虛假合同，以無實際貿易背景的應收票據、應收帳款等債權到銀行貼現或質押，套取銀行資金或授信的。

（4）拒絕接受貸款人對其信貸資金使用情況和有關經營財務活動監督和檢查的。

（5）出現重大兼併、收購重組等情況，貸款人認為可能影響到貸款安全的。

（6）通過關聯交易，有意逃廢銀行債權的。

（六）集團客戶授信業務貸后管理審計

貸后管理是信貸管理的重點。集團客戶具有顯著的親經濟週期特點，市場風險和信用風險都比較高，貸后管理尤為重要。要通過對集團客戶授信業務貸后管理的審計，促進不斷加強集團客戶授信業務貸后管理，提高集團客戶信貸管理水平與質量效益。

審計檢查集團客戶授信業務經營管理部門是否加強對集團客戶授信后的風險管理，定期或不定期開展針對整個集團客戶的聯合調查，掌握其整體經營和財務變化情況，並把重大變化情況登錄到全行的信貸管理信息系統中。

審計檢查集團客戶授信業務年度風險綜合評估情況及其結果的可靠性。要審計檢查商業銀行總行是否每年對全行集團客戶授信風險進行綜合評估，檢查分析集團客戶授信業務風險分析評估報告的準確性與可靠性。

（七）不良貸款風險應對審計

審計檢查集團客戶授信風險暴露后，集團客戶授信業務經營管理部門是否有針對性地及時採取風險應對措施，保證銀行資產安全。這些措施主要包括（但不限於）以下幾個方面：

（1）增加抵押擔保，實行資產重組，搶救企業，保全資產。
（2）關注集團客戶內部關聯方之間的關聯交易，通過多種渠道進行清收。
（3）涉及多家商業銀行的銀團貸款或者聯合貸款，商業銀行之間可以協調採取行動聯合清收，必要時可組織聯合清收小組，統一清收貸款。

第三節　集團客戶授信業務效益審計

集團客戶授信業務效益審計實際上是集團客戶授信業務風險與收益的平衡審計。

一、集團客戶授信業務發展戰略審計

發展集團客戶及其集團客戶授信業務，是商業銀行經營戰略的重要內容。集團客戶授信業務發展戰略審計要重點從以下幾個方面進行：

（1）審計檢查商業銀行集團客戶及其集團客戶授信業務發展戰略是否符合商業銀行董事會的風險偏好，是否符合商業銀行總體發展戰略。
（2）審計檢查集團客戶及其集團客戶授信業務發展戰略，是否與商業銀行經營實力、市場地位、機構網路佈局、業務特點和授信業務經營管理人員隊伍素質相適應。

二、集團客戶授信業務風險收益最優化策略審計

商業銀行是從風險管理中獲取風險收益。高收益補償高風險，低風險補償低收益。整個商業銀行的經營管理就是風險與收益的平衡，是風險與收益的替換。因此，集團客戶授信業務效益審計要按照風險收益平衡和風險收益最優化的原則進行。

（1）審計集團客戶授信業務風險狀況、風險定價，看集團客戶授信業務風險與收益是否平衡。
（2）審計集團客戶授信業務機會成本與邊際成本，看集團客戶授信業務的綜合效益與補償效益。
（3）綜合分析評價集團客戶授信業務風險收益最優化狀況。

三、集團客戶授信業務風險定價機制審計

一般來講，集團客戶授信業務金額大、期限長，對商業銀行經營管理全局影響較大，特別是對經營利潤的影響較大。因此，要通過對集團客戶授信業務風險定價機制審計，促進商業銀行持續、健康、協調發展。

（一）集團客戶授信業務風險定價制度審計

審計檢查商業銀行是否建立了集團客戶授信業務風險定價管理制度和工作機制，分析評價集團客戶授信業務風險定價制度和工作機制的健全性與有效性。

（二）集團客戶授信業務風險定價工作成效審計

審計檢查集團客戶授信業務風險定價工作流程和程序是否規範，風險計量程序與技術工具是否科學可靠，資金成本、風險成本與管理成本的核算是否準確，集團客戶授信業務風險定價是否科學合理以及是否實現了風險收益最優化。

第十五章 供應鏈金融審計

第一節　供應鏈與供應鏈金融

一、供應鏈的概念及其管理

（一）供應鏈概念

「供應鏈」最早來源於彼得‧德魯克提出的「經濟鏈」，而后經由邁克爾‧波特發展成為「價值鏈」，最終演變為「供應鏈」。

供應鏈是將供應商、製造商、分銷商、零售商直到最終用戶連成一個整體的功能網鏈經營模式。

供應鏈是圍繞核心企業，通過對信息流、物流、資金流的控制，從採購原材料開始，制成中間產品及最終產品，最后由銷售網路把產品送到消費者手中。

一條完整的供應鏈，主要包括：

（1）供應商（原材料供應商或零配件供應商）。
（2）製造商（加工廠或裝配廠）。
（3）分銷商（代理商或批發商）。
（4）零售商（大賣場、百貨商店、超市、專賣店、便利店和雜貨店）。
（5）消費者。

（二）供應鏈管理

供應鏈管理是指對整個供應鏈系統進行計劃、協調、操作、控制和優化的各種活動和過程。

供應鏈管理的目標是要將顧客所需的正確的產品（Right Product）能夠在正確的時間（Right Time）、按照正確的數量（Right Quantity）、以正確的質量（Right Quality）和正確的狀態（Right Status）送到正確的地點（Right Place），並使總成本達到最佳化。

供應鏈管理主要涉及供應、生產計劃、物流、需求四個領域。

供應鏈管理職能領域主要包括產品工程、產品技術保證、採購、生產控制、庫存控制、倉儲管理、分銷管理。

(三) 供應鏈管理的意義

通過建立供應商與製造商之間的戰略合作關係，可以達到以下目標：

1. 對於製造商或買主的主要意義
(1) 降低成本（降低合同成本）。
(2) 實現數量折扣和穩定而有競爭力的價格。
(3) 提高產品質量和降低庫存水平。
(4) 改善時間管理、縮短交貨提前期和提高可靠性。
(5) 優化面向工藝的企業規劃、更好的產品設計和對產品變化更快的反應速度。
(6) 強化數據信息的獲取和管理控制。

2. 對於供應商或賣主的主要意義
(1) 保證有穩定的市場需求。
(2) 對用戶需求更好地瞭解或理解。
(3) 提高運作質量、提高零部件生產質量、降低生產成本。
(4) 提高對買主交貨期改變的反應速度和柔性。
(5) 獲得更高的（比非戰略合作關係的供應商）利潤。

3. 對於交易雙方的主要意義
(1) 可以改善相互之間的交流，實現共同的期望和目標。
(2) 實現共擔風險和共享利益，共同參與產品和工藝開發。
(3) 實現相互之間的工藝集成、技術和物理集成，減少外在因素的影響及其造成的風險。
(4) 降低機會主義影響和投機概率，增強解決矛盾和衝突的能力。
(5) 在訂單、生產、運輸上實現規模效益，以降低成本，減少管理成本，提高資產利用率。

綜上所述：一個公司採用供應鏈管理，最終有以下三個重要意義：

一是提升客戶的最大滿意度（提高交貨的可靠性和靈活性）。

二是降低公司的成本（降低庫存，減少生產及分銷的費用）。

三是企業整體「流程品質」最優化。

(四) 供應鏈合作夥伴

根據合作夥伴在供應鏈中的增值作用和競爭實力，把合作夥伴分為重要合作夥伴和次要合作夥伴。

1. 重要合作夥伴

重要合作夥伴是少而精的、與企業關係密切的合作夥伴。

2. 次要合作夥伴

次要合作夥伴是相對多的、與企業關係不是很密切的合作夥伴。

供應鏈合作關係的變化主要影響重要合作夥伴，而對次要合作夥伴的影響較小。

3. 供應鏈合作夥伴選擇考慮的主要因素

在選擇供應商時，一般需要考慮的因素包括產品價格、質量、可靠性、售後服務、地理位置、財務狀況、技術能力等，其中供應商的交貨提前期、產品質量、交貨可靠度和產品價格這四個因素是選擇供應商的最關鍵因素。

（1）交貨提前期是指企業發出訂單到收到訂貨之間的時間。對於需求方來說，交貨提前期越短越好。供應商縮短交貨提前期，既可以減少需求方的庫存水平，又能提高企業對其需求方的反應速度，從而可以提高供應鏈的客戶滿意度。

（2）產品質量是指供應商的產品滿足企業需求的程度。這是指合格產品占總產品的比重，該指標值越大越好。

（3）交貨可靠度是指供應商及時滿足企業訂單的程度，用及時交貨的訂單數占總訂單數的比例或及時交貨的產品數占訂貨總產品數的比例來表示，該指標值越大越好。交貨可靠度和交貨提前期是影響供應鏈敏捷度的兩個重要因素。

（4）產品價格是指企業採購的每一單位產品的價格。在現代供應鏈管理中，產品價格不再是選擇供應商時考慮的首要因素，但仍是選擇供應商的重要因素。

4. 供應鏈合作夥伴綜合評價與選擇

供應鏈合作夥伴綜合評價與選擇的步驟如下：

（1）分析市場競爭環境（需求、必要性）。
（2）確立合作夥伴選擇目標。
（3）制定合作夥伴評價標準。
（4）成立評價小組。
（5）合作夥伴參與。
（6）評價合作夥伴。
（7）實施供應鏈合作關係。

5. 供應鏈管理的幾個關鍵環節

（1）以顧客為中心，以市場需求的拉動為原動力。
（2）強調企業應專注於核心業務，建立核心競爭力，在供應鏈上明確定位，將非核心業務外包。
（3）各企業緊密合作，共擔風險，共享利益。
（4）對工作流程、實物流程、信息流程和資金流程進行設計、執行、修正和不斷改進。
（5）利用信息系統優化供應鏈的運作。
（6）縮短產品完成時間，使生產盡量貼近實際需求。
（7）減少採購、庫存、運輸等環節的成本。

二、供應鏈金融

（一）供應鏈金融的概念

供應鏈金融（Supply Chain Finance，SCF）是商業銀行信貸業務的一個專業領域，是企業尤其是中小企業的一種融資渠道，是商業銀行圍繞核心企業，管理上下游中小

企業的資金流和物流，變把握單個企業的不可控風險為供應鏈企業整體的可控風險，通過立體獲取各類信息，將風險控制在最低水平的金融服務。

(二) 供應鏈金融與傳統金融服務的區別

供應鏈金融是商業銀行為了適應供應鏈生產組織體系的資金需要而開展的金融服務，是商業銀行將核心企業和上下游企業聯繫在一起，提供靈活運用的金融產品和服務的一種金融服務模式。

傳統的金融服務主要是針對單獨企業，而供應鏈金融則跳出了這一局限，針對產業鏈上的核心企業和非核心企業提供一整套的融資服務，降低整條供應鏈的融資成本，優化服務模式，提升競爭優勢與核心競爭力。

在供應鏈金融服務中，商業銀行在向客戶（核心企業）提供融資和其他結算、理財服務同時，也向這些客戶的供應商提供貨款及時收達的便利，或者向其分銷商提供預付款代付及存貨融資服務。

供應鏈金融與傳統的保理業務及貨押業務［動產及貨權抵（質）押授信］非常接近。但還是有明顯區別，即保理和貨押只是簡單的貿易融資產品，而供應鏈金融是核心企業與商業銀行間達成的一種面向供應鏈所有成員企業的系統性融資安排。

(三) 供應鏈金融的特點

1. 供應鏈金融促進了商品生產和流通，降低了生產流通成本

一般來說，一個特定商品的供應鏈是從原材料採購到製成中間產品以及最終產品，最后由銷售網路把產品送到消費者手中，將供應商、製造商、分銷商、零售商、最終用戶連成一個整體。這樣就降低了商品的生產流通成本，提高和節約了社會資源。

2. 供應鏈金融促進了整個供應鏈的平衡發展

在整個供應鏈中，競爭力較強、規模較大的核心企業因其強勢地位，往往在交貨、價格、帳期等貿易條件方面，對上下游配套企業要求比較苛刻，從而給這些企業造成了巨大的壓力。而上下游配套企業恰恰大多是中小企業，難以從商業銀行融資，結果最后造成資金鏈十分緊張，使整個供應鏈出現失衡。供應鏈融資服務就能解決這個問題，進而促進整個供應鏈的平衡發展，促進生產和流通的發展與擴大。

3. 供應鏈金融最大的特點是提升了供應鏈的競爭能力

供應鏈金融發展的內在要求促使商業銀行在供應鏈中尋找出一個大的核心企業，以核心企業為出發點，為供應鏈提供金融支持。一方面，將資金有效注入處於相對弱勢的上下游配套中小企業，解決中小企業融資難和供應鏈失衡的問題；另一方面，將商業銀行信用融入上下游企業的購銷行為之中，增強其商業信用，促進中小企業與核心企業建立長期戰略協同關係，提升供應鏈的競爭能力。

4. 供應鏈金融有利於促進中小企業發展

在供應鏈金融的融資模式下，處在供應鏈上的企業一旦獲得商業銀行的支持，貨幣這個「第一推動力」就注入了供應鏈配套企業，也就等於進入了供應鏈，從而可以激活整個「鏈條」的運轉。借助商業銀行信用的支持，中小企業贏得了更多的商機。

三、中國供應鏈金融發展現狀

(一) 供應鏈金融破冰——動產及貨權質押授信業務

進入 21 世紀以後，我國東南沿海一些股份制商業銀行開始試點存貨融資業務（全稱為「動產及貨權質押授信業務」），利用特定質押下的分次贖貨模式，並配合銀行承兌匯票的運用，使結算和保證金存款業務快速發展。之後，該業務從試點到全系統推廣，從自償性貿易融資、「1＋N」供應鏈融資，到系統提供供應鏈金融服務，很快在國內銀行業率先形成了「供應鏈金融」品牌。

供應鏈金融巨大的市場潛力和良好的風險控制效果，吸引了許多商業銀行開始建立這方面的信貸制度、風險管理及產品創新機制。隨後，圍繞供應鏈鏈屬中小企業迫切的融資需求，國內多家商業銀行開始發展「供應鏈融資」「貿易融資」「物流融資」等名異實同的類似服務，包括工、農、中、建、交「五大行」在內的大部分商業銀行都推出了各自特色的供應鏈金融服務。

(二) 國際金融危機背景下供應鏈金融的快速發展

2008 年下半年開始，因為嚴峻的經濟形勢帶來企業經營環境及業績的不斷惡化，無論是西方國家還是我國，商業銀行都在實行信貸緊縮，但供應鏈融資在這一背景下的業務卻呈現出逆勢而上的態勢。這充分顯示出中小企業對貿易融資的青睞及商業銀行對供應鏈結算和融資問題的重視。

同時，隨著外資銀行在華業務的開展，渣打銀行、匯豐銀行等傳統貿易融資見長的商業銀行也紛紛加入國內供應鏈金融市場的競爭行列。

(三) 供應鏈金融的優勢

供應鏈金融發展迅猛，原因在於其既能有效解決中小企業融資難題，又能延伸商業銀行的縱深服務。

1. 供應鏈金融是企業融資的新渠道

供應鏈金融為中小企業融資提供瞭解決方案，中小企業信貸市場不再可望而不可及，有效促進了中小企業的發展。

2. 供應鏈金融是商業銀行培育基本客戶群的新途徑

供應鏈金融提供了一個切入和穩定基本客戶群的新渠道，通過面向供應鏈系統成員的一攬子金融服務方案，核心企業被「綁定」在提供服務的商業銀行。這不但帶動了商業銀行資產業務的發展，而且帶動了商業銀行現金管理、財富管理和其他中間業務的發展，有效促進了商業銀行基本客戶群建設。

3. 供應鏈金融的經濟效益和社會效益顯著

供應鏈金融的經濟效益和社會效益非常突出，借助「團購」式的開發模式和風險控制手段的創新，中小企業融資的收益—成本比得以改善，並表現出明顯的規模經濟。

4. 供應鏈金融實現多流合一

供應鏈金融很好地實現了「物流」「商流」「資金流」「信息流」等多流合一。資源的有效整合利用，大大提高了商業銀行業務發展的能力與核心競爭力。

(四) 供應鏈金融在推動中小商業銀行業務發展中的重要作用

供應鏈金融不但有效解決了中小商業企業融資難的問題，而且為中小商業銀行業

務發展和風險管理提供了廣闊的市場與機遇，促進了中小商業銀行的發展。

1. 供應鏈金融緩釋了負債業務發展乏力的困境，提升了供應鏈企業整體價值

供應鏈金融整合了商業銀行同核心企業及其上下游企業的資金運動關係，實現了資金在商業銀行體系內循環，增加了存款和中間業務收入，為負債業務和中間業務穩定發展創造了條件，奠定了基礎。

2. 供應鏈金融使中小商業銀行經營優勢得到充分發揮

供應鏈金融的服務對象是一個客戶群，大中小客戶都有，客戶結構合理、業務穩定，符合中小商業銀行客戶群建設的基本理念和要求，既發揮了中小商業銀行「小」的優勢，又發揮了中小商業銀行服務靈活多樣的優勢。

3. 供應鏈金融促進了中小商業銀行綜合化經營

供應鏈金融服務的客戶是多元化的，符合中小商業銀行綜合化經營的方向。商業銀行可以為其提供包括傳統業務服務和增值業務服務在內的一攬子金融服務，極大地豐富了商業銀行利潤的增長點，增加了商業銀行的收益。

4. 供應鏈金融彌補了中小商業銀行客戶基礎相對薄弱的缺點，實現低成本拓展

中小商業銀行客戶基礎相對薄弱，供應鏈金融可以使中小商業銀行客戶拓展由點到線、由線到面，事半功倍，實現低成本擴張。

5. 供應鏈金融加強了商業銀行風險管理與控制

供應鏈金融背景下，商業銀行整合了供應鏈各環節上的企業信息，可以及時識別發現企業經營管理中暴露出來的風險，有針對性地開展風險管理與控制，有效規避信用風險，保證商業銀行經營安全。

第二節　供應鏈金融內部控制審計

供應鏈金融是商業銀行圍繞核心企業，以鏈屬企業為貸款對象，以上下游中小企業的物流為貸款的具體用途，通過供應鏈企業整體的風險收益的協調與平衡，開展的授信業務。

供應鏈金融的內部控制審計要重點突出供應鏈金融的內部控制體系建設，突出供應鏈金融風險管理體制機制建設，突出供應鏈金融風險管理流程及其運行質量效果的監督檢查。

一、供應鏈金融的內部控制環境審計

供應鏈金融是商業銀行在服務實體經濟、支持中小企業發展的同時，有效管理單個企業信貸風險，實現自身業務發展的一個很好的金融服務形式。但是，供應鏈金融在有效管理和控制單個企業信貸風險的同時，商業銀行又承擔了供應鏈鏈屬企業系統性風險。因此，加強供應鏈金融內部控制環境的審計監督，落實供應鏈金融的內部控制體制機制建設，是保證供應鏈金融健康發展的重要措施。供應鏈金融內部控制環境審計的重點主要包括：

（一）供應鏈金融發展文化審計

審計檢查是否建立了穩健的供應鏈金融發展文化，看供應鏈金融的發展是否符合

國家宏觀經濟發展總體要求和發展趨勢。

（二）供應鏈金融人力資源配置及其勝任能力審計

審計檢查供應鏈金融人力資源配置是否與供應鏈金融發展相適應，看供應鏈金融經營管理人員的業務素質與業務勝任能力是否適應業務發展和風險管理的需要。

審計檢查供應鏈金融經營管理人員的職業操守與廉潔自律情況。供應鏈金融服務對象大都集中在鏈屬中小企業，這些企業經營規模小、融資能力和議價能力都比較差，處於弱勢地位。要審計檢查信貸業務經營管理人員有無濫用職權、以貸謀私等情況。

（三）供應鏈業務內部控制程序和系統審計

審計檢查是否建立了完善的供應鏈業務內部控制程序和內部控制系統，是否落實了供應鏈業務風險管理與控制。

（四）供應鏈業務的內部控制制度審計

審計檢查供應鏈業務的內部控制制度是否健全、有效，看有無制度控制盲區；審計檢查規章制度的執行機制和流程工具，評價制度的執行力。

二、供應鏈金融風險識別與評估審計

供應鏈金融和宏觀經濟聯繫密切，具有親經濟週期的特點，也具有系統性風險。因此，及時有效地識別和評估供應鏈金融風險，是實現供應鏈金融穩健發展的重要措施。供應鏈金融風險識別與評估審計的重點主要包括：

（一）供應鏈金融風險識別機制審計

審計檢查是否建立了供應鏈金融風險識別機制，看有無供應鏈金融風險識別的制度、辦法和流程工具，評價供應鏈金融風險識別機制是否健全有效。

（二）供應鏈金融風險評估分析機制審計

審計檢查是否建立了供應鏈金融風險評估分析機制，看供應鏈金融風險分析評估的機制、流程和工具措施與技術手段是否有效，是否充分識別分析和評估報告了供應鏈金融風險。

三、供應鏈金融內部控制措施審計

供應鏈金融涉及面廣，風險管理環節多，市場風險、信用風險和操作風險管理任務都很重。加強供應鏈金融內部控制措施審計，促進有效管理和控制供應鏈金融風險，是供應鏈金融內部控制審計的重點。

（一）應鏈金融內部控制措施的健全性適宜性審計

審計檢查供應鏈金融內部控制措施是否全面、完整和有效，看供應鏈金融內部控制是否覆蓋了供應鏈金融的全過程，是否覆蓋了供應鏈金融的全部產品。

（二）供應鏈金融授權制度審計

審計檢查供應鏈金融授權制度是否健全有效，是否實行了供應鏈金融的統一授信授權管理；涉及集團客戶的供應鏈金融，是否實行了集團統一授信管理。審計檢查供應鏈金融授信授權制度是否與供應鏈金融產品風險管理、與供應鏈金融客戶經營規模和風險狀況相適應。

（三）供應鏈金融內控執行力審計

審計檢查供應鏈金融內部控制措施執行機制與流程和執行工具的有效性，評價供應鏈金融內部控制措施執行的實際效果和存在的主要問題。

四、供應鏈金融信息交流溝通審計

供應鏈金融風險的管理與控制在很大程度上取決於信息交流與溝通的能力與質量效果。供應鏈金融信息交流溝通審計檢查的重點主要包括：

（一）供應鏈金融風險信息獲取的渠道及其充分性審計

審計檢查是否建立了及時獲取供應鏈金融風險的信息渠道，看能否及時、充分、有效獲取有關供應鏈金融的宏觀經濟金融信息，能否及時、充分獲取供應鏈鏈屬企業的行業風險信息、產品風險信息和企業經營管理風險信息。

（二）供應鏈金融風險信息計量分析評估機制審計

審計檢查是否建立了供應鏈金融風險信息計量、分析和評估機制，看供應鏈金融風險信息的評估分析機制、方法和技術手段是否有效，風險分析評估是否建立在對風險進行準確的計量基礎之上。

（三）供應鏈金融風險信息交流運用效果審計

審計檢查供應鏈金融風險信息交流運用情況，評價商業銀行供應鏈金融風險信息的運用效果與存在的主要問題。

五、供應鏈金融內控監督與糾正審計

完善有效的內部監督與糾正機制是供應鏈金融健康發展的重要保證。供應鏈金融內控監督與糾正機制審計檢查的重點主要包括：

（一）供應鏈金融內控自我監督機制審計

審計檢查是否建立了供應鏈金融內部控制的自我監督機制，看供應鏈金融經營部門、授信管理部門和風險合規管理等部門，能否及時識別供應鏈金融風險，並且有效應對和管理風險。

（二）供應鏈金融內部監督體系及其效果審計

審計檢查內部審計部門是否充分履行了審計監督職能，評價內部審計的獨立性、權威性和有效性。

（三）供應鏈金融整改糾錯機制及其效果審計

審計檢查供應鏈金融內部控制的整改糾錯情況，看是否對內外部檢查監督發現的問題進行了及時有效的整改，有無屢查屢犯現象。

第三節 供應鏈金融審計的重點與方法技術

供應鏈金融有其自身的經營管理特點、業務運行規律和風險特徵。要從供應鏈金融的風險特徵出發，重視對供應鏈金融的固有風險、市場風險以及信用風險管理與控制的審計。

一、從供應鏈金融的風險特徵入手，開展供應鏈金融審計

供應鏈金融的風險特徵是由供應鏈金融業務的特點決定的，主要表現為交易的真實性風險和交易對手的信用風險。

（一）突出供應鏈鏈屬企業風險，審計檢查交易的真實性與交易對手的違約風險

供應鏈融資中，商業銀行對客戶的授信不再單純強調財務指標、抵押物的價值或者擔保公司的擔保能力，而是強調貿易的真實性，強調交易對手的實力和信用水平。因此，審計的重點要圍繞貿易的真實性、交易對手的經營實力與違約風險開展檢查。

1. 供應鏈貿易的真實性審計

供應鏈鏈屬企業貿易收入是供應鏈還款的第一來源，只要交易真實、收入可靠，供應鏈融資就有可靠的還款來源。審計檢查的重點和方法主要包括：

（1）通過交易合同、歷史交易明細、資金走向、結算帳戶會計流水以及增值稅發票等，審計檢查供應鏈貿易的真實性。

（2）通過全面檢查，分析評估供應鏈貿易背景和供應鏈交易情況，評估供應鏈貿易規模變化情況，進而分析評估供應鏈融資風險。

2. 供應鏈交易對手的經營風險審計

供應鏈融資交易對手有無經營實力，能否按照合同約定付款是供應鏈融資能否按期收回的關鍵。審計檢查的重點和方法主要包括：

（1）通過交易對手的財務報表綜合分析，評價判斷交易對手的經營管理狀況和財務實力。

（2）通過交易對手的資產負債表分析，評價交易對手的資產質量以及資產負債結構是否合理，評價交易對手的經營實力。

（3）通過交易對手的利潤表分析，看交易對手的主營業務收入的增減變化情況，評價交易對手的成長性與抗風險能力。

（4）通過交易對手的現金流量表分析，看交易對手經營產生的淨現金流增減變化情況，評價交易對手的償債能力。

3. 供應鏈交易對手的信用水平與違約風險審計

（1）通過徵信系統檢查交易對手誠信狀況。

（2）通過歷史交易明細，分析判斷交易對手的違約風險。

（二）突出供應鏈「三性」特徵，審計檢查供應鏈融資的封閉循環運行狀況

供應鏈融資具有封閉性、自償性和連續性特徵，供應鏈金融是圍繞貿易本身以及與貿易有關聯的企業尋求還款保證，有效管理和控制融資風險。

1. 審計檢查供應鏈融資的「封閉性」，監督資金走向，評估貸款風險

供應鏈融資的封閉性是指商業銀行通過設計特定的貸款及其資金劃轉、管理流程，按規定路徑監控資金劃轉結算，保證專款專用，防止借款人挪用資金，進而有效管理和控制融資風險。

（1）審計檢查貸款的方案設計，看是否符合供應鏈融資封閉性管理要求。

（2）審計檢查供應鏈融資資金劃轉路徑與貿易結算途徑是否相一致。

（3）跟蹤檢查信貸資金走向，看是否做到了專款專用，有無發生挪用貸款現象。

2. 審計檢查供應鏈融資的「自償性」，監督還款資金來源是否可靠，評估貸款能否按期收回

供應鏈融資的自償性是指歸還貸款本息的資金來源就是這筆貿易自身產生的現金流。

（1）審計檢查供應鏈貿易本身產生的現金流能否按期歸還貸款本息。

（2）檢查供應鏈融資借款企業貿易活動是否正常進行，看有無影響貿易中斷的各種因素。

3. 審計檢查供應鏈貿易的「連續性」，評估供應鏈金融的發展趨勢與風險狀況

供應鏈融資的連續性是指同類貿易行為在上下游企業之間會持續發生，以此為基礎的授信業務可以反覆進行。

（1）審計檢查供應鏈融資貿易行為在上下游企業之間的持續性以及發展趨勢。

（2）檢查商業銀行圍繞貿易活動的授信業務發展狀況及其發展趨勢。

（3）通過全面深入檢查，分析評估供應鏈融資的風險及其管理政策。

二、從供應鏈融資的固有風險出發，開展審計檢查

供應鏈融資的固有風險存在於供應鏈業務的各個環節和業務過程，包括貿易的不穩定性、產品風險、市場風險、政治風險、國別風險等。

（一）突出供應鏈貿易的不穩定性，審計檢查供應鏈融資風險的傳染性

供應鏈融資與傳統信貸有很大的不同，其風險更難把握。傳統信貸業務注重審查企業自身狀況，審查貸款的抵押物或者擔保人的擔保能力。供應鏈融資注重審查上下游企業合作的緊密程度與貿易的穩定性。在市場經濟條件下這種合作恰恰具有很大的可替代性和不穩定性，這是最大的風險。因此，突出供應鏈貿易的不穩定性審計是有效防範供應鏈融資風險傳染、保證資產安全的重要措施。

1. 審計檢查供應鏈核心企業經營管理風險狀況

（1）審計檢查供應鏈核心企業經營狀況，揭示核心企業經營風險。

（2）通過供應鏈核心企業資產負債表、利潤表和現金流量表，分析核心企業的資產負債結構、經營實力與償債能力。

（3）通過全面檢查分析，評估核心企業風險，防止供應鏈核心企業風險在供應鏈鏈屬企業之間傳染。

2. 審計檢查供應鏈融資企業與上下游企業合作的緊密程度與貿易的穩定性

（1）通過鏈屬企業結算帳戶資金走向和會計流水，分析判斷供應鏈鏈屬企業的貿易變化情況，評估供應鏈鏈屬企業合作關係的變化。

（2）通過供應鏈鏈屬企業的財務報表分析，特別是通過分析應收應付帳款的變化，評估供應鏈鏈屬企業貿易的穩定性。

3. 審計檢查供應鏈鏈屬企業成員之間信用支撐體系

（1）通過審計檢查供應鏈鏈屬企業銷售額的變化，分析評估供應鏈鏈屬企業貿易狀況。

（2）通過供應鏈鏈屬企業應收應付帳款變化分析，評估供應鏈鏈屬企業信用狀況變化情況。

（3）通過徵信系統查閱供應鏈鏈屬企業資信變化情況，評估供應鏈鏈屬企業成員之間信用支撐體系是否可靠。

（二）突出供應鏈貿易產品的特點，審計檢查貸款的潛藏風險隱患

供應鏈融資與商品融資也有很大的不同，其風險可能更大、更難把握。以存貨質押貸款為例，傳統商品融資的抵押物存貨是原材料或者產成品，容易估值、容易變現，發生風險，貸款也容易收回。而供應鏈融資中抵押的存貨可能是具有特定用途的中間產品，其價值既不易評估，也不易變現。發生風險，貸款就不易收回。因此，突出供應鏈貿易產品風險特點的審計檢查，是有效防範和管理與控制貸款潛藏風險隱患的重要手段。

（1）審計檢查供應鏈融資抵押的存貨的特性，評估抵押物的變現能力。

（2）審計檢查供應鏈融資抵押物是否符合合格押品的四個條件。

（三）突出供應鏈融資風險管理與控制的基本要求，審計檢查信用風險、市場風險、操作風險和國別風險

傳統貸款只專注借款企業自身的經營狀況和償債能力，而供應鏈融資既要關注交易環節供需雙方信用狀況和貿易背景的真實性，還要關注整個供應鏈市場的價格、匯率和供求關係的變化，關注國際政治、經濟和軍事形勢的變化，及時識別、評估、揭示在各個交易環節潛藏的可能影響供應鏈市場變化的風險，有針對性地管理和控制風險，保證貸款安全。

審計檢查供應鏈貿易的背景，特別是政府背景、社會背景、政治背景，評估供應鏈融資的重大風險。

（1）審計檢查供應鏈融資的國內貿易背景，看是否違反國家法律法規和政府監管規定，是否與走私、販毒以及腐敗案件有關聯。

（2）審計檢查供應鏈融資的國際貿易背景，看是否存在違反國際組織規定的貿易行為。

審計檢查供應鏈融資的信用風險、市場風險、操作風險、國別風險，評估供應鏈融資的安全性。

第四節　供應鏈金融的幾個主要產品的審計方法與技術

供應鏈金融產品隨著供應鏈金融市場的發展還在不斷的發展之中。我們從供應鏈金融發展的實際狀況出發，結合供應鏈金融審計實踐，重點對以下幾個供應鏈金融產品審計的方法與技術進行討論：

一、商品融資業務審計

商品融資是為滿足企業貿易或者生產領域配套流動資金的融資需求，授信申請人向商業銀行申請授信，出質人以其所有的動產質押給商業銀行作為授信擔保，商業銀行給授信申請人以貸款、承兌、國際貿易融資等各種經營活動提供授信服務和資金支持。

商品融資流程如圖 15-1 所示。

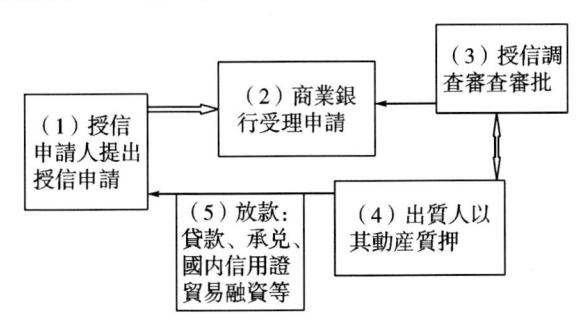

圖 15-1　供應鏈金融——商品融資流程

商品融資審計的重點主要包括（但不限於）以下幾個方面：

（一）貿易真實性審計

貿易的真實性是商品融資的基礎，只有貿易背景真實可靠，才有收回供應鏈融資可靠的第一還款來源，才能有效管理和控制融資風險。

（1）審計檢查貿易合同的真實性，看有無偽造、變造貿易合同情況。

（2）通過多方面、多渠道檢查分析，綜合評估判斷貿易的真實性。

（二）授信授權的合規性審計

審計檢查供應鏈金融經營管理部門是否按照授信授權制度規定，開展商品融資授信業務，看有無違反授信授權制度和政府監管部門法規開展授信業務的情況。

（三）商品融資業務風險狀況審計

（1）按照商品融資的流程圖，審計檢查各個環節業務的合規性，評估商品融資業務的操作風險。

（2）審計檢查商品融資客戶的經營管理狀況，評估商品融資的資產安全風險。

（3）審計檢查出質人質押的動產的管理狀況與變現能力，評估第二還款來源是否真實可靠，看貸款有無潛藏風險未被揭示。

二、應收帳款質押融資審計

應收帳款質押融資是為滿足企業貿易或者生產領域配套流動資金的融資需求，授信申請人向商業銀行申請授信，出質人以其合法擁有的、具有真實交易背景且無爭議的、商業銀行認可的應收帳款質押給商業銀行作為授信擔保，商業銀行給授信申請人

以貸款、承兌、國際貿易融資等各種經營活動提供授信服務和資金支持。

應收帳款質押融資流程如圖15-2所示。

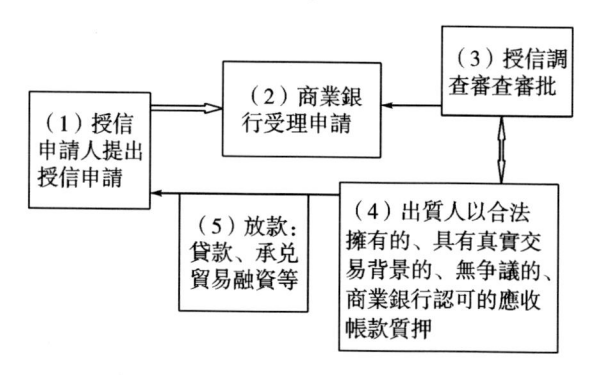

圖15-2　供應鏈金融——應收帳款質押融資流程

應收帳款質押融資審計的重點主要包括（但不限於）：
（一）應收帳款質押融資貿易背景真實性審計
（1）審計檢查應收帳款質押融資貿易背景真實性。通過查看貿易合同，分析交易對手的主營業務範圍與貿易產品的邏輯關係，判斷貿易的真實性。
（2）審計檢查增值稅發票的真實性，看有無變造、偽造增值稅發票情況。
（3）通過多方面、多渠道檢查分析，綜合評估判斷貿易的真實性。
（二）授信授權的合規性審計
審計檢查供應鏈金融經營管理部門是否按照授信授權制度規定，開展應收帳款融資授信業務，看有無違反商業銀行授信授權制度和監管部門法規開展授信業務的情況。
（三）應收帳款融資業務的風險狀況審計
（1）按照應收帳款質押融資流程圖，審計檢查各個環節業務的合規性，評估應收帳款質押融資業務的操作風險。
（2）審計檢查應收帳款質押融資客戶的經營管理狀況，評估應收帳款融資的資產安全風險。
（3）審計檢查應收帳款的帳齡、質量以及交易對手的經營狀況和償債能力，評估貸款的潛藏風險。

三、保兌倉業務審計

保兌倉業務是生產廠家、經銷商和商業銀行三方進行合作，銀行為經銷商向生產廠家購買貨物提供授信支持，並根據經銷商提前還款或補存提貨保證金的狀況開具提貨通知書，通知生產廠家發貨，生產廠家憑商業銀行簽發的提貨通知書向經銷商發貨，並承擔差額退款、回購或者調劑銷售的責任。

保兌倉業務融資流程如圖15-3所示。

保兌倉業務審計的重點主要包括（但不限於）：

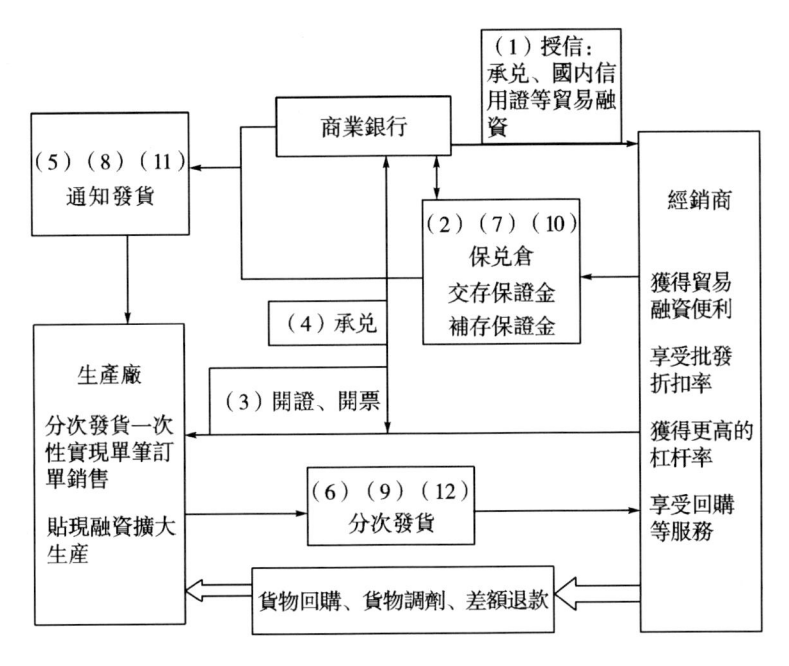

圖 15-3　供應鏈金融——保兌倉業務融資流程

(一) 保兌倉融資貿易背景的真實性審計
(1) 審計檢查保兌倉融資貿易背景真實性。通過查看貿易合同，分析交易情況，判斷保兌倉貿易的真實性，防止通過虛假交易騙取商業銀行供應鏈融資。
(2) 通過保兌倉貿易對手的資金往來和結算帳戶會計流水，分析保兌倉業務的規模及其真實性，通過多方面、多渠道檢查分析，綜合評估判斷保兌倉業務的真實性。

(二) 授信授權的合規性審計
審計檢查供應鏈金融經營管理部門是否按照授信授權制度規定，開展保兌倉融資授信業務，看有無違反商業銀行授信授權制度和監管部門法規開展授信業務的情況。

(三) 保兌倉業務的風險狀況審計
(1) 按照保兌倉業務流程圖，審計檢查各個環節業務的合規性，評估保兌倉融資業務的操作風險。
(2) 審計檢查保兌倉融資客戶及其交易對手的經營管理狀況，評估保兌倉融資的資產安全風險。
(3) 審計檢查保兌倉業務生產商的財務實力、經營狀況和現金流，評估貸款的潛藏風險。

四、廠商銀業務審計

廠商銀業務是生產廠家（賣方）、經銷商（買方）和商業銀行三方進行合作，由

商業銀行為經銷商向生產廠家購買貨物提供授信支持，同時經銷商將所購買的貨物質押給商業銀行，商業銀行指定物流監管公司對貨物進行監管，商業銀行根據經銷商提前還款或者補存提貨保證金（或者貨物）的狀況，通知物流公司釋放相應金額質押貨物。

廠商銀業務融資流程如圖 15-4 所示。

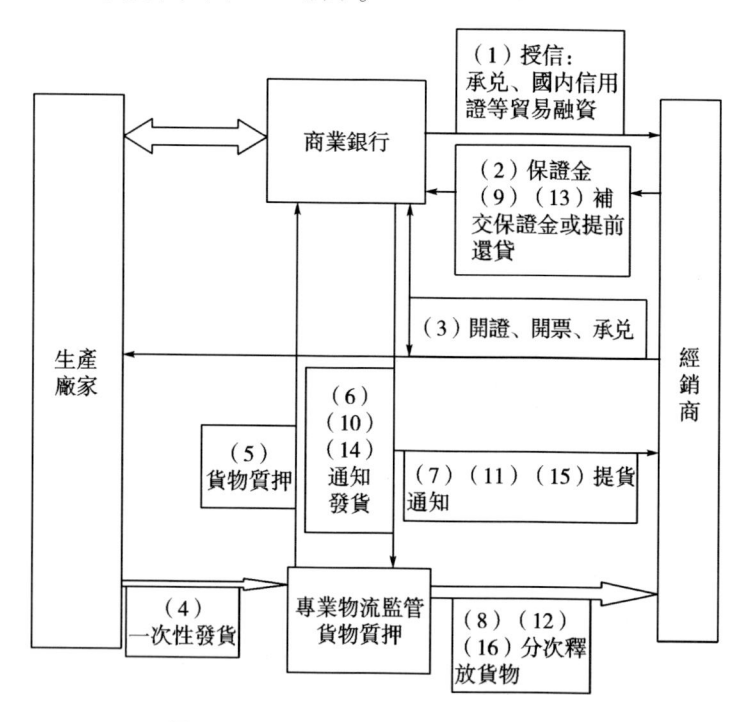

圖 15-4　供應鏈金融——廠商銀業務流程

廠商銀業務審計的重點主要包括（但不限於）：

（一）廠商銀業務貿易背景真實性審計

（1）審計檢查廠商銀業務貿易背景真實性。通過貿易背景分析，判斷廠商銀業務的真實性。

（2）通過查看貿易合同，分析交易對手的業務範圍與貿易產品的邏輯關係，判斷貿易的真實性。

（3）通過多方面、多渠道檢查分析，綜合評估判斷廠商銀業務的真實性。

（二）授信授權的合規性審計

審計檢查供應鏈金融經營管理部門是否按照授信授權制度規定，開展廠商銀融資授信業務，看有無違反授信授權制度和政府監管部門法規開展授信業務的情況。

（三）廠商銀業務風險狀況審計

（1）按照廠商銀業務流程圖，審計檢查各個環節業務的合規性，評估廠商銀融資

業務的操作風險。

（2）審計檢查廠商銀融資客戶的經營管理狀況，評估廠商銀融資的資產安全風險。

（3）審計檢查廠商銀業務交易對手的經營狀況和經營實力，評估貸款的潛藏風險。

（4）審計檢查廠商銀業務物流監管公司的經營實力和監管流程的合規性，評估物流監管風險。

五、訂單融資業務審計

訂單融資業務是借款申請人憑信用良好的買方訂單，在技術成熟、生產能力有保障，並能提供有效擔保的條件下，商業銀行為其提供專項貸款，供企業購買原材料組織生產，產品銷售收到貨款后立即償還貸款。

訂單融資業務流程如圖15-5所示。

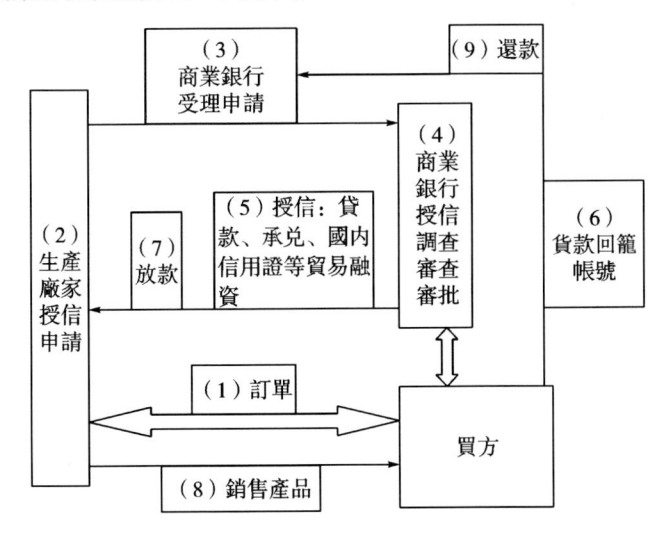

圖15-5　供應鏈金融——訂單融資業務流程

訂單融資業務審計的重點主要包括（但不限於）：

（一）訂單融資貿易背景真實性審計

（1）審計檢查訂單融資貿易背景真實性。通過查看貿易合同，分析交易對手的主營業務範圍與貿易產品的邏輯關係，判斷貿易的真實性。

（2）審計檢查生產企業的經營管理狀況，評估判斷訂單融資業務生產環節的風險。

（3）審計檢查銷售商的經營管理情況，評估判斷訂單融資業務銷售環節的風險狀況。

（4）通過訂單融資生產商、銷售商的生產經營狀況審計檢查，多方面、多渠道分

析，綜合評估判斷貿易的真實性和訂單融資的風險。

(二) 授信授權合規性審計

審計檢查供應鏈金融經營管理部門是否按照授信授權制度規定，開展訂單融資授信業務，看有無違反授信授權制度和政府監管部門法規開展授信業務的情況。

(三) 訂單融資業務風險狀況審計

(1) 按照訂單融資的流程圖，審計檢查各個環節業務的合規性，評估訂單融資業務的操作風險。

(2) 審計檢查訂單融資客戶的經營管理狀況，評估訂單融資的資產安全風險。

(3) 審計檢查訂單融資客戶的銷售狀況、銷售量以及交易對手的經營狀況和償債能力，評估貸款的潛藏風險。

六、國內保理業務審計

國內保理業務是保理商業銀行應賣方申請，受讓其在國內貿易中以賒銷方式向買方銷售貨物或者提供服務所產生的應收帳款，並為其提供貿易融資、應收帳款管理及催收、信用風險擔保。

國內保理業務融資流程如圖15-6所示。

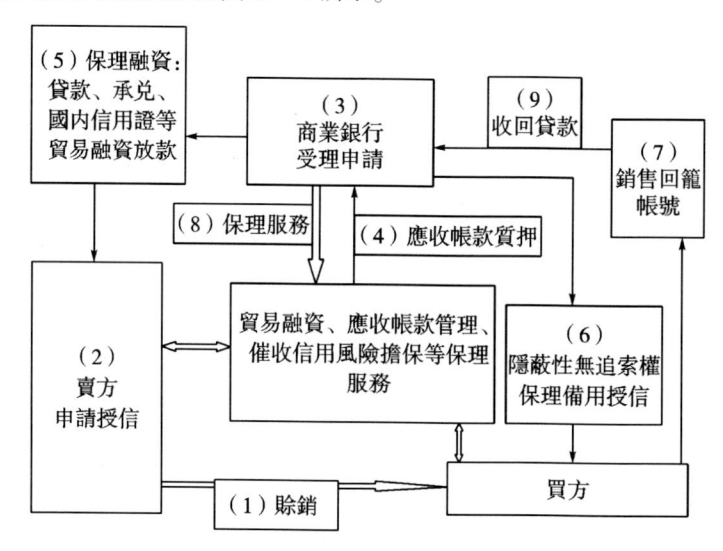

圖15-6 供應鏈金融——國內保理業務融資流程

國內保理業務審計的重點主要包括（但不限於）：

(一) 國內保理融資貿易背景真實性審計

(1) 審計檢查國內保理融資貿易背景真實性。通過保理融資資金流向判斷國內保理業務的真實性。

(2) 通過查看貿易合同，分析交易對手的主營業務範圍與貿易產品的邏輯關係，

判斷貿易的真實性。
（3）審計檢查增值稅發票的真實性，看有無變造、偽造增值稅發票情況。
（4）通過多方面、多渠道檢查分析，綜合評估判斷貿易的真實性。
（二）授信授權合規性審計
審計檢查供應鏈金融經營管理部門是否按照授信授權制度規定，開展國內保理融資授信業務，看有無違反銀行授信授權制度和監管部門法規開展授信業務的情況。
（三）國內保理融資業務風險狀況審計
（1）按照國內保理業務的流程圖，審計檢查各個環節業務的合規性，評估國內保理融資業務的操作風險。
（2）審計檢查國內保理融資客戶的經營管理狀況，評估國內保理融資的資產安全風險。
（3）審計檢查國內保理融資客戶交易對手的經營狀況，評估貸款的潛藏風險。

第十六章
小企業流動資金
貸款審計

小企業流動資金貸款是指小企業因生產經營活動產生對流動資金的需求，無法由自有資金滿足時，向商業銀行申請的授信品種。小企業流動資金貸款包括一般短期流動資金貸款和中期流動資金貸款等。流動資金貸款的幣種包括人民幣和美元、日元等主要可自由兌換貨幣。

第一節 小企業流動資金貸款內部控制審計

一、小企業貸款內部控制審計的基本特徵與意義

（一）小企業的基本特徵

隨著我國有中國特色社會主義市場經濟的不斷發展，特別是隨著全面深化改革各項措施的落實和持續推進，必將進一步促進小企業更好更快發展，小企業的發展空間也將更大。一般來說，我國小企業具有以下幾個基本特徵：

第一，發展速度快，涉及國民經濟各個領域。小企業發展速度快，數量眾多，涉及面廣，已經進入經濟社會生產和流通的各個領域，成為繁榮市場、服務社會、改善民生的主力軍。

第二，我國小企業大都屬於勞動密集型企業，是解決社會勞動就業的主渠道。大力發展小企業符合我們人口多、就業壓力大的基本國情。

第三，小企業法人治理結構不夠完善，經營穩定性較差。我國的小企業大多屬於家族企業，基本上都還沒有按照現代企業制度建立完善的法人治理結構，企業的成長性和穩定性都比較差。

（二）小企業信貸業務的基本特徵

經濟決定金融，小企業的基本特徵決定了小企業信貸業務的基本特徵。

1. 小企業信貸具有很好的社會效益

小企業是服務社會、改善民生、擴大就業的主渠道，商業銀行通過發展小企業信

貸業務，支持小企業發展，可以有效地促進就業、改善民生、加快國民經濟持續健康協調發展。因此，發展小企業信貸業務是商業銀行履行社會責任的必然要求。

2. 小企業信貸具有很好的銀行效益

小企業規模小、數量多、分佈面廣，發展小企業信貸業務，可以促進培育和建設基本客戶群，促進商業銀行穩健發展。因此，發展小企業信貸業務是商業銀行自身發展的需要。

3. 小企業抗風險能力弱，貸款風險大

小企業規模小，法人治理結構不完善，內部控制體系不夠健全，抗風險能力較差。但是，小企業貸款戶數多、金額小、風險分散，發展小企業信貸可以防止商業銀行信用風險過於集中。

商業銀行要把握發展小企業信貸的風險和機遇，建立與之相適應的風險管理政策和管理機制，實現風險與收益的平衡，促進商業銀行與小企業的共同發展、共同成長。

（三）加強小企業信貸業務內控審計監督，是實現小企業信貸業務健康持續發展的重要措施

小企業的發展為商業銀行業務發展提供了寶貴的機遇，同時也潛藏較大的風險。因此，加強小企業信貸業務的審計監督，是實現小企業信貸業務健康持續發展的重要措施。

1. 突出小企業及其小企業信貸業務的基本特徵，開展小企業信貸業務審計

小企業信貸的基本特點是意義大、收益高，但是貸款的風險也大。要根據小企業信貸的這些基本特徵，從小企業貸款的政策入手，開展小企業信貸審計，看商業銀行發展小企業信貸業務的基本政策是否符合國家宏觀經濟金融政策，是否符合政府監管法規，是否符合商業銀行的風險偏好。

2. 以內部控制為重點，開展小企業信貸審計

小企業貸款戶數多、風險分散。要從貸款的流程、程序入手，開展小企業信貸審計，評價商業銀行小企業貸款管理的機制、流程、程序和技術工具是否符合內部控制的要求，看小企業貸款的風險是否可知、可控、可承受。

3. 以風險收益最優化為原則，開展小企業貸款審計

小企業貸款和大中型企業貸款有很大的不同，不能用審計大中型企業貸款的方法開展小企業貸款審計。要按照風險收益最優化原則，開展小企業貸款審計，主要看風險的識別、評估、管理與控制，看風險收益的平衡與協調。

二、小企業貸款內部控制審計的重點與方法技術

小企業經營規模小，抗風險能力差，貸款的信用風險、市場風險和操作風險都很大。因此，加強小企業信貸的內部控制審計，有利於促進不斷完善小企業信貸管理體制機制，實現小企業信貸的穩健發展。

（一）小企業信貸內部控制環境審計

小企業貸款戶數多、業務量大、管理鏈條長、貸款操作風險比較大，因此健全的小企業信貸內部控制環境是有效管理和控制小企業貸款風險的重要措施。加強小企

信貸內部控制環境審計，有利於促進小企業信貸管理體制機制建設。審計的重點主要包括：

1. 小企業信貸風險文化審計

審計檢查商業銀行及其分支行是否建立了穩健的小企業信貸業務發展文化，配備了具有勝任能力的小企業信貸經營管理人員，落實了小企業信貸風險管理責任。

2. 小企業信貸審貸分離制度審計

審計檢查是否按照審貸分離原則，建立了小企業信貸業務管理流程和程序，落實了審貸分離制度。

3. 小企業信貸授權制度審計

審計檢查是否建立了小企業信貸授權管理制度，實行按照產品風險度、按照風險管理能力、按照經營管理規模分級授權，有效落實授權管理制度措施。

（二）小企業信貸風險識別與評估審計

小企業經營穩定性差，財務報表質量普遍不高，貸款風險識別與評估難度較大。加強小企業信貸風險識別與評估審計，有利於促進更好地建立小企業信貸風險識別機制和評估機制，及時識別、評估和管理與控制風險，保證商業銀行資產安全。審計的重點主要包括：

1. 小企業信貸風險識別與評估制度審計

審計檢查是否建立了小企業信貸風險識別與評估制度，看這些制度有無缺陷，是否切實可行。

2. 小企業信貸風險識別與評估技術手段審計

審計檢查小企業信貸風險識別與評估的技術手段是否與小企業信貸業務發展規模、速度和風險狀況相適應，看有無風險計量的工具，風險計量技術是否先進、可行。

3. 小企業信貸風險識別與評估結果的運用情況及其效果審計

審計檢查商業銀行及其分支行對小企業信貸風險識別與評估結果的運用情況及其效果，看有無風險應對不當形成現實風險或者資產損失的情況和問題。

（三）小企業信貸內部控制措施審計

加強內部控制措施的審計，有利於促進更好地落實小企業信貸風險管理，促進小企業信貸業務健康發展。審計的重點主要包括：

1. 小企業信貸制度控制措施審計

制度控制是小企業信貸風險管理的基本措施。審計檢查的重點包括（但不限於）：

（1）是否制定了小企業信貸業務管理規章制度。

（2）是否制定了小企業集團客戶、關聯客戶、企業及關鍵人綜合授信管理辦法，實現關聯客戶在不同系統的額度控制。

（3）是否結合商業銀行經營管理實際，加強對合作機構管理，厘清管理職責，落實分類指導，防止出現管理真空。

（4）是否加強對小額貸款公司、典當行等非銀行融資機構的風險管理，保證信貸資金投入實體經濟領域。

（5）是否加強對擔保公司的准入管理，做好擔保公司日常監控。

2. 小企業信貸過程控制措施審計

過程控制是小企業信貸風險管理與控制的基本流程和基本工具。審計檢查的重點主要包括（但不限於）：

（1）是否加強對小企業信貸的過程管理。

（2）是否適當提高抵押方式的授信業務比重，強化抵押登記完成和擔保協議執行的力度。

（3）是否按照銀監會「三個辦法、一個指引」及總行相關要求，加強小企業信貸支付環節管理，防止信貸資金挪作他用。

（4）是否認真落實內審、外審提出的整改要求，通過落實整改，促進內控建設，提高管理水平。

（5）是否規範小企業貸款收費行為，有無違反銀監會明令禁止的收費項目。

（6）是否加強貸款分類管理，有前瞻性地評估后續風險趨勢，準確進行風險分類，真實反應資產質量。

（四）小企業信貸信息交流溝通審計

及時有效獲取小企業信貸業務經營管理的各種信息，是在更好地把握發展機遇，加快小企業信貸業務發展的同時，有效管理控制風險的重要手段。加強小企業信貸業務信息交流與溝通審計，有利於促進加強小企業信貸信息管理，促進小企業信貸業務的發展。審計檢查的重點主要包括（但不限於）：

（1）是否建立了小企業信貸信息交流溝通制度。

（2）是否建立了小企業信貸信息獲取渠道及其技術手段，看小企業信貸信息收集是否及時、完整。

（3）審計檢查小企業信貸信息的交流溝通與利用效果，看是否加強對經濟走勢研究，增強市場前瞻性和預見性，及時瞭解小企業敏感信息，從源頭上掌握小企業風險苗頭，落實小企業信貸風險管理與控制。

（五）小企業信貸監督與糾正審計

小企業信貸業務量很大，不但市場風險、信用風險突出，而且操作風險也很突出。因此，加強監督糾正機制審計，有利於促進小企業信貸業務更好地實現自我監督、自我完善、自我控制和自律管理。審計檢查的重點主要包括：

（1）審計檢查是否建立了小企業信貸監督與糾正制度，落實了對小企業信貸的監督措施。

（2）審計檢查小企業信貸內部審計監督的獨立性、權威性和有效性，評估分析小企業信貸內部監督與糾正的質量效果。

三、小企業信貸業務內部控制評價

小企業信貸業務內部控制評價是商業銀行根據內部控制評價辦法，通過專業化的技術和手段，對小企業信貸業務的發展戰略、內部控制體制機制、業務運行流程、管理程序以及規章制度的建立、執行及其效果進行客觀公正的分析評估，確定內部控制風險等級，為高級管理層經營管理提供科學依據。

小企業信貸業務內部控制評價的重點和內容主要包括以下三個方面：

(一) 小企業信貸業務內部控制評價評級

根據小企業信貸內部控制審計情況，在對小企業信貸業務內部控制風險全面計量、分析、評估的基礎上，客觀公正地對小企業信貸風險進行評價、評級。

(二) 評估小企業信貸業務內部控制重大缺陷和風險隱患

通過小企業信貸內部控制審計檢查，及時發現和報告小企業信貸內部控制中存在的重大缺陷和風險隱患，有針對性地提出改進意見和建議。

(三) 評估小企業信貸業務風險收益狀況

按照風險收益最優化原則，對小企業信貸業務進行風險收益平衡情況的全面評價，為高級管理層開展小企業信貸業務提供決策依據。

第二節　小企業貸款要素審計

貸款的要素是構成貸款的收益與風險平衡的重要元素，也是協調貸款風險與收益的基本手段。加強對小企業貸款要素的審計檢查，有利於促進更好地協調和平衡小企業貸款的風險與收益，促進小企業貸款業務的發展。

一、借款人資格審計

借款人資格合法合規是貸款風險管理的基礎。借款人資格審計檢查的重點主要包括：

(一) 小企業貸款客戶基本條件合規性審計

審計檢查小企業流動資金貸款客戶是否具備流動資金貸款基本條件和基本要求。

按照現行監管規定和商業銀行流動資金貸款的一般管理規定，小企業流動資金借款人一般需要同時具備以下基本條件：

(1) 企業依法成立，經工商行政管理部門批准，依法登記註冊，持有企業法人營業執照、生產經營許可證、貸款卡等；或經國家有權審批機關批准成立並到登記管理機關依法登記的事業單位法人。

(2) 生產經營合法、合規，獨立核算，有健全的財務制度，經營業績良好，能產生經濟效益。

(3) 借款用途明確、合法，符合我國政策法規。

(4) 具有持續經營能力，有合法的還款來源，能按期償還本息。

(5) 能落實具有法人資格、有償還能力、實行獨立核算的保證企業；有屬於自己或者第三人財產或權利作為抵押或質押。符合商業銀行信用貸款規定的借款人，經商業銀行審批同意後可免除擔保。

(6) 信用狀況良好，無重大不良信用記錄。

(7) 在商業銀行開立基本帳戶或一般結算帳戶，並按規定報送財務報表，接受商業銀行信貸和結算監督。

(8) 申請外匯貸款的企業還應符合外匯管理局規定的有關條件。

（9）符合商業銀行小企業標準。
（10）商業銀行要求的其他條件。

（二）小企業貸款資料完整性審計

審計檢查小企業貸款法律文件的完整性，以保證商業銀行債權的完整可靠。

按照政府監管部門的規定和商業銀行貸款管理的一般要求，借款人需向貸款人提交相關材料，並恪守誠實守信原則，承諾所提供材料真實、完整、有效。

企業初次向商業銀行申請借款時，需提供以下資料：

（1）借款人、擔保人的基本情況。
（2）借款申請的主要內容包括借款的目的和用途、借款金額、借款期限、還款方式及來源、擔保方式等。
（3）借款單位、擔保單位的營業執照、法人代碼證、稅務登記證、法人代表證明和借款單位的貸款卡原件等。
（4）股份制企業、有限責任公司需提供公司章程和申請貸款、提供擔保的股東（大）會決議或董事會決議。
（5）借款單位、擔保單位連續3年（如有）和近期的財務報表。
（6）借款用途資料，如購銷合同、海關報關單等。
（7）抵（質）押物清單和有權處分人同意抵押、質押的證明。
（8）貸款人認為有必要的其他材料。

二、貸款用途審計

小企業貸款用途是小企業貸款管理的關鍵要素，是貸款風險管理的基礎。審計檢查的重點主要包括以下幾個方面：

（一）貸款用途合理性審計

審計檢查貸款用途是否符合企業生產經營實際需要，看貸款購買的原材料、半成品、商品有無明顯超出企業主營業務範圍和主營業務生產經營規模。

（二）貸款用途合規性審計

審計檢查有無違反流動資金貸款不得用於固定資產、股權等投資的規定，看貸款有無用於國家禁止生產、經營的領域和用途。

三、貸款額度審計

貸款額度是貸款的基本要素，也是構成貸款風險與收益平衡的關鍵。貸款額度管理審計的重點主要包括（但不限於）以下幾個方面：

（一）貸款額度管理的基本制度審計

審計檢查小企業貸款管理部門是否根據小企業貸款管理原則政策，建立了小企業貸款額度管理制度辦法，明確了貸款額度管理的權限、流程和計算方法及其審批制度。

（二）貸款額度管理審計

（1）審計檢查小企業貸款經營部門是否合理測算借款人營運資金需求，是否根據借款人還款能力及實際資金需要，審慎確定借款人的流動資金授信總額及具體貸款的

額度，看有無超過借款人的實際需求發放流動資金貸款的情況。
（2）審計檢查貸款額度的計算、確定和審批程序是否合規、有效，是否符合風險收益平衡的基本要求。

四、貸款期限審計

審計檢查貸款期限確定是否符合流動資金貸款管理辦法的規定，是否與貸款用途和企業生產流通週期相適應。
（1）審計檢查小企業貸款經營部門是否根據借款人生產經營的規模和週期特點，合理設定流動資金貸款的業務品種和期限，以滿足借款人生產經營的資金需求，實現對貸款資金回籠的有效控制，看貸款期限是否與借款人經營活動週期相匹配。
（2）審計檢查貸款期限的確定是否符合借款人現金流量的特點。
（3）一般短期流動資金貸款的期限最長不超過一年（含一年）；中期流動資金貸款的期限為1～3年（不含1年，含3年）。

五、貸款利率審計

貸款利率既是貸款風險的價格，又受商業銀行信貸資金成本的制約，是風險、成本和收益三者協調的產物。審計的重點主要是：
（1）審計檢查貸款利率確定是否按照中國人民銀行制定的利率政策和總行關於小企業定價管理相關規定執行。
（2）審計檢查小企業貸款經營管理部門是否根據貸款性質、幣種、用途、方式、期限、風險等因素，合理確定貸款利率。
（3）審計檢查是否根據利率走勢，合理確定採用浮動利率或者固定利率方式，有效管理利率風險。
（4）審計檢查是否遵循風險收益匹配原則，根據風險水平和當地市場利率水平，綜合考慮客戶經營期內的信用風險、市場風險和流動性風險以及小企業的綜合貢獻度、經濟資本回報等因素，合理確定價格，對不同借款企業實行差別利率。
（5）審計檢查小企業貸款利率水平是否覆蓋資金成本、管理成本、貸款風險準備和經濟資本回報的要求。

六、貸款還款付息方式審計

貸款還本付息方式是協調貸款風險管理和風險收益平衡的重要手段，要審計檢查貸款償還方式是否與借款人的經營活動和現金流量特點相匹配，審計檢查借款人是否按照借款合同約定的還款計劃、還款方式償還貸款本息。還款方式一般有以下幾種：
（一）貸款到期一次還本付息，利隨本清
正常利息＝合同約定利率×貸款本金×占用天數
（占用天數從放款日計算至到期日）
日利率＝月利率/30
月利率＝年利率/12

(二) 貸款實行按月 (季、半年、年) 結息, 到期一次還本, 最后一次利隨本清。
正常利息 = 合同約定利率× 貸款本金× 占用天數；
(占用天數從放款日計算至到期日)
日利率 = 月利率/30
月利率 = 年利率/12
(三) 不等額本金還款法
不等額本金還款法是貸款本金可以選擇任意還款金額、還款日期進行還款, 還款期次最多不得超過 100 期 (不含 100 期), 貸款利息實行按月 (季、半年、年) 結息。
正常利息 = 合同約定利率× (貸款本金 – 已歸還本金累計額) × 占用天數
(占用天數從放款日計算至到期日)
日利率 = 月利率/30
月利率 = 年利率/12
(四) 等額本金還款法
等額本金還款法是貸款期限內每期以相等的額度償還貸款本金, 貸款利息隨本金逐期遞減並逐期結清, 還款期次最多不得超過 100 期 (不含 100 期), 貸款利息實行按月 (季、半年、年) 結息。每期還款額計算公式為：
每期還本額 = 貸款本金/還款期數
正常利息 = 合同約定利率× (貸款本金 – 已歸還本金累計額) × 占用天數
(占用天數從放款日計算至到期日)
日利率 = 月利率/30
月利率 = 年利率/12

七、貸款擔保管理審計

貸款擔保管理是貸款管理的重要環節, 也是貸款風險管理的重要措施。審計檢查的重點主要包括以下幾個方面：
(一) 貸款擔保覆蓋範圍審計
審計檢查貸款擔保範圍是否覆蓋了貸款本息的全部內容。貸款擔保範圍一般要包括主債權、利息、複利、罰息、違約金、損害賠償金、保管擔保財產和實現債權及擔保物權的費用等。一般要嚴格控制向小企業發放信用貸款。
(二) 貸款擔保方式審計
審計檢查貸款擔保方式是否符合風險管理與控制的基本要求。
(1) 貸款擔保方式一般包括保證、抵押和質押。
(2) 要根據授信客戶的信用狀況、授信品種、金額、期限、風險程度以及各種擔保方式的特點, 合理確定採用不同的擔保方式。
(3) 貸款擔保方式既可以採用任何一種, 又可以採用多種方式擔保。
使用一種擔保方式不足以防範和分散授信風險的, 應當選擇兩種或兩種以上的擔保方式。同一筆授信業務設定兩種以上擔保方式時, 各擔保方式可以分別擔保全部債權, 也可以劃分各自擔保的債權範圍。

（三）保證方式的審計

（1）審計檢查小企業貸款擔保人是否具備保證人資格。

（2）審計檢查小企業貸款經營管理部門是否原則上優先選擇代為清償債務能力強、信譽狀況好的法人為保證人。

按照監管規定和商業銀行貸款管理實踐，具有債務清償能力的法人、其他組織或者自然人，可以作為授信業務的擔保人。其中，其他組織主要包括：

（1）依法登記領取營業執照的獨資企業、合夥企業。

（2）依法登記領取營業執照的聯營企業。

（3）依法登記領取營業執照的中外合作經營企業。

（4）經民政部門核准登記的非以公益為目的的社會團體。

（5）經核准登記領取營業執照的鄉鎮、街道、村辦企業。

（四）貸款擔保的有效性審計

審計檢查貸款擔保的合規性、合法性和有效性。

按照國家法律法規和監管部門有關規定以及信貸業務實踐，小企業貸款一般不得接受下列單位、組織或情形的保證：

（1）國家機關（經國務院批准為使用外國政府或者國際經濟組織貸款進行轉貸的除外）。

（2）學校、幼兒園、醫院等以公益為目的的事業單位、社會團體（從事經營活動的事業單位、社會團體除外）。

（3）企業法人的分支機構（企業法人的書面授權，並且不超出該書面授權範圍的除外）。

（4）企業法人的職能部門。

（5）沒有經營外匯擔保業務許可證的金融機構為外匯借款人提供外匯擔保。

（6）已開放境內外資金融機構人民幣業務地區的境內外資金融機構為境內企業的人民幣授信業務提供的外匯擔保。

（7）在商業銀行有不良資產已剝離或核銷記錄的（經總行批准的除外）。

（五）自然人擔保的有效性審計

審計檢查自然人擔保的合規性、合法性和有效性。

按照國家法律法規和監管部門有關規定以及信貸業務實踐，小企業貸款一般不得接受下列自然人作為保證人：

（1）擔任法定代表人、董事或高級管理人員所在公司有過破產、逃廢銀行債務等行為的。

（2）有過拖欠銀行貸款本息、信用卡惡意透支等不良信用記錄的。

（3）有過不良資產剝離或核銷的不良信用記錄。

（4）有賭博、吸毒等不良行為或犯罪記錄的，但過失行為除外。

（5）商業銀行認為不適宜提供保證擔保的其他人員。

八、抵押及其抵押物管理的審計

審計檢查貸款抵押及其抵押物管理情況，檢查貸款抵押的合規性、合法性和有

效性。

(一) 抵押物選擇的一般原則

按照國家法律法規和監管部門有關規定以及信貸業務實踐，小企業貸款抵押物選擇的一般原則如下：

(1) 優先選擇現房、以出讓方式取得的國有建設用地使用權及其他價值相對穩定、變現能力較強的抵押物。

(2) 對機器、設備及其他不易變現或價值波動較大的抵押物應當謹慎選擇，原則上不接受專用性較強的機器、設備及其他財產抵押。

(3) 抵押物所擔保的債權不得超過抵押物的價值，已經設置抵押的抵押物不得重複抵押，但可以接受以該抵押物的價值大於已擔保債權的余額部分再次抵押。

(二) 抵押物的合法性、合規性和有效性審計

審計檢查貸款抵押的合規性、合法性和有效性。

按照國家現行法律法規和監管部門有關規定以及信貸業務實踐，小企業貸款一般不得接受下列財產作為抵押：

(1) 土地所有權及其他依法禁止流通或者轉讓的自然資源或財產。

(2) 耕地、宅基地、自留地、自留山等集體所有的土地使用權，但法律規定可以抵押的除外。

(3) 不包括地上建築和定著物的國有建設用地使用權。

(4) 不包括建設用地使用權的城市房屋。

(5) 不包括建設用地使用權的鄉（鎮）、村企業廠房。

(6) 以出讓方式取得的土地使用權閒置滿 2 年未開發的。

(7) 空置 3 年以上的商業用房。

(8) 國家機關的財產。

(9) 學校、幼兒園、醫院等以公益為目的的事業單位、社會團體的教育設施、醫療衛生設施和其他社會公益設施。

(10) 列為文物保護的古建築、有重要紀念意義的建築物。

(11) 所有權、使用權不明或有爭議的財產。

(12) 以法定程序確認為違法、違章的建築物。

(13) 依法被查封、扣押、監管或採取其他強制性措施的財產。

(14) 已經折舊完或者在貸款期內將折舊完的固定資產；淘汰、老化、破損和非通用性機器、設備。

(15) 租用或者代管、代銷的財產。

(16) 已出租的公有住宅房屋和未定租賃期限的出租住宅房屋；已依法公告在國家建設徵用拆遷範圍內的房地產。

(17) 已經提交破產預案或者已經進入破產程序的法人、其他組織對原來沒有財產擔保的債務提供抵押擔保。

(18) 法律、行政法規規定不得抵押的其他財產。

九、質押及其質押物管理的審計

審計檢查貸款質押及其質押物管理情況，檢查貸款質押的合規性、合法性和有效性。

（一）質押物選擇的一般原則

按照國家法律法規和監管部門有關規定以及信貸業務實踐，小企業貸款質押物選擇的一般原則如下：

（1）優先選擇現金、存款單、憑證式國債、銀行票據等價值相對穩定、變現能力較強的質物。

（2）對股權、註冊商標專用權、專利權和著作權中的財產權及其他價值波動較大、不易監測、不易保管、不易變現或不易辦理登記手續的質物應當謹慎掌握。

（二）質押物的合法性、合規性和有效性審計

審計檢查貸款質押物的合規性、合法性和有效性。

按照國家法律法規和監管部門有關規定以及信貸業務實踐，小企業貸款一般不得接受具有下列情形之一的動產或權利質押：

（1）依法禁止流通、轉讓，或依法不能強制執行和處理的。

（2）所有權有爭議的。

（3）已掛失、失效或被依法止付的。

（4）被依法查封、凍結、扣押或採取其他強制性措施的。

（5）在質押期間易腐爛、易蟲蛀、易變質的。

（6）難以判斷實際價值或難以變現、保值和保管的。

（7）學校、幼兒園、醫院等以公益為目的的事業單位、社會團體的教育設施、醫療衛生設施和其他社會公益設施。

（8）票據或其他權利憑證上記載「不得轉讓」「委託收款」「現金」「質押」字樣的。

（9）已經質押的存款單、倉單和提單轉質的。

（10）單位或個人持有的商業銀行股權。

（11）沒有法律依據的新型權利質押。

（12）已開放境內外資金融機構人民幣業務地區的境內外資金融機構為境內企業的人民幣授信業務提供的外匯質押擔保，包括「境內機構定期存款開戶證實書」及外匯本票、匯票、支票、債券、股票等。

（13）具有不宜質押的其他情形的。

十、貸款展期或擔保方式轉換的審計

審計檢查小企業貸款經營管理部門在辦理授信業務展期或擔保方式的轉換過程中，是否確保擔保的連續性，防止發生授信業務脫保。審計檢查在辦理擔保人擔保責任解除，抵押物、質押物的釋放時，有關的解除文件和憑證是否符合「必須為原件」的基本要求。

第三節 小企業貸款流程管理審計

小企業貸款管理流程包括貸款的受理、調查、審查、審批和放款等，是貸款管理的具體操作流程，也是貸款風險管理的重要措施。加強對小企業貸款管理流程的審計，有利於促進加強貸款風險管理，實現小企業貸款健康發展。

一、借款人資料合規性、全面性和完整性審計

審計檢查借款人向商業銀行提供的借款資料是否全面、完整、合規，看有無向不符合貸款基本條件的客戶發放小企業流動資金貸款的情況和問題

二、貸前調查全面性和真實性審計

貸前調查是貸款風險管理的基礎。加強小企業貸前調查的審計檢查，有利於促進提高貸前調查的質量效果，更好地發展小企業信貸業務。

（一）小企業貸款貸前調查的內容

小企業貸款貸前調查內容一般主要包括（但不限於）以下內容：

（1）借款人的組織架構、公司治理、內部控制及法定代表人和經營管理團隊的資信等情況。

（2）借款人的經營範圍、核心主業、生產經營、貸款期內經營規劃和重大投資計劃等情況。

（3）借款人所在行業狀況以及借款人的行業地位。

（4）借款人的應收帳款、應付帳款、存貨等真實財務狀況。

（5）借款人營運資金總需求和現有融資性負債情況。

（6）借款人關聯方及關聯交易等情況。

（7）貸款具體用途及與貸款用途相關的交易對手資金占用等情況。

（8）還款資金來源情況，包括生產經營產生的現金流、綜合收益及其他合法收入等。

（9）對有擔保的流動資金貸款，還需調查抵（質）押物的權屬、價值和變現難易程度，或保證人的保證資格和能力等情況。

（二）小企業貸款貸前調查審計的重點

小企業貸款貸前調查審計的重點主要包括以下內容：

（1）審計檢查貸前調查的重點是否突出。貸前調查一般根據小企業的特點，重點考察企業主要經營者的品行、能力、業績及個人資信情況。

（2）審計檢查貸前調查是否實行並落實雙人調查，是否進行現場核實。

（3）審計檢查貸前調查內容是否全面可靠。

三、小企業貸款審查審批流程審計

貸款審查、審批流程是貸款風險管理的重要環節，也是平衡貸款風險與收益的重

要環節。審計檢查的重點主要包括以下幾個方面：

(1) 審計檢查小企業貸款審查審批流程是否符合審貸分離的基本要求和規定，是否實行集中統一管理。

(2) 審計檢查小企業信貸授權制度執行情況，是否按客戶申請產品的風險敞口和授信額度權限審批。

(3) 審計檢查小企業信貸審查審批時效，按照小企業貸款管理實踐，商業銀行一般應在收齊符合要求的有關資料后兩週內回覆客戶。

四、小企業貸款放款審查與支付風險審計

放款是貸款業務辦理的最后一個環節，是風險管理的最后一道關口。審計檢查的重點主要包括以下幾個方面：

(一) 貸款合同的合規性、完整性審計

審計檢查小企業信貸部門是否按照授信審批結論，全面落實授信條件，落實各項貸前管理措施，是否重點關注以下事項：

(1) 審批結論為有條件同意的，應落實相關條件。

(2) 借款人、保證人的經營情況和資信情況沒有發生重大的不利於商業銀行貸款的變化。

(3) 不得超過借款人的實際需求發放流動資金貸款。

(4) 沒有其他不利於商業銀行貸款安全的重大事項。貸款條件如發生變更的，應重新審批。

貸款合同內容審計重點關注以下事項：

(1) 審計檢查商業銀行與借款人及其他相關當事人簽訂的書面借款合同及其他相關協議以及擔保合同內容的合規性與完整性。

(2) 借款合同需要變更時，是否由借貸雙方協商一致，並依法簽訂變更協議，同時是否徵得擔保人的書面同意。

(3) 擔保人系法人的，如發生合併、分立或破產時，審計檢查是否由合併、分立或改制后的法人承擔擔保責任，並辦理相應手續。

(4) 抵押物發生意外損失、保證人失去擔保資格或喪失擔保能力時，審計檢查借款人是否及時通知貸款人，並提供貸款人認可的新的擔保，重新簽訂擔保合同。

(二) 資金回籠帳戶審計

審計檢查小企業貸款客戶是否將商業銀行帳號作為專門資金回籠帳號。如客戶在其他銀行貸款出現違約情況，可宣布該客戶的債務全部提前到期，並及時採取相應措施。

審計檢查小企業貸款客戶是否存在多頭開戶，小企業信貸經營部門是否加強對小企業結算往來的監控，審計檢查借款人在商業銀行的資金結算往來業務量是否與企業在商業銀行貸款情況相匹配。

(三) 放款風險審計

審計檢查小企業信貸經營部門在發放貸款前是否確認借款人滿足合同約定的提款

條件,並按照合同約定通過貸款人受託支付或借款人自主支付的方式對貸款資金的支付進行管理與控制,監督貸款資金按約定用途使用。

(四)貸款支付風險審計

1. 受託支付情況審計

貸款人受託支付是指貸款人根據借款人的提款申請和支付委託,將貸款通過借款人帳戶支付給符合合同約定用途的借款人交易對象。

審計檢查小企業信貸經營部門是否根據借款人的行業特徵、經營規模、管理水平、信用狀況等因素和貸款業務品種,合理約定貸款資金支付方式及貸款人受託支付的金額標準。

按照監管部門現行規定和商業銀行小企業貸款管理實踐,具有以下情形之一的流動資金貸款,原則上應採用貸款人受託支付方式:

(1)零售內部評級客戶評級(PD評級)較低的客戶。

(2)與貸款人新建立信貸業務關係一年以內且借款人零售內部評級客戶評級(PD評級)較低的客戶。

(3)申請臨時性、一次性授信,有明確的貸款資金支付對象的流動資金貸款。

(4)支付對象明確且單筆支付金額較大。

(5)重組貸款及其他具有置換情形的流動資金貸款。

(6)貸款人認定的其他情形。

小企業貸款經營部門可根據企業經營實際和具體貸款品種特點與風險狀況,自行設定更為嚴格的受託支付標準。

2. 自主支付方式的審計

借款人自主支付是指貸款人根據借款人的提款申請將貸款資金發放至借款人帳戶后,由借款人自主支付給符合合同約定用途的借款人交易對象。

審計檢查採用借款人自主支付方式的,借款人是否在提款申請書中承諾在支付限額內支付,確認本筆借款將用於借款合同約定的用途,並提供資金使用說明等。

3. 貸款發放與支付過程中的風險管理審計

審計檢查在小企業流動資金貸款發放和支付過程中,授信經營部門是否落實貸款風險管理控制措施,對以下容易引發貸款風險的事項是否落實到位:

(1)借款人條件沒有發生不利於商業銀行的變化,並且已在商業銀行開立帳戶。

(2)擔保合同(如有)已生效並持續有效,擔保合同系抵押合同及(或)質押合同的,擔保物權已設立並持續有效。採用最高額擔保合同的,在后續貸款發放時已落實雙人實地核實擔保物權工作,確認擔保物權的持續、合法有效及押品價值的充足性。

(3)採用貸款人受託支付的,已按借款合同約定的貸款用途,確認了借款人提供的支付申請所列對象、支付金額等信息與相應的商務合同等證明材料相符。

(4)採用借款人自主支付的,按商業銀行流動資金貸款發放與支付操作規程規定,確認了借款人分貸款業務品種的自主支付限額,借款人提款申請材料反應的借款用途、相關證明材料等信息與借款合同約定相符。

五、貸款展期的審計

（一）貸款展期原因審計

審計檢查流動資金貸款需要展期的，借款人是否在貸款到期日之前向商業銀行申請貸款展期。

審計檢查貸款展期理由是否合理，是否符合貸款所對應的資產轉換週期的實際變化和實際需要，展期的期限確定是否合理。

（1）對於採用一次性還本的流動資金貸款，短期流動資金貸款展期期限累計不得超過原貸款期限；中期貸款展期期限累計不得超過原貸款期限的一半。

（2）借款人未申請展期或申請展期未得到批准，其貸款從到期日次日起，轉入逾期貸款帳戶。

（3）貸款的展期期限加上原期限達到新的利率期限檔次時，從展期之日起，貸款利息按新的期限檔次利率計收。

（二）展期貸款后期管理審計

審計檢查小企業信貸經營部門是否加強對展期貸款的后續管理。檢查申請保證貸款、抵押貸款、質押貸款展期的，是否由保證人、抵押人、出質人出具同意的書面證明。

第四節　小企業授信監控審計

小企業授信監控是信貸管理的重要環節，也是信貸風險管理的重要措施。審計檢查的重點主要包括（但不限於）以下幾個方面：

一、小企業授信監控制度審計

審計檢查商業銀行及其分支行是否建立了健全有效的小企業貸款授信監控制度，建立了日常監控體系和貸后監控體系，有效管理和控制小企業信貸業務風險，保證資產安全。

二、日常監控體系審計

日常監控主要是跟蹤客戶經營情況和所屬行業及經營特點，通過定期與不定期現場檢查與非現場監測，分析借款人經營、財務、信用、支付、擔保及融資數量和渠道變化等狀況，掌握各種影響借款人償債能力的風險因素，發現風險預警信號及時採取措施，確保信貸資產安全。審計檢查的重點主要包括：

（1）審計檢查商業銀行及其分支行是否建立了小企業貸款日常監控執行機制與工作流程，評價小企業貸款日常監控體系運行狀況和貸款風險狀況。

（2）審計檢查小企業信貸經營部門對小企業授信客戶是否每 3 個月至少做一次授信監控，重點調查客戶經營情況、信用情況、擔保品情況，發現風險預警信號是否及時凍結或調減授信額度。

三、貸后監控審計

貸后監控是信貸風險管理的重要措施。審計檢查的重點主要包括：

（一）貸款用途監控審計

審計檢查小企業信貸經營部門是否在流動資金貸款發放后 15 天內進行貸款資金運用情況監控。

（1）是否重點調查信貸資金流向，發現客戶有違規使用信貸資金、以化整為零方式規避商業銀行受託支付等行為的是否停止后續貸款發放，並要求客戶立刻整改，必要時是否按合同規定宣布貸款提前到期。

（2）採用借款人自主支付的，授信經營部門是否根據借款合同約定要求借款人定期匯總報告貸款資金支付使用情況，並通過帳戶分析、憑證查驗、交易合同及相關材料核實、現場實地調查等方式核查貸款支付是否符合約定用途。

（3）採用貸款人受託支付的，授信經營部門是否核查貸款支付是否符合約定用途，並將證明用途的資料歸檔管理。

（二）貸款到期日監控審計

審計檢查小企業信貸經營部門是否在流動資金貸款到期前 15 天內進行貸款監控，是否重點調查還款資金落實情況，發現貸款有逾期風險的，是否及時督促借款人按期還款，評估貸款風險，並做好處置押品等資產保全的前期準備工作，切實保障信貸資產安全。

（三）資金回籠帳戶監控審計

審計檢查小企業信貸經營部門是否按照借款合同的約定，要求借款人通過專門資金回籠帳戶在商業銀行辦理資金結算，分析帳戶資金進出情況與企業經營情況是否相匹配。

（四）重大預警信號監控審計

審計檢查小企業信貸經營部門是否動態關注借款人經營、管理、財務及資金流向等重大預警信號，對產生重大風險，危及貸款安全的，是否根據合同約定及時採取提前收貸、追加擔保等有效措施，防範化解貸款風險。

審計檢查客戶出現風險預警信號，應進入風險監察名單管理的是否納入監察名單管理。貸款逾期后是否及時發出催收函。對存在現實風險的客戶，是否根據貸款分類要求，歸為不良貸款進行管理。

四、不良貸款管理審計

不良貸款管理是信貸風險管理的重點，也是保證商業銀行資產安全、減少損失的重要措施。審計檢查的重點主要包括：

（1）小企業流動資金貸款形成不良的，要審計檢查商業銀行及其分支行是否對其進行專門管理。

（2）審計檢查是否及時制訂不良貸款清收處置方案，落實清收措施。

（3）對借款人確因暫時經營困難不能按期歸還貸款本息的，是否通過貸款重組等

方式，有效化解、緩釋、管理和控制貸款風險。

（4）對確實無法收回的小企業不良貸款是否按照相關規定進行核銷，並繼續做好核銷后的管理工作。

第十七章 存貨動產抵（質）押業務審計

存貨動產抵（質）押業務是指授信申請人向商業銀行申請授信，抵（質）押人以其所有的存貨抵（質）押給商業銀行作為授信擔保，商業銀行以貸款、承兌、國際貿易融資等各種融資形式發放的、用於滿足企業貿易或生產領域配套流動資金需求的授信融資業務。

抵（質）押人和授信申請人可以為不同主體。

第一節　存貨動產抵（質）押業務的種類

一、存貨動產抵押業務的種類

存貨動產抵押業務分為指定動產抵押和動產浮動抵押兩種形式。

（一）指定動產抵押

指定動產抵押是指債務人或第三人以現有的特定動產為債務人提供抵押擔保。債務人不履行到期債務或者發生當事人約定的實現抵押權的情形，債權人有權就約定的特定動產優先受償。

指定動產抵押必須向工商行政管理部門辦理抵押登記，登記時應列明抵押物名稱、所有權歸屬、數量、質量、狀況（現有或將有）、所在地等情況。

（二）動產浮動抵押

動產浮動抵押是指債務人或第三人以現有的以及將有的存貨為債務人提供抵押擔保。債務人不履行到期債務或者發生當事人約定的實現抵押權的情形，債權人有權就實現抵押權時的動產優先受償。

動產浮動抵押必須向工商行政管理部門辦理抵押登記，登記時應列明抵押物名稱、所有權歸屬、數量、質量、狀況（現有或將有）、所在地等情況。

（三）抵押動產的監管

為防範動產抵押業務的抵押物遺失或被抵押人非法處置等失控風險，商業銀行在

綜合評估抵押物失控風險可能性的基礎上，可要求抵押人將抵押物交由商業銀行指定的監管公司進行監管，由監管公司向商業銀行報告抵押動產的變動情況或要求抵押動產的出庫必須經商業銀行審批。

二、存貨動產質押業務的種類

存貨動產質押業務有兩種不同質押操作模式，分別為動產靜態質押和動產滾動質押。

（一）動產靜態質押

動產靜態質押是指定動產的質押。出質人提取質物時，必須由債務人向商業銀行提出申請並交存提貨保證金或提供商業銀行認可的其他擔保，由商業銀行簽發提貨通知書之後，出質人方可向監管公司提取質物。

（二）動產滾動質押

動產滾動質押是質押動產只要符合事先約定的質物品種，可以變動但不得低於指定價值的質押形式。當出質人提取超出指定動產價值部分的質物時不需向商業銀行申請，可直接向監管公司辦理提貨手續。否則，出質人必須存入新質物，由監管公司按事先與商業銀行約定的貨物品種價格核定新質物價值，在該價值內提取原有質物；或者債務人向商業銀行提出申請並交存提貨保證金或提供商業銀行認可的其他擔保，由商業銀行簽發提貨通知書之後，出質人向監管公司提取質物。

（三）動產靜態質押和動產滾動質押物的監管

存貨動產靜態質押和動產滾動質押均必須由商業銀行指定的監管公司進行監管。

存貨動產質押必須由出質人將出質動產交付商業銀行指定的監管公司佔有，商業銀行還必須與出質人共同向監管公司發出出質通知書，並取得監管公司簽發的出質通知書（回執）。

第二節　存貨動產抵（質）押業務內部控制審計

存貨動產抵（質）押業務是商業銀行針對中小企業融資難、擔保抵押難等問題開展的融資業務，對服務實體經濟、支持中小企業發展有著特別重要的意義。但是，存貨動產抵（質）押業務管理流程長，抵（質）押物監管難度大，中小企業抗風險能力弱，商業銀行貸款面臨較大風險。因此，加強存貨動產抵（質）押業務的內部控制審計，有利於促進不斷加強存貨動產抵（質）押業務內部控制體制機制建設，保證存貨動產抵（質）押業務健康發展。

一、存貨動產抵（質）押業務內部控制環境審計

（一）存貨動產抵（質）押業務的特點

存貨動產抵（質）押業務有以下三個顯著的特點：

（1）存貨動產抵（質）押業務是針對中小企業發展中的融資難問題開展的融資業務，對於發展實體經濟，支持中小企業發展有著十分重要的意義。

（2）存貨動產抵（質）押業務以企業生產經營流動資金短期週轉為貸款基本用途，具有融資週轉快、流動性強、風險可控的特點。

（3）存貨動產抵（質）押業務以動產作為抵（質）押品，具有存貨市場價值變化快、監管過程複雜、融資風險大等特點。

（二）存貨動產抵（質）押業務內控環境審計

加強存貨動產抵（質）押業務內部控制環境的審計、落實存貨動產抵（質）押業務的內部控制體制機制，是保證存貨動產抵（質）押業務健康發展的重要措施。審計檢查的重點主要如下：

（1）審計檢查是否建立了穩健的存貨動產抵（質）押業務內部控制文化，看存貨動產抵（質）押業務的發展是否符合國家宏觀經濟發展總體要求和發展趨勢。

（2）審計檢查是否有勝任存貨動產抵（質）押業務發展與管理的專業團隊，看存貨動產抵（質）押業務經營管理人員的業務素質與人力資源配置是否適應存貨動產抵（質）押業務發展的需要。

（3）審計檢查是否建立了存貨動產抵（質）押業務內部控制程序和系統，看存貨動產抵（質）押業務內部控制程序和系統是否健全和完善，是否落實了存貨動產抵（質）押業務風險管理與控制，有無程序控制缺陷和管理漏洞。

（4）審計檢查是否建立健全了存貨動產抵（質）押業務內部控制制度，看存貨動產抵（質）押業務的內部控制制度是否健全、有效，審計檢查規章制度的執行機制、執行流程與執行工具，看有無制度控制盲區和控制缺陷。

二、存貨動產抵（質）押業務風險識別與評估審計

存貨動產抵（質）押業務和商品銷售市場走勢、價格波動、供求關係聯繫十分密切，具有顯著的親經濟週期特點，潛藏較大的市場風險。因此，及時有效地識別和評估存貨動產抵（質）押業務風險，是實現存貨動產抵（質）押業務穩健發展的重要措施。審計檢查的重點主要如下：

（一）存貨動產抵（質）押業務風險識別機制審計

審計檢查是否建立了存貨動產抵（質）押業務風險識別機制，看有無存貨動產抵（質）押業務風險識別的技術手段和工具，評價存貨動產抵（質）押業務風險識別機制是否健全有效。

（二）存貨動產抵（質）押業務風險評估審計

審計檢查是否建立了存貨動產抵（質）押業務風險評估分析機制，看存貨動產抵（質）押業務風險分析評估的機制、流程和工具措施是否有效，是否充分識別分析和評估報告了存貨動產抵（質）押業務的風險。

三、存貨動產抵（質）押業務內部控制措施審計

存貨動產抵（質）押業務風險管理流程長、環節多，潛藏較大操作風險。加強存貨動產抵（質）押業務內部控制措施審計，有利於促進有效管理和控制存貨動產抵（質）押業務風險，保證存貨動產抵（質）押業務經營安全。審計檢查的重點主要

如下：

(一) 存貨動產抵 (質) 押業務內控措施全面性審計

審計檢查存貨動產抵 (質) 押業務內部控制措施是否全面、完整和有效，看存貨動產抵 (質) 押業務內部控制措施是否覆蓋了存貨動產抵 (質) 押業務的全部產品，是否覆蓋了存貨動產抵 (質) 押業務的全部流程，是否覆蓋了存貨動產抵 (質) 押業務的全部風險環節。

(二) 存貨動產抵 (質) 押業務授權制度審計

審計檢查存貨動產抵 (質) 押業務授權制度是否健全有效，是否實行了存貨動產抵 (質) 押業務的統一授信授權管理，涉及集團客戶的存貨動產抵 (質) 押業務是否實行了集團統一授信管理。審計檢查存貨動產抵 (質) 押業務授信授權制度以及授權管理是否與存貨動產抵 (質) 押業務和產品風險管理相適應，是否與存貨動產抵 (質) 押業務客戶經營規模和風險狀況相適應。

(三) 存貨動產抵 (質) 押業務內控措施執行力審計

審計檢查存貨動產抵 (質) 押業務內部控制措施執行機制與執行流程和執行工具的有效性，評價存貨動產抵 (質) 押業務內部控制措施執行的實際效果和存在的主要問題。

四、存貨動產抵 (質) 押業務信息交流溝通審計

存貨動產抵 (質) 押業務風險的管理與控制在很大程度上取決於信息交流與溝通的能力和質量效果。審計檢查的重點主要如下：

(一) 存貨動產抵 (質) 押業務信息獲取情況審計

審計檢查商業銀行獲取存貨動產抵 (質) 押業務風險信息的手段與渠道是否充分和有效，看能否及時、充分、有效地獲取有關存貨動產抵 (質) 押業務的宏觀經濟金融信息，能否及時、充分地獲取存貨動產抵 (質) 押貸款企業的行業風險信息、產品風險信息、企業經營管理風險信息以及上下游企業的風險狀況信息。

(二) 存貨動產抵 (質) 押業務信息分析評估交流情況審計

審計檢查存貨動產抵 (質) 押業務風險信息的評估分析機制和技術手段，看存貨動產抵 (質) 押業務風險信息的評估分析機制、方法和技術是否有效，風險分析評估是否建立在對風險進行準確計量的基礎之上。

(三) 存貨動產抵 (質) 押業務風險信息運用情況審計

審計檢查存貨動產抵 (質) 押業務風險信息利用情況，評價存貨動產抵 (質) 押業務風險信息的運用效果與存在的主要問題。

五、存貨動產抵 (質) 押業務內控監督與糾正審計

完善有效的監督與糾正機制是存貨動產抵 (質) 押業務健康發展的重要保證。審計檢查的重點主要如下：

(一) 存貨動產抵 (質) 押業務自我監督情況審計

審計檢查商業銀行是否建立了存貨動產抵 (質) 押業務內部控制的自我監督機

制，看存貨動產抵（質）押業務經營部門、授信管理部門和風險合規管理等部門能否及時識別存貨動產抵（質）押業務風險，有效應對和管理風險。

（二）存貨動產抵（質）押業務內審監督情況審計

審計檢查評價存貨動產抵（質）押業務內部審計的獨立性、權威性和有效性。

（三）存貨動產抵（質）押業務整改情況審計

審計檢查存貨動產抵（質）押業務內部控制存在問題的整改情況是否對內外部檢查發現的問題進行了及時有效的整改，有無屢查屢犯現象。

第三節　存貨動產抵（質）押業務流程管理審計

存貨動產抵（質）押業務的管理流程是存貨動產抵（質）押業務風險管理的重要措施。存貨動產抵（質）押業務市場風險、信用風險和操作風險都比較高，要通過加強存貨動產抵（質）押業務「三查」審計監督，促進不斷加強存貨動產抵（質）押業務管理，保證貸款安全。

一、貸前調查審計

貸前調查是存貨動產抵（質）押業務風險管理的基礎，加強貸前調查審計是保證存貨動產抵（質）押業務健康發展的重要措施。

（一）業務受理合規性審計

審計檢查授信申請人的基本條件是否符合商業銀行信貸政策要求，是否符合商業銀行關於企業授信申請條件的有關規定，看授信申請人向商業銀行提出動產抵（質）押業務申請時，所提供的資料是否齊全、完整、有效。

客戶申請辦理動產抵（質）押業務的資料主要包括（但不限於）：

（1）經有權部門年檢合格的營業執照、法人代碼證、稅務登記證、貸款卡、公司章程、財務報表、法人代表證明等信貸管理要求的所有授信申請基本資料。

（2）抵（質）押動產的名稱、所有權歸屬、數量、質量、狀況（現有或將有）、所在地、價值等相關證明資料，主要包括交易合同、增值稅發票、貨運單據（如有）、倉儲單據（如有）、質檢報告（如有）、價值評估報告（如有）、進口關稅發票（如有）、報關單（如有）等。

（3）動產質押業務以及需要監管的抵押業務還須提供監管公司相關資料，主要包括營業執照、法人代碼證、稅務登記證、貸款卡、公司章程、財務報表、法人代表證明等相關資料。

（4）商業銀行要求的其他資料。

（二）貸前調查全面性審計

審計檢查動產抵（質）押業務貸前調查工作基本情況，分析貸前調查對授信申請人的背景、經營、財務、資信情況和償債能力的調查情況，評估貸前調查的全面性、可靠性和授信方案的可行性。

貸前調查內容主要包括（但不限於）以下幾個方面：

（1）授信申請人的背景、經營、財務、資信和償債能力等情況。

（2）抵（質）押物的數量、質量、價格及其波動情況以及可能發生的變質、毀損情況分析，抵（質）押物變現退出等分析。

（3）監管公司的監管能力、賠償能力、行業信譽等情況。

審計檢查商業銀行及其分支行對監管公司的管理情況，看監管公司是否滿足商業銀行要求的監管條件。

監管公司一般必須滿足以下條件：

（1）具有從事倉儲業務的資格，專業從事倉儲業務3年以上。

（2）與授信申請人、抵押人、出質人不構成《企業會計準則》規定的關聯方關係。

（3）淨資產不低於500萬元，資產負債率不超過50%，具備承擔違約責任賠償的能力。

（4）倉儲業務量大、行業信譽好，具有健全的貨物監管、進出庫制度和規範的業務操作規程以及電子化的倉儲管理系統。

（5）具有良好的行業信譽和信用記錄，在與商業銀行的業務合作中從未發生任何違約行為，倉儲行為未遭遇存貨人的重大訴訟。

審計檢查抵（質）押動產是否符合商業銀行動產抵（質）押制度規定。

抵（質）押動產一般必須滿足以下條件：

（1）抵押人（出質人）擁有完整、合法、有效的所有權，抵（質）押動產不存在任何權利瑕疵，未被依法查封、扣押、監管，不存在爭議、抵押、質押、訴訟（仲裁）等情況。

（2）抵（質）押動產一般屬於抵押人或出質人正常經營週轉中的短期存貨，該抵（質）押物必須有成熟交易市場，銷售渠道通暢，市價易於確定，價格波動區間能夠合理預測。

（3）易於倉儲、保管，質量穩定，不易變質、毀損，有形及無形損耗均能合理預測。

（4）規格明確，數量便於計量，質量便於檢驗。

審計檢查抵（質）押動產的價值評估是否審慎合理，審計檢查在確定抵（質）押動產價值時，是否注意了以下幾點：

（1）存儲於保稅倉庫屬於保稅物品的動產，在總價值中必須扣除相關的關稅、消費稅、增值稅等稅收。

（2）抵押人或出質人在動產抵押或質押期間應向倉儲公司逐期繳付的一切費用，應在總價值中扣除。

（3）確定市場單價時，必須充分考慮以往3年內價格變動情況和市場單價的合理預期變動。

（4）確定市場單價時，應考慮技術進步、產品更新換代等無形損耗的影響。

（5）確定抵（質）押動產的數量時，應在基準數量的基礎上扣除最大允許誤差。

（三）抵（質）押動產實地核查情況審計

審計檢查授信業務經營部門是否安排雙人對抵（質）押動產的下列事項進行實地

核查，看存貨有無重大差錯和風險隱患未被及時發現的情況和問題。

雙人現場核查存貨的有關內容主要包括：

（1）抵（質）押動產的名稱、品種、價值、質量、數量、重量、包裝、倉儲地點、交易情況等要素，是否與授信申請人提供的書面材料一致。為確保抵（質）押動產的質量，授信經營部門可聘請專業的檢測機構出具質量檢測報告。

（2）抵押（出質）人是否對抵（質）押動產享有完整、合法、有效的所有權，其設定本次抵（質）押擔保的意思表示是否自願、真實，並且已獲得合法授權。

（3）抵（質）押動產的權屬是否明確，是否存在本行之外的質押、抵押、查封、留置、監管等限制情況。

（4）要核查的其他事項。

二、授信審查審批審計

授信審查審批是存貨動產抵（質）押業務風險與收益協調的重要環節。加強授信審查審批審計，有利於促進存貨動產抵（質）押業務穩健發展。

（一）動產抵（質）押業務授信方案審計

審計檢查存貨動產抵（質）押業務授信方案風險識別是否充分全面，風險分析是否透徹，風險評估是否準確，授信額度、期限、利率、抵（質）押率等確定是否審慎合理。看授信方案有無不符合存貨動產抵（質）押業務管理規定的情況和問題。

（二）動產抵（質）押業務授信授權制度審計

（1）審計檢查商業銀行是否建立了動產抵（質）押業務授信授權制度體系，是否針對不同規模的企業，採用相應的授信申報、審查和審批流程，實行統一授信、分級授權管理制度。

（2）審計檢查是否建立了動產抵押、質押業務審貸分離制度。

（3）審計檢查是否建立了明確的動產抵押、質押業務授信管理流程和工作機制，落實了審貸責任。

（三）動產抵（質）押業務授信額度、期限和風險管理審計

（1）審計檢查動產抵（質）押業務授信額度是否與授信申請人的實際經營規模和經營活動資金需求相匹配；

（2）審計檢查動產抵（質）押業務授信期限是否與授信申請人實際經營活動、貿易週期及授信業務分類額度期限相匹配。動產抵（質）押業務授信期限原則上最長不超過一年，動產抵（質）押業務單筆業務期限原則上不超過6個月。

（3）審計檢查動產抵（質）押業務授信抵（質）押率，看是否根據調查掌握的抵（質）押動產和授信申請人的情況，合理謹慎地確定動產的抵（質）押率。抵（質）押率計算公式為：

抵（質）押率＝扣除保證金后的授信餘額（貸款情況下為貸款本息和）/抵（質）押動產的總價值

動產抵（質）押率原則上不得高於70%，無監管項下的動產抵押率原則上不得高於60%。

對於授信申請人風險較高，抵（質）押動產價格波動較大、數量難以精確計量、產品更新換代較快、變現能力較弱的，應酌情降低動產抵（質）押率。

三、動產抵（質）押業務放款審計

放款是授信業務流程風險管理的最後一道關口。要通過放款環節的審計，促進存貨動產抵（質）押業務的風險管理，保證授信業務安全經營。

（一）動產抵（質）押業務合同審計

審計檢查存貨動產抵（質）押業務經營部門與授信申請人簽訂的授信合同、與抵押人簽訂的動產抵押合同內容是否完整、合法有效。

審計檢查存貨動產抵（質）押業務經營部門與授信申請人簽訂的授信合同、與出質人簽訂的動產質押合同、與出質人和監管公司共同簽訂的動產質押監管協議內容是否完整、合法有效，是否明確約定了貸款人享有的權利及監管公司、出質人應承擔的義務和責任。

（二）抵（質）押手續落實情況審計

審計檢查存貨動產抵（質）押業務經營部門是否按照信貸管理規定和國家有關法律法規，落實了抵（質）押物管理，辦妥了抵（質）押登記手續。

（三）抵（質）押動產保險情況審計

審計檢查動產抵（質）押期間，存貨動產抵（質）押業務經營部門是否要求抵押（出質）人在商業銀行認可的保險公司為抵（質）押動產投保財產綜合險並附加盜竊險，保險期限一般應覆蓋授信業務期限，並將貸款人作為保險的第一受益人，保險單正本需交存貸款人保管。

（四）放款管理審計

審計檢查放款中心對動產抵（質）押業務放款資料是否進行認真審查，看有無未落實授信條件就放款的情況和問題。

四、動產抵押註銷及質押動產出庫情況審計

動產抵（質）押業務授信到期前，如授信申請人或抵押（出質）人申請解除動產抵押或辦理質押動產出庫，授信申請人可通過提前還款、追加現金保證金或提供貸款人認可的其他擔保的方式，申請辦理動產抵押註銷和質押動產出庫。

審計檢查授信申請人申請辦理動產抵押註銷和質押動產出庫的條件是否符合商業銀行的規定。

一般來講，辦理動產抵押註銷和質押動產出庫必須滿足如下條件：

（1）通過增加新的抵押動產或新的質押動產以解除原動產抵押或辦理原質押動產出庫的，相關抵（質）押手續的辦理、價值的評估、所有權的確認等均符合貸款人規定。

（2）通過提供貸款人認可的其他擔保方式申請解除動產抵押或辦理質押動產出庫的，可接受的擔保方式須在原授信審批時予以明確，若原先未予以明確，須按授信審批流程重新進行審批。

（3）動產抵押註銷或質押動產出庫后，商業銀行的實際動產抵（質）押率應仍小於等於原授信批准的抵（質）押率。

五、貸后管理情況審計

存貨動產抵（質）押業務的風險緩釋和轉移的基本手段，就是存貨抵（質）押。因此，貸后管理是有效管理和控制存貨動產抵（質）押業務風險的重要措施。

（一）動產抵（質）押業務貸后管理制度審計

審計檢查商業銀行及其分支行是否建立了動產抵（質）押業務貸后管理制度，看動產抵（質）押業務貸后管理制度是否完善、健全和有效。

（二）動產抵（質）押業務貸后管理情況審計

審計檢查存貨動產抵（質）押業務經營部門是否按照動產抵（質）押業務貸后管理制度規定，對授信申請人的經營狀況、銷售狀況、財務狀況進行跟蹤檢查，及時掌握授信申請人存貨週轉率、銷售毛利率、應收應付帳款週轉率等主要財務指標的變動情況。

（三）動產抵（質）押業務登記臺帳審計

（1）審計檢查存貨動產抵（質）押業務經營部門是否建立了動產抵（質）押業務登記臺帳，詳細記錄授信業務發生、抵（質）押動產登記及入庫等過程。

（2）審計檢查存貨動產抵（質）押業務經營部門是否對監管公司和抵（質）押動產開展定期或不定期檢查，掌握監管公司的業務操作狀況和抵（質）押動產的倉儲現狀。

（3）審計檢查存貨動產抵（質）押業務經營部門是否與監管公司之間每月定期進行對帳，確保雙方動產抵（質）押業務操作和記錄的一致性。

（四）抵（質）押動產價值管理審計

（1）審計檢查商業銀行及其分支行是否建立了抵（質）押動產價值管理制度，對押品價值進行有效管理。

（2）審計檢查存貨動產抵（質）押業務經營部門是否通過生產企業、交易市場、期貨交易所、總行網站、商品專業網站、行業網站等途徑，對抵（質）押動產價格、市場供求情況進行監控並記錄在臺帳中。

（3）審計檢查抵（質）押動產價格下跌使得抵（質）押率持續超過授信批准抵（質）押率的情況下，存貨動產抵（質）押業務經營部門是否要求授信申請人及時追加現金保證金、提前歸還部分貸款或追加抵（質）押動產，將當前的抵（質）押率降低到授信批准的抵（質）押率以下。

（4）審計檢查抵（質）押動產市場價格出現持續走低趨勢，存貨動產抵（質）押業務經營部門是否要求授信申請人追加現金保證金或提前歸還部分貸款，將抵（質）押率控制在安全的範圍之內。

（5）審計檢查出現影響商業銀行債權安全的情況時，存貨動產抵（質）押業務經營部門是否及時終止授信申請人對授信額度的使用，並及時採取追加保證金或處置抵（質）押動產等多種方式，保障商業銀行債權安全及減少債權損失。

第十八章 應收賬款質押業務審計

　　應收帳款質押業務是指授信申請人向商業銀行申請授信，出質人以其合法擁有的、具有真實交易背景且無爭議的、商業銀行認可的應收帳款質押給商業銀行作為授信擔保，商業銀行以貸款、承兌、國際貿易融資等各種形式發放的、用於滿足企業生產或貿易領域配套流動資金需求的授信業務。

　　應收帳款質押業務中的出質人和授信申請人可以為不同主體。

第一節　應收帳款質押業務的種類

　　應收帳款質押業務範圍包括已發生應收帳款質押和未來應收帳款質押。應收帳款質押方式包括應收帳款單次質押業務和應收帳款循環質押業務。

一、可質押的應收帳款

　　可質押的應收帳款是指出質人（賣方）依據商務合同的約定，向付款人（買方）提供一定的貨物或服務后，應向付款人收取而尚未收取的款項。

（一）可質押應收帳款的內容

從商業銀行經營管理實踐來看，一般可質押的應收帳款如下：
(1) 銷售貨物產生的債權。
(2) 提供服務產生的債權，包括提供勞務、諮詢、工程建設等。
(3) 出租產生的債權，包括出租動產或不動產。

（二）可質押應收帳款的種類

應收帳款質押授信業務按質押應收帳款是否實際發生，可分為以下兩類：
(1) 已發生應收帳款質押。
(2) 未來應收帳款質押。

（三）不可質押的應收帳款

根據法律法規和監管規定的要求，從商業銀行風險管理的實際出發，一般來講以

下應收帳款屬於不可質押的應收帳款權利範圍：
（1）提供貸款或其他信用產生的債權。
（2）供應水、電、氣、暖產生的債權。
（3）提供知識產權的許可使用產生的債權。
（4）公路、橋樑、隧道、渡口等不動產收費權。

二、應收帳款單次質押業務

應收帳款單次質押是指申請人將出質人擁有的一筆或多筆已發生應收帳款，一次性質押給商業銀行以獲取授信，並且所質押應收帳款回款用於償還融資本息的業務方式。

三、應收帳款循環質押業務

應收帳款循環質押是指申請人將出質人擁有的一段期間內對特定付款人全部的應收帳款（包括已發生應收帳款和未來應收帳款）質押給商業銀行以獲取授信的業務方式。

應收帳款循環質押額度有效期內在滿足最低質押率要求的前提下，申請人可以商業銀行認可的新應收帳款替換質押項下已到期應收帳款。

第二節　應收帳款質押業務內部控制審計

應收帳款質押業務是商業銀行針對中小企業發展中融資難、擔保抵押難等問題，開展的融資業務，對於搞活經濟、支持中小企業發展有著特別重要的意義。但是，應收帳款質押業務也潛藏較大違約風險和操作風險。加強應收帳款質押業務的內部控制審計是保證應收帳款質押業務健康發展的重要措施。

一、應收帳款質押業務的內部控制環境審計

應收帳款質押業務流程長、處理環節多，潛藏較大違約風險和操作風險，加強應收帳款質押業務內部控制環境審計有利於促進應收帳款質押業務內控體制機制建設，保證應收帳款質押業務穩健發展。應收帳款質押業務內部控制環境審計的重點主要包括：

（一）應收帳款質押業務發展文化審計

審計檢查商業銀行是否建立了穩健的應收帳款質押業務發展文化，看應收帳款質押業務的發展是否符合宏觀經濟發展總體要求和市場發展趨勢，是否符合商業銀行發展戰略和客戶及業務優勢。

（二）應收帳款質押業務經營管理人員勝任能力審計

審計檢查應收帳款質押業務人力資源配置與業務發展是否相適應，是否有勝任應收帳款質押業務發展的專業團隊，看應收帳款質押業務經營管理人員的業務素質是否適應應收帳款質押業務發展的需要。

（三）應收帳款質押業務內部控制程序和系統審計

審計檢查是否建立了完善的應收帳款質押業務內部控制程序和系統，落實了應收帳款質押業務風險管理與控制。

（四）應收帳款質押業務的內部控制制度審計

審計檢查應收帳款質押業務的內部控制制度是否健全、有效，審計檢查規章制度的執行機制和流程工具，看有無制度控制盲區和控制缺陷。

二、應收帳款質押業務風險識別與評估審計

應收帳款質押業務具有較大的違約風險，這種風險和貨幣供應量以及市場流動性風險有著密切聯繫，具有顯著的親經濟週期特點。因此，及時有效地識別和評估應收帳款質押業務風險，是實現應收帳款質押業務穩健發展的基礎。

（一）應收帳款質押業務風險識別機制審計

審計檢查應收帳款質押業務風險識別機制是否健全，看有無應收帳款質押業務風險識別的制度、辦法和流程工具，評價商業銀行應收帳款質押業務風險識別機制是否健全有效。

（二）應收帳款質押業務風險評估機制審計

審計檢查應收帳款質押業務風險評估分析機制是否健全，看應收帳款質押業務風險分析評估的機制、流程和工具是否有效，是否充分識別、分析、評估、報告了應收帳款質押業務的風險。

三、應收帳款質押業務內部控制措施審計

應收帳款質押業務週轉快，涉及的管理環節多。加強應收帳款質押業務內部控制措施審計，促進有效管理和控制應收帳款質押業務風險，對實現應收帳款質押業務穩健發展有著重要意義。審計的重點主要包括：

（一）應收帳款質押業務內部控制措施審計

審計檢查應收帳款質押業務內部控制措施是否全面、完整和有效，看應收帳款質押業務內部控制是否覆蓋了應收帳款質押業務的全過程，是否覆蓋了應收帳款質押業務的全部產品。

（二）應收帳款質押業務授信授權制度審計

審計檢查應收帳款質押業務授權制度是否健全有效，是否實行了應收帳款質押業務的統一授信管理，包括集團統一授信管理。審計檢查應收帳款質押業務授信授權制度是否與應收帳款質押業務產品風險管理、應收帳款質押業務客戶經營規模和風險狀況相適應。

（三）應收帳款質押業務內部控制措施執行力審計

審計檢查應收帳款質押業務內部控制措施執行機制與執行流程、執行工具的有效性，評價應收帳款質押業務內部控制措施執行的實際效果和存在的主要問題。

四、應收帳款質押業務信息交流溝通審計

應收帳款質押業務信息交流與溝通審計的重點主要包括：

（一）應收帳款質押業務風險信息獲取情況審計

審計檢查商業銀行獲取應收帳款質押業務風險信息的手段與渠道，看能否及時、充分、有效地獲取有關應收帳款質押業務的宏觀經濟金融信息，能否及時充分獲取應收帳款付款人及其上下游企業的風險信息和行業風險信息以及產品風險信息。

（二）應收帳款質押業務風險信息的評估審計

審計檢查應收帳款質押業務風險信息的評估分析，看應收帳款質押業務風險信息的評估分析機制、方法和技術是否有效，風險分析評估是否建立在對風險進行準確計量的基礎之上。

（三）應收帳款質押業務風險信息利用效果審計

審計檢查應收帳款質押業務風險信息利用情況，評價應收帳款質押業務風險信息的運用效果與存在的主要問題。

五、應收帳款質押業務內控監督與糾正審計

應收帳款質押業務經營管理流程中的不確定因素很多，適時的監督與糾正是保證應收帳款融資安全的重要措施。審計檢查的重點主要包括：

（一）應收帳款質押業務自我監督機制審計

審計檢查商業銀行是否建立了應收帳款質押業務自我監督機制，看應收帳款質押業務經營部門、授信管理部門和風險合規管理等部門，能否及時識別應收帳款質押業務風險，有效應對和管控風險。

（二）內審部門履職審計

審計檢查內部審計部門是否充分履行了審計監督職能，評價內部審計的獨立性、權威性和有效性。

（三）應收帳款質押業務內控整改審計

審計檢查應收帳款質押業務內部控制的整改情況，是否對內外部檢查監督發現的問題進行了及時有效的整改，看有無屢查屢犯現象。

第三節 應收帳款質押業務風險管理審計

一、應收帳款質押業務合規風險審計

應收帳款質押業務涉及借款人和出質人的經營管理風險、信用狀況以及償債能力，潛藏較大違約風險。加強應收帳款質押業務市場准入與合規風險審計是有效控制和管理應收帳款質押業務風險的重要措施。

（一）授信申請條件合規審計

按照商業銀行授信管理的基本規定，授信申請人向商業銀行提出應收帳款質押業務申請時，一般應提供以下資料：

（1）經有權部門年檢合格的營業執照、法人代碼證、稅務登記證、貸款卡、公司章程、董事會決議、財務報表、法人代表證明等《信貸手冊》要求的所有授信申請基本資料。

(2) 用於質押的應收帳款的清單及基本資料，包括付款人名錄和帳戶等情況。
(3) 出質人與付款人之間一年以內的應收帳款歷史交易記錄。
(4) 對已發生應收帳款應提供出質人與付款人簽訂的交易合同及該交易合同項下的發票，若需進一步證明應收帳款真實性的，可要求出質人提供發貨證明、運輸單據等。
(5) 出質人以未來應收帳款進行質押擔保的，應提供未來應收帳款對應的交易合同。
(6) 商業銀行需要的其他材料。

審計檢查應收帳款質押業務客戶背景和業務背景，看應收帳款質押業務經營部門對授信申請人的選擇是否滿足內部評級中對客戶 PD 評級的要求，是否滿足信貸政策關於企業授信申請條件的有關規定。

(二) 應收帳款條件合規審計

審計檢查應收帳款是否滿足商業銀行風險管理的基本要求。一般來講，用於質押的應收帳款應滿足以下條件：

(1) 具有真實、合法、有效的貿易背景，交易的結算方式為賒銷。
(2) 已發生應收帳款項下，出質人應已向付款人提供了貨物或服務及其他全部隨附義務，應收帳款有明確的到期日，並且債權真實、合法、有效。
(3) 未來應收帳款項下，出質人應已有特定交易對象，應收帳款預計將於未來產生，並且未來產生的應收帳款符合商業銀行有關規定。
(4) 出質人提供的應收帳款均產生於出質人與付款人之間真實合法的、無糾紛的交易。應收帳款債權依法可以出質及轉讓，並且該應收帳款權屬清晰，沒有瑕疵，出質人未將其轉讓給其他任何第三人，也未在其上為其他任何第三人設定任何質權或其他優先受償權，雙方債權不存在可相互抵銷的情況。
(5) 應收帳款尚未到期，並且未逾期；應收帳款的帳期 (自發票開具日起至應收帳款到期日) 一般應在一年以內。
(6) 應收帳款質押的融資幣種原則上應與應收帳款幣種一致；不一致的，應加強監控匯率變化。必要時商業銀行可採取加固擔保或減少授信敞口等措施，有效防範和控制授信風險。
(7) 原則上不接受出質人對其附屬機構、控制公司、母公司、集團成員等具有實際控制或被控制關係的關聯企業的應收帳款。
(8) 商業銀行認為必須滿足的其他條件。

(三) 應收帳款付款人條件合規審計

審計檢查應收帳款的付款人是否符合商業銀行風險管理的基本要求，審計檢查應收帳款質押授信申請人辦理應收帳款質押業務，是否將應收帳款質押事實通知付款人。

按照信貸管理實踐，應收帳款的付款人應具備以下條件：
(1) 管理水平較高、資信狀況良好。
(2) 公司治理規範，財務情況良好。
(3) 履約付款意願和能力強，無不良信用記錄。

（4）與出質人之間交易關係穩定，無任何未決爭議與債權債務糾紛。
（5）辦理循環質押業務的，應優選符合以下條件之一的付款人：
一是付款人在商業銀行內部評級法中客戶 PD 評級屬優質客戶；
二是世界 500 強公司；
三是境內優質上市公司。
（四）未來應收帳款質押條件合規審計
審計檢查未來應收帳款質押的條件是否符合商業銀行風險管理的基本要求。一般來講，未來應收帳款滿足以下條件之一的，申請人可申請用未來應收帳款進行質押，辦理循環質押業務。
（1）將對特定付款人現有已發生的應收帳款和對該特定付款人的未來一定期限內的全部應收帳款同時質押給商業銀行的，並且授信發放時已發生應收帳款質押率滿足授信批准質押率要求的。
（2）無現有已發生應收帳款，僅提供未來應收帳款進行質押擔保，但同時提供商業銀行認可的其他擔保措施的。
（3）無現有已發生應收帳款，僅提供未來應收帳款進行質押擔保，但申請人符合商業銀行信用放款條件的。
（4）申請人用未來應收帳款進行質押擔保辦理循環質押業務的，應要求申請人將其對特定付款人的未來一定期限內的所有應收帳款質押給商業銀行。

二、應收帳款價值評估與質押登記審計

應收帳款的價值評估是應收帳款質押業務風險管理與控制的基礎，是平衡應收帳款質押業務風險與收益的基本依據。審計的重點主要包括：
（一）審計檢查應收帳款價值評估是否區分已發生應收帳款和未來應收帳款
對已發生應收帳款的價值，審計檢查是否在扣減應收帳款項下已回收金額、已到期未付款及計提的壞帳準備，確定應收帳款淨值的基礎上，按照下列金額中孰低原則予以確定：
（1）交易合同約定的應收帳款金額。
（2）發票金額。
（3）驗貨單註明金額（如有）。
（4）付款人回覆的應收帳款質押書面確認金額（如有）。
審計檢查未來應收帳款的價值評估，看是否主要依據交易合同、出質人與付款人之間的平均應收帳款金額及雙方歷史交易記錄等綜合因素予以確定。
（二）應收帳款質押登記審計
審計檢查以應收帳款質押作為擔保的，是否根據中國人民銀行《應收帳款質押登記辦法》和中國人民銀行徵信中心《應收帳款質押登記操作規則》的規定，在中國人民銀行應收帳款質押登記公示系統中進行查詢和登記。
審計檢查申請人辦理應收帳款質押貸款業務的，是否提交對應所出質應收帳款的所有發票原件。已發生應收帳款質押項下，申請人是否在申請辦理應收帳款質押業務

時提交發票原件；未來應收帳款質押項下，申請人是否在應收帳款真實形成之後兩個月內提交發票原件。

三、應收帳款質押業務授信管理審計

應收帳款質押業務授信管理環節多、流程長、潛藏較大操作風險。加強應收帳款授信業務流程管理審計，有利於促進加強授信業務風險管理，保證商業銀行信貸資產安全。

（一）應收帳款質押業務貸前調查審計

審計檢查應收帳款質押業務經營部門是否按照信貸手冊規定，區分不同規模的企業，採用相應的授信申報、審查和審批流程，按照信貸管理制度規定開展應收帳款質押業務的貸前調查。

應收帳款質押業務的貸前調查，除了按照公司授信業務管理辦法進行調查外，還應遵循以下要求：

（1）調查瞭解應收帳款及交易雙方是否符合商業銀行規定的應收帳款質押業務條件，應收帳款對應的交易是否存在爭議或糾紛；交易雙方是否存在關聯關係，在商業銀行有無不良信用記錄。

（2）調查瞭解交易雙方的生產經營情況、付款人的付款能力以及雙方以往交易情況和交易記錄、交易糾紛歷史記錄等。

（3）收集可以證明應收帳款真實性與合法性的必要資料，並核實資料的真實性。在應收帳款質押事實不通知付款人的情況下，還應對應收帳款的真實性進行確認，包括（但不限於）合同真實性審核、增值稅發票網上查詢、貨運單據或驗貨單據真實性審核等。

（4）對已發生應收帳款，調查瞭解付款人是否確已收妥貨物、接受服務或租賃使用動產或不動產，付款人是否已經支付了部分款項。

（5）對未來應收帳款，調查瞭解出質人履行交易合同的能力和意願。

（6）需通知付款人的應收帳款質押業務，還應調查瞭解付款人是否已確認應收帳款金額及付款期限。

（7）登錄中國人民銀行「應收帳款質押登記公示系統」查詢擬出質應收帳款質押或轉讓的情況，對於無法準確判斷擬質押的應收帳款是否已經出質或轉讓的，應向出質人進一步瞭解情況；對於已經存在的可能導致異議或引發歧義的登記，應要求出質人與原質權人協商變更登記。

（8）向工商部門查詢確認出質人有無變更法定註冊名，如有變更且使用變更前法定註冊名在中國人民銀行「應收帳款質押登記公示系統」中有質押登記記錄的，則不應受理該申請人已登記的應收帳款質押業務。

（9）以銷售貨物產生的應收帳款質押的，除核查應收帳款是否已質押或轉讓外，還應當核查相應的貨物是否已設定抵（質）押。若相應貨物已設定抵（質）押的，則不應受理該申請人的該筆應收帳款質押業務。

（二）應收帳款質押業務授信額度、期限、利率、質押率等要素審計

審計檢查應收帳款質押業務經營管理部門是否在綜合考慮申請人資信、付款人資

信、應收帳款質量等基礎上，運用商業銀行風險評級和財務分析工具對授信申請人的業務申請進行充分評估，合理確定授信額度、期限、利率、質押率等要素內容。

（1）審計檢查授信額度的確定是否與授信申請人的實際經營規模、經營活動資金需求及所質押應收帳款金額相匹配。

（2）審計檢查授信期限的確定是否與授信申請人實際經營活動、應收帳款帳期及授信業務分類額度期限相匹配。應收帳款質押業務授信期限一般不超過一年，並且應不遲於最後一筆應收帳款到期日後 60 天。

（3）審計檢查應收帳款質押率是否符合風險管理的基本要求。

第一，看經營部門是否根據授信申請人資信、付款人資信、應收帳款質量、應收帳款到期期限、應收帳款變現能力、應收帳款壞帳計提等因素綜合分析，合理確定應收帳款質押率。

第二，應收帳款質押率一般不超過 70%；對出質人與付款人之間有穩定上下游關係，雙方購銷關係形成兩年以上，並且履約記錄良好，雙方交易不存在糾紛的，質押率最高不超過 80%；對應收帳款質押事實已通知付款人，已得到付款人確認的，並且付款人在商業銀行內部評級法中客戶 PD 評級很好的，質押率最高不超過 85%。

（三）應收帳款的回款情況審計

審計檢查應收帳款回款方式及其管理措施落實情況。應收帳款項下付款人可通過轉帳或銀行承兌匯票的方式進行支付。

（1）若付款人通過轉帳方式支付的，質押項下應收帳款的回款資金均須進入出質人在商業銀行開立的專用於應收帳款回款的保證金帳戶。根據質押合同的約定，進入保證金帳戶的應收帳款回款資金可用於提前償付應收帳款質押授信業務本息，也可繼續為該授信業務提供質押擔保。若應收帳款的回款資金未及時進入保證金帳戶的，視同出質人違約。

（2）若付款人支付銀行承兌匯票的，貸款人區分紙質銀行承兌匯票和電子銀行承兌匯票，嚴格進行以下應收帳款回款處理：

第一，若付款人支付紙質銀行承兌匯票的，貸款人應直接從付款人處取得銀行承兌匯票，或者委託付款人所在地分行直接從付款人處取得銀行承兌匯票後傳遞至貸款人。銀行承兌匯票取得後，貸款人應要求出質人使用銀行承兌匯票貼現資金或申請人自有資金償還質押項下授信業務本息，或要求出質人將付款人支付的銀行承兌匯票質押銀行，為該筆應收帳款質押授信業務提供擔保。

第二，若付款人支付電子銀行承兌匯票的，電子銀行承兌匯票項下收款帳戶須指定為出質人在商業銀行開立的帳戶；同時，貸款人應採用代收的方式為出質人代收銀行承兌匯票。銀行承兌匯票代收後，貸款人應要求出質人使用銀行承兌匯票貼現資金或申請人自有資金償還質押項下授信業務本息，或要求出質人將付款人支付的銀行承兌匯票質押銀行，為該筆應收帳款質押授信業務提供擔保。

對申請人符合商業銀行信用放款條件的質押業務，出質人可無需在商業銀行開立專用於應收帳款回款的保證金帳戶，應收帳款回款資金可進入出質人在商業銀行開立的一般結算帳戶。

（1）審計檢查出質人在商業銀行結算帳戶資金結算情況。審計檢查應收帳款質押業務經營部門，是否對出質人在商業銀行開立的一般結算帳戶的資金流動、帳戶平均餘額、應收帳款的到期回收、未來應收帳款的實際發生情況等進行監控，確保帳戶資金流入、回籠的銀行承兌匯票與應收帳款帳期、金額相匹配。

（2）審計檢查出質人在商業銀行帳戶資金結算異常的風險應對情況。審計檢查應收帳款質押業務經營部門發現出質人帳戶資金、銀行承兌匯票回籠與應收帳款期限、金額不匹配，應收帳款到期未回收等異常情況的，是否立即採取了應急措施，有效管理和控制風險。

從商業銀行信貸管理實踐來講，信貸措施一般主要包括：

第一，扣劃一般結算帳戶中的資金用於償還商業銀行應收帳款質押授信業務本息。

第二，要求出質人開立保證金帳戶，並將出質人一般結算帳戶內的資金劃入保證金帳戶，為商業銀行應收帳款質押授信業務提供質押擔保。

第三，要求出質人通知付款人將后續應收帳款資金劃入該保證金帳戶。

（四）保證金帳戶資金管理審計

單次質押項下出質人保證金帳戶內的應收帳款回款資金管理審計。審計檢查單次質押項下，有無出質人提取保證金帳戶內的應收帳款回款資金的情況。單次質押項下，進入保證金帳戶的應收帳款回款資金均用於償付應收帳款質押授信業務本息或繼續為該授信業務提供質押擔保。出質人不得提取保證金帳戶內的應收帳款回款資金。

循環質押項下出質人保證金帳戶內的應收帳款回款資金管理情況審計。審計檢查循環質押項下，出質人申請提取保證金帳戶內的應收帳款回款資金是否符合商業銀行風險管理的有關規定。循環質押項下，符合下列條件之一的，出質人可申請提取保證金帳戶內的應收帳款回款資金：

（1）出質人提交新的已發生應收帳款為該筆授信業務提供質押擔保的，如該新應收帳款不屬於授信已審批通過的應收帳款，則須按授信審批流程重新進行審批，審批通過后，按有關要求辦理相關的應收帳款質押手續。

（2）申請人或出質人提供商業銀行認可的其他擔保措施的，該擔保措施須經授信審批通過，並且擔保手續已辦理完成。

（3）保證金帳戶資金提取后，實際質押率必須小於等於授信批准的質押率。實際質押率計算公式為：

實際質押率＝應收帳款質押業務授信敞口余額／（質押的應收帳款余額＋保證金帳戶余額）

（五）授信業務清償與質押註銷審計

（1）審計檢查應收帳款質押業務經營部門質權註銷登記，是否在質權實現或授信申請人足額償還債務后進行，是否符合商業銀行應收帳款質押業務管理規定。

（2）審計檢查有無對只清償了部分授信業務本息或部分質權實現的應收帳款質押進行質權註銷現象。

對於清償部分授信業務本息或部分質權實現的，不得在應收帳款質押登記公示系統中進行變更登記。

四、應收帳款質押業務貸后管理審計

應收帳款質押業務貸后管理是保證貸款安全的重要措施。審計檢查的重點主要包括：

（一）應收帳款質押業務貸后管理制度及其執行情況審計

審計檢查商業銀行是否建立了應收帳款質押業務貸后管理制度規定，看應收帳款質押貸后管理有無制度盲區。

審計檢查應收帳款質押業務經營管理部門是否嚴格按照應收帳款質押業務貸后管理制度，開展貸后管理工作。應收帳款質押業務貸后管理除了要按照信貸業務一般要求進行貸后管理之外，是否還遵循了以下管理要求：

（1）瞭解應收帳款付款人對出質人的付款履約情況，必要時應瞭解付款人資信變化情況，並對付款人按期支付相關款項的能力進行分析評估和說明。

（2）應收帳款到期前，督促出質人通知付款人及時支付款項。

（3）即時監控已質押應收帳款的狀態和即將到期情況，確保實際質押率小於等於授信批准的質押率；同時，應密切關注應收帳款收款帳戶的款項匯入和匯出情況，並根據應收帳款所擔保債務的履行情況，按照質押合同的約定，及時凍結扣劃相應款項。

（二）貸后管理發現風險信號后信貸制裁措施應對情況審計

審計檢查應收帳款質押業務經營管理部門在貸后管理中發現風險信號后，是否有針對性地採取信貸措施，有效管理和控制風險。

按照信貸管理有關規定，在授信期內如出現下列情況之一，貸款人有權宣布應收帳款質押擔保項下的授信業務提前到期，並要求申請人立即支付商業銀行未償還授信業務本息，或追加經商業銀行認可的合法、有效、足值的擔保：

（1）申請人在商業銀行的授信業務出現逾期、墊款、欠息等不良行為。

（2）應收帳款出質人與付款人或其他第三方產生貿易糾紛（包括但不限於質量、技術、服務方面的貿易糾紛）、債務糾紛和債務追索，導致應收帳款可能無法到期按時償付的。

（3）出質人對其所出質應收帳款計提大額壞帳準備或確認實際壞帳損失的。

（4）有跡象表明出質人應收帳款回收困難的。

（5）出質人將質押項下應收帳款再轉讓的。

（6）質押項下應收帳款被司法機關等有權單位查封的。

（7）付款人未將應收帳款回款資金支付至本行指定帳戶或不按照要求將作為付款票據交付本行的銀行承兌匯票交付本行的。

（8）未來應收帳款質押項下，交易合同已無法持續履行或合同的持續履行出現重大的不確定性。

（9）出現其他影響商業銀行債權安全情況的。

（三）應收帳款質押業務展期審計

（1）審計檢查應收帳款質押業務展期的主客觀原因是否依據應收帳款期限和企業資金週轉需要，合理確定應收帳款質押業務展期及其期限。

（2）審計檢查應收帳款質押業務經營部門是否及時在中國人民銀行應收帳款質押登記公示系統中辦理展期登記；登記完成后是否由放款中心在中國人民銀行應收帳款質押登記公示系統中進行審核。

（3）審計檢查應收帳款質押業務出現風險或糾紛的，是否關注登記期限的有效性。

第十九章
個人貸款審計

　　個人貸款是指商業銀行及其分支行向符合條件的自然人發放的用於個人消費、生產經營等用途的本外幣貸款。

第一節　個人貸款內部控制審計

　　個人貸款期限長、戶數多、工作量大，潛藏較大的市場風險、信用風險和操作風險。加強個人貸款內部控制審計，促進不斷完善個人貸款內部控制體制機制建設，有利於個人貸款業務穩健發展。

一、個人貸款內部控制環境審計

　　個人貸款內部控制環境包括個人貸款政策文化、管理體制機制和風險控制系統、程序等。審計檢查的重點主要包括：

　　（一）個人貸款基本原則審計

　　審計檢查商業銀行及其分支行發放個人貸款，是否遵循依法合規、審慎經營、平等自願、公平誠信的原則。

　　（二）審貸分離架構與制度審計

　　審計檢查個人貸款業務是否按照審貸分離的原則，建立個人貸款管理架構和審貸機制。審計的重點主要包括：

　　（1）審計檢查商業銀行及其分支行是否設立個人貸款審查委員會、貸款審查部門或者崗位，落實專業化審貸和貸審分離的基本原則。

　　（2）審計檢查個人貸款經營管理是否遵循審貸與放貸分離原則，設立獨立的放款管理部門或崗位，加強對貸款的發放管理，落實放款條件，發放滿足約定條件的個人貸款。

　　（3）審計檢查是否建立了有效的個人貸款全流程管理機制，制定貸款管理制度及每一貸款品種的操作規程，明確相應貸款對象和範圍，實施差別風險管理。

二、個人貸款風險識別與評估審計

（一）風險識別與評估機制審計

審計檢查商業銀行是否建立個人貸款各操作環節的風險識別與評估機制。

（二）風險識別與評估技術手段與質量效果審計

審計檢查個人貸款風險識別與評估技術手段是否符合個人貸款業務發展的需要，評價個人貸款風險識別與評估的質量效果，審計檢查個人貸款風險識別與評估考核和問責機制。

三、個人貸款內部控制措施審計

加強個人貸款內部控制措施審計，有利於促進加強貸款管理，保證個人貸款業務健康發展。審計的重點主要包括：

（一）貸款風險限額管理制度審計

審計檢查是否按區域、品種、客戶群等維度建立個人貸款風險限額管理制度，落實貸款風險管理與控制。

（二）個人貸款授權制度審計

審計檢查是否建立了個人貸款授權制度，落實了個人貸款授權和轉授權管理。

（三）個人貸款新品種風險審計

審計檢查個人貸款業務創新是否堅持內控優先的原則。推出個人貸款新的業務品種，是否先制定了管理制度和內部控制規定，是否做到了風險與收益的平衡。

（四）個人貸款基本要素審計

審計檢查是否建立了借款人合理的收入償債比例控制機制，結合借款人收入、負債、支出、貸款用途、擔保情況等因素，合理確定貸款金額和期限，控制借款人每期還款額不超過其還款能力。

審計檢查發放個人貸款的用途，是否符合法律法規規定和國家有關政策，有無違反監管部門關於貸款人不得發放無指定用途的個人貸款規定的情況和問題。

四、個人貸款信息交流與溝通審計

（一）個人貸款信息獲取手段和渠道審計

審計檢查是否建立了個人貸款信息交流與溝通管理制度，落實了個人貸款信息獲取手段和渠道，落實了信息加工、交流和利用機制，通過個人貸款信息管理，有效促進個人貸款風險管理與控制。

（二）個人貸款管理規章制度傳導審計

審計檢查個人貸款管理規章制度傳導是否及時有效；檢查個人貸款檔案庫房設施是否符合檔案管理的規定和要求；檢查個人貸款檔案集中管理情況，看貸款檔案是否齊全、完整、安全，看個人貸款檔案是否帳實相符，有無遺失貸款檔案的情況。

五、個人貸款監督與糾正審計

審計檢查個人貸款經營管理部門是否建立了內部自我監督糾正機制，內部審計部

門是否充分履行了審計監督、諮詢評價職能作用，看有無屢查屢犯現象。

第二節　個人貸款流程管理審計

個人貸款管理流程是個人貸款業務風險管理的重點，加強個人貸款管理流程審計檢查，是個人貸款審計的重點。

一、個人貸款基本條件合規審計

審計檢查個人貸款申請人是否具備貸款的基本條件。根據監管部門現行的有關規定，結合商業銀行個人貸款經營管理實際，個人貸款的基本條件主要包括（但不限於）：

（1）借款人為具有完全民事行為能力的中華人民共和國公民或符合國家有關規定的境外自然人。
（2）貸款用途明確、合法。
（3）貸款申請數額、期限和幣種合理。
（4）借款人具備還款意願和還款能力。
（5）借款人信用狀況良好，無重大不良信用記錄。
（6）貸款人要求的其他條件。

二、個人貸款貸前調查真實性、合規性審計

（一）貸前調查內容的全面性審計

審計檢查個人貸款經營部門是否認真履行貸前調查職責，對個人貸款申請內容和相關情況的真實性、準確性、完整性進行調查核實。評價貸前調查制度執行的質量和效果。

貸款調查主要包括（但不限於）：
（1）借款人基本情況。
（2）借款人收入情況。
（3）借款用途。
（4）借款人還款來源、還款能力及還款方式。
（5）保證人擔保意願、擔保能力或抵（質）押物價值及變現能力。

（二）貸前調查委託第三方辦理的審慎性與安全性審計

按照監管部門有關規定，商業銀行在不損害借款人合法權益和風險可控的前提下，可將貸款調查中的部分特定事項審慎委託第三方代為辦理。

對個人貸款貸前調查委託第三方辦理進行審計的重點主要包括：

（1）審計檢查受託辦理個人貸款貸前調查的第三方是否具有履行貸前調查的資質，是否符合商業銀行個人貸款管理的基本條件。

（2）審計檢查商業銀行有無違反有關規定，將貸款調查的全部事項委託第三方完成，或者將貸前調查的關鍵環節委託第三方完成。

三、個人貸款風險評價與審批審計

個人貸款風險評價和審批是個人貸款風險管理的關鍵環節。審計檢查的重點主要包括：

（一）個人貸款風險評估評價審計

風險評估評價是個人貸款決策的主要依據，是平衡和協調貸款風險與收益的重要手段。加強個人貸款風險評估評價審計，有利於促進更好地建立風險評價機制，準確評估評價貸款風險，更好地協調平衡風險收益。

1. 個人貸款風險評價制度體系和工作機制審計

審計檢查商業銀行是否建立了完善的個人貸款風險評價制度體系和工作機制及其執行工具與操作流程，看有無制度控制缺陷和控制漏洞。

2. 個人貸款風險評價技術手段審計

審計檢查貸款風險評價技術手段的科學性與可靠性，是否以分析借款人現金收入為基礎，採取定量和定性分析方法，全面、動態地進行貸款審查和風險評估。

3. 個人貸款風險評估審計

審計檢查個人貸款授信管理部門是否對貸款調查內容的合法性、合理性、準確性進行全面審查，是否準確評估評價貸款風險狀況，看有無貸前調查明顯失真、失實未被發現的情況和問題。

個人貸款風險評估的重點主要包括（但不限於）：

（1）借款人基本資格條件是否符合有關規定。
（2）借款額度與借款人的償還能力是否相適應，借款人收入證明的真實性。
（3）借款人誠信狀況。
（4）貸款的擔保情況。
（5）抵（質）貸款要審查押品的合格性與變現能力，審查抵（質）押比率。
（6）評價貸款的風險程度和風險收益平衡等。

（二）個人貸款審批管理審計

個人貸款審批是貸款風險管理的關鍵環節。審計檢查的重點主要包括：

1. 個人貸款審批制度與操作流程審計

審計檢查商業銀行是否根據審慎性原則，建立和完善個人貸款審批授權管理制度，明確規範審批操作流程；看有無審批制度缺陷和流程控制缺陷。

2. 個人貸款審批授權審計

（1）審計檢查個人貸款審批權限設置是否恰當，看有無過度授權形成風險或者授權不足影響業務發展的情況。

（2）審計檢查是否落實審貸分離和授權審批制度，看貸款審批人員是否按照授權，獨立審批貸款；有無違規審批貸款的情況和問題。

四、個人貸款發放審計

貸款發放是貸款管理的重要環節。個人貸款發放審計檢查的重點主要包括：

（一）借款合同的完整性、合法性及有效性審計

借款合同是貸款的法律文件，是商業銀行的債權憑證。加強對借款合同的審計，有利於保證商業銀行資產安全。審計檢查的重點主要包括：

1. 合同管理制度審計

（1）審計檢查商業銀行是否建立健全合同管理制度，有效防範個人貸款法律風險。借款合同採用格式條款的，應當維護借款人的合法權益，並予以公示。

（2）審計檢查借款合同是否符合《中華人民共和國合同法》的規定，明確約定各方當事人的誠信承諾和貸款資金的用途、支付對象（範圍）、支付金額、支付條件、支付方式等。

（3）審計檢查借款合同是否設立相關條款，明確借款人不履行合同或怠於履行合同時應當承擔的違約責任。

2. 合同面簽制度審計

審計檢查個人貸款業務經營部門是否嚴格按照合同管理制度與借款人簽訂書面借款合同、擔保合同，是否堅持當面簽訂，需提供的其他相關文件是否齊全有效，但電子銀行渠道辦理的貸款除外。

（二）擔保與抵（質）押制度和操作流程審計

擔保與抵（質）押是個人貸款風險管理的主要措施。審計檢查的重點主要包括：

（1）個人貸款擔保和抵（質）押管理制度與操作流程審計。審計檢查商業銀行是否依照《中華人民共和國物權法》《中華人民共和國擔保法》等法律法規的相關規定，制定個人貸款擔保和抵（質）押管理制度與操作流程，規範擔保和抵（質）押管理流程以及操作細則。

（2）抵（質）押物登記情況審計。審計檢查個人貸款業務經營部門辦理個人抵（質）押貸款，是否按合同約定，參與辦理抵押物登記。委託第三方辦理的是否對抵押物登記情況進行核實。

（3）對個人住房按揭貸款，要審計檢查是否落實階段性擔保風險，持續跟蹤審計檢查抵押登記辦理情況，重點關注長期未辦妥抵押登記手續的貸款安全問題。

（4）質押物管理情況審計。對質押貸款，要審計檢查押品的管理、登記情況。檢查押品管理是否符合商業銀行管理制度的規定，看押品是否帳實相符。

（5）貸款核保情況審計。對保證方式擔保的貸款，要審計檢查個人貸款業務經營部門是否由不少於兩名客戶經理完成核保，看擔保貸款風險管理措施是否恰當，有無剩餘風險。

（三）放款審計

放款是貸款流程的最後環節，也是個人貸款操作風險高發的環節。審計檢查的重點主要包括：

（1）放款管理制度審計。審計檢查商業銀行個人貸款放款管理制度是否健全有效，放款管理流程及其工作機制是否符合內部控制的要求。

（2）放款管理審計。審計檢查商業銀行及其分支行是否落實了審貸與放貸分離的原則，加強對個人貸款的發放管理，落實放款條件，看有無發放未落實約定條件的個

人貸款。

五、貸款支付管理審計

貸款的支付監督是保證貸款按照規定用途使用的重要環節，是保證貸款安全的重要措施。審計檢查個人貸款經營部門是否按照借款合同約定，通過貸款人受託支付或借款人自主支付的方式對貸款資金的支付進行管理與控制。審計檢查的重點主要包括：

（一）受託支付方式審計

貸款人受託支付是指貸款人根據借款人的提款申請和支付委託，將貸款資金支付給符合合同約定用途的借款人交易對象。

按照現行監管規定，採用貸款人受託支付的貸款，重點審計以下幾個方面：

（1）審計檢查個人貸款經營部門是否要求借款人在使用貸款時提出支付申請，並授權貸款人按合同約定方式支付貸款資金。

（2）審計檢查個人貸款經營部門在貸款資金發放前，是否對借款人相關交易資料和憑證進行了審核，是否符合合同約定條件，支付後是否做好有關細節的認定記錄。

（3）審計檢查是否在貸款人受託支付完成後，詳細記錄資金流向，歸集保存相關憑證。

（二）借款人自主支付方式審計

借款人自主支付是指貸款人根據借款人的提款申請將貸款資金直接發放至借款人帳戶，並由借款人自主支付給符合合同約定用途的借款人交易對象。

採用借款人自主支付的貸款，重點審計以下幾個方面：

（1）審計檢查個人貸款經營部門是否與借款人在借款合同中事先約定，要求借款人定期報告或告知貸款人貸款資金支付情況。

（2）審計檢查個人貸款經營部門是否通過帳戶分析、憑證查驗或現場調查等方式，核查貸款支付是否符合約定用途。

（3）按照現行監管規定，有下列情形之一的個人貸款，經貸款人同意可以採取借款人自主支付方式：

①借款人無法事先確定具體交易對象且金額不超過30萬元人民幣的；
②借款人交易對象不具備條件有效使用非現金結算方式的；
③貸款資金用於生產經營且金額不超過50萬元人民幣的；
④法律法規規定的其他情形的。

第三節　個人貸款貸後管理審計

個人貸款期限長、不確定因素多，因此貸款的市場風險、信用風險和操作風險較大。加強個人貸款貸後管理審計，是促進加強個人貸款貸後管理工作、保證貸款安全的重要措施。

一、貸後管理制度審計

審計檢查商業銀行是否建立了健全有效的個人貸款貸後管理制度和工作機制與流

程工具，看個人貸款貸后管理制度有無制度缺陷。

二、貸后管理工作及其成效審計

(一) 貸款跟蹤檢查和監控分析審計

審計檢查個人貸款業務經營管理部門在個人貸款支付后，是否採取有效方式對貸款資金使用、借款人的信用及擔保情況變化等進行跟蹤檢查和監控分析，確保貸款資產安全。

(二) 貸后檢查審計

審計檢查商業銀行及其分支行，是否區分個人貸款的品種、對象、金額等，確定貸款檢查的相應方式、內容和頻率。落實貸后檢查和貸后管理，評價貸后檢查和貸后管理的質量效果。

審計檢查個人貸款業務經營管理部門及其內部審計等部門，是否對貸款檢查職能部門的工作質量進行抽查和評價。

三、貸后管理風險識別與應對審計

貸后管理風險評估和風險應對是個人貸款風險管理的重要手段，是保證個人貸款資產安全的重要措施。審計檢查的重點主要包括：

(一) 貸后跟蹤分析監控情況審計

審計檢查個人貸款業務經營管理部門是否定期跟蹤分析評估借款人履行借款合同約定內容的情況，評估貸款的違約風險和其他信用風險。

(二) 個人貸款風險應對措施審計

審計檢查商業銀行及其分支行是否根據重大經濟形勢變化、違約率明顯上升等異常情況，對個人貸款審批環節進行評價分析，及時、有針對性地調整審批政策和審批授權，加強相關貸款的管理。

(三) 違約管理審計

審計檢查商業銀行及其分支行是否按照法律的法規規定和借款合同的約定，對借款人未按合同承諾提供真實、完整信息和未按合同約定用途使用、支付貸款等行為，採取信貸制裁措施，追究違約責任。

四、個人貸款展期審計

對展期貸款，要審計檢查分析貸款不能按期歸還的原因，評價貸款展期是否恰當。

按照現行監管規定，一年以內（含）的個人貸款，展期期限累計不得超過原貸款期限。

一年以上的個人貸款，展期期限累計與原貸款期限相加，不得超過該貸款品種規定的最長貸款期限。

五、不良貸款的審計

審計檢查商業銀行對於未按照借款合同約定償還的貸款是否採取措施進行清收，

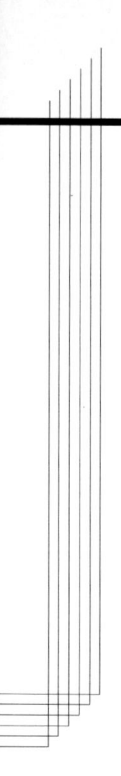

或者協議重組。

　　審計檢查不良貸款形成的主客觀原因，認定不良貸款責任，移交有關部門處理。

第四篇　經營管理審計

第二十章
資產業務審計

資產業務是商業銀行的主體業務,是商業銀行經營收入和利潤的主要來源。加強資產業務審計,是保證商業銀行健康、持續、協調發展的重要措施。

第一節 資產安全性審計

風險是指結果的不確定性,有好的結果,也有不好的結果。從商業銀行經營管理的角度看,風險是指負面的影響,是指損失發生的可能性。風險越大,發生損失的可能性就越大。因此,資產的安全是商業銀行經營安全的基礎。加強資產安全性審計,有利於促進商業銀行資產風險管理與控制,實現商業銀行安全經營的目標。

一、資產業務風險文化審計

商業銀行是風險經營,商業銀行風險經營的特徵是由三個方面的因素決定的。

(一) 負債經營特點決定了商業銀行是風險經營

商業銀行的營運資金主要來源於存款,來自於商業銀行的負債。商業銀行必須保持足夠的支付能力和清償能力,承擔起對存款客戶和其他債權人的重要責任,隨時準備滿足存款人和其他債權人提取存款的需求。只有這樣,才能使存款人和其他債權人對商業銀行保持信心,穩定和增加商業銀行的信貸資金來源。有了存款,商業銀行也才有條件發放貸款,擴大資產規模,獲取利差收入,增加商業銀行盈利。如果商業銀行的支付能力和清償能力發生問題,不能滿足存款人和其他債權人提取存款的需求,就有可能形成存款擠兌,不但商業銀行本身的生存受到威脅,而且還會造成信用危機,影響社會穩定,影響人民生活,以至於影響整個國民經濟發展,甚至形成金融危機。由此可見,負債經營就是一種風險經營。

(二) 信用仲介職能決定了商業銀行是風險經營

商業銀行是支付仲介,商業銀行也是信用仲介。但是,商業銀行的這兩個職能卻有著本質的區別。商業銀行作為支付仲介,是處在代理人的地位,代收代付,但不包收包

付；商業銀行作為信用仲介就不同了，是處在當事人的地位，要承擔民事法律責任。

但是，商業銀行又與一般的企業不同，商業銀行把錢貸出去，借款人用借到的錢做生意，這個時候商業銀行手裡的金融資產只是一種債權，這種債權是通過貨幣使用權的讓渡形成的，這種資產本質上只是一種不完整的債權，是一種信用。信用本身就包含著風險，包括市場風險、違約風險、利率風險、匯率風險、政治風險等，貸款客戶由於種種原因有可能違約，貸款有可能收不回來，銀行的資產有可能形成損失。但是，商業銀行作為信用機構，不能對存款人和其他債權人違約。因此，作為信用仲介職能的商業銀行承擔著更大的經營風險。

(三) 商業銀行經營特殊商品決定了商業銀行是風險經營

商業銀行經營的是特殊商品——貨幣。在商品經濟條件下，貨幣象徵著財富。商業銀行既是商品交易的貨幣結算中心，又是現金出納中心，集中著大量的貨幣，往往會引起商業銀行內外不法分子的覬覦。商業銀行經營的歷史告訴我們，放在金庫裡的現金也不一定安全。這是商業銀行經營中的內在風險，這種操作風險，與商業銀行的信用風險、市場風險一樣，是不可避免的。

因此，商業銀行是風險企業，是風險經營。建立穩健的經營文化，是保證商業銀行資產安全的基礎。風險文化審計的重點主要包括：

第一，審計檢查商業銀行，包括董事會、高級管理層和監事會以及全體員工，是否建立了全面風險管理的文化，確立了穩健經營的風險理念。

第二，審計檢查商業銀行是否建立了全面風險管理的機制，落實了穩健經營的指導思想和發展戰略。

第三，審計檢查和評價商業銀行經營管理人員，特別是高級經營管理人員，對風險的理解、認知程度，對商業銀行風險經營特徵的內在規律的理解和認知程度。

二、資產質量審計

商業銀行的資產質量是資產安全的基礎，也是盈利的基礎。資產質量真實與否關係到商業銀行經營管理的全局。資產質量審計的重點主要包括：

(一) 資產質量狀況及其結構審計

審計檢查五級分類後三類貸款的數量、占比與構成，通過分析不良貸款的結構、占比及其增減變化情況，分析評價商業銀行及其分支行資產質量狀況。

(二) 資產質量真實性審計

審計檢查貸款質量分類的準確性，看是否按照貸款質量分類核心定義，準確劃分貸款質量等級，特別是通過審計檢查五級分類後三類貸款質量的真實性，分析評價商業銀行及其分支行資產質量真實狀況。

三、資產的信用風險與市場風險審計

(一) 資產信用風險審計

在商業銀行經營管理中，最突出、最明顯的風險還是違約風險，即信用風險。這是商業銀行表內外業務所有資產因借款人或交易方違約以及信用降級所造成風險損失

的可能性。

審計檢查信用風險狀況，通過檢查分析客戶信用評級、借款人的違約率、違約損失率、違約風險值（違約風險暴露）等，評估資產風險狀況以及資產的安全性狀況。

(二) 資產利率風險和匯率風險審計

在利率市場化和全球經濟金融一體化大背景下，利率風險和匯率風險基本上是由資金的供求關係決定的，是一種市場風險，是商業銀行因利率、匯率、股價和商品價格波動所造成風險損失的可能性。

在商業銀行經營管理中，這種風險是很難避免的。因為沒有哪一家商業銀行能夠有能力控制市場。但是，商業銀行可以通過一定的技術工具對市場變化進行分析和預測，可以通過資產負債在總量、期限、結構上的對稱與平衡，來有效管理和控制利率風險和匯率風險，穩定利差。

審計檢查商業銀行是否建立了穩健的市場風險管理政策和利率風險、匯率風險管理措施，審計檢查是否落實了市場風險、利率風險、匯率風險管理機制和管理工具，評價市場風險管理政策和利率風險、匯率風險管理的質量與效果。

四、資產業務操作風險審計

操作風險指由不完善或有問題的內部程序、人員及系統以及外部事件造成風險損失的可能性。資產業務操作風險審計的重點主要包括：

(1) 審計檢查商業銀行是否建立了資產業務操作風險管理制度、系統和流程工具，看有無制度控制盲區。

(2) 審計檢查資產業務管理系統和運行狀況，檢查有無逆業務管理控制流程，違規辦理業務的情況和問題。

五、資產風險管理與控制審計

資產風險是與資產業務的發展緊密相連的，只要有這種業務、只要有業務的發展，就必然有這種風險。反過來說，沒有了風險也就沒有了業務、沒有了收益。因此，商業銀行經營管理永恆的主題就是有效管理和控制風險，從而獲取風險收益。

(一) 資產風險管理與控制的政策制度審計

審計檢查商業銀行是否根據其業務規模、複雜程度、經營特點和隊伍素質以及區域金融生態環境等實際情況，制定了資產業務風險管理政策與規章制度以及工作機制等，評價商業銀行資產業務風險管理與控制的規章制度和流程工具的健全性、有效性。

審計檢查商業銀行及其分支行，是否按照資產業務風險管理政策與規章制度以及工作機制，開展風險管理工作，落實風險管理措施，有效管理和控制了資產風險。

(二) 資產風險緩釋措施審計

審計檢查商業銀行是否建立了資產風險分散管理措施，看是否通過經營多元化、業務多樣化等方式方法，對風險實行了分散管理。

審計檢查風險緩釋制約措施，看是否通過落實貸款的擔保或者抵（質）押措施等，有效管理和控制貸款風險。

審計檢查風險轉移措施，看是否通過金融期貨買賣、期權買賣、貨幣和利率互換等做法，有效轉移風險。

(三) 風險管理與控制效果審計

通過對商業銀行資產風險管理制度、風險緩釋措施的審計檢查，評價銀行資產風險管理與控制的實際效果，評估資產質量狀況，判斷商業銀行資產風險是否可知、可控、可承受。

第二節 資產流動性審計

資產流動性風險是商業銀行面臨的重要風險，加強資產流動性管理，是巴塞爾新資本協議的一個重要內容。銀監會發布的《流動性風險管理辦法》，對流動性風險管理提出了嚴格的要求。要通過資產流動性管理審計，更好地促進資產的流動性與盈利性的協調，促進商業銀行的穩健經營。資產流動性管理審計的重點主要包括：

一、合格優質流動性資產審計

合格優質流動性資產是指在流動性覆蓋率所設定的壓力情景下，能夠通過出售或抵（質）押方式，在無損失或極小損失的情況下，在金融市場快速變現的各類資產。合格優質流動性資產審計要重點從以下幾個方面進行：

(一) 合格優質流動性資產管理審計

合格優質流動性資產是商業銀行解決流動性風險，滿足流動性需要的重要資金來源。加強合格優質流動性資產管理審計，對於促進流動性風險管理，保證商業銀行安全有著重要的意義。合格優質流動性資產管理審計的重點主要包括：

(1) 審計檢查合格優質流動性資產管理制度，看商業銀行是否建立了變現合格優質流動性資產的政策、程序和系統，能否在流動性覆蓋率所設定的壓力情景下，在30天內隨時變現合格優質流動性資產，以彌補現金流缺口，並確保變現在正常的結算期內完成。

(2) 審計檢查合格優質流動性資產管理執行機制，看合格優質流動性資產是否由商業銀行負責流動性風險管理的部門控制。負責流動性風險管理的部門是否持續具有法律和操作權限，可以將合格優質流動性資產作為應急資金來源單獨管理，或者能夠在流動性覆蓋率所設定的壓力情景下，在30天內隨時變現合格優質流動性資產並使用變現資金，而且不與商業銀行現有的業務和風險管理策略相衝突。

(3) 審計檢查合格優質流動性資產管理相關政策和程序，看商業銀行是否具有相關政策和程序，能夠獲得合格優質流動性資產所在地域和機構、託管帳戶和幣種等信息，並且每天能夠確定合格優質流動性資產的構成。

(4) 審計檢查合格優質流動性資產變現相關制約因素，看商業銀行是否可以對合格優質流動性資產的市場風險進行套期保值，是否考慮了由於套期保值提前終止而引發的現金流出。

(5) 審計檢查商業銀行是否定期測試合格優質流動性資產的變現能力，確保其具

有足夠的流動性，並避免在壓力情景下出售資產可能帶來的負面影響，必要時是否加大測試頻率。

（6）審計檢查商業銀行變現合格優質流動性資產是否會導致其違反相關法律法規的規定和監管要求。

（二）合格優質流動性資產質量審計

審計檢查合格優質流動性資產的基本特徵是否符合監管部門關於合格優質流動性資產的核心定義，資產質量是否具有快速變現、無障礙變現能力。

按照銀監會的規定，合格優質流動性資產應當具有以下基本特徵，並滿足相關操作性要求：

（1）屬於無變現障礙資產。
（2）風險低且與高風險資產的相關性低。
（3）易於定價且價值穩定。
（4）在廣泛認可、活躍且具有廣度、深度和規模的成熟市場中交易，市場波動性低，歷史數據表明在壓力時期的價格和成交量仍然比較穩定。
（5）市場基礎設施比較健全，存在多元化的買賣方，市場集中度低。
（6）從歷史上看，在發生系統性危機時，市場參與者傾向於持有這類資產。

（三）合格優質流動性資產構成審計

合格優質流動性資產構成是保證合格優質流動性資產質量和變現能力的重要因素，是有效管理流動性風險的基礎。加強合格優質流動性資產構成審計，是落實流動性風險管理的重要措施。

合格優質流動性資產由一級資產和二級資產構成。

審計檢查商業銀行是否制定相關政策和限額，確保合格優質流動性資產（現金、存放於中央銀行的準備金、主權實體和中央銀行債券除外）的多元化，避免資產類別、發行機構或幣種等過於集中。

（四）合格優質流動性資產計算審計

準確計算合格優質流動性資產是保證流動性風險管理的重要措施。審計檢查的重點主要包括：

1. 一級資產計算的審計

審計檢查一級資產的構成是否符合監管部門的核心定義規定的條件。

根據監管部門的規定，一級資產按照當前市場價值計入合格優質流動性資產，包括：

（1）現金。
（2）存放於中央銀行且在壓力情景下可以提取的準備金。
（3）由主權實體、中央銀行、國際清算銀行、國際貨幣基金組織、歐盟委員會或多邊開發銀行發行或擔保的，可在市場上交易且滿足規定條件的證券。
（4）當銀行母國或銀行承擔流動性風險所在國家（地區）的主權風險權重不為0時，由上述國家的主權實體或中央銀行發行的本幣債券。
（5）當銀行母國或銀行承擔流動性風險所在國家（地區）的主權風險權重不為0

時，由上述國家的主權實體或中央銀行發行的外幣債券，但僅限於流動性覆蓋率所設定的壓力情景下，銀行在其母國或承擔流動性風險所在國家（地區）的該外幣現金淨流出。

2. 二級資產計算審計

按照監管部門的規定，二級資產由2A資產和2B資產構成。審計檢查二級資產的構成是否符合監管部門的核心定義規定的條件，審計檢查商業銀行是否具有監測和控制2B資產潛在風險的政策、程序和系統。

合格優質流動性資產中二級資產占比不得超過40%，2B資產占比不得超過15%。

2A資產在當前市場價值基礎上按85%的折扣系數計入合格優質流動性資產，包括：

（1）由主權實體、中央銀行、公共部門實體或多邊開發銀行發行或擔保的，可在市場上交易且滿足規定條件的證券。

（2）滿足規定條件的公司債券和擔保債券。

2B資產在當前市場價值基礎上按50%的折扣系數計入合格優質流動性資產，包括滿足監管條件的公司債券。

3. 合格優質流動性資產計算的審計

審計檢查合格優質流動性資產計算過程中是否存在重大失誤和稽查差錯，由此影響流動性風險的管理。合格優質流動性資產計算公式為：

合格優質流動性資產＝一級資產＋2A資產＋2B資產－ 2B資產調整項－ 二級資產調整項

（五）融資抵（質）押品管理的審計

1. 融資抵（質）押品管理制度審計

審計檢查融資抵（質）押品管理制度是否健全有效，看是否存在制度控制盲區和制度管理缺陷。

2. 融資抵（質）押品管理審計

審計檢查商業銀行是否加強融資抵（質）押品管理，確保其能夠滿足正常和壓力情景下日間和不同期限融資交易的抵（質）押品需求，並且能夠及時履行向相關交易對手返售抵（質）押品的義務。

3. 可用作抵（質）押品無變現障礙資產審計

審計檢查商業銀行是否區分有變現障礙資產和無變現障礙資產，是否對可以用作抵（質）押品的無變現障礙資產的種類、數量、幣種、所處地域及機構以及中央銀行或金融市場對其接受程度進行監測分析，定期評估其資產價值及融資能力，並充分考慮其在融資中的操作性要求和時間要求。

二、信貸資產流動性審計

信貸資產是商業銀行的主要資產。信貸資產的流動性是信貸資產安全性和盈利性的基礎。具有一定流動性的信貸資產，不但可以滿足商業銀行流動性管理的需要，滿足基本客戶的融資要求，而且還可以通過信貸資產的週轉，為商業銀行帶來更多的低

成本存款和中間業務收入。因此，加強信貸資產流動性審計，對促進商業銀行更好地協調信貸資產流動性、安全性和盈利性的矛盾有著非常重要的意義。

（一）信貸資產期限結構審計

信貸資產期限結構是信貸資產流動性管理的重要內容，涉及資產負債管理各個方面，是資產的流動性、安全性、盈利性高度協調的結果。要審計檢查信貸資產的期限結構是否與商業銀行的負債結構相適應，是否符合商業銀行經營戰略和流動性風險偏好，是否與商業銀行業務規模、性質、複雜程度和市場地位相適應。

（二）信貸資產週轉率審計

信貸資產週轉率是衡量信貸資產週轉情況的基本指標。要通過審計檢查商業銀行信貸資產週轉率，特別是存量信貸資產的週轉率，分析商業銀行信貸資產的流動性，評估商業銀行的流動性風險。

（三）貸款期限審計

一筆貸款的期限和貸款的用途、金額以及風險緊密相連，是信貸資產流動性的基礎。要審計檢查貸款的期限是否符合企業生產經營資金週轉的實際，是否符合流動性管理政策、制度的規定。

三、同業拆借市場資產流動性審計

同業拆借是商業銀行調劑資金餘缺的重要渠道，也是商業銀行第二準備的基本途徑。同業拆借市場資產流動性審計，要重點從以下幾個方面進行：

（一）同業拆借市場資產流動性管理制度審計

審計檢查商業銀行同業拆借市場資產流動性管理的制度規定是否健全有效。

（二）同業拆借市場交易對手風險審計

審計檢查同業拆借市場交易對手的經營規模、行業地位、信用狀況和管理水平，評估同業拆借市場交易對手的違約概率和風險度。

（三）同業拆借市場資產流動性狀況審計

審計檢查同業拆借市場資金拆出的期限結構和規模是否與商業銀行流動性管理政策相適應，是否與商業銀行流動性風險管理要求相適應。

第三節　資產盈利性審計

商業銀行經營管理的總方針是在保證資產安全和確保一定的流動性的前提下，實現利潤的最大化。利潤是商業銀行發展的基礎，也是商業銀行抵禦風險的能力。保持利潤適當的持續增長，是商業銀行經營管理的基本目標。加強資產盈利能力審計，是促進商業銀行健康協調發展的重要措施。

一、資產盈利能力審計

商業銀行的盈利能力是一個相對概念，是一個比率，反應商業銀行在一定時期資產的收益率和資本的收益率。因此，要通過對衡量商業銀行盈利能力的主要指標進行

審計，分析評估商業銀行的資產盈利能力。

（一）資產利潤率審計

資產利潤率是總資產與稅后淨利潤的比率，是衡量商業銀行資產創利能力的主要指標。

（1）審計檢查資產利潤率，重點審計檢查商業銀行淨利潤的真實性，準確評價資產利潤率的真實性。

（2）審計分析資產利潤率的發展變化，評價當年資產利潤率與歷史最好水平的增減變化情況。

（3）審計分析資產利潤率發展變化與同業的對比分析情況，評價商業銀行的市場地位與發展狀況。

（二）資本利潤率審計

資本利潤率是總資本與稅后淨利潤的比率，是衡量商業銀行資本創利能力的主要指標。

資本利潤率計算一般只包括產權資本，不包括債務資本。

審計檢查資本利潤率，分析資本的創利能力，評估商業銀行的資本籌集能力與發展前景，評價商業銀行的安全性。

（三）每股收益審計

每股收益是每股分紅與每股面值的比率，是衡量商業銀行股票價值的重要指標。這個指標不但對商業銀行股票價格有重要影響，也是投資者作出投資選擇的重要依據。

審計檢查分析每股收益的增減變化情況，評價商業銀行的股票投資價值，判斷商業銀行的籌融資能力，進而準確評價商業銀行的安全性與可持續發展能力。

二、盈利資產結構審計

資產結構不但影響資產的盈利能力，而且還影響商業銀行的安全性。

（一）盈利資產期限結構審計

審計檢查盈利資產的期限結構是否與負債的期限結構相匹配，看有無將長期負債用於短期資產業務，進而影響資產的盈利能力。

（二）盈利資產利率結構審計

審計檢查盈利資產的利率結構是否與負債的利率結構相匹配，看有無將高成本的負債用於低收益的資產業務，影響資產的盈利能力。

三、非盈利資產審計

非盈利資產是指商業銀行內部不產生收益的資產，如現金資產、自用房產、固定資產、低值易耗品等。

（一）非盈利資產管理制度審計

審計檢查商業銀行是否根據監管部門的法律法規制定了非盈利資產管理制度，是否明確非盈利資產的控制比率和管理措施，是否落實了對非盈利資產的管理機制、管理流程和管理工具。

(二) 非盈利資產管理狀況審計

審計檢查非盈利資產管理工作，看有無違反規章制度，擅自擴大非盈利資產的情況，評價商業銀行非盈利資產管理工作成效與存在的主要問題。

第二十一章 負債業務審計

商業銀行是負債經營。商業銀行自有的資本金在其總資產中只占一個很低的比例，按照巴塞爾新資本協議的規定，資本充足率也僅為 10.5%～13%。商業銀行的營運資金主要來自負債、存款。在資本金一定的條件下，商業銀行主要通過增加負債來增加資產，以取得盈利。因此，負債業務發展是商業銀行賴以生存的基礎。加強負債業務審計，是促進負債業務穩定增長、合理控制負債成本、增加商業銀行經營利潤和價值的重要措施。

第一節　存款業務審計

存款是商業銀行負債業務的主要來源，是商業銀行賴以生存的根本。因此，馬克思認為，沒有存款就沒有銀行。大力發展存款業務，並且保持存款穩定增長，是商業銀行經營管理的基本目標任務。存款業務審計的重點主要包括以下幾個方面：

一、存款管理審計

存款管理是商業銀行經營管理的重要內容。存款管理的基本目標，一是實現存款不斷增長；二是力求存款具有穩定性；三是不斷降低存款成本。

存款管理審計的重點主要包括（但不限於）以下幾個方面：

（一）存款業務發展戰略目標審計

審計檢查評估存款業務發展戰略目標是否與商業銀行的經營戰略、業務規模和市場地位相適應，是否與商業銀行負債業務發展戰略目標、負債結構和存款結構相適應，是否與商業銀行流動性風險管理政策和流動性缺口以及現金流缺口管理相適應。

（二）存款業務發展策略和措施審計

審計檢查評估存款業務發展策略和發展措施、存款增長基本模式以及存款業務發展的資源配置是否與存款業務發展戰略目標相適應。審計檢查的重點主要包括（但不

限於）：
(1) 存款業務目標市場、目標客戶定位是否清晰和明確。
(2) 存款業務發展措施是否切實可行。
(3) 存款業務穩定增長的機制是否形成，增長結構是否合理。
(4) 儲蓄存款穩定增長機制及其效果評價。
(5) 貸款客戶結算戶存款穩定增長管理機制及其效果評價。
(6) 大客戶存款穩定增長機制及其效果評價。
(7) 低成本核心負債業務發展措施與成效評價。
(8) 存款產品創新機制及其效果評價。
(9) 服務管理機制及其效果評價。

（三）存款業務發展的激勵約束機制審計

健全有效的激勵約束機制是促進存款業務發展的重要措施。存款業務激勵約束機制審計的重點主要包括（但不限於）：

(1) 審計檢查是否建立了完善的存款業務激勵約束機制和激勵措施，看存款業務考核評價激勵措施是否平衡，是否符合穩健經營和可持續發展目標要求，看有無制度缺陷。

(2) 審計檢查存款業務考核指標體系是否合理，是否符合董事會經營管理戰略目標要求，是否符合商業銀行經營管理實際，看有無不切實際的考核指標。

(3) 審計檢查存款業務績效考核評價激勵約束機制是否健全，是否科學、合理、有效，看有無通過弄虛作假、甚至違規經營虛增存款騙取獎金等現象和問題。

（四）存款定價機制審計

存款利率是影響存款的重要因素，也是影響商業銀行經營成本和利潤的重要因素。審計檢查的重點主要包括：

(1) 審計檢查存款的定價機制和存款利率定價策略是否符合商業銀行存款業務發展戰略，是否符合經營管理和資產負債管理的需要。

(2) 審計檢查存款利率定價管理政策及其制度的執行情況，看有無違反存款利率定價管理制度辦理存款業務的現象和問題。

(3) 審計檢查存款利率定價對經營管理的影響，特別是要審計檢查存款定價對存款的穩定增長、對利息支出、對資金成本控制、對利潤的影響，評價存款定價政策與制度的可行性。

（五）存款管理機制審計

存款管理是經營管理的重點，是促進存款穩定增長的重要措施。審計檢查的重點主要包括：

(1) 審計檢查存款業務管理機制，看存款管理的體制、機制以及執行的流程工具是否科學、合理、有效。

(2) 審計檢查存款組織工作情況，看存款的組織推動、宣傳工作是否恰當、有效。

(3) 審計檢查發展存款業務的資源配置是否到位，評價存款業務資源配置是否科

學有效。

(4) 審計檢查存款業務發展責任制是否建立並有效落實，評價存款業務發展責任制的平衡性和有效性。

二、存款的開拓與發展審計

存款的開拓與發展是商業銀行經營管理以及資產負債管理的重要內容。存款的開拓與發展審計的重點主要包括（但不限於）以下幾個方面：

（一）結算存款發展審計

結算存款是指商業銀行在為客戶辦理支付結算業務過程中，客戶為滿足對外支付的要求，在往來帳戶（基本帳戶、一般帳戶、專項帳戶、輔助帳戶）留存的活期存款。結算存款是商業銀行的低成本存款，是商業銀行低成本核心負債。更好地發展結算存款，不但有利於增加存款、降低存款成本、提高經營效益，而且有利於發展銀企關係，培養和造就忠誠的結算客戶群和優質的基本客戶群，有利於促進商業銀行各項業務的全面發展。

結算存款發展情況審計，要從結算業務發展的全過程進行審計檢查，分析評估結算存款發展情況和存在的主要問題。

(1) 審計檢查結算帳戶管理，看結算帳戶管理的政策、機制和措施是否科學有效。

(2) 審計檢查結算服務工作情況，看結算服務工作的措施以及質量效率是否符合客戶的要求，是否促進了結算存款的發展。

(3) 審計檢查老客戶維護工作的政策措施和服務手段，評價老客戶維護的質量效果。據有關資料分析，一個老客戶可以帶動250個新客戶。要通過老客戶維護工作情況檢查，發現客戶關係管理中存在的突出問題，促進老客戶的維護和新客戶的發展與開拓。

(4) 審計檢查結算存款考核評價機制，看結算存款激勵約束機制是否健全，是否科學合理及有效。

（二）貸款客戶結算戶往來情況審計

商業銀行創造信用的功能主要是通過發放貸款來實現的。貸款能夠派生存款，是存款的重要來源。如果在沒有存款準備金率的情況下，貨幣的乘數作用是無窮大的。瞭解商業銀行創造信用、創造貨幣的職能作用，對發展貸款客戶結算存款有著十分重要的意義。

審計檢查貸款客戶在商業銀行的結算情況，重點檢查以下幾個方面：

(1) 貸款資金是否通過本行帳戶受託支付或者自主支付。

(2) 貸款客戶通過本行帳戶辦理資金結算情況是否與本行貸款在客戶貸款總規模中的占比相適應。

(3) 貸款客戶使用本行結算工具情況。

(4) 客戶經理履行貸款客戶結算戶資金監管職責情況。

（三）通過開展金融服務吸收結算存款情況審計

審計檢查商業銀行開展結算服務、優質服務情況，分析評價通過開展金融服務吸

收存款的效果，查找金融服務中存在的突出問題。
（四）通過創新產品吸收存款情況審計
審計檢查存款產品創新的政策，檢查存款產品創新的制度和機制流程與工具，分析評價存款產品創新的效果以及對增加存款的貢獻度和存在的主要問題。
（五）通過發展機構網點吸收存款情況審計
審計檢查機構網點佈局是否合理，檢查網點產能、網點資源配置情況，分析評價機構網點建設對增加存款的貢獻度和存在的主要問題。

三、存款的穩定性審計
保持存款的穩定性是商業銀行存款管理的基本目標任務，也是資產負債管理的重要內容。
商業銀行存款的穩定性有三個重要標誌。存款的持續增長是存款穩定性的第一個標誌；儲蓄存款和定期存款在總存款中的比重、定期存款的期限結構以及定期存款的續存率是存款穩定性的第二個標誌；活期存款中大、中、小戶的比例以及平均的最低餘額是存款穩定性的第三個標誌。
存款穩定性審計的重點主要包括（但不限於）以下幾個方面：
（一）開戶情況審計
（1）審計檢查是否建立了「廣開戶」的存款發展戰略、策略和機制措施。
（2）審計檢查開戶數量的增長變化情況，評價開戶工作對存款增長的貢獻度以及存在的主要問題。
（3）審計檢查有效帳戶的數量和質量，評價有效帳戶對存款的貢獻度以及存在的主要問題。
（二）基本帳戶發展狀況審計
基本帳戶是發展存款的重要來源。審計檢查的重點主要包括：
（1）審計檢查發展基本帳戶的經營戰略和工作機制是否健全有效，是否符合董事會業務發展戰略和目標要求。
（2）審計檢查發展基本帳戶的政策措施、服務手段是否符合市場競爭的需要，有無市場競爭力。
（3）審計檢查基本帳戶發展成效，評價基本帳戶對存款穩定增長的貢獻度，評價發展基本帳戶工作的實際效果，查找發展基本帳戶工作存在的主要問題。
（三）存款大戶發展與管理審計
存款大戶既是商業銀行存款的重要來源，同時存款大戶存取金額都比較大，對存款的穩定性影響也比較大，相應的對商業銀行流動性風險管理、資金運用都會帶來連鎖影響。因此，加強存款大戶管理工作審計，不但有利於促進發展大戶存款，還有利於促進流動性風險管理。存款大戶發展與管理審計的重點主要包括：
（1）審計檢查存款大戶發展和管理的政策措施，看存款大戶發展戰略與政策措施是否切實可行。
（2）審計檢查存款大戶發展的工作機制是否落實，包括發展大戶存款的部門職

責、工作措施、資源配置和激勵機制等。
（3）審計檢查大戶存款發展的工作成效，評價大戶存款對存款穩定增長的貢獻度，查找大戶存款發展與管理中存在的主要問題。

（四）儲蓄業務發展與管理審計
儲蓄存款具有增長性好、穩定性強等特點。加強儲蓄存款的發展與管理是商業銀行經營管理工作的重點。審計檢查的重點主要包括：
（1）審計檢查儲蓄業務發展和管理的政策措施是否符合董事會經營戰略，看有無違背董事會業務發展戰略的情況。
（2）審計檢查儲蓄業務發展和管理的政策措施及工作機制是否落實，看有無職責不清、責任不落實、措施不到位等情況和問題。
（3）審計檢查發展儲蓄業務的資源配置是否到位，分析評價儲蓄存款發展對全行存款穩定增長的貢獻度，查找儲蓄存款發展和管理中存在的主要問題。

四、存款成本管理審計

商業銀行以利潤最大化為經營管理的基本目標。在加快發展存款業務的基礎上，降低存款成本、提高經營效益，是商業銀行經營管理的基本目標任務。存款成本管理審計要重點從以下幾個方面進行：

（一）存款結構審計
存款結構不但涉及存款的持續增長、存款的穩定性，還涉及存款的成本問題。審計檢查的重點主要包括：
（1）審計檢查商業銀行是否通過職能成本和邊際成本等計算，有計劃、有目的地調整優化存款結構，降低存款的利息成本、服務成本和管理成本。
（2）審計檢查基層營業網點存款成本，重點檢查分析低產網點存款成本管理，查找影響存款成本的主要原因，有針對性地提出改進意見。
（3）審計檢查高成本存款，分析高成本存款結構以及利率結構，查找高成本存款管理中存在的主要問題，有針對性地提出改進建議。
（4）審計檢查低成本存款，分析低成本存款的構成以及利率結構，查找低成本存款管理中存在的主要問題，有針對性地提出改進意見和建議。

（二）存款資金內部轉移價格審計
資金的內部轉移價格（FTP）是影響存款部門利潤的重要指標。合理的存款資金內部轉移價格有利於充分調動存款業務部門工作積極性，促進存款業務發展，降低存款成本。審計檢查的重點主要包括：
（1）審計檢查存款內部轉移價格的制定是否符合董事會經營戰略，是否符合商業銀行經營管理實際，是否促進了存款業務的穩定增長，看有無政策制度缺陷。
（2）審計檢查存款內部轉移價格的制定流程、管理機制和審批權限，分析評估存款內部轉移價格在發展和管理存款中的積極作用，找出存在的主要問題。

（三）存款成本管理激勵約束機制審計
通過有效的激勵約束機制管理控制存款成本是商業銀行經營管理的重要內容。要

審計檢查存款成本管理控制的激勵約束機制是否健全有效，分析評估存在的主要問題。

五、存款及其櫃臺業務的內部控制審計

存款及櫃臺業務內部控制的重點是對基層營業網點、要害部位和重點崗位實施有效監控，嚴格執行帳戶管理、會計核算制度和各項操作規程，防止內部操作風險和違規經營行為，防止內部挪用、貪污以及洗錢、金融詐騙、逃匯、騙匯等非法活動，確保商業銀行和客戶資金安全。

（一）帳戶管理審計

（1）審計檢查是否嚴格執行帳戶管理的有關規定，是否認真審核存款人身分和帳戶資料的真實性、完整性與合法性，對帳戶開立、變更和撤銷的情況是否定期進行檢查，防止存款人出租、出借帳戶或利用存款帳戶從事違法活動。

（2）審計檢查是否嚴格管理預留簽章和存款支付憑據，提高對簽章、票據真偽的甄別能力，並利用計算機技術，加大預留簽章管理的科技含量，防止詐騙活動。

（3）審計檢查是否對存款帳戶實施有效管理，建立和完善銀行與客戶、銀行與銀行以及銀行內部業務臺帳與會計帳之間的適時對帳制度，是否對對帳頻率、對帳對象、可參與對帳人員等做出明確規定。

（4）審計檢查是否對內部特種轉帳業務、帳戶異常變動等進行持續監控，發現異常情況是否進行跟蹤和分析。

（二）授權管理審計

（1）審計檢查是否對大額存單簽發、大額存款支取實行分級授權和雙簽制度，按規定對大額款項收付進行登記和報備，確保存款等交易信息的真實、完整。

（2）審計檢查是否對每日營業終了的帳務實施有效管理，當天的票據當天入帳，對發現的錯帳和未提出的票據或退票，是否履行內部審批、登記手續。

（三）「印、押、證」管理審計

審計檢查是否嚴格執行「印、押、證」三分管制度。按照現行規定，「印、押、證」管理要符合以下要求：

（1）使用和保管重要業務印章的人員不得同時保管相關的業務單證，使用和管理密押、壓數機的人員不得同時使用或保管相關的印章和單證。

（2）使用和保管密押的人員應當保持相對穩定，人員變動應當經主管領導批准，並辦好交接和登記手續。

（3）人員離崗，「印、押、證」應當落鎖入櫃，妥善保管。

（四）櫃臺業務管理審計

（1）審計檢查是否對現金收付、資金劃轉、帳戶資料變更、密碼更改、掛失、解掛等櫃臺業務，建立復核制度，確保交易的記錄完整和可追溯。

（2）審計檢查櫃臺人員的名章、操作密碼、身分識別卡等是否實行個人負責制，妥善保管，按章使用。

（3）審計檢查是否對現金、貴金屬、重要空白憑證和有價單證實行嚴格的核算和管理，嚴格執行入庫、登記、領用的手續，定期盤點查庫，是否正確、及時處理損益。

（4）審計檢查是否建立會計、儲蓄事后監督制度，是否配置專人負責事后監督，實現業務與監督在空間與人員上的分離。

（5）審計檢查是否認真遵循「瞭解你的客戶」的原則，注意審查客戶資金來源的真實性與合法性，提高對可疑交易的鑑別能力，發現可疑交易，是否逐級上報，防止犯罪分子進行洗錢活動。

（6）審計檢查是否嚴格執行營業機構重要崗位的請假、輪崗制度和離崗審計制度。

第二節　融資業務審計

融資業務是商業銀行通過流動性管理，合理安排資金交易，在解決流動性需要的同時，獲取利差收入的重要業務。

一、融資業務內部控制審計

融資業務交易頻繁、額度很大，不但潛藏較大市場風險、信用風險、操作風險，還涉及流動性、安全性和盈利性的協調與平衡。加強對融資業務內部控制的審計監督，是促進融資業務健康發展的重要措施。

（一）融資業務內部控制環境審計

1. 融資業務內部控制文化與融資策略審計

審計檢查商業銀行是否建立了穩健的融資業務經營管理文化，看融資業務是否在滿足第二準備管理要求的基礎上，實現了流動性、安全性和盈利性的合理協調；是否有一支熟悉融資業務、勝任融資業務經營管理要求的專業人才隊伍；是否建立並不斷完善融資策略，提高融資來源的多元化和穩定程度。

按照監管規定，商業銀行融資管理要符合以下要求：

（1）分析正常和壓力情景下未來不同時間段的融資需求和來源。

（2）加強負債品種、期限、交易對手、幣種、融資抵（質）押品和融資市場等的集中度管理，適當設置集中度限額。

（3）加強融資渠道管理，積極維護與主要融資交易對手的關係，保持在市場上的適當活躍程度，並定期評估市場融資和資產變現能力。

（4）密切監測主要金融市場的交易量和價格等變動情況，評估市場流動性對商業銀行融資能力的影響。

2. 融資業務內部控制程序與系統審計

審計檢查有無完善的融資業務內部控制系統和內部控制程序，評價融資業務運行系統的安全性。

3. 融資業務內部控制制度審計

審計檢查有無完善的融資業務內部控制制度以及執行機制與流程工具，評價融資業務內控管理制度的健全性和有效性。

（二）融資業務風險識別與評估審計
1. 融資業務風險識別機制審計
　　審計檢查有無融資業務風險識別制度，有無融資業務風險識別機制，看融資業務風險識別制度和機制的健全性與有效性。
2. 融資業務風險評估機制審計
　　審計檢查有無融資業務風險分析評估制度，有無融資業務風險分析評估的機制與流程工具，看融資業務風險分析評估制度和機制的健全性與有效性。
（三）融資業務內部控制措施審計
1. 融資業務授信制度審計
　　審計檢查商業銀行及其分支行是否建立了融資業務授信管理制度，看融資業務授信管理制度以及管理機制與流程是否符合內部控制的基本要求。
2. 融資業務授權制度審計
　　審計檢查是否建立了融資業務內部授權管理制度，看融資業務授權管理制度以及管理機制與流程工具是否符合風險管理的基本要求，是否貫徹了審慎授權的原則。
3. 融資業務考核評價制度審計
　　審計檢查是否建立了融資業務內部考核評價制度，看融資業務管理措施是否考慮了風險管理的基本要求，是否符合風險收益最優化的基本原則。
（四）融資業務信息交流溝通審計
1. 融資業務信息交流與溝通制度審計
　　審計檢查是否建立了融資業務信息交流與溝通管理制度，看融資業務信息交流溝通制度與機制是否健全有效。
2. 融資業務信息獲取的渠道與系統審計
　　審計檢查是否建立了融資業務信息獲取的渠道與系統，看融資業務風險管理信息是否對稱，是否及時有效。
3. 融資業務信息交流與溝通的效果審計
　　審計檢查融資業務信息交流與溝通制度以及工作機制的執行效果，看融資業務信息交流溝通是否順暢。
（五）融資業務監督與糾正審計
1. 融資業務監督與糾正制度審計
　　審計檢查商業銀行是否建立了融資業務內部監督與糾正管理制度以及工作機制，評價融資業務內部監督與糾正制度以及工作機制是否健全，看有無制度缺陷。
2. 融資業務監督與糾正工作成效審計
　　審計檢查融資業務內部監督與糾正的獨立性、權威性和有效性，是否促進了融資業務內部控制機制的不斷完善，促進了融資業務的健康發展。

二、融資業務審計的重點
　　融資業務內部控制的重點是對融資業務對象和產品實行統一授信，實行嚴格的前後臺職責分離，建立中臺風險監控和管理制度，防止資金交易員從事越權交易，防止

詐欺行為，防止因違規操作和風險識別不足導致的重大損失。

（一）融資業務組織結構審計

（1）審計檢查商業銀行融資業務的組織結構是否體現權限等級和職責分離的原則，做到前臺交易與后臺結算分離、自營業務與代客業務分離、業務操作與風險監控分離，建立崗位之間的監督制約機制。

（2）審計檢查是否根據分支機構的經營管理水平，核定各個分支機構的融資業務經營權限。

（3）審計檢查是否對分支機構的融資業務定期進行檢查，對異常資金交易和資金變動是否建立有效的預警和處理機制。

（4）審計檢查有無未經上級機構批准，下級機構擅自違規開展資金交易業務的情況和問題。

（二）資金營運管理審計

審計檢查商業銀行是否建立了完善的資金營運內部控制機制流程，資金的調出、調入是否有真實的業務背景，是否嚴格按照授權進行操作，並及時劃撥資金，登記臺帳。

（三）資金交易風險管理審計

（1）審計檢查商業銀行是否根據授信原則和資金交易對手的財務狀況，確定交易對手、投資對象的授信額度和期限，並根據交易產品的特點對授信額度進行動態監控，確保所有交易控制在授信額度範圍之內。

（2）審計檢查是否根據資金交易的風險程度和管理能力，就交易品種、交易金額和止損點等對資金交易員進行授權。

（3）審計檢查資金交易員上崗前是否取得相應資格，是否建立對資金交易員的適當的約束機制，對資金交易員實施有效管理。

（4）審計檢查資金交易員是否嚴格遵守交易員行為準則，在職責權限、授信額度、各項交易限額和止損點內以真實的市場價格進行交易，並嚴守交易信息秘密。

（四）交易風險限額管理審計

（1）審計檢查商業銀行是否充分瞭解所從事融資業務的性質、風險、相關的法規和慣例，明確規定允許交易的業務品種，確定融資業務單筆、累計最大交易限額以及相應承擔的單筆、累計最大交易損失限額和交易止損點。

（2）審計檢查高級管理層是否充分認識金融衍生產品的性質和風險，是否根據本行的風險承受水平，合理確定金融衍生產品的風險限額和相關交易參數。

（五）資金交易風險評估監控審計

（1）審計檢查商業銀行是否建立了完備的資金交易風險評估和控制系統，制定符合本行特點的風險控制政策、措施和定量指標，開發和運用量化的風險管理模型，對資金交易的收益與風險進行適時、審慎評價，確保融資業務各項風險指標控制在規定的範圍內。

（2）審計檢查是否按照市場價格計算交易頭寸的市值和浮動盈虧情況，對資金交易產品的市場風險、頭寸市值變動進行即時監控。

（3）審計檢查是否建立資金交易風險和市值的內部報告制度，有關融資業務風險和市值情況的報告是否定期、及時向董事會、高級管理層和其他管理人員提供，是否制定了不同層次和種類的報告的發送範圍、程序和頻率。

（六）資金業務壓力測試審計

（1）審計檢查商業銀行是否建立了全面、嚴密的壓力測試程序，定期對突發的小概率事件，如市場價格發生劇烈變動，或者發生意外的政治、經濟事件可能造成的潛在損失進行模擬和估計，以評估本行在極端不利情況下的虧損承受能力。

（2）審計檢查是否將壓力測試的結果作為制定市場風險應急處理方案的重要依據，並定期對應急處理方案進行審查和測試，不斷更新和完善應急處理方案。

（七）資金業務內部監督制約審計

（1）審計檢查商業銀行是否建立了資金交易中臺和后臺部門對前臺交易的反應和監督機制。

（2）審計檢查中臺監控部門是否核對前臺交易的授權交易限額、交易對手的授信額度和交易價格等，看對超出授權範圍內的交易是否及時向有關部門報告。

（3）審計檢查后臺結算部門是否獨立地進行交易結算和付款，並根據資金交易員的交易記錄，在規定的時間內向交易對手逐筆確認交易事實。

（八）代客融資業務審計

審計檢查商業銀行在辦理代客融資業務時，是否瞭解客戶從事資金交易的權限和能力，是否向客戶充分揭示有關風險，是否獲取必要的履約保證，明確在市場變化情況下客戶違約的處理辦法和措施。

（九）融資業務新產品審計

審計檢查商業銀行融資業務新產品的開發和經營是否經過高級管理層授權批准，是否在風險控制制度和操作規程完備、人員合格和設備齊全的情況下，交易部門才能全面開展新產品的交易。

（十）融資業務風險管理責任制審計

審計檢查商業銀行是否建立了融資業務的風險管理責任制，明確規定各個部門、崗位的風險責任。

按照商業銀行融資業務管理實踐和監管部門的有關規定，融資業務經營管理有關部門、崗位風險責任主要包括：

（1）前臺資金交易員應當承擔越權交易和虛假交易的責任，並對未執行止損規定形成的損失負責。

（2）中臺監控人員應當承擔對資金交易員越權交易報告的責任，並對風險報告失準和監控不力負責。

（3）后臺結算人員應當對結算的操作性風險負責。

（4）高級管理層應當對資金交易出現的重大損失承擔相應的責任。

三、同業市場負債限額審計

同業市場負債比例限額，是流動性風險管理的重要措施，也是商業銀行經營管理

的基礎性工作。加強同業市場負債限額審計，有利於促進商業銀行不斷完善流動性風險管理機制和措施，不斷提高經營管理水平，實現商業銀行的穩健發展。

(一) 同業市場負債限額設定審計

審計檢查商業銀行同業市場負債限額的設定，是否貫徹了穩健經營的原則，是否科學、審慎、合理、有效。

(1) 審計檢查同業市場負債限額的設定是否建立在對宏觀經濟金融形勢以及負債業務發展趨勢的準確研判基礎上，評價同業市場負債限額設定的宏觀依據的可靠性。

(2) 審計檢查同業市場負債限額的設定是否建立在對商業銀行流動性管理歷史數據深入分析和對未來負債業務發展趨勢的準確研判基礎上，評價同業市場負債限額設定的微觀依據的可靠性。

(3) 審計檢查同業市場負債限額的設定是否建立在對商業銀行市場地位、融資能力和議價能力的深入分析和對未來融資業務市場發展趨勢的準確研判基礎上，評價同業市場負債限額設定的市場依據的可靠性。

(4) 審計檢查同業市場負債限額的設定是否符合監管部門的要求，是否符合流動性風險管理政策規定，評價同業市場負債管理限額的合規性。

(二) 同業市場負債限額計算口徑審計

審計檢查同業市場負債計算的口徑和方法是否符合監管部門關於同業市場負債的核心定義，看計算中有無重大差錯或者失誤，評價同業市場負債計算的準確性和真實性。

同業市場負債比例是指商業銀行從同業機構交易對手獲得的資金占總負債的比例。同業市場負債比例的計算公式為：

同業市場負債比例 =（同業拆借 + 同業存放 + 賣出回購款項）/總負債× 100%

(三) 同業市場負債限額執行效果審計

(1) 審計檢查同業市場負債限額執行以及管理制度的落實情況；

(2) 審計評估同業市場負債限額設定的合理性與可行性，通過分析商業銀行設定的同業負債市場限額與實際執行情況的偏差，評價同業市場負債限額的管理成效。

(3) 審計分析同業市場負債限額執行過程中的流動性風險管理與盈利性關係的協調問題，找出同業市場負債限額管理中存在的主要問題。

四、融資業務流動性、安全性和盈利性審計

融資業務是商業銀行通過資金交易，獲取利差收入的重要渠道。但是，同業市場交易潛藏較大的市場風險、信用風險和操作風險，包括利率風險、違約風險以及道德風險等。因此，加強融資業務的流動性、安全性和盈利性審計，是保證融資業務風險收益最優化的重要措施。

(一) 融資業務流動性審計

融資業務首要的職能任務是在保證一定的盈利性的前提下，為商業銀行提供流動性支持，充當第二準備的角色。因此，保持融資業務的流動性，滿足銀行流動性需要是融資業務的基本任務。

（1）審計檢查融資業務流動性安排是否符合商業銀行流動性管理的基本要求，看有無過度的期限錯配情況。

（2）審計檢查有無融資業務期限安排不當，影響了商業銀行的對外支付，或者迫使商業銀行吸收更高成本的資金滿足流動性需要，犧牲了商業銀行的盈利性。

（二）融資業務安全性審計

商業銀行是風險經營，安全性永遠是第一位的。同業市場瞬息萬變，潛藏著很大的市場風險和信用風險。

要通過融資業務授信授權制度執行情況的審計檢查，評價融資業務的內部控制風險和操作風險，評價市場風險與信用風險的管理狀況。

（三）融資業務盈利性審計

在保證安全和有一定流動性的情況下，實現融資業務收益最大化是融資業務經營管理的基本方針。

要審計檢查融資業務的成本管理和利差管理，評價融資業務的經營管理成效。

（四）融資業務流動性、安全性和盈利性協調審計

商業銀行資產的流動性、安全性和盈利性是相互矛盾的。流動性和安全性好的資產，盈利性一般不好。盈利性好的資產，安全性和流動性風險一般較大。融資業務是流動性管理的基本工具，也是商業銀行通過資金交易獲取利差收入的重要渠道，而安全性是商業銀行的「命根子」。因此，融資業務一定要很好地協調安全性、流動性和盈利性的矛盾，實現「三性」合理協調發展。

（1）審計檢查融資業務安全性、流動性和盈利性協調發展的管理制度和工作機制，評價融資業務「三性」協調管理的制度安排是否健全。

（2）審計檢查融資業務安全性、流動性和盈利性協調發展的運行狀況，評價融資業務「三性」協調發展的成效與存在的主要問題。

第二十二章
中間業務審計

中間業務是指不構成表內資產和表內負債，形成非利息收入的業務。按照中國人民銀行的分類標準，中間業務劃分為支付結算類、銀行卡、代理類、擔保類、承諾類、交易類、基金託管、諮詢顧問類及其他類中間業務。

第一節　中間業務內部控制審計

中間業務是商業銀行通過為客戶提供金融服務，獲取手續費收入，增加商業銀行利潤的業務。中間業務不構成商業銀行表內資產和負債，不消耗商業銀行的資本，是商業銀行重點發展的業務之一，也是各家商業銀行爭搶的業務領域，競爭異常激烈。同時，中間業務涉及面廣、操作環節多、管理鏈條長，因而潛藏較大的操作風險和聲譽風險。因此，加強中間業務內部控制審計，有利於規範中間業務管理，有利於有效管理和控制操作風險，有利於實現中間業務穩健發展的目標。

一、中間業務及其內部控制審計
（一）中間業務是銀行經營戰略轉型發展的重點

發展中間業務是商業銀行履行社會責任，改善金融服務，支持經濟社會發展的重要舉措。

發展中間業務是商業銀行轉變經營方式，改變單純地吸收存款、發放貸款、賺取利差的傳統經營模式，實行經營戰略轉型的基本途徑。

發展中間業務是商業銀行優化收入結構，降低資本消耗，有效管理和控制資本風險的重要措施。

（二）中間業務潛藏較大的操作風險隱患

發展中間業務對現代商業銀行經營管理戰略轉型意義重大，因此各家商業銀行都把發展中間業務作為經營管理的重點。但是，中間業務也潛藏較大的操作風險隱患。

1. 中間業務涉及面廣

中間業務品種很多，涉及支付結算、代收代付、擔保見證、承諾服務、基金託管、諮詢顧問以及銀行卡等，每個服務項目都涉及資金交易、結算、清算，潛藏較大的資金風險和法律風險。

2. 中間業務操作流程長

辦理中間業務的部門，不但涉及商業銀行眾多的基層營業機構，還涉及電子交易和互聯網技術，潛藏很大的操作風險和系統風險隱患。

3. 中間業務管理控制環節多

由於中間業務涉及面廣、處理流程長，因此內部控制環節多、管理層次多、管理幅度大、潛藏較大營運風險和控制風險。

（三）中間業務內部控制審計的重點

1. 中間業務內部控制體制機制審計

審計檢查中間業務內部控制環境是否健全、風險識別與評估、內部控制措施、信息交流與溝通、監督與糾正機制和制度是否得到落實，能否保證中間業務穩健發展。

2. 中間業務合規性審計

審計檢查開展中間業務是否取得了有關主管部門核准的機構資質，從事中間業務的人員是否取得了有關主管部門核准的從業資格和內部的業務授權，是否建立並落實了相關的規章制度和操作規程，是否按委託人指令辦理業務，是否落實防範或有負債風險的制度措施。

二、中間業務產品審計

（一）支付結算業務審計

（1）審計檢查商業銀行辦理支付結算業務是否根據有關法律規定的要求，對持票人提交的票據或結算憑證進行審查，並確認委託人收、付款指令的正確性和有效性，是否按指定的方式、時間和帳戶辦理資金劃轉手續。

（2）審計檢查辦理結匯、售匯和付匯業務是否對業務的審批、操作和會計記錄實行恰當的職責分離，是否嚴格執行內部管理和檢查制度，確保結匯、售匯和收付匯業務的合規性。

（二）代理業務審計

（1）審計檢查商業銀行辦理代理業務是否設立專戶核算代理資金，完善代理資金的撥付、回收、核對等手續，防止代理資金被擠占挪用，確保專款專用。

（2）審計檢查是否對代理資金支付進行審查和管理，按照代理協議的約定辦理資金劃轉手續，遵循商業銀行不墊款的原則，不介入委託人與其他人的交易糾紛。

（3）審計檢查是否嚴格按照會計制度正確核算和確認各項代理業務收入，堅持收支兩條線，防止代理收入被截留或挪用。

（三）銀行卡業務審計

（1）審計檢查商業銀行發行借記卡是否按照實名制規定開立帳戶。

（2）審計檢查對借記卡的取款、轉帳、消費等支付業務是否制定並嚴格執行相關

的管理制度和操作規程。

（3）審計檢查商業銀行發行貸記卡是否在全行統一的授信管理原則下，建立客戶信用評價標準和方法，對申請人相關資料的合法性、真實性和有效性進行嚴格審查，合理確定客戶的信用額度，並嚴格按照授權進行審批。

（4）審計檢查商業銀行對貸記卡持卡人的透支行為是否建立有效的監控機制，業務處理系統是否具有即時監督、超額控制和異常交易止付等功能。

（5）審計檢查是否定期與貸記卡持卡人對帳，嚴格管理透支款項，切實防範惡意透支等風險。

（6）審計檢查受理銀行卡存取款或轉帳業務是否對銀行卡資金交易設置必要的監控措施，防止持卡人利用銀行卡進行違法活動。

（7）審計檢查發卡機構是否建立和健全內部管理機制，完善重要憑證、銀行卡卡片、客戶密碼、止付名單、技術檔案等重要資料的傳遞與存放管理，確保交接手續的嚴密。

（8）審計檢查是否對銀行卡特約商戶實施有效管理，規範相關的操作規程和處理手續，對特約商戶的經營風險或操作過失是否制定相應的應急預案和防範措施。

（四）基金業務審計

（1）審計檢查商業銀行從事基金託管業務是否在人事、行政和財務上獨立於基金管理人，雙方的管理人員不得相互兼職。

（2）審計檢查是否以誠實信用、勤勉盡責的原則保管基金資產，嚴格履行基金託管人的職責，確保基金資產的安全，並承擔為客戶保密的責任。

（3）審計檢查是否確保基金託管業務與基金代銷業務相分離，基金託管的系統、業務資料是否與基金代銷的系統、業務資料有效分離。

（4）審計檢查是否確保託管基金資產與自營資產相分離，對不同基金獨立設帳、分戶管理，獨立核算，確保不同基金資產的相互獨立。

（5）審計檢查是否嚴格按照會計制度辦理基金帳務核算，正確反應資金往來活動，並定期與基金管理人等有關當事人就基金投資證券的種類、數量等進行核對。

（五）諮詢顧問業務審計

審計檢查商業銀行開展諮詢顧問業務是否堅持誠實信用原則，確保客戶對象、業務內容的合法性與合規性，對提供給客戶的信息的真實性、準確性負責，並承擔為客戶保密的責任。

（六）保管箱業務審計

（1）審計檢查商業銀行開辦保管箱業務是否在場地、設備和處理軟件等方面符合國家安全標準，對用戶身分進行核驗確認。

（2）審計檢查對進入保管場地和開啓保管箱是否制定相應的操作規範，是否明確要求租用人不得在保管箱內存放違禁或危險物品，防止利用商業銀行場地保管非法物品。

第二節　中間業務組織管理審計

發展中間業務是商業銀行經營管理戰略轉型的重點。加強中間業務組織管理審計

是促進中間業務健康發展，促進商業銀行更好地實現經營管理戰略轉型的重要措施。

一、中間業務經營管理戰略及其基本原則審計

審計檢查商業銀行是否結合經營管理實際以及中間業務市場發展趨勢，制定了科學合理的中間業務發展規劃和經營管理戰略。

從商業銀行經營管理實踐和中間業務發展狀況以及中間業務風險管理實踐出發，中間業務經營管理一般應遵循集中統一、條塊結合、統籌協調、分類指導、重點推進、合理定價、控制風險的基本原則。

（一）集中統一管理原則

集中統一管理原則就是中間業務一般要由商業銀行總行職能部門牽頭管理，統一規劃中間業務發展綱要，制定中間業務發展政策，組織實施全行中間業務發展。

（二）條塊結合、統籌協調原則

條塊結合統籌協調原則就是要圍繞商業銀行經營管理戰略轉型目標，建立各條線之間、總分行之間的緊密聯繫機制，協同推進全行中間業務持續健康發展。

（三）分類指導、重點推進原則

分類指導重點推進原則，就是要對各業務條線和分支行中間業務的發展區別情況，分類指導，加快重點區域、重點產品的發展。

（四）合理定價、控制風險原則

合理定價、控制風險原則，就是要按照風險收益相匹配的原則，綜合考慮客戶貢獻度和同業同類產品價格，合理定價，保持市場競爭力。同時，要堅持內部控制優先的原則，在發展中間業務時，必須做到制度先行、內控優先、有效管理和控制中間業務風險。

二、中間業務發展的組織推動機制審計

發展中間業務是全行經營管理的重點，涉及經營管理各個部門。建立有效的組織推動和協調機制，有利於促進中間業務的全面發展。

（一）中間業務協調推進工作機制審計

審計檢查商業銀行及其分支行是否建立了中間業務協調推進的工作機制，是否落實組織管理牽頭部門和產品研發、市場拓展、核算管理、風險監控等部門職責，統籌協調推進中間業務的發展。

（二）中間業務組織推動職能審計

審計檢查商業銀行中間業務牽頭管理部門履職情況，評價中間業務牽頭管理部門履職效果。

根據商業銀行中間業務管理實踐，總行中間業務的牽頭管理部門主要職責包括（但不限於）：

（1）根據董事會和高級管理層經營戰略轉型目標及業務發展實際，擬訂全行中間業務發展規劃和指導性意見，並組織實施。

（2）負責提出全行中間業務收入計劃方案，會同各業務部門，對業務條線以及各

分支行中間業務收入計劃進行審核、平衡、分解和下達。

（3）監控全行中間業務計劃執行情況，參與對總行業務條線和各分支行中間業務的考核。

（4）承擔中間業務綜合分析工作，通過定期通報、專題分析、專題會議、調研報告等方式，及時報告全行中間業務發展情況，針對存在的問題提出對策建議，為董事會和高級管理層決策提供參考依據。

（5）建立集團內部中間業務聯繫人工作機制和工作制度，及時溝通信息，推動業務聯動，協調相關業務條線，指導分支行中間業務發展。

（6）收集、整理同業中間業務信息，分析研究同業中間業務發展趨勢。

（7）根據對外信息披露規定，參與中間業務信息披露。

（8）承擔中間業務產品的跟蹤管理、產品手冊編製、中間業務重點產品的推進及其他管理工作。

（9）根據監管要求，向監管部門報送相關信息。

審計檢查中間業務產品管理專業職能部門履職情況，評價中間業務產品管理專業職能部門履職效果。

根據商業銀行中間業務產品管理實踐，專業條線中間業務產品管理的主要職責包括（但不限於）：

（1）制定本條線中間業務發展規劃和工作意見，並組織實施，保持條線中間業務市場份額穩中有升。

（2）編製本條線中間業務各項收入及業務量計劃，並做好平衡工作，保持條線分解計劃與總體計劃的相互銜接。

（3）監控、分析本條線中間業務計劃執行情況，定期向中間業務牽頭部門提供本條線中間業務相關數據和信息。

（4）指導分支行推進本條線中間業務發展，並對實施情況進行督促、檢查。

（5）承擔本條線中間業務產品的研發和管理工作，及時向中間業務牽頭部門報送重點產品推進情況。

（6）對本條線中間業務進行考核評價，並按考核辦法要求及時向中間業務牽頭部門提供中間業務考核相關信息。

（7）承擔與本條線中間業務管理相關的其他工作。

審計檢查中間業務後臺管理部門履職情況，評價中間業務後臺管理專業部門履職效果。

根據商業銀行中間業務管理經驗和實踐，中間業務後臺管理部門主要履行中間業務發展與管理的支持，其主要職責包括（但不限於）：

（1）預算財務部門為全行綜合預算的歸口管理部門，負責將中間業務牽頭部門提供的中間業務收入計劃納入全行綜合預算框架內，並根據績效考核辦法要求定期考核。

（2）會計結算部門負責配套中間業務會計核算辦法，維護涉及帳務處理的核心帳務系統數據參數，定期提供相關帳務數據和信息。

（3）計算機軟件開發部門負責中間業務相關項目或信息系統平臺的開發、升級服

務和技術支持。

（三）中間業務發展效果審計

商業銀行基層分支行是中間業務發展和分銷的主渠道。要審計檢查基層分支行發展中間業務的制度辦法和機制流程，審計檢查中間業務的分銷手段措施和激勵機制，評價基層分支行中間業務發展成效以及存在的主要問題。

根據中間業務市場拓展和分銷實踐，商業銀行基層分支行組織推動中間業務發展的主要職責包括（但不限於）：

（1）貫徹落實總行中間業務發展戰略，協調各業務條線分解、下達中間業務年度計劃，並組織實施，促進系統內中間業務收入計劃的完成。

（2）制定中間業務管理辦法或實施細則，建立中間業務運行體系和協調推進的工作機制。

（3）按照總行要求，按時上報中間業務發展有關數據和信息，定期報送中間業務分析材料。

（4）協助總行相關部門進行市場調研，收集、整理並及時反應同業中間業務信息，對新產品的開發提出意見和建議。

（5）承擔中間業務管理的其他工作。

第三節 中間業務產品管理審計

一、中間業務產品准入制度審計

（一）市場准入與監管准入審計

審計檢查商業銀行是否建立了嚴格的中間業務產品市場准入制度，是否嚴格執行監管機構的准入制度，主動接受監管機構的監督檢查，看有無違反監管規定和總行管理制度規定辦理中間業務的情況和問題。

（二）產品研發制度審計

審計檢查商業銀行是否建立了全行統一研發中間業務新產品的制度和實施細則，是否落實了相關專業條線管理部門承擔的管理工作，評價中間業務研發成效。

二、中間業務產品價格管理審計

（一）中間業務產品定價機制審計

審計檢查商業銀行是否建立了完善的中間業務產品定價機制，是否按照風險與收益相匹配的原則，對不同客戶、不同產品及同一產品的不同發展階段，根據實際情況採用不同的定價策略，充分發揮價格槓桿效應，促進中間業務發展。

（二）中間業務產品價格執行情況審計

審計檢查是否嚴格執行《商業銀行服務類中間業務定價管理暫行辦法》以及中間業務產品定價的相關規定，是否嚴格執行了政府主管部門統一定價或收費標準，看有無擅自超權限減免中間業務收費情況和未經批准亂收費情況。

三、中間業務產品風險管理審計

（一）中間業務產品風險管理制度審計

審計檢查商業銀行及其分支行是否依據有關法律、法規和規章，建立了有效的風險管理制度，加強中間業務風險的管理與控制，是否落實了中間業務風險報告路線和相關責任人制度。

（二）中間業務產品風險管理審計

審計檢查是否針對不同中間業務品種的主要風險點，制定了詳細的內部控制規章制度，不斷完善中間業務的操作規程，是否對風險易發環節進行重點監控。

四、中間業務產品考核評價制度審計

（一）中間業務產品考核指標審計

審計檢查商業銀行及其分支行中間業務產品考核評價制度是否平衡、合理、有效，看有無違反監管規定的考核指標。

（二）中間業務產品激勵約束機制審計

審計檢查中間業務產品激勵約束機制是否健全、有效。

第二十三章
投資銀行業務審計

第一節 投資銀行及其投資銀行業務

一、投資銀行

投資銀行是與商業銀行相對應的一類金融機構，是主要從事證券發行、承銷、交易、企業重組、兼併與收購、投資分析、風險投資、項目融資等業務的非銀行金融機構，是資本市場上的主要金融仲介。「投資銀行」是美國和歐洲大陸的稱謂，英國稱之為「商人銀行」，在日本則指「證券公司」。

（一）投資銀行的組織形態

投資銀行的組織形態主要有以下四種：

（1）獨立型的專業性投資銀行。這種類型的機構比較多，遍布世界各地，它們有各自擅長的業務方向，比如美國的高盛投資銀行、摩根斯坦利投資銀行等。

（2）商業銀行擁有的投資銀行。這種類型主要是商業銀行通過兼併收購其他投資銀行，參股或建立附屬公司從事投資銀行業務。這種類型在英國、德國等國非常典型，比如匯豐集團、瑞銀集團等。

（3）全能型銀行直接經營投資銀行業務。這種類型主要出現在歐洲，銀行在從事投資銀行業務的同時也從事商業銀行業務，比如德意志銀行。

（4）一些大型跨國公司興辦的財務公司。在中國，投資銀行的主要代表有中國國際金融有限公司、中信證券等。

（二）投資銀行的性質

投資銀行是與商業銀行相對應的一個概念，是現代金融業適應現代經濟發展形成的一個新興行業。投資銀行區別於其他相關行業的顯著特點如下：

（1）它屬於金融服務業，這是投資銀行區別於一般性金融諮詢、仲介服務業的顯著標誌。

(2) 它主要服務於資本市場，這是投資銀行區別於商業銀行的基本標誌。
(3) 它是智力密集型行業，這是投資銀行區別於其他專業性金融服務機構的標誌。

二、投資銀行業務

投資銀行業務在金融領域內含義十分寬泛，從廣義的角度來看包括了範圍寬泛的金融業務；而從狹義的角度來看，包括的業務範圍則較為傳統。

（一）狹義的投資銀行業務

狹義的投資銀行業務只限於某些資本市場，著重指一級市場上的承銷、併購和融資業務的財務顧問等。

（二）廣義的投資銀行業務

廣義的投資銀行業務包括眾多的資本市場活動，即包括公司融資、兼併收購顧問、股票的銷售和交易、資產管理、投資研究和風險投資業務等。

三、投資銀行業務的主要品種

從國內外投資銀行業務經營實踐來看，投資銀行業務的主要品種如下：

（一）證券承銷

證券承銷是投資銀行最本源、最基礎的業務活動。投資銀行承銷的職權範圍很廣，包括本國中央政府、地方政府及政府機構發行的債券，企業發行的股票和債券，外國政府和公司在本國和世界其他國家以及地區發行的證券，國際金融機構發行的證券等。投資銀行在承銷過程中一般要按照承銷金額及風險大小來權衡是否要組成承銷辛迪加（即包銷模式）和選擇承銷方式。通常的承銷方式有以下四種：

1. 包銷

包銷意味著主承銷商及其辛迪加成員同意按照商定的價格購買發行的全部證券，然后再把這些證券賣給它們的客戶。這時發行人不承擔風險，風險轉嫁到了投資銀行的身上。

2. 投標承購

投標承購通常是在投資銀行處於被動競爭較強的情況下進行的。採用這種發行方式的證券通常都是信用較高，頗受投資者歡迎的債券。

3. 代銷

代銷一般是由於投資銀行認為該證券的信用等級較低、承銷風險大而形成的。這時投資銀行只接受發行者的委託，代理其銷售證券，如在規定的期限計劃內發行的證券沒有全部銷售出去，則將剩餘部分返回證券發行者，發行風險由發行者自己負擔。

4. 贊助推銷

當發行公司增資擴股時，其主要對象是現有股東，但又不能確保現有股東均認購其證券。為防止難以及時籌集到所需資金，甚至引起本公司股票價格下跌，發行公司一般都要委託投資銀行辦理對現有股東發行新股的工作，從而將風險轉嫁給投資銀行。

（二）經紀交易

投資銀行在二級市場中扮演著做市商、經紀商和交易商三重角色。

1. 做市商

作為做市商，在證券承銷結束之后，投資銀行有義務為該證券創造一個流動性較強的二級市場，並維持市場價格的穩定。

2. 經紀商

作為經紀商，投資銀行代表買方或賣方，按照客戶提出的價格代理進行交易。

3. 交易商

作為交易商，投資銀行有自營買賣證券的需要，這是因為投資銀行接受客戶的委託，管理著大量的資產，必須要保證這些資產的保值與增值。

此外，投資銀行還在二級市場上進行無風險套利和風險套利等活動。

(三) 私募發行

證券的發行方式分為公募發行和私募發行兩種，前面的證券承銷實際上是公募發行。

私募發行又稱私下發行，就是發行者不把證券售給社會公眾，而是僅售給數量有限的（機構）投資者，如保險公司、共同基金等。私募發行不受公開發行的規章限制，除能節約發行時間和發行成本外，又能夠比在公開市場上交易相同結構的證券給投資銀行和投資者帶來更高的收益率。因此，近年來私募發行的規模仍在擴大，但同時私募發行也有流動性差、發行面窄、難以公開上市以擴大企業知名度等缺點。

(四) 兼併收購

企業兼併與收購已經成為現代投資銀行除證券承銷與經紀業務外最重要的業務組成部分。投資銀行可以以多種方式參與企業的併購活動。

（1）尋找兼併與收購的對象。

（2）向獵手公司和獵物公司提供有關買賣價格或非價格條款的諮詢。

（3）幫助獵手公司制定併購計劃或幫助獵物公司針對惡意的收購制定反收購計劃。

（4）幫助安排資金融通和過橋貸款等。

此外，併購中往往還包括「垃圾債券」的發行、公司改組和資產結構重組等活動。

(五) 項目融資

項目融資是對一種特定的經濟單位或項目策劃安排的一攬子融資的技術手段，借款者可以只依賴該經濟單位的現金流量和所獲收益用作還款來源，並以該經濟單位的資產作為借款擔保。投資銀行在項目融資中起著非常關鍵的作用，它將與項目有關的政府機關、金融機構、投資者與項目發起人等緊密聯繫在一起，協調律師、會計師、工程師等一起進行項目可行性研究，進而通過發行債券、基金、股票或拆借、拍賣、抵押貸款等形式組織項目投資所需的資金融通。投資銀行在項目融資中的主要工作是項目評估、融資方案設計、有關法律文件的起草、有關的信用評級、證券價格確定和承銷等。

(六) 公司理財

公司理財實際上是投資銀行作為客戶的金融顧問或經營管理顧問而提供諮詢、策

劃或操作。公司理財分為以下兩類：

第一類是根據公司、個人或政府的要求，對某個行業、某種市場、某種產品或證券進行深入的研究與分析，提供較為全面的、長期的決策分析資料。

第二類是在企業經營遇到困難時，幫助企業出謀劃策，提出應變措施，如制定發展戰略、重建財務制度、出售轉讓子公司等。

（七）基金管理

基金是一種重要的投資工具，由基金發起人組織，吸收大量投資者的零散資金，聘請有專門知識和投資經驗的專家進行投資並取得收益。投資銀行與基金有著密切的聯繫。

（1）投資銀行可以作為基金的發起人，發起和建立基金。
（2）投資銀行可作為基金管理者管理基金。
（3）投資銀行可以作為基金的承銷人，幫助基金發行人向投資者發售受益憑證。

（八）投資諮詢

投資銀行的財務顧問業務，是投資銀行所承擔的對公司，尤其是上市公司的一系列證券市場業務的策劃和諮詢業務的總稱。投資諮詢主要指投資銀行在公司的股份制改造、上市、在二級市場再籌資以及發生兼併收購、出售資產等重大交易活動時提供的專業性財務意見。投資銀行的投資諮詢業務是連結一級和二級市場、溝通證券市場投資者、經營者和證券發行者的紐帶和橋樑。習慣上常將投資諮詢業務的範疇定位在對參與二級市場投資者提供投資意見和管理服務。

（九）資產證券化

資產證券化是指經過投資銀行把某公司的一定資產作為擔保而進行的證券發行，是一種與傳統債券籌資十分不同的新型融資方式。進行資產轉化的公司稱為資產證券發起人。發起人將持有的各種流動性較差的金融資產，如住房抵押貸款、信用卡應收款等，分類整理為一批資產組合，出售給特定的交易組織，即金融資產的買方（主要是投資銀行），再由特定的交易組織以買下的金融資產為擔保發行證券支持資產，用於收回購買資金。這一系列過程就稱為資產證券化。資產證券化的證券即資產證券為各類債務性債券，主要有商業票據、中期債券、信託憑證、優先股票等形式。資產證券的購買者與持有人在證券到期時可獲本金、利息的償付。證券償付資金來源於擔保資產所創造的現金流量，即資產債務人償還的到期本金與利息。如果擔保資產違約拒付，資產證券的清償也僅限於被證券化資產的數額，而金融資產的發起人或購買人無超過該資產限額的清償義務。

（十）金融創新

根據特性不同，金融創新工具即衍生工具一般分為三類，即期貨類、期權類和調期類。使用衍生工具的策略有三種，即套利保值、增加回報和改進有價證券的投資管理。通過金融創新工具的設立與交易，投資銀行進一步拓展了投資銀行的業務空間和資本收益。

（1）投資銀行作為經紀商代理客戶買賣這類金融工具並收取佣金。
（2）投資銀行也可以獲得一定的價差收入。因為投資銀行往往首先作為客戶的對

方進行衍生工具的買賣，然后尋找另一客戶進行相反的抵補交易。
　　(3) 這些金融創新工具還可以幫助投資銀行進行風險控制，免受損失。
　　金融創新也打破了原有機構中銀行和非銀行、商業銀行和投資銀行之間的界限和傳統的市場劃分，加劇了金融市場的競爭。
　　(十一) 風險投資
　　風險投資又稱創業投資，是指對新興公司在創業期和拓展期進行的資金融通，表現為風險大、收益高。新興公司一般是指運用新技術或新發明生產新產品，具有很大的市場潛力，可以獲得遠高於平均利潤的利潤，但卻充滿了極大風險的公司。由於其風險大，普通投資者往往不願涉足，但這類公司又最需要資金的支持，因而為投資銀行提供了廣闊的市場空間。投資銀行涉足風險投資有不同的層次。
　　(1) 採用私募的方式為這些公司籌集資本。
　　(2) 對於某些潛力巨大的公司有時也進行直接投資，成為其股東。
　　(3) 更多的投資銀行是設立「風險基金」或「創業基金」向這些公司提供資金來源。

第二節　投資銀行業務內部控制審計

　　投資銀行業務是商業銀行適應現代經濟發展的需要，通過金融服務創新，形成的服務於資本市場的一系列新興業務。這一系列新興業務是智力密集型產品，也是高風險產品。這是投資銀行業務區別其他傳統金融服務產品的顯著標誌。因此，加強投資銀行業務內部控制審計，是保證商業銀行投資銀行業務穩健發展的重要措施。

一、投資銀行業務的內部控制環境審計

　　投資銀行業務不但涉及資本市場，還涉及貨幣市場，與國際經濟金融形勢和國家宏觀經濟金融政策以及運行狀況緊密相連，具有較大的市場風險、信用風險和操作風險。加強投資銀行業務內部控制環境審計，有利於促進投資銀行業務內控體制機制建設，保證投資銀行業務穩健發展。投資銀行業務內部控制環境審計的重點主要如下：
　　(一) 投資銀行業務發展文化審計
　　審計檢查商業銀行是否建立了穩健的投資銀行業務發展文化，看投資銀行業務的發展是否符合國家宏觀經濟政策，是否符合國民經濟和區域經濟運行總體需要，看投資銀行業務發展政策是否符合市場發展趨勢，是否符合商業銀行發展戰略和客戶及業務優勢。
　　(二) 投資銀行業務經營管理人員勝任能力審計
　　審計檢查投資銀行業務人力資源配置與業務發展是否相適應，是否有勝任投資銀行業務發展的專業團隊，看投資銀行業務經營管理人員的業務素質是否適應投資銀行業務發展的需要。
　　(三) 投資銀行業務內部控制程序和系統審計
　　審計檢查是否建立了完善的投資銀行業務內部控制程序和系統，落實了投資銀行

業務風險管理與控制措施及其控制工具。

（四）投資銀行業務的內部控制制度審計

審計檢查投資銀行業務的內部控制制度是否健全、有效，審計檢查投資銀行業務規章制度的執行機制和流程工具，看有無制度控制盲區和控制缺陷以及執行缺陷。

二、投資銀行業務風險識別與評估審計

投資銀行業務具有較大的市場風險和信用風險以及操作風險，這些風險和國家的固定資產投資政策、貨幣供應量以及市場流動性風險有著密切聯繫，具有顯著的親經濟週期特點。因此，及時有效地識別和評估投資銀行業務風險，是實現投資銀行業務穩健發展的基礎。

（一）投資銀行業務風險識別機制審計

審計檢查投資銀行業務風險識別機制是否健全，看有無投資銀行業務風險識別的制度、辦法和流程工具，評價商業銀行投資銀行業務風險識別機制是否健全、有效。

（二）投資銀行業務風險評估機制審計

審計檢查投資銀行業務風險評估分析機制是否健全，看投資銀行業務風險分析評估的機制、流程和工具措施是否有效，是否充分識別、分析和評估報告了投資銀行業務的風險。

三、投資銀行業務內部控制措施審計

投資銀行業務涉及面寬，管理環節多。加強投資銀行業務內部控制措施審計，促進有效管理和控制投資銀行業務風險，對實現投資銀行業務穩健發展有著重要的意義。審計的重點主要如下：

（一）投資銀行業務內控措施審計

審計檢查投資銀行業務內部控制措施是否全面、完整和有效，看投資銀行業務內部控制是否覆蓋了投資銀行業務的全過程，是否覆蓋了投資銀行業務的全部產品。

（二）投資銀行業務授信授權制度審計

審計檢查投資銀行業務授權制度是否健全、有效，是否實行了投資銀行業務與商業銀行業務的統一授信管理，包括集團客戶投資銀行業務統一授信管理。審計檢查投資銀行業務授信授權制度是否與投資銀行業務產品風險管理、與投資銀行業務客戶經營規模和風險狀況相適應。

（三）投資銀行業務內部控制措施執行力審計

審計檢查投資銀行業務內部控制措施執行機制、執行流程、執行工具的有效性，評價投資銀行業務內部控制措施執行的實際效果和存在的主要問題。特別要關注投資銀行業務與商業銀行業務的交叉銷售和核算中的操作風險管理，看是否存在控制盲區和執行缺陷。

四、投資銀行業務信息交流溝通審計

投資銀行業務信息交流與溝通審計的重點主要如下：

（一）投資銀行業務風險信息獲取情況審計

審計檢查商業銀行獲取投資銀行業務風險信息的手段與渠道，看能否及時、充分、有效地獲取有關投資銀行業務的國際經濟金融信息，能否及時、充分、有效地獲取國家宏觀經濟金融信息，能否及時地獲取投資業務行業風險信息，能否及時、充分地獲取融資人及其上下游企業的風險信息以及產品風險信息等。

（二）投資銀行業務風險信息的評估審計

審計檢查投資銀行業務風險信息的評估分析，看投資銀行業務風險信息的評估分析機制、方法和技術是否有效，風險分析評估是否建立在對風險進行準確計量的基礎之上。

（三）投資銀行業務風險信息利用效果審計

審計檢查投資銀行業務風險信息利用情況，評價投資銀行業務風險信息管理與運用的實際效果和存在的主要問題。

五、投資銀行業務內部控制監督與糾正審計

投資銀行業務經營管理流程中的不確定因素很多，適時監督與糾正是保證投資銀行業務安全的重要措施。審計檢查的重點主要如下：

（一）投資銀行業務自我監督機制審計

審計檢查商業銀行是否建立了投資銀行業務自我監督機制，看投資銀行業務經營部門、授信管理部門以及風險合規管理等部門，能否及時識別投資銀行業務風險，有效應對和管理控制風險。

（二）內審部門履職審計

審計檢查內部審計部門是否充分履行了審計監督職能，評價內部審計部門對投資銀行業務審計監督的獨立性、權威性和有效性。

（三）投資銀行業務內控整改審計

審計檢查投資銀行業務內部控制的整改情況，看是否對內外部檢查監督發現的問題進行了及時有效的整改，看有無屢查屢犯現象。

第三節　融資人及其業務准入審計

投資銀行業務涉及多個法律主體和多組法律關係，交易結構複雜。有效管理和控制融資人信用風險和政策風險，嚴格業務准入條件，是保證投資銀行業務安全的重要基礎。

一、融資人及承擔回購、擔保、代償責任的第三方准入審計

融資人、承擔回購、擔保、代償責任的第三方，都是投資銀行業務的最終付款人，是投資銀行業務風險管理、緩釋、控制的重點。要審計檢查投資銀行業務經營管理部門，是否按照投資銀行業務政策制度，合理選擇客戶，有效識別、評估分析、管理控制風險，做到投資銀行業務風險可知、可控、可承受，實現風險收益最優化經營目標。

根據商業銀行經營管理實踐，投資銀行業務的融資人，承擔回購、擔保、代償責任的第三方應符合以下基本條件：

（1）資產、經營和財務情況良好，到期償還債務意願和能力較強，近期經營現金流、融資期限內預期經營現金流正常，融資能力正常，在商業銀行 PD 評級中級別較高。

（2）主營業務符合國家產業政策和商業銀行行業信貸政策的規定。資產、經營和財務情況良好，融資能力正常，到期償還債務意願和能力較強，近期經營現金流、融資期限內預期經營現金流正常。屬企業集團成員的，集團整體的經營、財務狀況良好，不存在非正常關聯交易等。

（3）符合政府監管部門關於銀行、信託、證券、基金等監管要求。

（4）融資人或其緊密關聯方在商業銀行已有公司信貸業務合作，合作時間原則上不低於 1 年，銀企雙方合作情況較好。

（5）符合商業銀行對融資人所屬行業的自營信貸業務准入條件，未列入商業銀行自營信貸業務減退名單。在商業銀行和其他金融機構無逾期、欠息等不良信用記錄，不涉及民間融資。

（6）融資用於與主營業務緊密相關的真實、合法用途，不得投向政府監管政策限制或禁止投資的領域。

（7）本業務有明確的償付資金來源，包括但不限於融資人償還及有實力的第三方回購、擔保、代償，對可變現資產的合法處置與變現，發行相關融資工具等。

二、債券過橋融資類型業務准入審計

債券過橋融資類型業務是指用於滿足融資人新一期債券發行募集資金到位前，營運資金週轉或項目投資、存續期債券兌付資金缺口等資金需求的融資業務。

債券過橋融資業務，一旦融資人債券未能按期、足額發行，融資人就缺乏足額現金流償還過橋融資，或者債券募集資金使用受到政策限制，債券過橋融資就面臨違約風險。因此，要通過對債券過橋融資人及業務准入審計檢查，及時發現和揭示債券過橋融資業務市場風險、信用風險和政策風險，促進債券過橋融資業務穩健發展。

根據商業銀行債券過橋融資業務實踐，債券過橋融資業務融資人及業務准入條件一般主要包括：

（1）融資人經營財務狀況正常，綜合還款能力強，在債券未能按期、足額發行情況下，依託綜合現金流仍具有充足的償還過橋融資能力。

（2）對已委託商業銀行擔任擬發行債券主承銷商（聯席主承銷商、財務顧問）的融資人，債券應已獲總行債券包銷管理部門審核同意，提款前應已提交國家主管部門審核，預計無明顯可能影響獲批及發行的不利因素；對未委託商業銀行擔任擬發行債券主承銷商（聯席主承銷商、財務顧問）的融資人，債券原則上應已獲得國家主管部門通過註冊、審批的批準文件。融資人外部主體評級不低於 AA。如涉及擬為融資人提供「前期債券過橋＋后期債券承銷」綜合服務的，融資人應具有 3 年以上的同類債券發行經驗，主體評級不低於 AA＋，並且融資人出具委託商業銀行擔任債券主承銷商、

聯席主承銷商、財務顧問的有效承諾和文件，以后續債券發行募集資金償還過橋融資本息。

（3）如債券已獲審批、註冊，融資金額不超過擬發行債券金額的90%；如債券尚未獲批或註冊，融資金額不超過擬發行債券金額的70%。

（4）擬發行債券的募集資金用途可用於融資人償還過橋融資。

（5）融資人應在商業銀行開立新一期債券發行募集資金收款或監管專戶，用於歸集募集資金，並按約定將資金用於償還過橋融資。

（6）用於滿足存續期債券兌付資金缺口的，債券文件中的償債來源應未排除借款資金，債券存續期內發行人主體評級、債券債項評級未下調。

（7）擬發行債券未委託商業銀行擔任主承銷商的，應已落實具有較強實力的商業銀行、證券公司包銷發行安排。擬發行債券委託商業銀行承銷（包括聯席承銷）的，應已採取有效措施，預計對商業銀行不形成被動持有壓力。擬發行債券為私募債的，應已落實債券認購方，並且計劃認購金額不低於私募債發行金額。

（8）融資人融資成本不得大幅低於當期同類、同檔次企業債券市場發行利率。

（9）過橋融資期限一般不超過1年。債券已獲審批、註冊的，融資期限應不超過審批、註冊文件有效期后1個月。

三、IPO（首次公開募股，下同）配股、增發（增資）過橋融資類型業務審計

IPO、配股、增發（增資）過橋融資類型業務是指用於滿足融資人IPO、配股、增發（增資）資金到位前營運資金週轉、項目投資、債務結構調整等資金需求的融資業務。

IPO、配股、增發（增資）過橋融資的主要風險，是在IPO、增發股票未能按期發行，或配股失敗，或IPO、增發股票發行后而未能足額募集資金，或增資未按計劃實施等情況下，融資人缺乏足額現金流償還過橋融資，或者取得過橋融資時點與股票（增資）計劃發行時點間隔過長，因股票市場波動、融資人自身經營變動，導致股票未能按期發行，或未能足額募集資金以及募集資金使用受到限制而不能用於償還過橋融資。因此，加強IPO、配股、增發（增資）過橋融資業務審計檢查，保證IPO、配股、增發（增資）過橋融資業務風險可知、可控、可承受，是促進IPO、配股、增發（增資）過橋融資業務穩健發展的重要措施。

根據商業銀行經營管理實踐，IPO、配股、增發（增資）過橋融資業務融資人及業務准入條件主要包括：

（1）融資人經營財務狀況正常，綜合還款能力強，在股票（增資）未能按期發行或發行后未能足額募集資金、增資未能按計劃到位情況下，依託自身資金仍具有充足的償還過橋融資能力。其中增資過橋業務融資人應與商業銀行開展信貸業務合作1年以上，增資投入項目預期效益良好，能提供商業銀行認可的抵押擔保措施，未來增資資金來源有明確保障。

（2）IPO、配股、增發項目原則上應已獲證監會發審委核准，后續事項（如有）已落實，不存在舉報等可能影響發行的重大不利事件。IPO計劃發行時點在申請取得

過橋融資時點之后的1年以內；配股、增發計劃發行時點在申請取得過橋融資時點之后的6個月以內。增資項目、融資人及股東應已履行內部審批手續，對於增資主體、時間、方式、股權比例、資金來源等已獲有權主管部門批准，如涉及財政資金的，原則上應已按規定納入財政預算。

（3）IPO、配股、增發（增資）募集資金用途未對融資人償還過橋融資形成制約。

（4）融資金額不超過IPO、配股、增資（增發）計劃募集金額的70%。

（5）IPO、配股、增發項目原則上應已委託商業銀行擔任財務顧問，融資人應在商業銀行開設募集資金收款或監管專戶，用於歸集募集資金，並按約定將資金用於償還過橋融資。

（6）IPO過橋融資期限原則上不超過1年，配股、增發過橋融資期限原則上不超過7個月，IPO、配股、增發已獲證監會發審委核准的，融資期限到期日不超過核准文件有效期后1個月。增資過橋融資期限原則上不超過2年，並且融資期限到期日不超過計劃增資到位日后1個月。

四、收購兼併類型的融資業務審計

收購兼併類型的融資業務是指用於滿足融資人作為併購主體開展收購兼併活動所需資金需求的融資業務。

收購兼併類型的融資業務的主要風險是收購兼併項目未獲有關部門審批或未完成併購雙方內部審批的合規性風險，併購對價及資金來源不合理（包括對價溢價過高、併購主體自有資金比例過低等），導致併購融資償還來源不足，併購主體與併購標的產業相關度不足或整合不力，導致被併購企業經營發展未達到預期，出現整合風險，未如期實現協同效益，在協同效益未如期實現、協同效益產生現金流不足以償還併購融資情況下，融資人缺乏對併購融資的綜合還款能力。因此，要加強收購兼併類型的融資業務審計檢查，促進收購兼併類型的融資業務穩健發展。

根據商業銀行經營管理實踐，收購兼併類型的融資業務融資人及業務准入條件主要包括：

（1）融資人及併購標的、收購兼併交易結構及融資方案原則上應符合商業銀行併購貸款業務管理辦法的基本要求。

（2）併購交易合法合規，原則上已取得政府主管部門批覆，融資人、併購標的企業已就併購項目履行內部審批手續，並已簽署併購協議。

（3）聘請商業銀行認可的律師事務所對併購交易的真實性、合規性、風險因素等進行盡職調查。

（4）融資人應根據商業銀行要求提供有效的擔保、抵（質）押。如以併購標的企業股權作為兼併收購融資質押資產的，原則上需聘用商業銀行認可的評估公司審慎評估相關股權價值並出具評估報告，合理確定質押率。

（5）融資款原則上不得用於置換融資人已支付的併購對價。併購對價中融資人自有資金比例應不低於50%。融資人綜合還款能力強、預期協同效益良好的項目，自有資金比例可放寬至不低於30%。

（6）融資期限原則上不超過 5 年。

五、類證券化類型融資業務審計

類證券化類型融資業務是指通過結構化設計和安排，滿足盤活存量資產或滿足現有融資客戶的經營或項目建設等資金需求的融資業務。

類證券化類型融資業務的主要風險主要是投向可能不符合銀行理財資金、信託等相關監管要求，融資人經營財務風險增加，到期可能還款能力不足，存量資產所附的擔保措施未能變更、追加、分割覆蓋非信貸業務等。因此，要加強類證券化類型融資業務審計檢查，促進類證券化類型融資業務穩健發展。

根據商業銀行經營管理實踐，類證券化類型融資業務融資人及業務准入條件主要包括：

（1）融資人商業銀行 PD 評級較高。

（2）對存量資產進行的還款現金流測算（獨立於原存量資產的測算）顯示，融資人按期償還非信貸業務融資的能力強。

（3）非信貸業務現有融資客戶在商業銀行的貸款為正常類，應符合非信貸業務申報時國家產業政策及相關要求，不涉及未決的訴訟或仲裁，貸款利率原則上應在基準利率基礎上上浮 5%～10%，投向及用途等符合監管規定。

（4）不涉及軍工行業或國家機密領域客戶。如涉及項目融資的，應已進入還款期，並且項目效益實現進度應符合預期。

（5）如需融資人提前償還約定金額的貸款的，融資人需出具書面文件、獲得存量貸款擔保方（如有）等相關方的同意，融資人的提前償還行為不會由於任何原因而被禁止或限制。

（6）如涉及存量貸款附有擔保措施，並且商業銀行提出要求的，融資人、擔保方應辦理擔保措施變更、追加、分割覆蓋至非信貸業務。確有必要的，融資人應有能力追加其他擔保措施。

（7）非信貸業務融資金額原則上不超過商業銀行對該客戶相關融資項目存量貸款金額的 80%。

（8）商業銀行存量貸款應符合非信貸業務申報時國家產業政策和商業銀行信貸政策要求。

（9）融資期限不超過 5 年。

六、境內商業銀行信用支持應收帳款類型的融資業務審計

境內商業銀行信用支持應收帳款類型的融資業務是指通過投資對接融資人合法擁有的境內商業銀行信用支持應收帳款方式，給予融資人融資支持的業務。

境內商業銀行信用支持應收帳款是指融資人在與付款人開展的國內貿易過程中形成、已約定採用國內延期信用證形式進行結算與支付、開證行已就標的信用證出具不可撤銷的付款確認書（紙質或電子）的應收帳款。對於商業銀行開立且承兌的信用證，第一付款人為承兌行，最終付款人為信用證開證人。

境內商業銀行信用支持應收帳款類型的融資業務的主要風險是提供信用支持的境內商業銀行因流動性或破產等原因無力償還商業銀行融資，融資人破產或面臨債務糾紛，其信用證權利可能作為破產財產而被其他相關方處置，對於商業銀行開立且承兌的信用證，存在最終付款人（開證人）無力償付信用證下的款項的風險。因此，加強境內商業銀行信用支持應收帳款類型的融資業務審計檢查，是促進境內商業銀行信用支持應收帳款類型的融資業務穩健發展的重要措施。

根據商業銀行經營管理實踐，境內商業銀行信用支持應收帳款類型的融資業務融資人及業務准入條件主要包括：

對於商業銀行開立且承兌的信用證，應滿足以下條件：

（1）信用證開證申請人（應收帳款付款人）為商業銀行授信客戶，PD 評級較高。

（2）開證申請人在商業銀行已取得相應的信用證授信額度。

（3）融資人具有法人資格，在商業銀行開立結算帳戶，PD 評級較高，擬申請的相應非信貸業務額度提用期不長於開證申請人取得的信用證授信額度期限。

（4）融資人與應收帳款付款人間業務關係穩定，無未決爭議與債權債務糾紛，融資人應收帳款管理良好。

（5）應收帳款付款人原則上不應為融資人的附屬機構、母公司、集團成員等具有實際控制或被控制關係的關聯企業。

（6）融資人（賣方）、付款人（買方）之間基礎交易背景真實有效，並且交易商品為融資人的主營業務商品，非房產或融資人的固定資產，貨物價值易於確定，有較為成熟的交易市場，價格平穩。

（7）應收帳款結算方式為國內延期信用證，開證行到期承擔第一性付款責任。開證行、信用證及付款確認書等應符合商業銀行國內信用證議付業務相關規定。

（8）指定商業銀行為國內信用證管理人，承擔國內貿易基礎合同及延期付款確認書的保管、到期托收信用證項下款項、資金監管及劃付等職責。

（9）商業銀行或投資該項境內商業銀行信用支持應收帳款的外部合作機構保留對融資人的追索權。

（10）非信貸業務提款時，商業銀行已就標的信用證出具不可撤銷的付款確認書。

對於他行開立且承兌的信用證，應滿足以下條件：

（1）融資人具有法人資格，在商業銀行開立結算帳戶，PD 評級較高。

（2）融資人與應收帳款付款人間業務關係穩定，無未決爭議與債權債務糾紛，融資人應收帳款管理良好。

（3）應收帳款付款人原則上不應為融資人的附屬機構、母公司、集團成員等具有實際控制或被控制關係的關聯企業。

（4）融資人（賣方）、付款人（買方）之間基礎交易背景真實有效，並且交易商品為融資人的主營業務商品，非房產或融資人的固定資產，貨物價值易於確定，有較為成熟的交易市場，價格平穩。

（5）應收帳款結算方式為國內延期信用證，開證行到期承擔第一性付款責任。開證行、信用證及付款確認書等應符合商業銀行國內信用證議付業務相關規定。

（6）指定商業銀行為國內信用證管理人，承擔國內貿易基礎合同及延期付款確認書的保管、到期托收信用證項下款項、資金監管及劃付等職責。

（7）商業銀行或投資該項境內商業銀行信用支持應收帳款的外部合作機構保留對融資人的追索權。

（8）非信貸業務提款時，承兌行已就標的信用證出具不可撤銷的付款確認書。

融資期限原則上不超過6個月，最長不超過1年，並且融資期限到期日不超過國內信用證承兌到期日後2個工作日。

七、上市公司股票收益權類型融資業務審計

上市公司股票收益權類型融資是指通過投資對接融資人合法擁有的上市公司股票收益權，給予融資人融資支持的業務。

上市公司股票收益權類型融資業務的主要風險是融資人按期還款能力（含溢價回購股票收益權、按約定預付股票收益權實現價款等）不足，所質押上市公司股票因停牌、市場波動等原因無法及時變現或變現資金不足清償非信貸業務融資，上市公司股票質押受益方（信託公司等本業務外部合作機構）未嚴格履行盯市、要求融資人補倉、強制平倉責任，導致質押股票變現不足清償非信貸業務融資。因此，要加強上市公司股票收益權類型融資業務審計檢查，促進上市公司股票收益權類型融資業務穩健發展。

根據商業銀行經營管理實踐，上市公司股票收益權類型融資業務融資人及業務准入條件主要包括：

（1）融資人及標的股票比照《商業銀行公司授信業務擔保管理辦法》中股票質押相關要求執行，但質押率最高不超過50％。核算質押率所用的股票價格原則上按照非信貸業務獲批覆日、信託相關協議簽署日、參考標的最近180天和90天的市場均價孰低計算。

（2）融資人經營財務及現金流狀況良好，融資期限內補倉、到期對股票收益權的溢價回購能力或預付股票收益權實現價款能力較強。

（3）根據市場情況、標的股票等因素合理設定存續期質押股票預警線和平倉線，原則上預警線和平倉線絕對值分別不低於1.5和1.4。

（4）原則上不接受融資人以其持有的同一家上市公司所有股票進行質押融資。

（5）標的股票為國內證券市場主板、中小板（非ST、*ST）流通股（或在融資期限內可流通的股票）。對應的上市公司業績優良，股票成交活躍，流通總市值原則上不低於15億元，不存在併購、資產重組等可能引發股票停盤或影響融資人償債能力的重大不利事項。股價過去3個月累積漲幅不超過100％，過去6個月波幅（最高價或最低價）不超過200％。

（6）質押股票可能出現的變現轉讓等行為不涉及大股東變化或控股權轉移，如涉及國有股權，融資人為獲得本次融資所質押的標的股票占相關上市公司發行股票總額的比例原則上不超過5％，並應事先徵得國有資產管理部門的同意。

（7）股票質押受益方為外部合作機構的，該合作機構應具備較為完善的盯市、通

知補倉、強制平倉等管理能力。
(8) 融資期限原則上不超過 2 年。

八、非上市公司股權收益權類型融資業務審計

非上市公司股權收益權類型融資是指通過投資對接融資人合法擁有的非上市公司股權收益權，給予融資人融資支持的業務。

非上市公司股權收益權類型融資業務的主要風險是融資人按期還款能力（含溢價回購非上市公司股權收益權、按約定預付股權收益權實現價款等）不足，所質押非上市公司股權無法及時變現或變現資金不足清償非信貸業務融資。要加強非上市公司股權收益權類型融資業務審計檢查，保證非上市公司股權收益權類型融資業務穩健發展。

根據商業銀行經營管理實踐，非上市公司股權收益權類型融資業務融資人及業務准入條件主要包括：

(1) 標的股權原則上比照《商業銀行公司授信業務擔保管理辦法》中股權質押相關要求執行，但質押率原則上不超過 70%。如標的股權非央企、地方優質大型企業或金融股權，則質押率原則上不超過 50%。

(2) 融資人經營財務及現金流狀況良好，到期對股權收益權的溢價回購能力、預付股權收益權實現價款能力強。

(3) 標的股權所對應企業最近 3 年（公司成立未滿 3 年的，自公司成立起）經營業績優良，其股權具有較好的市場變現能力，變現價值可足額覆蓋非信貸業務融資。應由商業銀行認可的專業機構採用兩種以上的估值方法（其中應包括淨資產估值法）對標的股權可變現價值進行合理評估並提供評估報告，合理估值。

(4) 融資期限原則上不超過 2 年。

九、應收帳款、應收租金類型融資業務審計

應收帳款、應收租金類型融資業務是指投資於融資人合法擁有的應收帳款、應收租金資產，給予融資人融資支持的業務。

應收帳款、應收租金類型融資業務的主要風險是應收帳款、應收租金交易背景不合法或不真實，產品、服務存在瑕疵，導致付款人不履行付款責任，在應收帳款、應收租金交易背景合法、真實，產品、服務無瑕疵前提下，付款人不具備按期付款能力，在付款人未按期付款情況下，融資人或承擔回購責任的第三方依託自身現金流不足以回購應收帳款、應收租金。因此，加強應收帳款、應收租金類型融資業務審計檢查，是促進應收帳款、應收租金類型融資業務穩健發展的重要措施。

根據商業銀行經營管理實踐，應收帳款、應收租金類型融資業務融資人及業務准入條件主要包括：

(1) 融資人、標的應收帳款原則上應符合《商業銀行國內保理業務管理辦法》中相關要求。

(2) 融資人與應收帳款、應收租金的付款人之間業務關係穩定，無未決爭議與債權債務糾紛，融資人應收帳款、應收租金管理記錄良好。

（3）應收帳款、應收租金的付款人具備付款意願和付款能力。
（4）標的應收帳款、應收租金還應同時滿足以下條件：

①具備合法真實的賒銷、租賃貿易業務背景或擁有國家主管部門批准的合法收費權，融資人已履行合同項下交貨、服務義務，應收帳款、應收租金權益真實、合法、有效。

②應收帳款、應收租金權屬清晰，無權利瑕疵，無限制轉讓的規定，融資人未將其轉讓予任何第三人，也未在其上設定任何形式的擔保，可依法轉讓或抵（質）押。

③應收帳款、應收租金付款人在交易合同項下的支付義務不存在任何未經商業銀行知曉並同意的抵銷、回扣或其他扣減，不存在拒絕償還債務的抗辯理由。

④應收帳款、應收租金質量正常，未逾期，到期日明確。

（5）在應收帳款、應收租金付款人未到期付款情況下，融資人依託自身資金具有充足的回購能力，可確保全額償還融資。

（6）融資人在商業銀行開立應收帳款、應收租金收款專戶，用於歸集業務存續期應收帳款、應收租金回籠現金流，並按約定將資金劃入在商業銀行開立的非信貸業務相關資金託管專戶。

（7）應收帳款類型融資業務，融資期限原則上不超過1年，應收租金融資業務，融資期限原則上不超過3年。

十、合夥企業份額、有限責任公司股權投資類型融資業務審計

合夥企業份額、有限責任公司股權投資類型融資業務是指融資人以滿足合法的投融資需求為目的新設、增資合夥企業或有限責任公司，理財資金以合規方式投資對接相關合夥企業份額或有限責任公司股權，融資人按約定到期回購。

合夥企業份額、有限責任公司股權投資類型融資業務的主要風險是合夥企業份額、有限責任公司股權相關交易安排不合理，對融資人到期履行回購義務約束不足的風險，如合夥企業、有限責任公司所投資項目未實現預期效益，融資人缺乏綜合還款能力，到期履行合夥企業份額、有限責任公司股權溢價回購義務能力不足以及涉及主體較多、合同安排失當、委託機構管理疏忽等風險。因此，要加強合夥企業份額、有限責任公司股權投資類型融資業務審計檢查，促進合夥企業份額、有限責任公司股權投資類型業務穩健發展。

根據商業銀行經營管理實踐，合夥企業份額、有限責任公司股權投資類型融資業務准入條件主要包括：

（1）融資人應為商業銀行優質客戶，PD評級較高，原則上應為所屬行業第一層級的央企、地方優質大型企業及其子公司。

（2）融資人綜合還款能力強，在合夥企業、有限責任公司所投資項目未如期實現效益情況下，依託自身資金仍具有充足的溢價回購能力，可確保全額償付融資。

（3）融資人能夠根據商業銀行要求提供有效的擔保、抵（質）押。

（4）合夥企業、有限責任公司組建、增資合法合規，融資人及各相關參與方已就股權出資、股權回購、項目投資等履行必要的內外部審批手續，並取得必要的地方及

國家主管部門、國資部門的批覆（如需）。

（5）商業銀行認為必要時，應由商業銀行認可的律師事務所對相關當事人及融資的真實性、合規性、其他相關風險因素等進行盡職調查，並出具報告。商業銀行認可的專業評估機構對相關抵（質）押資產進行估值並出具相關價值評估報告，合理確定融資抵（質）押率。

（6）在符合國家法律法規、適用於子公司監管規定的前提下，合夥企業份額、有限責任公司股權，原則上由銀行集團成員直接持有或實際控制，如因特殊政策原因不能直接由商業銀行集團成員持股的，應採取有效措施保證商業銀行權益。融資人作為合夥企業合夥人、有限責任公司股東的出資比例原則上不低於 10%。

（7）交易文件對融資人到期履行合夥企業份額、有限責任公司股權溢價回購義務具有充分約束。

（8）業務的風險收益、綜合回報水平較高。

（9）融資期限原則上不超過 3 年。

第四節　投資銀行業務盡職調查與審查審批流程審計

投資銀行業務盡職調查和審查審批是投資銀行業務風險管理的關鍵環節。加強對投資銀行業務盡職調查與審查審批流程審計，是保證投資銀行業務穩健發展的重要措施。

一、盡職調查審計

盡職調查是投資銀行業務風險管理和風險收益平衡的基礎，是開展投資銀行業務的前提程序。要通過審計檢查，準確評價盡職調查團隊對投資銀行業務基礎資產以及交易結構相關信息、風險識別評估揭示和風險收益平衡的完整性、準確性與及時性，揭示投資銀行業務的剩餘風險和風險管理與控制缺陷。

1. 盡職調查團隊人員組成情況審計

要通過對盡職調查團隊人員組成情況審計，評價盡職調查團隊人員組成以及知識結構、專業技能以及技術水平是否符合履行投資銀行業務盡職調查的需要，評價盡職調查團隊的勝任能力。

從投資銀行業務盡職調查工作實踐來看，投資銀行業務盡職調查團隊人員組成一般包括：

（1）盡職調查團隊由承擔客戶關係管理人職責的分支行前臺經營單位人員、分行投行業務管理部門人員組成。

（2）申報境內商業銀行信用支持應收帳款類型非信貸業務時，盡職調查團隊應包括分行信用證業務主管部門（國際業務部等）人員。

（3）融資人為跨分行集團授信客戶、總行直管集團客戶成員企業的，非信貸業務方案應徵求集團客戶關係管理人意見。

2. 盡職調查團隊履職審計

要通過盡職調查履職情況審計，評價盡職調查工作全面性、客觀性、謹慎性、重

要性原則執行情況，評價投資銀行業務盡職調查工作的質量效果和存在的主要問題以及投資銀行業務中潛藏的未被揭示的重大風險隱患。

從投資銀行業務實踐來看，盡職調查的基本要求和內容方法一般主要包括：

（1）綜合運用現場實地調查和非現場間接調查手段，以現場實地調查為主、間接調查為輔，採用查閱、訪談、實地調研、列席會議、信息分析、驗證和討論等方法開展。

（2）在盡職調查過程中，應掌握融資人與商業銀行和其他同業開展的授信業務和非信貸業務融資全貌，並在此基礎上檢視其擬融資總額是否超過實際融資需求和整體承債能力，是否存在就同一融資需求或項目通過商業銀行授信業務和非信貸業務進行重複融資情況。

（3）盡職調查完成后，分行前臺經營單位應撰寫「非信貸業務融資分析報告」，內容主要包括客戶與業務背景、基礎資產分析、交易結構設計、外部合作機構分析、融資人授信額度檢視及結論、非信貸業務額度安排六個方面。

二、授信額度的申報與審批流程審計

投資銀行業務涉及面寬，潛藏較大的市場風險、信用風險和操作風險，授信審查和審批環節多、流程長。加強對投資銀行業務授信審查審批流程審計，是保證投資銀行業務穩健發展，實現投資銀行業務風險收益最優化的重要措施。

1. 投資銀行業務方案論證優化流程審計

投資銀行業務方案是開展投資銀行業務的基礎。要通過審計檢查，評價各級經營管理部門制定的投資銀行業務方案是否切實可行，是否充分識別、評估和揭示了各種風險，是否落實了風險管理、控制和緩釋的措施與工具，是否做到了風險收益最優化。

投資銀行業務方案論證優化的流程一般主要包括以下幾個環節：

（1）分行投行業務主管部門在指導前臺經營單位完成盡職調查后，開展核實盡職調查信息、厘清交易結構及外部合作機構情況、評估風險、優化業務方案，並按投資銀行業務操作指引，逐筆報總行投資銀行業務經營管理部門確認整體業務方案。

（2）總行投資銀行業務經營管理部門確認整體業務方案，評估論證業務方案的可行性，包括融資人、融資項目、交易結構、外部合作機構、業務定價等內容。

（3）經總行投資銀行業務經營管理部門確認后，分行投行業務主管部門形成「投資銀行業務方案」，通過內部授信業務管理系統提交上級行審查、審批。

2. 投資銀行業務授信審查審批流程審計

投資銀行業務授信審查審批是開展投資銀行業務風險管理的關鍵環節，也是投資銀行業務風險收益平衡的重要關口。要加強對投資銀行業務授信審查審批流程的審計檢查，保證投資銀行業務穩健發展。

投資銀行業務授信審查審批流程一般主要包括以下幾個環節：

（1）分行授信管理部門按照授信條線受理評審公司客戶非信貸業務規定要求，在要件齊備前提下，受理投資銀行業務授信額度申請，進入評審流程。

（2）分行法律合規部門進行法律合規審查。對分行合規管理部門審查意見中指出

存在法律合規風險的，授信管理部門應提請投行業務主管部門就防控措施安排、法律合規風險是否可控等提供必要說明。投行業務主管部門未安排有效防控措施並確認法律合規風險可控的，授信部門可終止評審。

（3）分行授信管理部門按規定履行分行評審職責，出具評審意見，經評審委員會審議（若需要）、信貸執行官或分管授信工作的高級管理人員簽署意見后，報行長審核同意后提交總行審查審批。

（4）總行法律合規部門進行法律合規審查。總行法律合規部審查意見中指出存在法律合規風險的，總行授信管理部門應提請投資銀行業務經營管理部門提供必要說明。投資銀行業務經營管理部門未安排有效防控措施並確認法律合規風險可控的，授信管理部門應終止評審。根據總行法律合規部門審查意見，總行投資銀行業務經營管理部門指導分行調整交易結構的，應向總行授信管理部出具確認意見。

（5）總行授信管理部門按規定開展評審，按流程報有權審批人審批后在授信業務管理系統中生成相應非信貸業務額度。

第五節　融資條件落實及其資金支付審計

全面有效落實融資條件和按規定用途使用資金，是保證投資銀行業務資金安全的重要措施。要通過加強對融資條件落實及其資金劃付審計，促進投資銀行業務穩健經營，保證投資銀行業務安全。

一、投資銀行業務合同審計

投資銀行業務涉及多個法律主體和多組法律關係，交易結構複雜。加強對投資銀行業務合同審計是保證投資銀行業務安全的重要基礎。要根據交易結構和業務模式，審計檢查投資銀行業務合同的具體條款，審計檢查融資人、擔保或回購方（如有）、外部合作機構等法律關係和責任義務是否平衡，審計檢查投資銀行業務風險收益管理措施條款是否有效落實。

根據投資銀行業務實踐，不同的業務品種有不同的風險管理控制措施，也有不同的合同約束條款。

以信託公司為外部合作機構，開展的受讓信託受益權業務模式下，需簽署的主要合同文本包括：

（1）資金信託合同。
（2）信託借款合同、保證合同（如有）、抵（質）押合同（如有）。
（3）信託受益權轉讓協議。
（4）資金託管合同。
（5）財務顧問協議（如有）。
（6）貸款或融資委託管理協議。

以證券（基金）公司和信託公司為外部合作機構，開展的「資產管理計劃加信託計劃」業務模式下，需簽署的主要合同文本包括：

(1)「定向資產管理合同」或「專項資產管理合同」。
(2)資金信託合同。
(3)信託借款合同（如有）、保證合同（如有）、抵（質）押合同（如有）。
(4)資金託管合同。
(5)財務顧問協議（如有）。
(6)貸款或融資委託管理協議。

以證券（基金）公司為外部合作機構，開展的投資資產管理計劃的業務模式下，需簽署的主要合同文本包括：
(1)「定向資產管理合同」或「專項資產管理合同」。
(2)資產轉讓協議。
(3)融資委託管理協議。

以證券（基金）公司為外部合作機構，開展的投資資產管理計劃對接委託貸款的業務模式下，需簽署的主要合同文本包括：
(1)「定向資產管理合同」或「專項資產管理合同」。
(2)委託貸款合同。
(3)融資委託管理協議。

投資銀行理財直接融資工具業務模式下，需簽署的主要合同文本包括：
(1)理財直接融資合同。
(2)理財直接融資請求書。
(3)理財直接融資工具確認函。

二、放款審計

放款是投資銀行融資業務的最后一道風險管理關口。加強對放款環節的審計檢查，是保證投資銀行業務安全的重要措施。重點審查分行放款中心是否對合同文本及各項證明材料的法律有效性和完整性、業務審批流程的合規性、完整性和有效性以及授信額度提用條件的落實情況等進行了審核，看投資銀行業務法律文書是否完整有效，看有無未落實授信條件就放款的情況，評價放款管理的有效性、合規性、安全性。

從投資銀行業務管理實踐來看，審核資料清單主要包括（但不限於）：
(1)融資人、擔保人基本情況資料。
(2)相關合同、協議等法律文件。
(3)其他各項提用條件［如抵（質）押物權證及他項權證、同意融資或擔保的股東會（董事會）決議、其他相關協議、非信貸業務審批書要求的其他提用條件等］。

三、資金劃付審計

按規定用途劃付和使用融資資金是保證投資銀行業務安全的重要措施。要審計檢查投資銀行業務經營管理部門是否落實融資資金的劃付和監管是否保證融資資金按規定用途使用。

投資銀行業務融資資金的劃付和監管一般主要包括以下幾個環節的工作：

（1）要求融資人在商業銀行開立資金監管帳戶，原則上採取事前監管模式，嚴控監管帳戶資金使用。融資人在辦理每筆資金劃付手續前，須向前臺經營單位提交「用款申請書」、相應的支付憑證及商業銀行要求的其他資料（包括但不限於商務合同、發票和收貨單據等交易資料），明確付款對象和用款金額。前臺經營單位對資金劃付條件進行初審，在「用款申請書」上簽署意見，報分行投行業務主管部門審查同意后，前臺經營單位方可為融資人辦理資金劃付手續。

（2）資金使用15日內，前臺經營單位應填寫「融資用途專項監測表」，監測報告應列明融資款具體用途，並附上相關劃款憑證、客戶用款交易證明等材料。

（3）如融資資金15日內未使用完畢，必須持續做好后續資金用途監控工作，每月初5日內撰寫「融資用途專項監測表」，反應上月資金使用情況，說明分析當月已用或未用資金情況，直至資金使用完畢。

第六節　投資銀行業務資產存續期管理審計

存續期管理是投資銀行業務風險管理的重要環節。加強對投資銀行業務資產存續期管理的審計監督，可以有效識別、評估和揭示投資銀行業務風險，促進投資銀行業務經營管理部門更好地管理和控制資產風險，保證投資銀行業務資產安全。

一、資產存續期管理審計

審計檢查投資銀行業務資產存續期管理規章制度是否健全，執行是否有效，看投資銀行業務資產存續期管理各項措施是否落實，充分識別、揭示和評估投資銀行業務資產風險狀況以及存在的主要問題。

從投資銀行業務資產存續期管理實踐來看，投資銀行業務存續期管理的重點內容一般主要包括（不限於）以下幾個方面：

（1）投資銀行業務存續期管理必須以融資人為中心，對同一融資人的商業銀行自營信貸業務、投行類理財業務實施一體化監控，對融資人整體風險進行持續管控。

（2）前臺經營單位是本業務及基礎資產存續期管理的第一責任單位，前臺經營單位客戶經理是第一責任人。前臺經營單位應按照自營信貸以及投資銀行業務存續期管理要求，做好存續期管理，逐戶逐筆對非信貸業務額度提用、資金劃轉、融資項目進展、合同執行等情況進行持續監控。

（3）分行風險部門應督促前臺經營單位執行存續期管理工作要求，並指導前臺經營單位及時採取風險防控措施。上級行風險管理部門要做好融資人和基礎資產平行風險監測工作。

（4）投資銀行業務存續期管理，應比照自營授信業務要求，主要通過融資用途專項監測、資產五級分類、不定期專項監測、定期專項監測等工作展開，並在此基礎上開展風險預警、風險監察名單和主動減退等工作。

（5）投資銀行業務應納入資產質量五級分類體系。要將存續期投資銀行業務納入資產質量管理體系，劃分為正常、關注、次級、可疑和損失五類，按照風險管理基本

規定開展日常監控和管理。

二、定期和不定期專項監測審計

審計檢查投資銀行業務資產存續期定期和不定期專項監測制度是否健全，執行是否有效，看投資銀行業務資產存續期定期和不定期專項監測各項措施是否落實，充分識別、揭示和評估投資銀行業務定期和不定期專項監測中存在的主要問題。

從投資銀行業務資產存續期管理實踐來看，投資銀行業務存續期定期和不定期專項監測的重點內容一般主要包括以下（不限於）幾個方面：

1. 前臺經營單位應對存續期投資銀行業務開展定期專項監測工作

對同一融資人的投資銀行業務定期專項監測與授信業務定期監控要同步完成。對於在商業銀行無信貸業務的投資銀行業務融資人定期監測頻率為不低於半年一次。前臺經營單位應對融資人、擔保方等的生產經營和財務狀況等進行全面瞭解，詳細分析融資項目進展，關注外部合作機構對融資人、融資項目、保證人、押品等的管理情況，發現、識別、評價到期償付能力及業務風險。

2. 前臺經營單位應對投資銀行業務開展不定期專項監測工作

監測頻率不低於融資人商業銀行授信業務不定期監控頻率。對於在商業銀行無信貸業務的非信貸融資人不定期監測頻率為不低於3個月一次。對同一融資人的非信貸業務不定期專項監測與授信業務不定期監控可同步完成。

通過對融資客戶經常性的查訪，監控融資人經營及財務狀況、整體負債規模及結構變化情況等各種信息，密切關注外部合作機構的風險及其對基礎資產的管理情況等，並根據所瞭解的情況及風險預警信號，判斷理財對接投行類資產非信貸業務是否已經或將受到不利影響。

三、風險預警與風險應對審計

審計檢查投資銀行業務資產存續期風險預警與風險應對規章制度是否健全、方法措施是否有效、執行是否到位，看投資銀行業務資產存續期風險預警與風險應對各項措施是否落實，充分識別、揭示和評估投資銀行業務資產存續期風險預警與風險應對中存在的主要問題。

前臺經營單位、分行投行業務主管部門以及上級行風險管理部門應根據融資人已出現的風險預警信號，判斷對投行類理財業務的影響程度，並分別採取以下應對措施：

第一，出現一般預警標示，經分析未導致風險評級下降且暫時不會危及商業銀行投行類理財業務安全，前臺經營單位應在「不定期專項監測報告」中說明情況，提出防範和化解風險的意見，並加強關注跟蹤工作。

第二，如出現較大程度上將危及商業銀行投行類理財業務安全的預警標示，前臺經營單位、分行投行業務主管部門應採取以下措施：

（1）及時採取加固擔保等有效風險化解措施。

（2）將相關信息上報上級行授信部門。報經原審批人同意后，分行高級信貸執行官（分管授信工作副行長）和授信管理部門可凍結融資人的非信貸業務額度。凍結一旦發

起，該融資人未提用的所有非信貸業務額度均不能使用。

（3）分行投行業務主管部門指導前臺經營單位對融資人在商業銀行的信貸業務情況進行全面排查和評估，視情況嚴重程度，提出是否凍結或調整融資人授信額度。

（4）分行投行業務主管部門將相關情況上報總行資產管理部門。總行資產管理部門會同有關部門進行相關風險處置化解。

第三，對出現風險預警標示，危及商業銀行投行類理財業務安全的融資人，如無有效的風險化解措施，可由前臺經營單位、分行風險部門參照公司業務風險監察名單管理有關規定，發起列入風險監察名單，對具備以下風險特徵並可能給商業銀行造成損失的融資人，應列入風險監察名單：

（1）在商業銀行及其他金融機構的信貸、信託或其他融資業務本金逾期或欠息超過 30 天。

（2）未按約定用途使用資金。

（3）關鍵財務指標明顯惡化。

（4）發生較大或突發不利事件。

（5）在商業銀行或其他金融機構有授信或非信貸融資業務進入關注、不良狀態。

（6）商業銀行擬訴訟或其他金融機構已進行重大訴訟。

（7）債權人已採取維權措施。

（8）會計師事務所拒絕出具意見或出具保留意見等非標準無保留意見。

（9）出現信貸手冊列明的或其他風險預警信號，顯示資產潛在風險有增加趨勢，可能造成損失。

第二十四章 實施新資本協議審計

　　1974 年年底,在歐美發達國家接連發生 3 起銀行倒閉事件之后,由國際清算銀行發起,美、英等十國集團中央銀行行長在瑞士小鎮巴塞爾,成立了巴塞爾銀行監管委員會,致力於制定統一的國際銀行監管框架,建立各國監管當局踐行監管框架、進行監管合作的具體準則。

　　巴塞爾銀行監管委員會(以下簡稱巴塞爾委員會)是具有廣泛代表性的國際組織,其發布的巴塞爾資本協議Ⅰ至Ⅲ,被公認為當前全球最具影響力的、統一的銀行監管框架和國際標準,在多個國家和地區得以推廣實施,形成具有持續深遠影響的變革力量。中國於 2009 年加入巴塞爾銀行監管委員會。

　　巴塞爾委員會成立 40 多年來,不斷發展壯大,成員已覆蓋了包括中國在內的 20 多個經濟體,在國際範圍內具有了廣泛的代表性。

第一節　資本與資本管理

一、資本與資本的涵義

(一) 資本

　　資本是商業銀行擁有的、反應在資產負債表上的實收資本,代表商業銀行的全部淨價值。

　　商業銀行的資本,一方面反應其承擔風險損失的能力,另一方面又反應商業銀行對其存款及其他負債的最后清償能力,是保障商業銀行安全的重要因素。

(二) 資本的涵義

　　商業銀行的資本按照不同的口徑,可以分為產權資本與債務資本、一級資本和二級資本。

1. 產權資本與債務資本

　　商業銀行的資本通常由產權資本和債務資本兩部分組成。

（1）產權資本。產權資本是指商業銀行以普通股形式籌集的股本以及資本帳戶中其所有權屬於股東的那部分資金，包括資本盈餘、未分配利潤、公積金等。通常所說的淨值，就是資產減去負債后的淨值，就是產權資本。

（2）債務資本。債務資本是具有資本性質的債務，如資本票據、可轉換債券等。

2. 一級資本和二級資本

1982年，美國聯邦金融機構檢查委員會對商業銀行的資本作出新的規定，將商業銀行資本分為一級資本和二級資本。

（1）一級資本。一級資本包括普通股、沒有償還期的優先股、資本盈餘、未分配利潤、貸款損失準備金、其他準備、各種可轉換為普通股的金融工具等。

（2）二級資本。二級資本包括有償還期的優先股、資本票據、債權等。

顯然，一級資本和二級資本是按照資金使用的永久性來劃分的。一級資本是商業銀行可以永久使用的資金。

二、資本的職能

（一）資本是商業銀行開業的先決條件

一家商業銀行要開業，就必須要先有資本。這樣才能取得監管部門的批准，也才能籌備購買開業所必要的物質準備，並使社會公眾對商業銀行有初步的信任。

（二）資本為商業銀行的業務經營提供財務槓桿作用

資本槓桿率是資本充足率的倒數。例如，按照巴塞爾舊資本協議的規定，商業銀行資本充足率是8%。那麼在按照舊資本協議監管的條件下，商業銀行的資本槓桿率計算公式為：

銀行資本槓桿率 = 100/8 = 12.5（倍）

其意思是說，100萬元資本可以做1,250萬元的資產業務。

（三）資本為存款人提供保護，也為商業銀行本身的安全提供保護

商業銀行承擔風險的能力和最后清償能力主要表現在以下兩個方面：

（1）商業銀行承擔風險損失的能力與最后清償的能力，實際上是一回事，都是由資本金的多少體現出來的商業銀行的最終實力。

（2）商業銀行有沒有清償能力，主要看資本金是否完整無缺。

（四）資本是監管部門管理商業銀行的重要手段，也是商業銀行自己管理自己的一個重要手段

按照巴塞爾新資本協議的規定，商業銀行監管不但要繼續把資本與風險緊密聯繫起來進行監管，而且還要提高最低資本監管要求，提高核心資本監管要求，增加逆週期緩釋資本和系統性重要商業銀行資本監管要求等。這些充分說明資本是監管當局管理商業銀行的重要手段。

商業銀行穩健經營的文化，也要求其要通過合理的資本管理，有效管理和控制風險，保證商業銀行經營安全。

三、資本風險

資本風險是商業銀行的資本金不足而承擔風險損失的能力不足，對其存款及其他

負債的最后清償能力不足，使商業銀行的經營安全受到威脅的風險。

資本風險和流動性風險一樣，是一個涉及商業銀行經營安全、是否能繼續開門營業的重大問題。

商業銀行經營面臨的風險損失可分為三類，即預期損失、異常損失和非預期損失。

（一）預期損失

預期損失是預計的平均損失，由準備金所覆蓋，計入經營成本。按照監管規定，目前考核風險準備的有呆帳準備金和撥備覆蓋率二項指標。

1. 呆帳準備金

呆帳準備金是商業銀行按照監管規定，根據貸款余額計提的、用於核銷壞帳的資金。按照現行監管規定，呆帳準備金按照貸款余額的 2.5% 計提。

2. 撥備覆蓋率

撥備覆蓋率是評價商業銀行呆帳準備金覆蓋率的指標，反應商業銀行承受核銷壞帳風險的能力。按照現行監管規定，撥備覆蓋率要達到不良貸款總額的 250%。

（二）異常損失

異常損失是商業銀行沒法預料的極端損失，一般發生在極端情況下，一旦發生則損失巨大，但是發生的概率極低。

（三）非預期損失

非預期損失介於預期損失和極端損失之間，該部分損失由商業銀行經濟資本所覆蓋。經濟資本內涵如圖 24-1 所示。

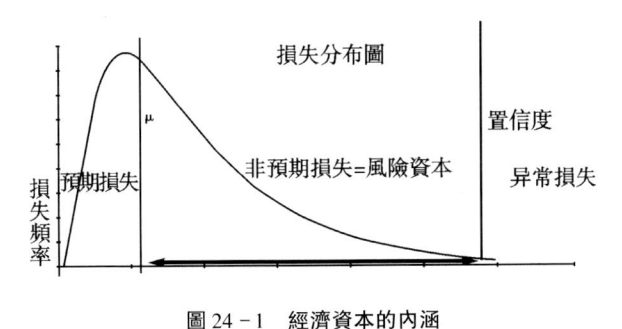

圖 24-1 經濟資本的內涵

第二節 巴塞爾資本協議的基本內容與特點

巴塞爾委員會成立后，陸續制定和發布了一系列關於國際金融監管的文件，其中以巴塞爾資本協議 I 至 III 為代表。雖然這些監管框架從嚴格意義上並不具有法律約束力，但已經在事實上為各個經濟體實施商業銀行監管提供了一個國際範圍內共同認可的參照。目前，巴塞爾委員會已經成為全球銀行監管框架的國際標準的討論平臺和制定平臺。

在 2010 年 11 月 12 日舉行的 G20（二十國集團）峰會上，與會的各國領導人，包

括時任中國國家主席胡錦濤承諾將執行巴塞爾委員會制定的銀行國際監管新規，並努力進行金融監管改革。

從商業銀行發展的長期看，這些監管要求的變革必將推動銀行業尤其是中國銀行業的發展轉型。瞭解巴塞爾資本協議所規定的國際銀行監管準則，是中國銀行業從業人員當前的重要現實課題。

一、巴塞爾舊資本協議的基本內容與特點

巴塞爾委員會於1988年7月公布《關於統一國際銀行資本衡量和資本標準的協議》，即巴塞爾舊資本協議（以下簡稱巴塞爾Ⅰ）。

（一）巴塞爾Ⅰ的基本內容

巴塞爾Ⅰ將資本與風險掛鉤，建立了一套完整的、國際通用的、覆蓋表內表外風險的資本充足率標準，確定了合格監管資本，設置了統一的信用風險加權量化方法，規定了最低資本要求。

巴塞爾Ⅰ主要有以下四個方面的內容：

（1）明確銀行資本分為核心資本和附屬資本兩大類，附屬資本不得超過核心資本的100%。

（2）提出信用風險加權量化方法，將資產信用風險以0%、20%、50%和100%四個風險權重體現，進而加權計算信用風險資產。

（3）通過設定轉換系數，將表外授信業務納入資本監管，實現了資本監管的全覆蓋。

（4）規定銀行資本與風險加權資產之比不得低於8%，其中核心資本與風險加權資產之比不得低於4%。

（二）巴塞爾Ⅰ的顯著特點及其重大意義

巴塞爾Ⅰ是在充分的論證與協調中產生的，對商業銀行加強風險管理與控制、加強銀行監管、實現商業銀行穩健經營、促進經濟社會事業發展具有十分重要的意義。

1. 達成了共識，形成了統一規範的監管政策

經濟金融發展的不平衡是全球經濟金融一體化發展的重大障礙。巴塞爾委員會以最大的政治智慧，凝聚了國際金融界的共識，形成了巴塞爾Ⅰ，在資本充足率、風險計量方法、核心資本與附屬資本等方面，達成了監管共識，開闢了國際金融監管的新局面，促進了國際經濟金融一體化發展。

2. 完善了加權資產計算範圍，使風險計量更加準確

風險的計量是風險管理的基礎。全球經濟金融一體化發展，加劇了貨幣市場、資本市場和生產要素市場的風險。1996年，巴塞爾委員會發布了《巴塞爾資本協議市場風險補充規定》，將市場風險納入風險加權資產計算範圍，使商業銀行風險計量更加準確，風險管理更加具有針對性和有效性。

3. 奠定了資本管理在銀行監管中的核心地位，促進了銀行監管

巴塞爾Ⅰ提出了資本充足率的基本要求，明確了核心資本與附屬資本的管理規範，奠定了資本管理在銀行監管中的核心地位。通過資本硬約束和資本監管，促使商業銀

行全面落實風險管理，實現穩健經營。

二、巴塞爾新資本協議的基本內容與特點

2004年6月，《資本計量和資本標準的國際協議：修訂框架》，即巴塞爾新資本協議（以下簡稱巴塞爾Ⅱ）正式發布，延續了巴塞爾Ⅰ以資本監管為核心的風險監管思路。

（一）巴塞爾Ⅱ的基本內容

巴塞爾Ⅱ提出了三大支柱的概念，從三個方面創新性地提出了完整的銀行監管框架。

第一支柱：最低資本要求。巴塞爾Ⅱ第一支柱提出了資本最低監管要求，有以下三個方面的主要內容：

（1）強調覆蓋市場風險、信用風險和操作風險等三大風險的最低資本要求。

（2）第一次把操作風險納入資本監管領域，更加完善了商業銀行的風險管理與監管政策。

（3）巴塞爾Ⅱ對三大風險都提供了多種不同的資本計量方法，供不同風險管理水平的銀行使用。

①信用風險資本計量方法包括：標準法和內部評級法。

②市場風險資本計量方法包括：標準法和內部模型法。

③操作風險資本計量方法包括：基本指標法、標準法和高級計量法。

第二支柱：監督管理。巴塞爾Ⅱ第二支柱提出了監督管理的基本原則，有以下兩個方面的主要內容：

（1）提出了監管機構對商業銀行進行評估檢查的基本原則，統一了監管政策。

（2）要求商業銀行建立內部資本充足評估體系，並接受監管機構的檢查、評價和監管措施。

第三支柱：市場紀律。巴塞爾Ⅱ第三支柱提出了市場紀律，有以下兩個方面的主要內容：

（1）要求銀行進行全面的信息披露，增加市場透明度。

（2）接受市場公開監督，作為對第一和第二支柱的有效補充。

（二）巴塞爾Ⅱ的基本特點

巴塞爾Ⅱ有以下三個方面的基本特點：

（1）巴塞爾Ⅱ繼承了以資本充足率為核心的監管思路，改革了資本充足率的衡量方法，並增加了操作風險資本計提要求。

（2）巴塞爾Ⅱ雖然也規定了8%的資本充足率標準，但不再以四種簡單權重一刀切計提資本，而是鼓勵商業銀行採用高級計量方法。

（3）巴塞爾Ⅱ將商業銀行的風險與資本更緊密相連，提升了商業銀行資本的風險敏感度，督促商業銀行增強風險管理水平。

（三）巴塞爾Ⅱ面臨的主要問題

（1）資本質量相對較低，資本標準不夠嚴格。

（2）風險覆蓋範圍不夠全面，交易對手風險及市場極端風險存在監管空白。
（3）資本充足性要求相對較低，資本不足以抵禦金融危機。
（4）流動性風險監管沒有統一標準，流動性風險無法得到有效控制。
（5）資本監管規則存在著親週期效應，加劇信用週期震盪幅度。
（6）透明度不高，存在監管套利。

三、巴塞爾資本協議的基本內容與特點

針對 2007 年以來全球金融危機暴露出來的銀行體系和金融監管缺陷，巴塞爾委員會從 2009 年 7 月發布《強化新資本協議框架的建議》開始，密集出抬了一系列監管改革方案，構成巴塞爾資本協議（以下簡稱巴塞爾Ⅲ）。

巴塞爾Ⅲ通過提高資本充足率監管標準、引入槓桿率作為資本監管的補充，加強流動性風險監管，建立起全新、全面、全球統一的監管標準體系。

巴塞爾Ⅲ最大特點是在新協議的基本框架下，進一步強化了資本監管和流動性管理，更加注重金融體系穩健性和安全性。

（一）繼續擴大資本監管的風險覆蓋面

從維護金融體系穩健性和安全性監管目標出發，巴塞爾Ⅲ大幅提高了高風險業務信用風險的資本監管要求。這些業務包括：

（1）交易業務。
（2）資產證券化等複雜衍生品。
（3）場外衍生品交易。
（4）融資業務交易對手信用風險等。

（二）提高資本充足率監管標準

巴塞爾Ⅲ提高了資本質量要求，執行嚴格的資本扣減。巴塞爾Ⅲ提出的資本標準如表 24-1 所示。

表 24-1　　　　　　　　　　巴塞爾Ⅲ資本標準　　　　　　　　　單位：%

序號	項目	普通股充足率（扣減后）	核心資本充足率	資本充足率
1	最低資本要求	4.5	6.0	8.0
2	資本留存超額資本要求	2.5	2.5	2.5
3	最低要求及資本留存超額資本要求（3＝2＋1）	7.0	8.5	10.5
4	反週期超額資本要求	0.25	0.25	0.25
5	合計（5＝3＋4）	7～9.5	8.5～11	10.5～13

（三）顯著增加資本數量要求

（1）一級資本充足率下限從現行的 4% 提高至 6%。
（2）由普通股構成的「核心」一級資本充足率下限從現行的 2% 提高至 4.5%。
（3）增加 2.5% 的緩衝資本。

（4）增加 0～2.5% 逆週期緩衝資本。
（5）增加系統重要性銀行資本要求 1% 以上。巴塞爾Ⅲ要求下商業銀行資本結構如圖 24-2 所示。

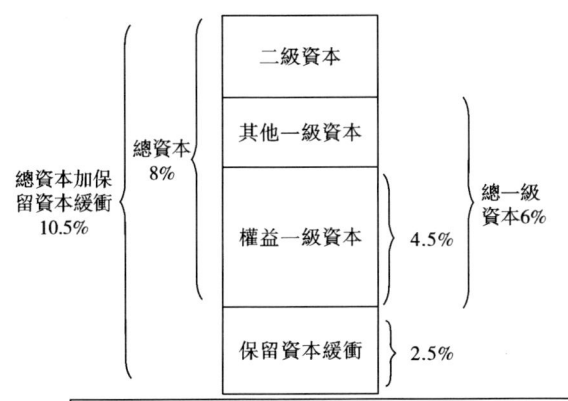

圖 24-2　巴塞爾Ⅲ要求下的商業銀行資本結構

（四）加強流動性風險監管

將最低流動性要求納入監管框架，規定流動資金覆蓋率（LCR）不低於 100%，淨穩定資金比率（NSFR）不低於 100%。

第三節　實施新資本協議審計的主要內容與方法技術

實施新資本協議審計是指按照政府監管部門制定的實施巴塞爾新資本協議相關監管規定，對商業銀行及其分支行實施新資本協議以及政府監管部門規定的情況所進行的審計監督。

一、審計管轄分工

要按照實施新資本協議的主體責任進行審計分工，科學配置審計資源，有效組織開展實施新資本協議審計的工作。

（一）總行審計部門管轄的審計項目

（1）涉及法人監管指標的審計，如資本充足率、風險計量模型的開發、流動性風險監管等。

（2）總行層面實施新資本協議的基本工作情況。

（3）全行實施新資本協議監管指標審計。

（4）總行審計部對分支行現場審計中涉及開展新資本協議審計項目時內容的對應

檢查。

（二）分支行審計部門管轄的審計項目

（1）分支機構層面新資本協議的應用執行情況審計。

（2）根據總行統一安排，開展全行實施新資本協議審計。

（3）分支行審計部進行業務審計時，檢查分支機構實施新資本協議風險管理程序的執行情況和風險管理工具的使用情況。

二、信用風險及其管理與控制審計

信用風險是銀行面臨的主要風險之一。在巴塞爾舊資本協議和新資本協議中，都對信用風險管理做出了嚴格的規定。加強信用風險管理審計是實施新資本協議審計的重點內容。

（一）信用風險及其基本特徵

1. 信用風險的概念

信用風險是借款人因各種原因未能及時、足額償還債務或銀行貸款而違約的可能性。發生違約時，債權人或銀行必將因為未能得到預期的收益而承擔財務上的損失。

2. 信用風險的基本特徵

一般來說，信用風險有以下四個方面的基本特徵：

（1）客觀性，即信用風險的發生不以人的意志為轉移，一般具有客觀的原因。

（2）傳染性，即一個或少數信用主體經營困難或破產就會導致信用鏈條的中斷和整個信用秩序的紊亂。

（3）可控性，即信用風險可以通過風險管理措施和風險管理工具，進行有效的管理與控制，商業銀行可以將信用風險降到最低。

（4）週期性，即信用風險的發生發展和經濟週期相聯繫，經濟週期的擴張與收縮決定了信用的擴張與收縮，進而決定了信用風險的擴張與收縮的交替出現。

（二）信用風險管理與控制審計的重點

（1）審計檢查商業銀行帳戶信用風險暴露分類，審計檢查信用風險暴露分類是否準確、真實、可靠。

（2）審計檢查商業銀行內部評級體系及風險參數估值。驗證內部評級體系建設是否科學合理，參數估值依據是否充分、可靠，是否得到監管部門的驗收認可。

（3）審計檢查信用風險緩釋。審計檢查信用風險管理工具、管理措施是否與信用風險狀況相適應，信用風險是否得到了有效的管理和控制。

（三）信用風險管理與控制審計的基本內容

根據信用風險的基本特徵和信用風險管理的基本要求與審計重點，信用風險審計檢查的基本內容主要包括（但不限於）：

（1）審計檢查商業銀行帳戶風險暴露分類的管理制度建設及其執行情況，評價帳戶分類的準確性。

（2）審計檢查商業銀行內部評級體系的健全性、適用性和有效性，評價內部評級結果的可靠性，看內部評價體系是否符合監管規定。

（3）審計檢查信用風險主管部門的工作制度、工作職責和工作質量與效果，看信用風險管理專業人員配置以及專業技能和技術手段是否適應信用風險管理的基本要求。

（4）審計檢查信用風險管理信息系統建設和數據維護的完善程度，評價計量模型的數據輸入過程內部控制是否嚴密、安全、可靠。

（5）審計檢查信用風險計量方法驗證工作制度、工作機制是否健全，包括驗證政策、管理架構、組織流程、實施重要環節和報告機制等的適用性、獨立性和有效性，評價計量結果的可靠性和準確性。

（6）審計檢查信用風險緩釋工具管理與使用狀況，評價信用風險緩釋工具是否與信用風險相匹配。特別是抵（質）押品管理體系、管理制度、估值方法、管理流程是否健全有效，評價信用風險緩釋工具管理與使用的效果和存在的主要問題。

三、市場風險及其管理與控制審計

市場風險是商業銀行風險管理的難點和重點。加強市場風險管理審計，有利於促進商業銀行不斷完善市場風險管理機制與管理工具，更好地管理和控制市場風險，實現穩健經營目標。

（一）市場風險的概念

市場風險是指在證券市場中因股市價格、利率、匯率等的變動，而導致價值未預料到的潛在損失的風險。因此，對商業銀行而言，市場風險主要包括權益風險、匯率風險、利率風險、流動性風險等。

流動性風險和利率風險是商業銀行面臨的主要市場風險，包含了資產負債在總量、期限、結構和利率上的不匹配風險。

控制市場風險是指把給定的資產負債組合的價值波動控制在指定的範圍內。這個範圍可以以組合的敏感度表示，也可以以價值表示。設計好了價值波動範圍，就可以通過經常調節資產負債組合靈敏度來實現風險管理。

（二）市場風險管理與控制審計的主要內容

根據市場風險的基本特徵與表現形態，按照市場風險管理的重點要求，市場風險管理與控制審計的主要內容包括（但不限於）：

（1）審計檢查市場風險管理的組織結構、規章制度、操作流程是否健全有效，看市場風險管理職能的獨立性，市場風險管理人員的充足性、專業勝任能力以及履職情況。

（2）審計檢查市場風險管理所涵蓋的風險類別及其範圍控制是否全面，看有無剩餘風險。

（3）審計檢查市場風險頭寸管理情況和風險狀況，評價流動性風險狀況。

（4）審計檢查市場風險計量方法的恰當性和計量結果的準確性，看有無重大計量差錯，評價市場風險計量過程和計量結果的可靠性。

（5）審計檢查對市場風險管理政策和程序的遵守情況，評價市場風險管理的執行力與執行效果。

（6）審計檢查市場風險限額管理的有效性，評價市場風險管理限額制度、執行機

制和執行效果與存在的主要問題。

（7）審計檢查市場風險管理信息系統的完備性、可靠性，評價信息系統的安全性。

（8）審計檢查市場風險頭寸數據的準確性、完整性，數據來源的一致性、時效性、可靠性和獨立性，看頭寸管理的風險與收益協調性，評價頭寸管理的質量效果與存在的主要問題。

（9）審計檢查市場風險管理系統所用參數和假設前提的合理性、穩定性，評價市場風險管理系統的可靠性。

（10）審計檢查事後檢驗和壓力測試系統的有效性，評價壓力測試制度建設和工作質量，看壓力測試有無重大缺陷和失誤。

（11）審計檢查市場風險資本的計算和內部配置情況，評價市場風險資本配置管理的工作質量。

（12）審計檢查重大超限額交易、未授權交易和帳目不匹配情況，看有無形成重大風險，分析重大超限額交易、未授權交易形成的原因和問題。

（13）審計檢查市場風險管理體系文檔的完備性，看有無遺失重要文件信息的情況和問題。

（14）審計檢查市場風險計量方法驗證工作制度、機制和工作流程，包括驗證政策、管理架構、組織流程、實施重要環節和報告機制等的適用性、獨立性和有效性，評價計量結果的可靠性和準確性。

（三）銀行帳戶利率風險審計的主要內容

根據利率風險的表現形態和利率風險的管理要求，銀行帳戶利率風險審計的主要內容包括（但不限於）：

（1）審計檢查銀行帳戶利率風險的管理架構、管理政策、管理制度和執行機制與程序，看銀行帳戶利率風險管理體制機制是否健全有效。

（2）審計檢查銀行帳戶利率風險的識別、計量、監測、控制的體制機制和工作程序是否健全有效，評價銀行帳戶利率風險的識別、評估與管理的質量與效果。

（3）審計檢查限額管理政策、制度及其執行情況。

（4）審計檢查利率敏感性分析及其缺口管理情況與質量效果。

（5）審計檢查銀行帳戶利率風險相關管理信息系統設計運行情況，看銀行帳戶利率風險管理系統是否安全可靠。

（6）審計檢查壓力測試制度建設及其運行情況。

（四）流動性風險審計的主要內容

根據流動性風險管理的基本要求和商業銀行流動性風險管理實踐，流動性風險審計的主要內容包括（但不限於）：

（1）審計檢查流動性風險的管理架構、管理政策和管理制度及其程序是否健全有效。

（2）審計檢查流動性風險的識別、計量、監測和控制程序，評價流動性風險識別、評估與管理的質量效果。

（3）審計檢查流動性風險限額管理制度、機制和工作程序是否健全有效，評價流動性風險管理的質量效果。

（4）審計檢查流動性缺口管理制度是否健全，評價流動性缺口及其管理情況。

（5）審計檢查流動性風險相關管理信息系統設計運行情況，評價系統的安全性與可靠性。

（6）審計檢查流動性風險壓力測試制度及其執行情況，看壓力測試是否符合監管規定，檢查評價流動性風險應急預案的科學性、合理性與可行性。

（五） 國別風險審計的主要內容

根據國別風險管理要求，國別風險審計的主要內容包括（但不限於）：

（1）審計檢查國別風險的管理架構、管理政策、管理制度和管理程序，評價國別風險管理的質量效果。

（2）審計檢查國別風險的識別、計量、監測和控制制度、機制、程序，看國別風險計量的工具手段是否可行，評價國別風險識別、評估的質量效果。

（3）審計檢查國別風險限額管理政策以及制度的執行情況，評價國別風險管理效果。

（4）審計檢查國別風險準備金政策、制度和計提情況，看是否按照制度規定和風險程度合理計提國別風險準備金。

（5）審計檢查國別風險相關管理信息系統設計運行情況，看系統運行是否安全可靠。

（6）審計檢查國別風險應急預案和退出策略，評價應急預案的可操作性。

四、操作風險及其審計

把操作風險納入銀行資本監管指標體系，是巴塞爾新資本協議的一個創造性變革。加強操作風險審計是實施巴塞爾新資本協議的基本要求和重要內容。

（一） 操作風險的基本概念

1. 操作風險的基本定義

操作風險是指由不完善或有問題的內部程序、人員及系統或外部事件所造成損失的風險。該定義不包括策略風險和聲譽風險，但包括法律風險。

從巴塞爾委員會給出的定義可以看出，操作風險有以下幾個方面的含義：

（1）操作風險損失是與操作風險事件相聯繫的。

（2）操作風險損失是要按照通用會計準則，被反應在銀行財務報表上的財務損失。

（3）操作風險損失包括所有與該操作風險事件有聯繫的成本支出。

（4）操作風險損失不包括機會成本、損失挽回、為避免后續操作風險損失而採取措施所帶來的相關成本。

2. 操作風險管理的基本方法

從商業銀行經營管理的角度而言，對於操作風險的管理最重要的是要解決兩個問題：一是如何準確地測量風險；二是通過何種手段或方法防範操作風險可能帶來的

損失。

（1）操作風險的計量。巴塞爾新資本協議中提出了基本指標法、標準法、高級計量法三種測量操作風險的方法。在這三種方法中，只有高級計量法是巴塞爾委員會允許商業銀行利用自己的操作風險損失數據、外部損失數據、情景分析和定性指標，自主開發操作風險的計量模型。除此以外，基本指標法和標準法確切地講還稱不上是計量操作風險的方法。這兩種方法實質上是巴塞爾委員會人為地設定一定的風險權重，再根據商業銀行的收入，通過判斷直接得出防範操作風險可能的損失所需要占用的資本數額。

（2）操作風險的管理與控制。操作風險不同於信用風險和市場風險，有其自身的特殊性質。商業銀行在經營活動中需要進行各種不同類型的業務核算操作，而這種業務操作遍布商業銀行內部各業務環節、產品線和不同的管理層面。由於各種不確定因素的存在，這些操作過程本身存在著失誤的可能性。絕大多數的操作風險都是可以避免的，即使是不可避免的操作風險也可以通過保險或其他風險轉移機制加以緩釋。雖然業務操作與其相關的業務活動會為商業銀行帶來價值。但是，承擔操作失誤風險本身並不會創造價值。操作風險的這種特殊性質決定了商業銀行要注重防範損失的發生，而損失發生的減少就意味著收益的增加。為了防範商業銀行內部的利益衝突，科學地控制風險和測量風險，商業銀行必須落實操作風險的管理與控制。一是商業銀行的風險管理委員會要負責操作風險的測量和資本配置工作。二是商業銀行內部控制委員會要負責操作風險的控制和防範工作，通過建立健全內部控制體制機制，有效管理和控制操作風險。

由於操作風險的分散性、多樣性特徵，要求銀行內部各產品線管理部門、各個業務層面的管理者以及各個業務操作環節的經辦復核人員，都要承擔起自身創造價值的各環節的操作風險管理職責。

中國銀監會發布的《商業銀行內部控制指引》以及內部控制評價相關要求，從評價目標和原則、評價內容、評價程序和方法、評價標準和等級、組織和實施及罰則等方面，對商業銀行內部控制管理問題進行了全面的規範，是商業銀行走向科學化管理、完善自我約束機制的一部具有現實意義的指導性文件。嚴格按照銀監會內部控制的基本要求，落實內部控制體制機制建設，就能有效管理和控制操作風險。

（二）操作風險審計的主要內容

根據操作風險的基本定義和巴塞爾委員會管理操作風險的基本原則以及中國銀監會內部控制管理的基本要求，操作風險管理與控制審計的主要內容包括（但不限於）：

（1）審計檢查操作風險管理的組織架構、規章制度與運行流程的健全性和有效性。

（2）審計檢查操作風險管理政策、制度和程序的執行情況及其效果。

（3）審計檢查操作風險計量方法的恰當性，看操作風險計量數據是否完整、可靠，評價計量結果是否準確。

（4）審計檢查操作風險管理信息系統的制度建設情況，看操作風險管理信息系統結構是否合理，評價數據維護的完善程度與可靠性。

(5) 審計檢查高級計量方法驗證工作制度建設，包括驗證政策、管理架構、組織流程、實施重要環節和報告機制等的適用性、獨立性和有效性，評價高級計量法的計量手段與計量結果的可靠性，評價計量結果的準確性。

五、資本管理審計

最低資本監管要求是巴塞爾新資本協議的重要內容，也是我國銀行監管指標體系的重要內容。加強對資本管理的審計監督，是實施新資本協議審計的重點。
(1) 審計檢查資本管理的治理結構、規章制度和執行機制。
(2) 審計檢查資本管理的相關部門的工作制度、工作機制和履職情況，評價資本管理相關人員的專業技能和資源充分性。
(3) 審計檢查內部資本充足評估程序相關政策是否健全有效，評價內部資本充足評估程序執行結果的可靠性。
(4) 審計檢查資本規劃以及資本規劃的執行情況。
(5) 審計檢查資本充足率管理計劃以及執行情況。
(6) 審計檢查資本管理信息系統和數據管理的合規性與有效性。

第四節　經濟資本管理審計

一、資本構成的三種形式
商業銀行的資本按照風險構成可以分為帳面資本、監管資本和經濟資本。
商業銀行資本的分類和內涵如圖24-3所示。

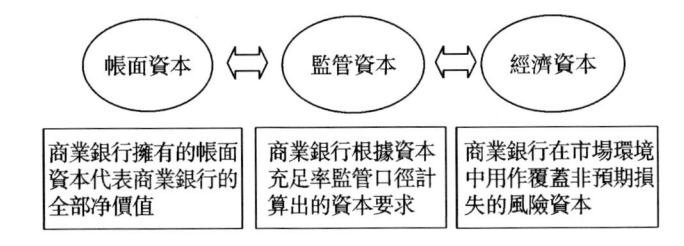

圖24-3　商業銀行資本的分類和內涵

(一) 帳面資本
帳面資本是商業銀行擁有的、反應在資產負債表上的實收資本，代表商業銀行的全部淨價值。
(二) 監管資本
監管資本是商業銀行根據資本充足率監管口徑，按照加權風險計算出的資本。

（三）經濟資本

經濟資本是虛擬資本，是按照風險加權系數計算出的資本，也是商業銀行在市場環境中用作覆蓋非預期損失的風險資本。

按照國際上銀行監管的發展趨勢，監管當局將來會逐步運用經濟資本作為監管資本。

二、經濟資本及其構成

經濟資本是虛擬資本，按照巴塞爾新資本協議的監管規定，要將市場風險、信用風險和操作風險納入資本管理。

市場風險、信用風險、操作風險資本計提如圖24-4所示。

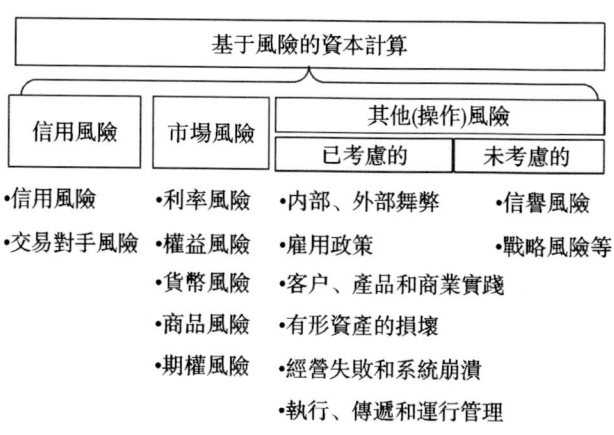

$$\frac{總資本}{信用風險、市場風險、操作風險} \geqslant 8\%$$

基于風險的資本計算

- 信用風險
  - 信用風險
  - 交易對手風險
- 市場風險
  - 利率風險
  - 權益風險
  - 貨幣風險
  - 商品風險
  - 期權風險
- 其他(操作)風險
  - 已考慮的
    - 內部、外部舞弊
    - 雇用政策
    - 客戶、產品和商業實踐
    - 有形資產的損壞
    - 經營失敗和系統崩潰
    - 執行、傳遞和運行管理
  - 未考慮的
    - 信譽風險
    - 戰略風險等

圖24-4　市場風險、信用風險、操作風險資本計提

（一）信用風險資本

信用風險資本包括：

(1) 信用風險。

(2) 交易對手風險。

（二）市場風險資本

市場風險資本包括：

(1) 利率風險。

(2) 權益風險。

(3) 貨幣風險。

(4) 商品風險。

(5) 期權風險。

(三) 操作風險資本
操作風險資本包括：
(1) 內部、外部舞弊。
(2) 雇用政策。
(3) 客戶、產品和商業實踐。
(4) 有形資產的損失。
(5) 經營失敗和系統崩潰。
(6) 執行、傳遞和運行管理。

三、經濟資本的管理與運用

經濟資本的構成包括信用風險資本、市場風險資本、操作風險資本和其他風險資本。

經濟資本的構成如圖 24-5 所示。

經濟資本的構成

經濟資本＝信用風險資本＋市場風險資本＋操作風險資本＋其他風險資本

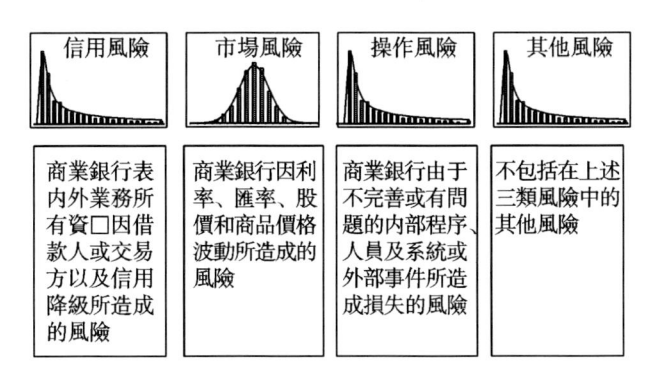

信用風險	市場風險	操作風險	其他風險
商業銀行表內外業務所有資□因借款人或交易方以及信用降級所造成的風險	商業銀行因利率、匯率、股價和商品價格波動所造成的風險	商業銀行由於不完善或有問題的內部程序、人員及系統或外部事件所造成損失的風險	不包括在上述三類風險中的其他風險

圖 24-5　經濟資本的構成

現代商業銀行經營的基本理念是風險調整后的收益才是淨利潤，貸款的風險和收益必須均衡。因此，經濟資本管理是商業銀行經營管理的重要內容。

必須加強對風險調整后的資本回報的管理，更好地實現風險與收益的平衡和協調。

風險調整后的資本回報率（RAROC，下同）計算如圖 24-6 所示。

按照經濟資本管理的基本要求，經濟資本可以廣泛地運用於商業銀行定價管理、績效考核、貸款決策、資源分配等領域。

(一) 經濟資本的管理
(1) 根據董事會制定的經營管理戰略目標，合理確定經濟資本管理目標。
(2) 按照經營單位分解落實經濟資本考核指標，建立經濟資本考核激勵約束

基本理念：風險調整後的收益才是净利潤，貸款的風險和收益必須均衡。

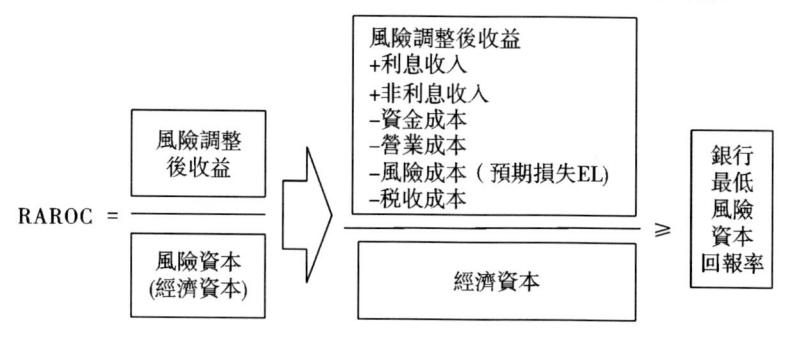

$$RAROC = \cfrac{\text{風險調整後收益}}{\text{風險資本(經濟資本)}} \Rightarrow \cfrac{\begin{array}{l}\text{風險調整後收益}\\ +\text{利息收入}\\ +\text{非利息收入}\\ -\text{資金成本}\\ -\text{營業成本}\\ -\text{風險成本（預期損失EL）}\\ -\text{稅收成本}\end{array}}{\text{經濟資本}} \geqslant \text{銀行最低風險資本回報率}$$

圖24-6　風險調整后的資本回報率（RAROC）計算

機制。

(二) 經濟資本的運用

(1) 按照經營單位經濟資本管理成效和經營管理水平科學配置資源，促進有條件、有能力加快發展的經營單位更好、更快發展，不斷提高商業銀行資本使用效率。

(2) 按照經濟資本進行產品和業務定價，更好地實現風險收益最優化經營管理目標。

(3) 按照經濟資本進行貸款和投資決策，更好地實現風險和收益的協調與平衡，促進商業銀行價值最大化。

(4) 按照經濟資本管理成效進行經營單位和員工績效考核評價，促進建立具有激勵功效的人力資源開發利用機制建設，促進商業銀行更好、更快發展。

(5) 按照經濟資本管理成果，制定商業銀行發展戰略，更好地實現商業銀行可持續發展目標。

四、經濟資本管理審計

(一) 經濟資本管理制度審計

審計檢查商業銀行是否制定了經濟資本管理的制度辦法和操作流程以及管理工具，看經濟資本管理制度辦法以及執行機制和管理工具是否健全、有效。

(二) 經濟資本計量分配及其管理措施與成效審計

(1) 審計檢查商業銀行經濟資本計量、分配、考核和管理措施是否健全，是否落實了經濟資本管理。

風險調整后的資本回報率（RAGOC）計算基本框架結構如圖24-7所示。

(2) 審計檢查商業銀行及其分支行經濟資本管理的成效，評價商業銀行經濟資本管理的有效性和存在的主要問題。

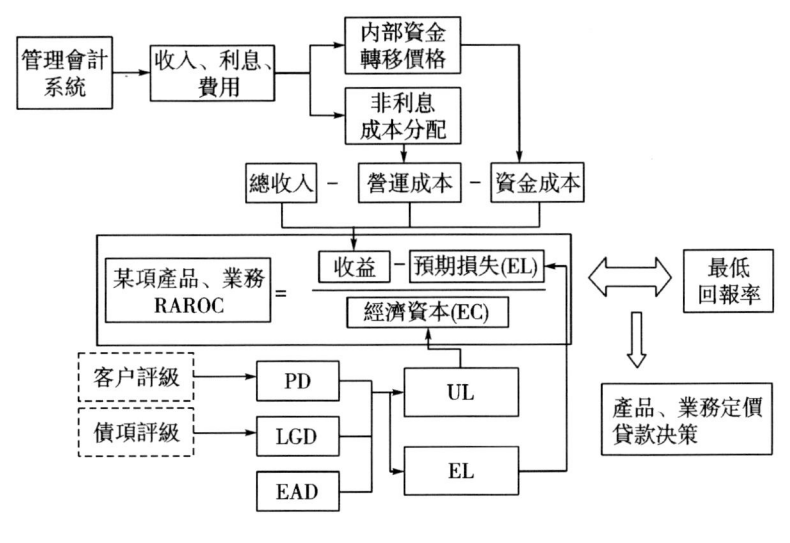

圖 24-7　RAGOC 計算基本框架結構

第五節　新資本協議審計的計劃實施與報告

一、新資本協議審計計劃的編製原則

新資本協議審計計劃的編製要根據新資本協議實施進度，突出監管要求，按照風險導向的原則進行。

（一）根據監管要求編製新資本協議審計計劃

新資本協議提出了更為嚴格的監管要求，要根據監管部門的監管政策和監管具體要求，編製新資本協議審計計劃，在保證滿足監管合規的同時，促進商業銀行新資本協議實施，促進風險的管理與控制，實現商業銀行更高質量、更好水平的發展。

（二）根據新資本協議實施進度編製審計計劃

按照巴塞爾委員會和監管部門關於實施新資本協議的監管規定的要求，新資本協議實行分步實施，要按照新資本協議實施進度編製審計計劃，有步驟、有計劃地開展審計工作，促進新資本協議的實施。

（三）要按照風險導向審計原則編製新資本協議審計計劃

新資本協議實施和新資本協議審計都是一項全新的工作，商業銀行的審計資源是有限的，因此要按照風險導向審計原則編製新資本協議審計計劃。

二、新資本協議審計的實施

新資本協議實施涉及經營管理的各個方面，因此新資本協議審計工作量大，對人員的專業素質要求高，要統籌安排有限的審計資源，組織開展新資本協議審計工作。

（一）突出實施新資本協議內部控制審計

要按照內部控制審計的基本框架要求，對實施新資本協議的體系和體制機制以及規章制度進行審計，評價實施新資本協議的體系是否完善，規章制度是否健全，風險管理與控制是否有效。

（二）突出實施新資本協議合規審計

要按照政府監管部門關於實施新資本協議的要求，審計檢查商業銀行實施新資本協議工作是否符合監管部門的規定，各項監管指標是否合規、是否達到監管部門的要求。

（三）突出實施新資本協議的風險審計

要根據新資本協議對市場風險、信用風險和操作風險的核心定義，審計檢查商業銀行及其分支行對市場風險、信用風險、操作風險計量與管理工具的開發、運用情況，評價風險管理與控制的效果，看是否存在重大風險隱患。

（四）突出新資本協議審計的學習與總結

實施新資本協議審計是一項全新的工作，要在學習中開展新資本協議審計，在新資本協議審計工作中研究改進新資本協議審計，促進新資本協議的實施。

三、新資本協議審計的報告

實施新資本協議的審計報告是實施新資本協議審計的重要成果，要按照監管部門的要求和商業銀行內部審計的制度規範，報告審計情況。

（一）向董事會報送新資本協議審計報告

要按照商業銀行內部審計報告路徑，每年定期向高級管理層和董事會審計委員會以及監事會報告新資本協議審計情況，呈報審計報告。

（二）向監管部門報送新資本協議審計報告

要按照監管規定，定期向監管部門報告新資本協議審計情況，呈報審計報告。

（三）加強監管合作

要按照監管部門要求，加強監管合作，積極配合監管部門開展實施新資本協議的監管工作，促進實施新資本協議工作的順利開展，以期取得更好的實施效果。

第二十五章
流動性風險審計

第一節 流動性風險及其監管指標

一、流動性風險的定義
流動性風險是指商業銀行無法以合理的成本及時獲得充足的資金，以償付到期債務、履行其他支付義務和滿足正常業務開展的資金需求的風險。

二、流動性風險的種類
流動性風險可以分為融資流動性風險和市場流動性風險。
（一）融資流動性風險
融資流動性風險是指商業銀行在不影響日常經營或財務狀況的情況下，無法及時有效滿足資金需求的風險。
（二）市場流動性風險
市場流動性風險是指由於市場深度不足或市場動盪，商業銀行無法以合理的市場價格出售資產以獲得資金的風險。

三、流動性風險的監管指標
根據中國銀監會發布的《商業銀行流動性風險管理辦法》的規定，商業銀行流動性風險監管指標包括流動性覆蓋率、存貸比和流動性比例。
銀監會要求商業銀行要持續達到規定的流動性風險監管指標最低監管標準。
（一）流動性覆蓋率
流動性覆蓋率旨在確保商業銀行具有充足的合格優質流動性資產，能夠在銀監會規定的流動性壓力情景下，通過變現這些資產，滿足未來至少30天的流動性需求。
流動性覆蓋率的計算公式為：

$$流動性覆蓋率 = \frac{合格優質流動性資產}{未來30天現金淨流出量} \times 100\%$$

合格優質流動性資產是指滿足監管部門相關規定的現金類資產以及能夠在無損失或極小損失的情況下，在金融市場快速變現的各類資產。

未來30天現金淨流出量是指符合監管規定的壓力情景下，未來30天的預期現金流出總量與預期現金流入總量的差額。

根據巴塞爾新資本協議的規定以及按照銀監會《商業銀行流動性風險管理辦法》的要求，商業銀行的流動性覆蓋率應當不低於100%，不低於最低監管標準。

（二）存貸比

存貸比是指商業銀行各項貸款餘額與各項存款餘額的比率。存貸比的計算公式為：

$$存貸比 = \frac{貸款餘額}{存款餘額} \times 100\%$$

按照監管規定，商業銀行的存貸比應當不高於75%。

（三）流動性比例

流動性比例是指商業銀行流動性資產餘額與流動性負債餘額的比率。

流動性比例的計算公式為：

$$流動性比例 = \frac{流動性資產餘額}{流動性負債餘額} \times 100\%$$

按照監管規定，商業銀行的流動性比例應當不低於25%。

四、流動性風險的危害性

商業銀行如果面臨流動性風險，就可能產生三個危及經營安全的后果或者問題。

（一）損害清償能力

商業銀行是經營貨幣的特殊企業，其基本職能是支付仲介和信用仲介。馬克思把商業銀行的這一基本職能概括為「貸者的集中和借者的集中」。意思是說，商業銀行代表需要投資的人，把暫時不用的閒錢集中起來貸出去；同時，商業銀行也代表需要用錢的人，集中向有錢需要投資的人借錢。這就清清楚楚地表明，商業銀行用於發放貸款的資金是存款人存在銀行裡的錢。存款人什麼時候到銀行來取自己的存款、會取多少，商業銀行不是完全知道的。隨時滿足存款人提取自己存款的需要，是商業銀行賴以生存的前提條件，也是國家法律和銀行監管的基本要求。因此，商業銀行流動性風險如不能被有效控制，將有可能損害商業銀行的支付能力和清償能力。

（二）損害資產增長能力

西方商業銀行資產負債管理一個重要的觀點是商業銀行的利潤主要來源於利差。商業銀行走出「利差時代」，在歐美和日本等發達地區和國家，大都經歷了20多年的時間。隨著信息技術和互聯網金融的發展，我國商業銀行走出「利差時代」，可能會比這個時間要短一些。但是，在今后一段相當長的時間，利息收入仍然是我國商業銀行營業收入的主要來源。因此，商業銀行流動性風險如不能有效控制，將有可能損害商業銀行資產的增長能力，影響商業銀行的利息收入，進而影響商業銀行的營業收入和經營利潤。

（三）損害基本客戶群建設和持續發展能力

基本客戶群的建設和培育是商業銀行持續發展的基礎。最大限度地滿足基本客戶生產經營所需要的資金，是培育忠誠的基本客戶，建設基本客戶群的重要條件、方法和措施。因此，商業銀行流動性風險如不能得到有效控制，當忠誠的基本客戶生產經營需要資金時，商業銀行不能及時滿足，就會影響客戶的生意，影響客戶賺錢，影響客戶的發展。這樣，必然損害客戶關係，久而久之，就會影響商業銀行基本客戶群建設和持續發展能力與核心競爭力。

第二節 流動性管理的基本理論和方法

關於流動性管理，在西方商業銀行最早出現的是資產管理的理論和方法，也就是從資產方面去研究解決銀行經營中的流動性問題。20世紀60年代有了負債管理的理論和方法，也就是可以從負債方面去研究解決銀行經營中的流動性問題。20世紀80年代又有了資產負債綜合管理的理論和方法，也就是可以從資產負債綜合管理中去研究和解決銀行經營中的流動性問題。

對於商業銀行內部審計人員來說，深入瞭解流動性管理的基本理論和方法，有利於從本質上認識流動性風險的內涵與基本特徵，認識流動性風險管理方法與技術的歷史沿革及其發展趨勢，有利於搞好流動性風險審計。深入瞭解流動性管理的基本理論和方法具體來講有以下三個方面的意義：

一是只有知其然才能知其所以然。知道了流動性管理的目的意義和基本方法，才能準確把握流動性風險審計的本質要求。

二是只有溫故才能知新。知道了流動性管理的傳統做法，就能比較準確地把握流動性風險管理的內在規律和發展方向，也就能比較準確地把握流動性風險審計的基本思路。

三是只有創新才能發展。知道了流動性管理實踐和理論的發展歷程，才能比較準確地理解流動性管理的創新與發展，也才能在審計中比較準確地理解流動性管理理論與技術的創新，進而不斷創新流動性風險審計的方法和技術，促進商業銀行持續不斷加強流動性風險管理，提高商業銀行流動性風險管理水平，實現商業銀行穩健發展的目標。

一、資產管理的理論和方法

西方商業銀行早期在資產管理中關於商業銀行流動性問題提出了三個重要的理論和方法。

（一）商業貸款理論（Commercial Loan Theory）

這個理論認為，商業銀行只應為正常的商業行為即商品的生產和銷售提供資金週轉的便利。或者說，商業銀行只要把資金用於短期的商業貸款，而這種貸款可以在正常的商業週轉中得到清償，商業銀行的流動性就有保障了。

所謂商業貸款，有以下三個要點：

（1）短期。因為商業貸款只是週轉性貸款，通常的期限為幾個月，不超過一年。

（2）以商業行為為基礎。商業貸款有商業票據做基礎，是比較可靠的。因此，該理論也叫真實票據理論（Real－Bill Theory）。

（3）自償性。商業貸款和商品的生產、銷售密切結合，可隨著商品銷售出去而得到償還。所謂自償性（Self－Liquidating），是指貸款對象本身，通過貸款購買原材料進行生產、銷售，或者通過貸款購買商品進行銷售，能為償還貸款本息提供資金來源，即銷售收入。

顯然，這個理論認為，貸款的短期性、商業性和自償性，就是資產的流動性。

（二）轉換理論（The Shiftibility Theory）

這個理論認為，資產的流動性在於它的變現能力，只要商業銀行所持有的資產可以在市場上不受損失的隨時轉讓或者出售，就能保持其流動性。

由此推論，只要中央銀行隨時準備購買商業銀行提出再貼現的票據，或者提出轉抵押的資產，整個銀行體系就能保持其所需要的流動性。

所謂轉換，就是指商業銀行所持有的其他資產，通過市場轉換為現金資產，也就是資產變現的意思。簡單地講，轉換理論認為資產的流動性在於資產不受損失的情況下的變現能力。

轉換理論有以下三個要點：

（1）提出變現能力的概念，即資產的流動性就是資產的變現能力。這個思路顯然是從商業匯票的賣買（即貼現）中來的。由此擴大了商業銀行的業務範圍，從買賣商業票據發展到買賣證券。首先是政府的短期債券，如國庫券等。后來又由此產生了第二準備的概念（即有流動性和盈利性的短期債券），成為商業銀行建立儲備資產的重要形式。

（2）把銀行業務和金融市場進一步聯繫起來，使銀行家懂得無論資產或者負債都可以通過證券化而市場化，從而獲得流動性。

（3）中央銀行的再貼現和轉抵押，雖然有為商業銀行資金週轉提供便利的意思，但是隨著經濟金融的不斷發展，中央銀行的再貼現日益成為中央政府宏觀調控的重要手段，成為貫徹貨幣政策的重要工具。並不是在任何情況下，只要商業銀行提出合格的再貼現票據或者轉抵押的資產，就能從中央銀行得到現金的，希望由此完全保證整個銀行體系所需要的流動性是不現實的。

（三）預期收入理論（The Anticipted－Income Theory）

這個理論認為，無論是短期的商業貸款還是可轉讓的證券，其償還能力或者變現能力都是以未來的收入為基礎的。如果一項資產的預期收入有保證，即使是長期資產，仍可以提供流動性；如果一項資產的預期收入沒有保證，即使是短期資產，也不一定能提供流動性。簡單地說，只是商業銀行有預期收入的資產才有流動性。

預期收入理論有以下三個要點：

（1）這個理論指出了商業銀行資產流動性的根本原因，為商業銀行資產流動性管理，乃至整個商業銀行經營管理提供了理論依據。過去認為短期就是流動性，易售就是流動性，忽略了資產流動性的根源在於資產的預期收入。

（2）運用「梯次理論」（Ladder Theory），做出流動性安排。怎樣把資產的預期收入轉化為它的流動性？主要是把貸款的歸還期與借款人的預期收入聯繫起來，使到期日多次化，從而做出流動性安排。由此，產生了一次貸款分期償還的做法。這就使得一筆期限較長、金額較大的貸款，實際上分割成為若干筆期限長短不一、金額大小不等的貸款。使一筆相對缺乏流動性的貸款，變成若干筆具有一定流動性的貸款。由於把貸款本息的償付和借款人的預期收入相聯繫，實行分期還款，使商業銀行有可能把貸款本息的收回加以組織，成為定期的或者週期的現金流入，以滿足其不同時期對流動性的不同需要。這個理論應用到證券上，又發展為安排證券到期日的「梯次理論」，成為建立商業銀行儲備資產的重要手段之一。

（3）預期收入理論為商業銀行業務範圍的擴大提供了理論根據。過去，商業銀行只辦理短期的商業貸款，只買賣短期的政府債券，局限於提供短期信用。有了預期收入理論，有了分期還款的做法，使商業銀行可以承做中長期的基礎設施、成套設備、融資租賃以及住房抵押貸款和消費貸款等，打破了商業銀行職能分割制，使商業銀行向綜合性銀行發展。在商業銀行發展歷程中，這是一個重大的轉折，是一個質的飛躍。

商業貸款理論、轉換理論和預期收入理論是商業銀行資產管理的基本理論研究成果，是商業銀行經營管理實踐經驗的科學總結。它不但提出了商業銀行協調流動性與盈利性的基本思路和基本方法，而且也適應和促進了商品經濟的發展，促進了商業銀行業務的發展。

商業銀行的發展歷程和其他事物一樣，不是先有理論才有業務，而是先有市場需要、業務需求、業務實踐，理論才應運而生。理論形成以後，又促進了商業銀行的業務發展，改善了金融服務，促進了市場經濟的進一步發展。商業銀行和市場經濟這一對孿生兄弟，就是在這樣相互矛盾、相互適應、相互促進中共同成長，共同發展壯大，共同服務社會和造福人類。

商業貸款理論、轉換理論和預期收入理論是商品經濟發展的不同歷史階段的產物。它們並不互相排斥，而是相互補充，在不同業務中各有側重。例如，在短期工商業和農業貸款中，自償性就是一個重要原則；在證券業務中，易售性是所有商業銀行都非常關心的；在中長期貸款中，預期收入就是一個首要考慮的因素。在這些不同的業務中，都把流動性的要求與盈利性的要求很好地結合在一起了，都能在保持一定流動性的條件下，使盈利性盡可能有所提高。

必須指出，資產流動性管理不是以增加流動資產（如第一準備金和第二準備金）為主要目的，而是在保證滿足商業銀行對流動性需要的前提下，盡量減少流動資產，以增加商業銀行的盈利，使兩者達到最完美的結合。這正是資產管理的難點所在。當然，這也是商業銀行持續創新的不竭動力。

二、負債管理的理論和方法

（一）負債管理理論產生的歷史背景

在一個相當長的時期，商業銀行一直按照資產管理的理論和方法來解決流動性需要問題。第二次世界大戰以後，美國經濟快速發展，但是財政赤字和通貨膨脹也日益

嚴重，市場利率持續上升。因此，美國1933年的銀行法以及聯邦儲備理事會（即中央銀行）的「Q條例」規定，禁止商業銀行對活期存款支付利息，並對儲蓄存款的利率規定了上限。當市場利率低於上限並保持穩定性，這種限制的影響不大；一旦市場利率高於上限，而又波動頻繁時，這種限制就發揮作用。這時存款人會感到活期存款沒有利息是一種損失，儲蓄存款和定期存款利率又太低而難以接受，於是就紛紛把資金轉移到貨幣市場上去，或者直接購買政府債券和商業票據，或者參加貨幣市場互助基金。這樣一來商業銀行的存款外流情況日益嚴重，出現了所謂的非仲介化現象（Disinter Mediation），金融進入了「脫媒時代」，也就相當於我國目前的金融市場狀況。在這種狀況下，商業銀行存款減少，可以用於發放貸款的資金減少，商業銀行的資產缺乏相應的負債支持，不得不轉向市場吸收資金，這就出現了負債管理的理論和方法。

但是，不是有了負債管理的理論和方法就不要資產管理的理論和方法了，兩者是相互補充的。實際上，負債管理只是為商業銀行滿足流動性需要開闢了一條新路子。

（二）負債管理理論的意義

負債管理理論的產生是商業銀行經營管理的一場革命性變革，為商業銀行的快速發展注入了一股強大的力量。它的重要意義主要表現在以下幾個方面：

1. 負債管理理論提出瞭解決流動性問題的全新概念

負債管理理論認為，資產的流動性問題實際上就是商業銀行的支付能力問題。它既可以通過保持一定數量的現金資產和易變現的資產（即第一準備金和第二準備金）來解決，也可以通過對外借款來解決。商業銀行的流動性問題本身並沒有把解決問題的方法局限在資產管理的範圍之內，完全可以通過資產或者負債兩個方面的管理來達到同一個目的。這樣就把流動性的概念從資產的短期性和自償性、資產的變現能力、資產的預期收入的局限性中解脫出來了，為商業銀行解決流動性問題提供了一個新的概念。

2. 負債管理理論使商業銀行業務與金融市場聯繫更加緊密

負債管理理論的核心是把流動性管理的重點從資產方面轉向負債方面，「商業銀行需要資金就向市場上去借」，把借入款作為解決流動性需要的重要手段。這就更進一步把商業銀行業務與金融市場緊密聯繫起來了，並使負債證券化、市場化，擴大了資金來源。其主要標誌就是發行大面額定期存單。這種大面額存單，金額大、期限長、利率高、可轉讓。既滿足了商業銀行流動性的需要，又滿足了存款人的投資理財的需要，成為當時一個很受歡迎的產品。

3. 負債管理理論使商業銀行經營管理進入了「創造負債」的時代

因為「商業銀行需要資金就向市場上去借」，這樣商業銀行就在被動型的負債——存款之外，開創了主動型負債——借入款，產生了「創造負債」的概念，並使那些信譽好、實力強的商業銀行得以憑藉自身的有利條件，積極開拓業務，使商業銀行的業務經營更具開拓性和進取性。

4. 負債管理理論進一步促進了金融市場化的發展和政府宏觀調控能力的提升

由於「商業銀行需要資金就向市場上去借」，商業銀行業務與金融市場聯繫更加緊密了，並使負債證券化、市場化。這樣就通過市場把整個銀行體系，以至整個金融

市場的資金連結在一起了，就為充分有效地發揮信用的調劑有無和余缺的作用創造了更為有利的條件，也為中央政府和中央銀行調控宏觀經濟，貫徹落實國家貨幣政策創造了更為有利的條件。

（三）負債管理的基本方法

由於西方國家貨幣市場非常發達，所以西方商業銀行負債管理的方法很多。我國商業銀行也有不少很好的負債管理方法，但是由於貨幣市場還不夠成熟和發達，利率市場化改革也還在進行之中，金融監管的思路、手段和方法與負債管理的理論還不能很好地對接。因此，我國商業銀行負債管理的方法還有很大的發展空間。總結中外商業銀行負債管理的基本方法主要如下：

（1）中央銀行的貼現窗口。
（2）轉貼現。
（3）同業拆借。
（4）通過回購協議借款。
（5）發行可轉讓大面額存單。

（四）對負債管理理論的基本評價

負債管理理論和方法促進了商業銀行的更好更快發展，但是負債管理理論和方法與其他事物一樣，也有不足之處。客觀準確地認識負債管理理論和方法，對搞好商業銀行經營管理、搞好流動性和盈利性管理都有非常重要的意義。

1. 通過負債管理解決流動性問題，要受諸多條件限制

有了負債管理理論，商業銀行確實比較主動了，但是負債管理的一些工具是要具備一定條件的。一般來說，向中央銀行請求再貼現或者轉抵押是所有商業銀行都能使用的方法，但是要受宏觀調控政策和貨幣政策的制約。另外，發行大面額可轉讓定期存單，必須是有信譽、有實力的大銀行才能辦得到，而且需要比較發達的金融市場。

2. 負債管理使商業銀行輕鬆地解決流動性問題的同時，也將承擔更大的風險

「商業銀行需要資金就向市場上去借」，但是這種借入款是沒有保證的。如果市場資金緊張，商業銀行借不到所需要的資金，就會使自己陷入困境，承擔更大的風險。

3. 負債管理使商業銀行的負債結構發生變化，商業銀行的安全受到威脅

「商業銀行需要資金就向市場上去借」導致商業銀行短期資金比重增大，「存短貸長」的矛盾更加突出。另外，商業銀行自有資金的比重相對縮小，承擔風險損失的能力和最後清償的能力被削弱，商業銀行的安全受到威脅。

4. 資金成本提高，商業銀行的盈利能力受到影響

「商業銀行需要資金就向市場上去借」，但是向市場借款的成本一般來說是比較高的，尤其是當市場銀根收緊，資金供求關係發生變化的時候，資金價格就會一路走高。如果商業銀行過度依賴市場解決流動性問題，這個時候向市場借款，就會承擔高成本，犧牲商業銀行的盈利性，進而影響商業銀行的經營管理成果。

三、資產負債管理的理論和方法

（一）資產負債管理理論產生的原因

商業銀行在流動性管理中，尋找出了通過負債管理解決流動性問題的出路。但是，

這個創新是以犧牲商業銀行的盈利性和安全性為代價的。在激烈的市場競爭中,商業銀行的盈利性和安全性矛盾又上升為主要矛盾,在這種大的經營背景下,商業銀行必須通過理論創新和經營管理技術創新,解決面臨的突出問題,以求得更好的生存和發展。這就是資產負債管理理論產生的根本原因。

1. 資產管理和負債管理的局限性是資產負債管理理論產生的內在原因

資產管理偏重於解決流動性問題,以犧牲盈利性為代價滿足商業銀行流動性需要。負債管理過於依賴市場,帶有較大的經營風險,而且資金成本高,利差縮小,商業銀行盈利性降低。資產管理和負債管理這兩個方面致命的局限性,嚴重制約了商業銀行的發展。因此,商業銀行內在的經營管理壓力要求商業銀行必須通過創新管理思想,突破資產管理和負債管理的局限性,更好地協調流動性、盈利性和安全性的矛盾。

2. 市場利率的劇烈波動是資產負債管理理論產生的外在原因

二十世紀七十年代末八十年代初,國際金融市場利率劇烈波動。據有關資料反應,二十世紀五十年代到七十年代初,美國商業銀行貸款優惠利率變動32次,平均每8個月變動一次;而在二十世紀七十年代末到八十年代初,優惠利率變動139次,平均每27天變動一次,年通脹率達到8.4%。這就使得商業銀行資產負債組合中資產負債利率結構發生了重大變化,嚴重影響了商業銀行的經營管理。一方面,大多數商業銀行不再有低成本的穩定資金來源;另一方面,出現了固定利率的資產和負債以及變動利率的資產和負債,在商業銀行的資產負債中,利率敏感性資產和利率敏感性負債佔有很大比重,導致商業銀行利差很不穩定,利率風險愈發突出。

3. 監管當局放鬆銀行管制是資產負債管理理論產生的社會原因

二十世紀八十年代初期,美國金融法規有所調整,放鬆了對商業銀行的管制,取消了對商業銀行存款利率的限制,允許商業銀行辦理貨幣市場存款等,商業銀行在存款方面的競爭力大大增強。但商業銀行的利率上升、資金成本增加、盈利壓力很大,需要合理安排資產結構才能增加盈利。與此同時,由於放寬管制,金融市場得到進一步的開拓和發展,一批新的轉移風險的金融工具應運而生,如浮動利率、金融期貨、期權、貨幣互換、利率互換等,為商業銀行通過開拓表外業務來調整表內利率敏感性資產和利率敏感性負債的缺口提供了條件。

在新的情況下,商業銀行可以從資產和負債兩個方面,對流動性、安全性和盈利性做進一步的協調,以縮小風險,擴大盈利。這就產生了資產負債管理理論。

(二) 資產負債管理理論的基本觀點和性質

資產負債管理理論認為,商業銀行單靠資產管理或者負債管理,都難以形成流動性、安全性和盈利性三個要求的均衡協調發展,只有根據社會經濟狀況和市場利率的變化,通過資產組合和負債組合的共同調整,從資產和負債兩個方面同時進行協調,才能實現其經營戰略方針和業務發展目標。

資產負債管理並不排斥資產管理和負債管理,三者都是商業銀行流動性管理的基本理論和方法。但是,從流動性管理來說,資產管理是基本的,負債管理是對資產管理的補充,資產負債管理是對資產管理和負債管理的補充,資產管理、負債管理和資產負債管理,使商業銀行的流動性管理的理論與方法技術更加完善。

相對來說，除資產管理以外，負債管理和資產負債管理通常是一種短期安排，其計劃期可以是幾天、幾周或者幾個月，最長不超過一年，是對商業銀行的長遠發展戰略服務的。

負債管理和資產負債管理都是針對商業銀行本身的短期流動性需要和市場利率的週期波動變化，而採取的具體措施，是一種具有針對性、適應性的管理。其成效在很大程度上取決於商業銀行高級管理層對經濟和市場狀況，特別是市場利率走勢的分析判斷和預測，取決於商業銀行本身的市場地位、競爭能力和經營管理人員的職業敏感性以及決策能力。

（三）資產負債管理的兩個特點

資產負債管理與資產管理、負債管理相比較，在側重點上有以下兩個變化：

（1）資產負債管理不僅是為了解決流動性問題，同時也強調盈利性。

（2）資產負債管理在強調盈利性的同時，還考慮風險。

總之，資產負債管理的理論和方法要求商業銀行在不增加或者不過多增加風險的前提下，增加盈利。

（四）資產負債管理的三個基本原則

資產負債管理是綜合管理，是組合管理，是通過資產負債在總量、期限、結構上的對稱與平衡，來管理和控制風險，獲取穩定的風險收益。資產負債管理有以下三個基本原則：

1. 對應的原則

資產負債在總量和結構上的對應（Match），既可以為商業銀行提供流動性，也可以使利率波動的影響相互抵消，把利率風險減小到最低程度。

2. 目標替代原則

風險和收益的抵換，使高風險和高收益相平衡，使低收益和低風險相平衡。

3. 轉移風險的原則

如果資產和負債在總量上和結構上不能完全對應，那就要採取各種措施，盡可能地把風險轉移出去，主要通過市場手段轉移出去。

（五）資產負債管理的四個主要目標

資產負債管理的基本內容仍然包含流動性管理，但管理的目標是在市場利率頻繁波動的情況下，實現盡可能大的盈利和承擔盡可能小的風險。因此，資產負債管理內在的、固有的目標應該包括以下四個方面的內容：

（1）做出規劃，以滿足商業銀行流動性需求。

（2）對資產和負債的到期日做出安排，以避免商業銀行面對利率波動帶來的利率風險。

（3）控制在資產和負債上付出的利息率和收入的利息率，使利息收入和利息支出之間保持一個適當的利差。

（4）在完成以上目標時，不能使商業銀行面臨過多的違約風險，即信用風險。

（六）資產負債管理的主要任務是穩定利差

綜上所述，資產負債管理就是在市場利率劇烈頻繁波動、利差不穩定、利率風險

突出的情況下提出來的。因此，資產負債管理的主要任務就是要力求避免利率風險，保持利差穩定，並做到使商業銀行不必考慮利率的波動，而有一個可以接受的利潤率。

第三節　流動性風險審計的重點與方法技術

一、流動性風險管理治理結構審計

流動性風險管理治理結構是商業銀行風險管理體系的重要組成部分，商業銀行要在法人和集團層面建立與其業務規模、性質和複雜程度相適應的流動性風險管理治理結構。

流動性風險管理的治理結構審計主要包括以下三個方面的內容：

（一）流動性風險管理體系審計

商業銀行流動性風險管理體系包括流動性風險決策、執行和監督全過程在內的流動性風險管理政策、管理程序和管理機制。

流動性風險管理體系審計重點從以下四個方面檢查：

（1）流動性風險管理治理結構。
（2）流動性風險管理策略、政策和程序。
（3）流動性風險識別、計量、監測和控制。
（4）流動性風險管理信息系統。

（二）流動性風險管理治理結構審計

商業銀行要按照流動性風險管理政策的制定、執行和監督職能相分離的原則，建立流動性風險管理治理結構。明確董事會及其專門委員會、監事會（監事）、高級管理層及其專門委員會、相關職能部門在流動性風險管理中的職責、作用以及報告路線，制定並落實適當的流動性風險管理考核及問責機制，以提高流動性風險管理的有效性。

1. 董事會履行流動性風險管理職責情況審計

董事會是商業銀行的最高決策機構，對商業銀行流動性風險管理承擔最終責任。要從以下六個方面審計檢查董事會履行流動性風險管理職責情況：

（1）審計檢查董事會是否審核批准流動性風險偏好、流動性風險管理策略、重要的政策和程序，對流動性風險偏好是否至少每年審議一次。

（2）審計檢查董事會是否監督高級管理層對流動性風險實施有效管理和控制。

（3）審計檢查董事會是否持續關注流動性風險狀況，定期獲得流動性風險報告，及時瞭解流動性風險水平、管理狀況及其重大變化。

（4）審計檢查董事會是否審批流動性風險信息披露內容，確保披露信息的真實性和準確性。

（5）審計檢查董事會授權其下設的專門委員會履行其部分職責情況。

（6）審計檢查其他有關職責履職情況。

2. 高級管理層履行流動性風險管理職責審計

商業銀行的高級管理層負責流動性風險管理政策的具體執行。要從以下六個方面審計檢查高級管理層履行流動性風險管理職責情況：

（1）審計檢查高級管理層是否制定、定期評估並監督執行流動性風險偏好、流動性風險管理策略、政策和程序。

（2）審計檢查高級管理層是否確定了流動性風險管理組織架構，明確各部門職責分工，確保具有足夠的資源，獨立、有效地開展流動性風險管理工作。

（3）審計檢查高級管理層是否確保流動性風險偏好、流動性風險管理策略、政策和程序在商業銀行內部得到有效溝通和傳達。

（4）審計檢查高級管理層是否建立了完備的管理信息系統，支持流動性風險的識別、計量、監測和控制。

（5）審計檢查高級管理層是否充分瞭解並定期評估流動性風險水平及其管理狀況，及時瞭解流動性風險的重大變化，並向董事會定期報告。

（6）審計檢查其他有關職責履職情況。

3. 監事會（監事）履行流動性風險管理職能審計

監事會（監事）是流動性風險管理的監督機構，要從以下兩個方面檢查監事會（監事）履行流動性風險管理職責情況：

（1）審計檢查監事會（監事）是否對董事會及高級管理層在流動性風險管理中的履職情況進行監督評價，並形成評價報告。

（2）審計檢查監事會（監事）是否每年至少一次向股東大會（股東）報告董事會及高級管理層在流動性風險管理中的履職情況。

（三）流動性風險管理政策（風險偏好）審計

流動性風險管理政策是商業銀行流動性風險管理的基本依據。審計檢查的重點主要包括：

（1）審計檢查流動性風險管理政策（風險偏好）是否符合商業銀行經營管理實際，是否符合商業銀行的經營戰略、業務特點、財務實力、融資能力、市場影響力和總體風險偏好。

（2）審計檢查流動性風險管理政策（風險偏好）的全面性與合規性。

①審計檢查是否根據其流動性風險偏好，制定書面的流動性風險管理策略、政策和程序。

②審計檢查流動性風險管理策略、政策和程序是否涵蓋表內外各項業務以及境內外所有可能對其流動性風險產生重大影響的業務部門、分支機構和附屬機構，並包括正常和壓力情景下的流動性風險管理。

③審計檢查流動性風險管理政策是否符合監管部門的基本要求和制度規定。

（3）審計檢查流動性風險政策管理程序及其執行情況。審計檢查流動性風險管理策略是否明確其流動性風險管理的總體目標、管理模式以及主要政策和程序。

流動性風險管理政策和程序包括（但不限於）：

①流動性風險識別、計量和監測，包括現金流測算和分析。

②流動性風險限額管理。

③融資管理。

④日間流動性風險管理。

⑤壓力測試。
⑥應急計劃。
⑦優質流動性資產管理。
⑧跨機構、跨境以及重要幣種的流動性風險管理。
⑨對影響流動性風險的潛在因素以及其他類別風險對流動性風險的影響進行持續監測和分析。

（4）審計檢查新產品、新業務的流動性風險管理情況。審計檢查商業銀行在引入新產品、新業務和建立新機構之前，是否在可行性研究中充分評估其可能對流動性風險產生的影響，是否完善相應的風險管理政策和程序，並獲得負責流動性風險管理部門的同意。

（5）審計檢查流動性風險動態管理情況。審計檢查商業銀行是否綜合考慮業務發展、技術更新以及市場變化等因素，至少每年對流動性風險偏好、流動性風險管理策略、政策和程序進行一次評估，必要時進行修訂。

（四）流動性風險管理機制審計

流動性風險管理機制是流動性風險管理自我識別、自我評估、自我控制的自律管理體系，是流動性風險管理的重要措施。審計檢查的重點主要包括：

1. 流動性風險管理執行機制審計

審計檢查商業銀行是否指定專門部門負責流動性風險管理，其流動性風險管理職能是否與業務經營職能保持相對獨立，並且具備履行流動性風險管理職能所需要的人力、物力資源。

按照監管規定，負責流動性風險管理的部門職能主要包括：

（1）擬定流動性風險管理策略、政策和程序，提交高級管理層和董事會審核批准。

（2）識別、計量和監測流動性風險，持續監控優質流動性資產狀況；監測流動性風險限額遵守情況，及時報告超限額情況；組織開展流動性風險壓力測試，組織流動性風險應急計劃的測試和評估。

（3）識別、評估新產品、新業務和新機構中所包含的流動性風險，審核相關操作和風險管理程序。

（4）定期提交獨立的流動性風險報告，及時向高級管理層和董事會報告流動性風險水平、管理狀況及其重大變化。

（5）擬定流動性風險信息披露內容，提交高級管理層和董事會審批。

（6）其他有關職責。

2. 流動性風險管理激勵約束機制審計

審計檢查評價商業銀行流動性風險管理激勵約束機制是流動性風險審計的重點。審計檢查的主要內容包括（但不限於）：

（1）是否在內部定價中充分考慮了流動性風險因素。在考核分支機構或主要業務條線經風險調整后的收益時，是否納入流動性風險成本。

（2）是否在考核激勵制度中充分考慮了流動性風險因素。在考核分支機構或主要

業務條線績效激勵時，是否納入了流動性風險管理成果。

（3）是否建立了流動性風險管理問責機制。有無因過度追求業務擴張和短期利潤而放松流動性風險管理問題。

3. 流動性風險管理內部控制機制審計

流動性風險管理內部控制機制審計是流動性風險審計的重要內容。要審計檢查商業銀行是否按照銀監會有關內部控制的規定，建立完善的流動性風險管理體系，並且作為商業銀行整體內部控制體系的有機組成部分有效運行。

4. 流動性風險管理內部監督糾正機制審計

審計檢查商業銀行是否將流動性風險管理納入內部審計範疇，看內部審計部門是否至少每年進行一次審查和評價流動性風險管理的充分性和有效性，看內部審計是否涵蓋流動性風險管理的所有環節，包括（但不限於）：

（1）流動性風險管理治理結構、策略、政策和程序能否確保有效識別、計量、監測和控制流動性風險。

（2）流動性風險管理政策和程序是否得到有效執行。

（3）現金流分析和壓力測試的各項假設條件是否合理。

（4）流動性風險限額管理是否有效。

（5）流動性風險管理信息系統是否完備。

（6）流動性風險報告是否準確、及時、全面。

二、流動性風險識別、計量、監測和控制模型審計

流動性風險識別、計量、監測和控制模型是流動性風險管理的重要技術手段和工具。審計檢查商業銀行是否根據其業務規模、性質、複雜程度及風險狀況，運用一系列方法和模型，對其在正常和壓力情景下，未來不同時間段的資產負債期限錯配、融資來源的多元化和穩定程度、優質流動性資產、重要幣種流動性風險及市場流動性等進行分析和監測。

對流動性風險識別、計量、監測和控制模型審計，重點要對建立模型的指導思想、技術工具、假設條件、檢測手段以及情景事件分析等方面的全面性、科學性和可行性進行檢查驗證。

（一）流動性風險識別計量模型驗證

（1）審計檢查流動性風險識別、計量、監測和控制模型的設立是否與商業銀行業務規模、性質、複雜程度以及風險狀況等相適應。

（2）審計檢查建立流動性風險識別、計量、監測和控制模型的假設條件是否符合監管要求和商業銀行業務狀況實際，是否定期對各項假設條件進行評估，必要時進行修正，並保留書面記錄。

（3）審計檢查流動性風險識別、計量、監測和控制模型運行狀況及其實際效果和存在的主要問題。

（二）流動性風險監測監控情況審計

隨著商業銀行業務的不斷發展和金融市場的變化，商業銀行的流動性風險也在不

斷發生變化。要按照銀監會的要求，審計檢查商業銀行是否根據業務規模、性質、複雜程度及風險狀況，監測可能引發流動性風險的特定情景或事件，是否採用適當的預警指標，有前瞻性地分析其對流動性風險的影響。

對流動性風險監測情況的審計，主要從以下兩個方面進行：

1. 流動性狀況是否與商業銀行經營管理相適應

要檢查評估商業銀行流動性狀況是否與其業務發展規模、資產負債結構、業務品種及其風險狀況相適應。

2. 檢查評估商業銀行經營管理主要情景或事件的變化對其流動性的影響

按照監管部門的要求，可供參考的情景或事件包括（但不限於）：

（1）資產快速增長，負債波動性顯著增加。
（2）資產或負債集中度上升。
（3）負債平均期限下降。
（4）批發或零售存款大量流失。
（5）批發或零售融資成本上升。
（6）難以繼續獲得長期或短期融資。
（7）期限或貨幣錯配程度增加。
（8）多次接近內部限額或監管標準。
（9）表外業務、複雜產品和交易對流動性的需求增加。
（10）商業銀行資產質量、盈利水平和總體財務狀況惡化。
（11）交易對手要求追加額外抵（質）押品或拒絕進行新交易。
（12）代理行降低或取消授信額度。
（13）信用評級下調。
（14）股票價格下跌。
（15）出現重大聲譽風險事件。

三、流動性風險管理限額審計

商業銀行風險限額是商業銀行所制定風險政策的具體量化，反應商業銀行對期望承受的風險的上限，是商業銀行各級經營管理人員進行積極風險防範的重要風險監控基準。

流動性風險限額管理是商業銀行根據其業務規模、性質、複雜程度、流動性風險偏好和外部市場發展變化等情況，通過對資產負債流動性風險的識別和計量，在平衡風險與收益的基礎上，設定的可以承受的流動性風險限額。

流動性風險限額，主要包括現金流缺口限額、負債集中度限額、集團內部交易限額和融資限額。

流動性風險限額審計重點是對商業銀行制定流動性風險限額管理的政策和程序，流動性風險限額設定、調整的授權制度，流動性風險限額審批流程和超限額審批程序以及限額執行情況的審計檢查。

（一）現金流缺口限額管理審計

現金流缺口限額管理是指商業銀行根據經營管理狀況和市場地位，通過合理設定

現金流缺口限額，在有效管理控制流動性風險、保證對外支付的情況下，盡可能多地實現高盈利資產的增長，增加商業銀行的利息收入。現金流缺口限額管理審計的重點主要包括（但不限於）：

1. 現金流缺口限額管理制度審計

審計檢查商業銀行是否按照監管部門要求，根據其業務規模、性質、複雜程度、流動性風險偏好和外部市場發展變化等情況，制定了現金流缺口限額管理制度。明確現金流缺口限額管理部門、管理職責、操作流程和審批權限等。

2. 現金流缺口限額設定及其實施情況審計

要通過對商業銀行歷史的現金流量分析，包括不同時期現金流出總量、現金流入總量和現金淨流量分析及其具體項目變化情況的分析，並且結合商業銀行經營管理水平與流動性風險管理技術手段以及市場發展變化情況，評估現金流限額設定的合理性和執行的有效性。審計檢查流動性覆蓋率是否達到最低監管要求。

現金流缺口限額，根據期限劃分，一般分為隔夜現金流缺口限額、七天現金流缺口限額、十四天現金流缺口限額、一個月現金流缺口限額、三個月現金流缺口限額、一年現金流缺口限額。

一般情況下，商業銀行的現金流缺口應為正缺口，但是也有負缺口的。商業銀行通過現金流缺口限額管理，保留正缺口，還是負缺口，以及缺口限額的大小，都要根據商業銀行的業務規模、性質、複雜程度、流動性風險偏好和外部市場發展變化情況以及商業銀行自身的流動性風險管理水平和能力而定。

3. 現金流缺口限額調整流程審計

流動性和盈利性是相互矛盾的兩個指標，流動性過剩必然犧牲盈利性，流動性不足必然影響商業銀行安全。因此，現金流限額管理是動態管理，商業銀行要根據自身經營情況和市場變化，適時調整流動性管理政策，平衡和協調流動性、安全性和盈利性的矛盾，以求得在保證安全和保持一定流動性的前提下，實現利潤的最大化。

現金流缺口限額調整情況審計要跟蹤檢查商業銀行現金流限額調整流程、調整依據和審批授權等情況，看現金流缺口限額調整是否符合商業銀行流動性管理政策與監管部門的規定要求。

4. 流動性缺口審計

流動性缺口是指以合同到期日為基礎，按特定方法測算未來各個時間段到期的表內外資產和負債，並將到期資產與到期負債相減獲得的差額。

流動性缺口審計的重點主要包括以下幾個方面：

（1）審計檢查流動性缺口的計算方法以及計算口徑是否存在重大差異。

流動性缺口計算公式為：

未來各個時間段的流動性缺口＝未來各個時間段到期的表內外資產－未來各個時間段到期的表內外負債

流動性缺口計算口徑為：

未來各個時間段到期的表內外資產＝未來各個時間段到期的表內資產＋未來各個時間段到期的表外收入

未來各個時間段到期的表內外負債＝未來各個時間段到期的表內負債＋未來各個時間段到期的表外支出

在計算到期的表內負債時，活期存款中的穩定部分按規定方法進行審慎估算。

（2）審計檢查流動性缺口率是否符合監管規定。流動性缺口率是指未來各個時間段的流動性缺口與相應時間段到期的表內外資產的比例。

流動性缺口率計算公式為：

流動性缺口率＝未來各個時間段的流動性缺口／相應時間段到期的表內外資產×100%

流動性缺口率計算口徑為：

相應時間段到期的表內外資產＝相應時間段到期的表內資產＋相應時間段到期的表外收入

（3）流動性缺口的風險評估。通過審計檢查，把流動性缺口和現金流缺口限額管理情況結合起來，分析評估商業銀行流動性風險狀況以及流動性風險管理情況，找出存在的主要問題，有針對性地提出審計建議和意見。

（二）負債集中度限額審計

商業銀行是負債經營，負債過度集中是造成商業銀行危機的重要原因之一。當商業銀行的負債業務集中於某一行業、企業或地區時，一旦出現對這些行業、企業或地區有重要影響的突發事件，商業銀行就可能面臨巨大的流動性風險或者損失。由於地區經濟結構、客戶結構等歷史原因的影響，我國中小商業銀行的負債集中度風險程度偏高，為保障商業銀行審慎經營，防範商業銀行集中度風險，監管部門提出了負債集中度限額管理要求，這對規範商業銀行負債集中度風險管理，促使商業銀行提高自身風險管理水平，保障廣大投資者的合法利益，維護金融安全和社會穩定有著非常重要的意義。

負債集中度限額審計要根據監管部門的規定，結合商業銀行流動性風險管理實踐，重點從負債集中度限額的設定、管理和風險評估等方面進行。

從監管部門關注的重點和商業銀行經營管理的實踐來看，負債集中度限額管理審計的重點主要包括以下幾個方面：

1. 核心負債比例限額審計

核心負債比例是指商業銀行中長期較為穩定的負債占總負債的比例。

核心負債比例計算公式為：

核心負債比例＝核心負債／總負債×100%

核心負債比例計算口徑：核心負債包括距離到期日3個月以上（含）的定期存款和發行債券以及活期存款中的穩定部分。總負債是資產負債表中負債總計的余額。活期存款中的穩定部分按規定方法進行審慎估算。

核心負債比例限額審計的重點主要包括：

（1）審計檢查核心負債計算的口徑和方法是否符合監管部門關於核心負債的定義，看計算中有無重大差錯或者失誤，評價核心負債計算的準確性和真實性。

（2）審計檢查活期存款中穩定部分是否按規定方法進行審慎估算。

（3）審計檢查核心負債管理限額的設定是否符合監管部門的要求，是否符合流動性風險管理政策規定以及評價核心負債管理限額的科學性和可行性。

（4）審計檢查核心負債限額管理執行以及核心負債管理制度的落實情況，分析核心負債限額執行過程中的流動性風險管理與盈利性關係的協調問題，找出核心負債限額管理中存在的主要問題，有針對性地提出審計建議和意見。

2. 同業市場負債比例限額審計

同業市場負債比例是指商業銀行從同業機構交易對手獲得的資金占總負債的比例。

同業市場負債比例計算公式：

同業市場負債比例＝（同業拆借＋同業存放＋賣出回購款項）/總負債×100%

同業市場負債比例限額審計的重點主要包括：

（1）審計檢查同業市場負債計算的口徑和方法是否符合監管部門關於同業市場負債的核心定義，看計算中有無重大差錯或者失誤，評價同業市場負債計算的準確性和真實性。

（2）審計檢查同業市場負債限額的設定是否符合監管部門的要求，是否符合流動性風險管理政策規定，評價同業市場負債管理限額的科學性和可行性。

（3）審計檢查同業市場負債限額執行以及管理制度的落實情況，分析同業市場負債限額執行過程中的流動性風險管理與盈利性關係的協調問題，找出同業市場負債限額管理中存在的主要問題，有針對性地提出審計建議和意見。

3. 最大十戶存款比例限額審計

最大十戶存款比例是指商業銀行前十大存款客戶存款合計占各項存款的比例。

最大十戶存款比例計算公式為：

最大十戶存款比例＝最大十戶存款客戶存款合計/各項存款×100%

最大十戶存款比例限額審計的重點主要包括：

（1）審計檢查最大十戶存款比例限額的設定是否符合監管部門的要求，是否符合流動性風險管理政策規定，評價最大十戶存款比例管理限額的科學性和可行性。

（2）審計檢查最大十戶存款比例限額執行情況，分析最大十戶存款定價管理以及最大十戶存款比例限額執行過程中的流動性風險管理與盈利性關係的協調問題，找出最大十戶存款比例限額管理中存在的主要問題，有針對性地提出審計建議和意見。

4. 最大十家同業融入比例限額審計

最大十家同業融入比例是指商業銀行通過同業拆借、同業存放和賣出回購款項等業務，從最大十家同業機構交易對手獲得的資金占總負債的比例。

最大十家同業融入比例計算公式為：

最大十家同業融入比例＝（最大十家同業機構交易對手同業拆借＋同業存放＋賣出回購款項）/總負債×100%

最大十家同業融入比例限額審計的重點主要包括：

（1）審計檢查最大十家同業融入比例限額的設定是否符合監管部門的要求，是否符合流動性風險管理政策規定，評價最大十家同業融入比例管理限額的科學性和可行性。

(2) 審計檢查最大十家同業融入比例限額執行情況，分析最大十家同業融入資金的定價管理以及最大十家同業融入比例限額執行過程中的流動性風險管理與盈利性關係的協調問題，找出最大十家同業融入比例限額管理中存在的主要問題，有針對性地提出審計建議和意見。

（三）集團內部交易限額審計

多元化經營是商業銀行的穩定器。國際金融的發展趨勢也是綜合化、集團化經營。但是，金融控股集團內部不同的經營主體、不同的業務領域對風險的理解認識不同，風險收益平衡的政策和策略也不同。特別是銀行業和非銀行金融業風險管理的理念、政策、方法手段差異很大。因此，要對集團內部交易進行嚴格的限額管理。

集團內部交易限額審計的重點主要包括：

（1）集團內部交易限額設立及其調整權限管理審計。審計檢查集團內部交易限額管理制度，看集團內部交易限額管理制度是否符合監管部門的規定，集團內部交易限額設定的批准、調整授權是否恰當。

（2）設定的集團內部交易限額是否符合商業銀行流動性安全性管理的基本要求。審計檢查集團內部交易限額額度大小是否與商業銀行的業務規模、性質、複雜程度、流動性風險偏好和外部市場發展變化情況相適應，是否符合監管部門關於集團內部風險隔離的基本要求，是否符合商業銀行業務經營的實際。

（3）集團內部交易限額執行情況審計。審計檢查集團內部交易限額執行情況，分析集團內部交易定價管理以及集團內部交易限額執行過程中的流動性風險管理與盈利性、安全性關係的協調問題，找出集團內部交易限額管理中存在的主要問題，有針對性地提出審計建議和意見。

（四）融資限額審計

融資是商業銀行資金來源和資金運用的重要渠道，特別是隨著金融市場的不斷完善和創新發展，融資不但是調劑資金餘缺、解決流動性問題的重要渠道，也是通過資金交易，獲取利差，增加營業收入和利潤的重要來源。但是，融資在給商業銀行帶來資金調劑的便利和盈利的同時，也潛藏著很大的流動性和安全性風險。因此，加強對融資限額的審計檢查，是保證商業銀行穩健經營的重要措施。

融資限額審計的重點主要包括以下幾個方面：

（1）融資限額設立及其調整權限管理審計。審計檢查融資限額管理制度，看融資限額的設立是否符合監管部門的規定，融資限額設定的批准、調整授權是否恰當。

（2）設定的融資限額是否符合商業銀行流動性和安全性管理的要求。審計檢查融資限額額度大小是否與商業銀行的業務規模、性質、複雜程度、流動性風險偏好和外部市場發展變化情況相適應，是否符合監管部門關於流動性風險管理的基本要求，是否符合商業銀行業務經營的實際。

（3）交易對手的風險管理審計。審計檢查融資業務交易對手風險管理制度、風險管理機制和風險管理措施，看融資業務交易對手管理制度是否存在重大缺陷和管理漏洞。

（4）融資限額管理執行情況審計。審計檢查融資限額管理制度執行情況，分析融

資業務交易定價管理以及融資業務交易限額執行過程中的流動性風險管理與盈利性、安全性關係的協調問題，找出融資限額管理中存在的主要問題，有針對性地提出審計建議和意見。

四、流動性風險壓力測試審計

壓力測試是商業銀行在流動性管理中，通過壓力測試，分析商業銀行承受壓力事件的能力，考慮並預防未來可能的流動性危機，以提高在流動性壓力情況下履行其支付義務的能力的活動。

流動性風險壓力測試審計要全面、系統地檢查壓力測試制度建設和壓力測試範圍內容以及基本方法技術的健全性、合規性和有效性。

（一）流動性風險壓力測試制度審計

審計檢查商業銀行是否建立了流動性風險壓力測試制度，流動性風險壓力測試制度是否符合監管部門的要求和規定，看有無制度盲區。

（二）流動性風險壓力測試合規性、全面性和有效性審計

1. 流動性壓力測試合規性審計

審計檢查流動性風險壓力測試是否符合監管部門要求，是否符合商業銀行流動性風險管理的基本制度規定。審計檢查董事會和高級管理層是否對壓力測試的情景設定、程序和結果進行審核，促進不斷完善流動性風險壓力測試。

按照監管規定，流動性風險壓力測試應當符合以下要求：

（1）合理審慎設定並定期審核壓力情景，充分考慮影響商業銀行自身的特定衝擊、影響整個市場的系統性衝擊和兩者相結合的情景以及輕度、中度、嚴重等不同壓力程度。

（2）合理審慎設定在壓力情景下商業銀行滿足流動性需求並持續經營的最短期限，在影響整個市場的系統性衝擊情景下該期限應當不少於30天。

（3）充分考慮各類風險與流動性風險的內在關聯性和市場流動性對商業銀行流動性風險的影響。

（4）定期在法人和集團層面實施壓力測試，當存在流動性轉移限制等情況時，應當對有關分支機構或附屬機構單獨實施壓力測試。

（5）壓力測試頻率應當與商業銀行的規模、風險水平及市場影響力相適應。常規壓力測試應當至少每季度進行一次，出現市場劇烈波動等情況時，應當增加壓力測試頻率。

（6）在可能的情況下，應當參考以往出現的影響商業銀行或市場的流動性衝擊，對壓力測試結果實施事後檢驗。壓力測試結果和事後檢驗應當有書面記錄。

（7）在確定流動性風險偏好、流動性風險管理策略、政策和程序以及制訂業務發展和財務計劃時，應當充分考慮壓力測試結果，必要時應當根據壓力測試結果對上述內容進行調整。

2. 實施流動性壓力測試的頻度審計

審計檢查實施壓力測試的頻度，是否與其業務規模、風險水平以及在市場上的影

響力相適應，是否至少每季度進行一次常規壓力測試。在出現市場劇烈波動等情況或者在銀監會要求下，是否針對特定壓力情景進行臨時性、專門壓力測試。看壓力測試是否在並表基礎上分幣種實施，是否針對流動性轉移受限等特殊情況，對有關地區分行或子行單獨實施壓力測試。

3. 壓力情景的假設條件審計

審計檢查是否針對單個機構和整個市場設定不同的壓力情景。壓力情景設定是否與商業銀行本身業務特點、複雜程度相適應，是否針對流動性風險集中的產品、業務和機構設定了壓力情景。

流動性風險壓力情景的假設條件包括（但不限於）：

（1）流動性資產價值的侵蝕。
（2）零售存款的大量流失。
（3）批發性融資來源的可獲得性下降。
（4）融資期限縮短和融資成本提高。
（5）交易對手要求追加保證金或擔保。
（6）交易對手的可交易額減少或總交易對手減少。
（7）主要交易對手違約或破產。
（8）表外業務、複雜產品和交易以及超出合約義務的隱性支持對流動性的損耗。
（9）信用評級下調或聲譽風險上升。
（10）母行或子行、分行出現流動性危機的影響。
（11）多個市場突然出現流動性枯竭。
（12）外匯可兌換性以及進入外匯市場融資的限制。
（13）中央銀行融資渠道的變化。
（14）銀行支付結算系統突然崩潰。

4. 流動性壓力測試所遵循原則的全面性、審慎性審計

審計檢查流動性壓力測試所遵循原則的全面性、審慎性，確保壓力測試結果的可靠性。

（1）審計檢查壓力測試是否遵循審慎原則。
（2）審計檢查壓力測試是否充分考慮各類風險與流動性風險的內在關聯性。
（3）審計檢查壓力測試是否深入分析假設情景對其他流動性風險要素的影響及其反作用。
（4）審計檢查壓力測試是否充分反應融資流動性風險與市場流動性風險的高度相關性。
（5）審計檢查壓力測試是否針對相關假設情景發生後，各風險要素的相互作用，實施多輪壓力測試。

（三）流動性壓力測試分析及其結果運用情況審計

流動性風險壓力測試的目的在於對壓力背景下流動性風險進行有效管理與控制，盡可能多地延長存活期，為商業銀行提供充足的化解危機的時間和機會，進而保證商業銀行經營安全。因此，流動性壓力測試分析及其結果運用非常重要。流動性壓力測

試分析及其結果運用審計要重點從以下幾個方面（但不限於）進行：
　　1. 流動性壓力測試分析情況審計
　　審計檢查流動性壓力測試分析情況及其分析結果的質量。審計檢查的重點主要包括：
　　（1）審計檢查壓力測試是否基於專業判斷，並在可能的情況下，對以往影響商業銀行或市場的類似流動性危機情景進行回溯分析。
　　（2）審計檢查所有壓力測試情景、條件假設、結果和回溯分析是否有書面記錄。
　　（3）審計檢查對於選擇情景、條件假設的基本原則及理由是否有詳細說明，是否報董事會或經其授權機構審核確認，確保董事會或經其授權機構對壓力測試的局限性有充分的瞭解。
　　2. 高管層對流動性壓力測試分析結果的研究及其運用情況審計
　　審計檢查的重點主要包括：
　　（1）審計檢查董事會和高級管理層是否對壓力測試的情景設定、程序和結果進行審核，是否通過壓力測試結果的分析評估，不斷完善流動性風險壓力測試工作。
　　（2）審計檢查壓力測試結果是否廣泛應用於董事會、高級管理層的各類經營管理決策過程，包括（但不限於）風險承受能力、風險限額、戰略發展計劃、資本計劃和流動性計劃的制訂等。審計檢查是否根據壓力測試結果及時調整資產負債結構，持有充足的高質量流動性資產用以緩衝流動性風險，建立有效的應急計劃。
　　（3）審計檢查是否明確設立自身事件引發流動性危機情況下抵禦危機的最短生存期，最短不低於一個月。審計檢查有無維持該最短時間內的融資能力，確保在不同壓力情況下最短生存期內現金淨流量為正值。
　　3. 流動性壓力測試分析報告情況審計
　　審計檢查是否按照監管部門規定，按時報告流動性風險壓力測試報告，包括所有壓力測試情景、條件假設、結果和回溯分析以及根據壓力測試結果對流動性風險管理的策略、政策、程序、限額和應急計劃的調整情況等。

五、流動性風險應急計劃審計
　　流動性風險應急計劃是商業銀行根據其業務規模、性質、複雜程度、風險水平、組織架構及市場影響力，充分考慮壓力測試結果而制訂的商業銀行在發生臨時性和長期性危機的情況下應急流動性風險的實施計劃，以確保其可以應對緊急情況下的流動性需求。
　　流動性風險應急計劃審計重點從以下幾個方面（但不限於）進行：
　　（一）流動性風險應急計劃情形設計審計
　　審計檢查是否按照正常市場條件和壓力條件分別制訂流動性應急計劃，是否涵蓋商業銀行流動性發生臨時性和長期性危機的情況，並預設觸發條件及實施程序。
　　按照監管規定，流動性風險應急計劃設定的情形至少要包括（但不限於）以下內容：
　　（1）流動性臨時中斷，如突然運作故障、電子支付系統出現問題或者物理上的緊

急情況，使商業銀行產生短期融資需求。

（2）流動性長期變化，如因商業銀行評級調整而產生的流動性問題。

（3）當母行出現流動性危機時，防止流動性風險傳遞的應對措施。

（4）市場大幅震盪、流動性枯竭以及交易對手減少或交易對手可融資金額大幅減少、融資成本快速上升等。

（二）流動性風險應急計劃的完整性審計

審計檢查商業銀行是否根據其業務規模、性質、複雜程度、風險水平、組織架構及市場影響力，充分考慮壓力測試結果，制訂有效的流動性風險應急計劃，確保其可以應對緊急情況下的流動性需求。審計檢查是否至少每年對應急計劃進行一次測試和評估，必要時進行修訂。

按照監管規定，流動性風險應急計劃應當符合以下要求：

（1）設定觸發應急計劃的各種情景。

（2）列明應急資金來源，合理估計可能的籌資規模和所需時間，充分考慮跨境、跨機構的流動性轉移限制，確保應急資金來源的可靠性和充分性。

（3）規定應急程序和措施，至少包括資產方應急措施、負債方應急措施、加強內外部溝通和其他減少因信息不對稱而給商業銀行帶來不利影響的措施。

（4）明確董事會、高級管理層及各部門實施應急程序和措施的權限與職責。

（5）區分法人和集團層面應急計劃，並視需要針對重要幣種和境外主要業務區域制訂專門的應急計劃。對於存在流動性轉移限制的分支機構或附屬機構，應當制訂專門的應急計劃。

（三）流動性風險應急計劃的可靠性審計

流動性風險應急計劃的可靠性是指商業銀行持有充足的優質流動性資產，確保其在壓力情景下能夠及時滿足流動性需求。流動性風險應急計劃的可靠性審計要重點從以下幾個方面（但不限於）進行：

1. 優質流動性資產變現能力審計

審計檢查優質流動性資產是否為無變現障礙資產，是否可以包括在壓力情景下能夠通過出售或抵（質）押方式獲取資金的流動性資產。

2. 優質流動性資產規模與構成審計

審計檢查商業銀行是否根據其流動性風險偏好，考慮壓力情景的嚴重程度和持續時間、現金流缺口、優質流動性資產變現能力等因素，按照審慎原則確定優質流動性資產的規模和構成。

3. 優質流動性資產測試情況審計

審計檢查商業銀行是否定期測試優質流動性資產的變現能力，確保其具有足夠的流動性，避免在壓力情景下出售資產而可能帶來的負面影響。

（四）流動性風險應急計劃的全面性審計

流動性風險應急計劃的全面性是指商業銀行對流動性風險實施並表管理，既要考慮銀行集團的整體流動性風險水平，又要考慮附屬機構的流動性風險狀況及其對銀行集團的影響。流動性風險應急計劃的全面性審計要重點從以下幾個方面（但不限於

進行：
　　1. 集團內部交易和融資限額審計
　　審計檢查商業銀行是否設立集團內部的交易和融資限額，分析銀行集團內部負債集中度可能對流動性風險產生的影響，防止分支機構或附屬機構過度依賴集團內部融資，降低集團內部的風險傳遞。
　　2. 流動性轉移限制和金融市場發展差異程度審計
　　審計檢查商業銀行是否充分瞭解境外分支機構、附屬機構及其業務所在國家或地區與流動性風險管理相關的法律、法規和監管要求，是否充分考慮流動性轉移限制和金融市場發展差異程度等因素對流動性風險並表管理的影響。
　　3. 流動性風險的關聯性應對措施審計
　　審計檢查商業銀行是否審慎評估信用風險、市場風險、操作風險和聲譽風險等其他類別風險對流動性風險的影響，有針對性地制定流動性關聯風險應對措施。
　　（五）流動性應急計劃管理策略審計
　　商業銀行流動性應急計劃管理策略應包括資產方流動性管理策略和負債方流動性管理策略。審計的重點主要包括：
　　1. 資產方流動性管理策略審計
　　審計檢查資產方流動性管理策略是否全面、合理、可靠。資產方流動性管理策略包括（但不限於）：
　　（1）變現多餘貨幣市場資產。
　　（2）出售原定持有到期的證券。
　　（3）出售長期資產、固定資產或某些業務條線（機構）。
　　（4）在相關貸款文件中加入專門條款以便提前收回或出售轉讓流動性較低的資產。
　　2. 負債方流動性管理策略審計
　　審計檢查負債方流動性管理策略是否全面、合理、可靠。負債方流動性管理策略包括（但不限於）：
　　（1）將商業銀行與集團內關聯企業融資策略合併考慮。
　　（2）建立融資總體定價策略。
　　（3）制定利用非傳統融資渠道的策略。
　　（4）制定零售和批發客戶提前支取和解約政策。
　　（5）使用中央銀行信貸便利政策。
　　3. 銀行間同業拆借市場融資狀況審計
　　銀行間同業拆借市場是商業銀行獲取短期資金的重要渠道。要審計檢查商業銀行是否根據歷史交易、市場地位和經驗判斷評估自身融資能力，關注自身的信用評級狀況，定期測試自身在市場獲取資金的能力，並將每日及每週的融資需求限制在該能力範圍以內，防範交易對手因違約或違反重大的不利條款，要求提前償還借款的風險。

六、流動性風險管理信息系統審計

　　流動性風險管理信息系統是商業銀行流動性風險管理的重要載體和基本手段。加

強流動性風險管理信息系統建設，是搞好流動性風險管理的基礎。流動性風險管理信息系統審計要重點從以下幾個方面（但不限於）進行：

（一）流動性風險管理信息系統建設情況審計

審計檢查商業銀行是否根據流動性風險管理需要，建立流動性風險管理信息系統，建立相關的管理制度，看流動性風險管理信息系統是否符合內部控制的基本要求。

（二）流動性風險管理信息系功能建設情況審計

審計檢查流動性風險管理信息系統能否準確、及時、全面地計量、監測和報告流動性風險狀況。

商業銀行流動性風險管理信息系統應當至少實現以下功能：

（1）每日計算各個設定時間段的現金流入、流出及缺口。
（2）及時計算流動性風險監管和監測指標，並在必要時加大監測頻率。
（3）支持流動性風險限額的監測和控制。
（4）支持對大額資金流動的即時監控。
（5）支持對優質流動性資產及其他無變現障礙資產種類、金額、所在地域和機構、託管帳戶和幣種等信息的監測。
（6）支持對融資抵（質）押品種類、金額、所在地域和機構、託管帳戶和幣種等信息的監測。
（7）支持在不同假設情景下實施壓力測試。

（三）流動性風險管理信息報告制度審計

審計檢查商業銀行是否建立了規範的流動性風險報告制度，明確各項流動性風險報告的內容、形式、頻率和報送範圍，確保董事會、高級管理層和其他管理人員及時瞭解流動性風險水平及其管理狀況。

第四節　流動性風險分析評估與評價

流動性風險管理的審計分析評估是流動性風險審計的重要內容。流動性風險管理的審計分析評估主要從以下幾個方面進行：

一、流動性風險管理戰略分析評估

流動性風險管理戰略是商業銀行根據其經營戰略、業務特點、財務實力、融資能力、總體風險偏好以及市場影響力確定的流動性風險偏好。要通過審計檢查和系統分析評估，評價商業銀行流動性風險管理戰略、策略和政策制度的科學性、可行性與合規性，分析評價流動性風險管理戰略的實施效果和存在的主要問題，有針對性地提出進一步完善商業銀行流動性風險管理戰略的意見建議。

二、流動性風險管理狀況分析評估

要按照內部控制要素和流動性風險管理的基本要求，在審計檢查的基礎上，全面分析評估商業銀行流動性風險管理體制機制和運行情況，評估評價流動性風險狀況，

找出流動性風險管理中存在的主要問題和潛藏的流動性風險隱患，有針對性地提出改善流動性狀況的建議措施和加強流動性風險管理的意見建議。

三、結論

通過梳理審計檢查工作底稿，核實審計證據，提煉審計分析評估意見，形成對流動性風險管理戰略、流動性風險管理內控環境、流動性風險識別計量評估、流動性風險管理措施、流動性風險管理信息交流與溝通、流動性風險管理監督與糾正體制機制以及流動性風險管理成效的評價，準確評估商業銀行流動性風險狀況以及流動性、安全性和盈利性的協調情況，找出流動性風險管理中存在的主要問題和風險，有針對性地提出改進和加強流動性風險管理的意見建議，形成流動性風險審計報告。

第二十六章
操作風險審計

第一節　操作風險的定義、基本特徵與計量方法

一、操作風險的定義及其產生的主要因素

巴塞爾委員會在新資本協議第 644 段給操作風險的定義是：操作風險是指不完善或有問題的內部程序、人員及系統或外部事件造成損失的可能性。該定義不包括策略風險和聲譽風險，但包括法律風險。

商業銀行由於操作原因而導致損失，必然會對其聲譽產生負面影響。提出操作風險不包括策略風險和聲譽風險，主要是策略風險和聲譽風險所引起的損失增加或收益下降在現階段無法量化，因此沒有納入風險資本的監管範圍。

（一）操作風險的四大因素

根據商業銀行操作風險管理實踐和巴塞爾新資本協議關於操作風險的核心定義分析，商業銀行操作風險主要是由四大因素造成的。這四大因素包括人員因素、系統因素、流程因素和外部事件。

1. 人員因素

人員因素是指由於員工行為引起或者員工涉入（無論是故意或者是疏忽），通過與銀行客戶、股東、第三者關係所引起的風險事件。由於人員因素形成的操作風險主要包括：

（1）不當的分權、授權和內部控制管理。

（2）人力資源配置不足，經驗或者知識缺乏，業務能力不勝任等。

（3）工作不專心、不盡職，疏忽大意。

（4）職業操守不良，故意舞弊等。

2. 系統因素

系統因素是指由於信息設備或者各類基礎設施失效所導致的風險事件。由於系統

因素造成的操作風險主要包括：
(1) 系統中斷。
(2) 通信中斷。
(3) 系統管理控制不周全。
(4) 程序錯誤。
(5) 數據錯誤。
(6) 執行與控制出現問題。

3. 流程因素

流程因素是指由於交易失誤、客戶帳戶管理、清算以及每日營運流程執行失誤所導致的風險事件。由於流程因素造成的操作風險主要包括：
(1) 模型或者參數錯誤。
(2) 執行、交割錯誤。
(3) 錯帳。
(4) 產品過於複雜。
(5) 逾越授權。
(6) 內部控制管理不健全。

4. 外部事件

外部事件是指由於第三人行為所導致的風險事件、外部犯罪行為所導致的實質性資產毀損、政府各類政策法令改變而影響業務持續營運能力等。由於外部事件造成的操作風險主要包括：
(1) 恐怖活動。
(2) 政治因素。
(3) 法律法規變化。
(4) 經濟環境。
(5) 同業競爭。
(6) 自然災害。

(二) 操作風險的七大領域

從操作風險發生、發展的內在規律、歷史經驗教訓和操作風險管理實踐分析，商業銀行操作風險主要發生在以下七個領域：

1. 內部詐欺

商業銀行內部人員盜竊、詐取、侵占商業銀行和客戶的財產所造成的損失。

2. 外部詐欺

外部人員通過盜竊與詐騙，詐取和侵占商業銀行資產形成的損失。

3. 雇用文化、工作場所安全

因違反雇用政策，包括違反健康、安全等協議，支付個人損害求償或者差異性、歧視性事件所導致的損失。

4. 客戶、產品、營業行為

非故意或者疏忽而對特定客戶未盡專業義務，包括忠誠及合適性要求，或者產品

特性及設計所導致的損失。

5. 人員或者資產損失

因人員或者自然災害，或者其他事件所導致的損失。

6. 營運中斷與系統宕機

因營運中斷及其系統宕機所導致的損失。

7. 執行、運送及作業流程管理

與交易對手或者賣方交易處理不當，或者過程管理疏失所導致的損失。

（三）操作風險的八大形態

從商業銀行業務及其產品經營過程分析，操作風險及其損失主要反應為以下八個方面的形態：

1. 財務規劃與融資

中、長期資產負債規劃等所產生的手續費收入與支出等方面形成的操作風險及其損失。

2. 交易與銷售

以交易為目的的金融工具所產生的利息收入與支出，或者利益與損失，商品銷售或者初級市場經紀手續費收入與支出等方面形成的操作風險及其損失。

3. 消費金融

個人或者消費金融業務以及中小企業融資手續費收入與支出，消費銀行、私人銀行、銀行卡業務的手續費收入與支出等方面形成的操作風險及其損失。

4. 企業金融

企業金融業務的融資利息收入，或者手續費收入、支出以及商業銀行持有的有價證券損益等方面形成的操作風險及其損失。

5. 收付清算

與同業、外部清算單位進行收付、清算業務所產生的手續費收入與支出等方面形成的操作風險及其損失。

6. 代理業務

信託業務、代理業務、保管箱業務手續費收入與支出等方面形成的操作風險及其損失。

7. 資產管理

接受客戶委託，為客戶進行資產管理所產生的手續費收入與支出等方面形成的操作風險及其損失。

8. 消費經紀

為個人提供經紀業務所產生的手續費收入與支出等方面形成的操作風險及其損失。

二、操作風險的基本特徵

操作風險不同於信用風險和市場風險，有其自身的特殊性質。這種特殊性質決定了商業銀行更加注重防範操作風險損失的發生，而損失發生的減少就意味著收益的增加。因此，研究操作風險基本特徵對於有效管理和控制操作風險有著十分重要的意義。

（一）內生性

商業銀行是支付仲介。在經營活動中，商業銀行資金交易和清算需要進行各種不同類型的業務操作，而這種業務操作遍布商業銀行各個職能部門及其眾多的分支機構內部各業務環節、產品線和不同的管理層面。由於各種不確定因素的存在，這些操作過程本身存在著失誤的可能性，這就是操作風險的內生性特徵。

（二）隱蔽性

由於操作風險的分散性、多樣性等特徵，操作風險隱患潛藏於商業銀行內部各產品線管理部門、各個操作環節、各個業務層面，具有隱蔽性強、潛伏時間長、不易發現等特徵。

（三）關聯性

操作風險的發生與商業銀行內控文化、風險評估、控制活動、信息交換、監督糾正機制缺失等都有關係，任何一個方面缺失，都可能形成操作風險，都可能相互影響，最后形成損失。另外，操作風險的發生還與金融生態環境有著密切的關係，社會上不法分子往往會把犯罪的黑手伸向商業銀行，利用商業銀行風險管理的薄弱環節或者控制缺陷作案，使商業銀行形成操作風險損失。

（四）風險收益不對稱性

操作風險不同於信用風險和市場風險，有其自身的特點。雖然絕大多數的操作風險都是可以避免的，即使是不可避免的操作風險，也可以通過保險或其他風險轉移機制加以緩釋。儘管業務操作與其相關的業務活動會為商業銀行帶來價值，但是承擔操作失誤風險本身並不會創造價值。這就是操作風險的風險收益不對稱性。

三、操作風險的計量方法

目前，國際金融界對操作風險的防控尚處於起步探索階段，由於經營環境不同，數據的完整性、準確性和可信性不足，還沒有形成公認的、成熟的、能夠準確測量操作風險的技術方法。因此，巴塞爾委員會在新資本協議中鼓勵各國銀行積極地開發操作風險計量管理的技術工具。

巴塞爾委員會新資本協議提出了三種測量操作風險的方法：基本指標法、標準法和高級計量法。

（一）基本指標法

採用基本指標法，商業銀行持有的操作風險資本等於前 3 年總收入的平均值乘上一個固定比例（用 α 表示）。

操作風險資本計算公式如下：

$K_{BIA} = GI \times \alpha$

其中：

K_{BIA} = 基本指標法需要的資本；

GI = 前 3 年總收入的平均值；

$\alpha = 15\%$，由巴塞爾委員會設定。

總收入定義為淨利息收入加上非利息收入之和。這種計算方法旨在反應所有準備

（如未付利息的準備）的總額；不包括銀行帳戶上出售證券實現的利潤（或損失）；不包括特殊項目以及保險收入。

鑑於基本指標法計算的資本比較簡單，巴塞爾新資本協議中未對採用該方法提出具體標準。但是，巴塞爾委員會鼓勵採用此方法的銀行遵循巴塞爾委員會於2003年2月發布的《操作風險管理和監管的穩健做法》。

（二）標準法

在標準法中，巴塞爾委員會把商業銀行的業務分為以下產品線：

（1）公司金融（Corporate Finance）。
（2）交易和銷售（Trading & Sales）。
（3）零售銀行業務（Retail Banking）。
（4）商業銀行業務（Commercial Banking）。
（5）支付和清算（Payment & Settlement）。
（6）代理服務（Agency Services）。
（7）資產管理（Asset Management）。
（8）零售經紀（Retail Brokerage）。

在各產品線中，總收入是個廣義的指標，代表業務經營規模，因此也大致代表各產品線的操作風險暴露程度。計算各產品線資本要求的方法是用銀行的總收入乘以一個該產品線適用的係數（用β值表示）。β值代表行業在特定產品線的操作風險損失經驗值與該產品線總收入之間的關係。應注意到，標準法是按各產品線計算總收入，而非在整個機構層面計算。例如，公司金融指標採用的是公司金融業務產生的總收入。

總資本要求是各產品線監管資本的簡單加總。總資本要求如下：

$$KTSA = \sum (GI_{1-8} \times \beta_{1-8})$$

其中：

$KTSA$ = 用標準法計算的資本要求；

GI_{1-8} = 按基本指標法的定義，8個產品線中各產品線過去3年的年均總收入；

β_{1-8} = 由巴塞爾委員會設定的固定百分數，建立8個產品線中各產品線的總收入與資本要求之間的聯繫。β值表詳見表26－1：

表26－1　　　　　　　　　　產品線資本要求β值

產品線	β係數
公司金融（β_1）	18%
交易和銷售（β_2）	18%
零售銀行業務（β_3）	12%
商業銀行業務（β_4）	15%
支付和清算（β_5）	18%
代理服務（β_6）	15%

表26－1(續)

產品線	β系數
資產管理（$β_7$）	12%
零售經紀（$β_8$）	12%

（三）高級計量法

1. 高級計量法的定義

高級計量法（Advanced Measurement Approaches，AMA）是商業銀行根據操作風險損失數據、外部損失數據、情景分析和定性指標等，自主開發操作風險的計量模型，計算出防範操作風險可能的損失所需要占用的監管資本要求以及資本數額。使用高級計量法應獲得監管當局的批准。

2. 使用高級計量法的資格標準

為具備使用標準法和高級計量法的資格，銀行必須至少符合監管當局的以下規定：

（1）銀行的董事會和高級管理層適當積極參與操作風險管理框架的管理。

（2）銀行的風險管理系統概念穩健，執行正確有效。

（3）有充足的資源支持主要產品線的控制，審計領域採用該方法。

銀行用標準法計算監管資本之前，監管當局有權對該銀行的標準法實施一段時間的初始監測。

銀行用高級計量法計算監管資本之前，監管當局也有權對該銀行的高級計量法實施一段時間的初始監測。監測期內監管當局將確定該方法是否可信和適當。

使用高級計量法，銀行的內部計量系統必須基於內部和外部相關損失數據、情景分析、銀行特定業務環境和內部控制等綜合情況，合理衡量非預期損失。

銀行的計量系統必須能提供改進業務操作風險管理的激勵，以支持在各產品線中分配操作風險的經濟資本。

除這些一般性標準外，使用標準法或高級計量法計算資本要求的銀行還要遵守以下定性和定量標準：

（1）銀行的操作風險管理系統必須對操作風險管理功能進行明確的職責界定。操作風險管理功能包括開發和制定識別、監測、控制、緩釋操作風險的策略；制定銀行全行的操作風險管理和控制政策和程序；設計並實施銀行的操作風險評估方法；設計並實施操作風險報告系統。

（2）作為銀行內部操作風險評估系統的一部分，銀行必須系統地跟蹤與操作風險相關的數據，包括各產品線發生的巨額損失。必須將操作風險評估系統整合入銀行的風險管理流程。評估結果必須成為銀行操作風險狀況監測和控制流程的有機組成部分。例如，該信息必須在風險報告、管理報告和風險分析中發揮重要作用。銀行必須在全行範圍採取激勵手段鼓勵改進操作風險管理。

（3）必須定期向業務管理層、高級管理層和董事會報告操作風險暴露情況，包括重大操作損失。銀行必須制定流程，規定如何針對管理報告中反應的信息採取適當行動。

（4）銀行的操作風險管理系統必須文件齊備。銀行必須有日常程序確保符合操作風險管理系統內部政策、控制和流程等文件的規定，並且應規定如何對不符合規定的情況進行處理。

（5）銀行的操作風險管理流程和評估系統必須接受驗證和定期獨立審查。這些審查必須涵蓋業務部門的活動和操作風險管理崗位的情況。

（6）銀行操作風險評估系統（包括內部驗證程序）必須接受外部審計師或監管當局的定期審查。

第二節　操作風險的內部控制審計

操作風險具有內生性、隱蔽性和關聯性等特徵。因此，加強操作風險的內部控制審計，有利於促進商業銀行不斷完善內部控制體制機制，加強操作風險管理，實現安全經營目標。

一、操作風險內部控制環境審計

操作風險的內部控制環境審計的重點主要包括：

（一）操作風險管理體系審計

審計檢查商業銀行是否按照銀監會《商業銀行操作風險管理指引》等法規、制度要求，建立了與商業銀行的業務性質、規模和複雜程度相適應的操作風險管理體系，有效管理、控制、緩釋操作風險。

商業銀行操作風險管理體系的主要內容至少要包括以下基本要素：

（1）董事會的監督控制。
（2）高級管理層的職責。
（3）適當的組織架構。
（4）操作風險管理政策、方法和程序。
（5）計提操作風險所需資本的規定。

（二）董事會操作風險管理履職審計

審計檢查董事會是否將操作風險作為商業銀行面對的一項主要風險，並承擔監控操作風險管理有效性的最終責任。

董事會操作風險管理的主要職責包括：

（1）制定與商業銀行戰略目標相一致且適用於全行的操作風險管理戰略和總體政策。

（2）通過審批及檢查高級管理層有關操作風險管理的職責、權限及報告制度，確保全行的操作風險管理決策體系的有效性，並盡可能地確保將商業銀行從事的各項業務面臨的操作風險控制在可以承受的範圍內。

（3）定期審閱高級管理層提交的操作風險報告，充分瞭解全行操作風險管理的總體情況、高級管理層處理重大操作風險事件的有效性以及監控和評價日常操作風險管理的有效性。

（4）確保高級管理層採取必要的措施，有效地識別、評估、監測、控制、緩釋操作風險。
（5）確保商業銀行操作風險管理體系接受內部審計部門的有效審查與監督。
（6）制定適當的獎懲制度在全行範圍有效地推動操作風險管理體系建設。
（三）高級管理層操作風險管理履職審計
審計檢查高級管理層執行董事會批准的操作風險管理戰略、政策，履行操作風險管理職責的情況。
高級管理層操作風險管理的主要職責包括：
（1）在操作風險的日常管理方面對董事會負最終責任。
（2）根據董事會制定的操作風險管理戰略及總體政策，負責制定、定期審查和監督執行操作風險管理的政策、程序和具體的操作規程，並定期向董事會提交操作風險總體情況的報告。
（3）全面掌握全行操作風險管理的總體狀況，特別是各項重大的操作風險事件或項目。
（4）明確界定各部門的操作風險管理職責以及操作風險報告的路徑、頻率、內容，督促各部門切實履行操作風險管理職責，以確保操作風險管理體系的正常運行。
（5）為操作風險管理配備適當的資源，包括（但不限於）提供必要的經費、設置必要的崗位、配備合格的人員、為操作風險管理人員提供培訓、賦予操作風險管理人員履行職務所必需的權限等。
（6）及時對操作風險管理體系進行檢查和修訂，以便有效地應對內部程序、產品、業務活動、信息科技系統、員工及外部事件和其他因素發生變化所造成的操作風險損失事件。

二、操作風險識別評估與監控審計

風險識別與評估是風險管理與控制的前提。操作風險的識別評估與監控審計的重點主要包括：
（一）操作風險的識別評估機制審計
審計檢查商業銀行是否建立了操作風險的識別、評估機制，及時識別、評估操作風險，及時識別、評估新產品和新業務的操作風險。
（二）操作風險高級計量法模型審計
操作風險高級計量法是商業銀行根據其操作風險損失數據、外部損失數據、情景分析和定性指標等，自主開發的操作風險計量模型。
（1）要審計檢查計量模型是否與商業銀行業務規模、複雜程度、管理水平相適應，評估操作風險損失數據收集、金融生態環境、情景模擬等是否真實、可靠。
（2）審計檢查操作風險高級計量法模型是否獲得監管當局的批准。
（三）操作風險監測情況審計
審計檢查商業銀行是否制定了有效的程序，定期監測並報告操作風險狀況和重大損失情況，是否針對潛在損失不斷增大的操作風險，建立早期的操作風險預警機制，

以便及時採取措施控制、降低風險,降低損失事件的發生頻率及損失程度。

三、操作風險管理政策機制與管理措施審計

操作風險的管理政策機制與管理措施是控制、緩釋操作風險的基本工具和重要手段。操作風險的管理政策機制與管理措施審計的重點主要包括:

(一) 操作風險管理政策審計

審計檢查商業銀行是否制定了適用於全行的操作風險管理政策。操作風險管理政策是否與商業銀行的業務性質、規模、複雜程度和風險特徵相適應。

商業銀行操作風險管理政策的主要內容包括:

(1) 操作風險的定義。
(2) 適當的操作風險管理組織架構、權限和責任。
(3) 操作風險的識別、評估、監測、控制、緩釋程序。
(4) 操作風險報告程序,包括報告的責任、路徑、頻率以及對各部門的其他具體要求。
(5) 應針對現有的和新推出的重要產品、業務活動、業務程序、信息科技系統、人員管理、外部因素及其變動,及時評估操作風險的各項要求。

(二) 操作風險管理措施審計

審計檢查商業銀行是否將加強內部控制作為操作風險管理的有效手段。

商業銀行與操作風險相關的內部控制措施至少應當包括:

(1) 部門之間具有明確的職責分工以及相關職能的適當分離,以避免潛在的利益衝突。
(2) 密切監測遵守指定風險限額或權限的情況。
(3) 對接觸和使用商業銀行資產的記錄進行安全監控。
(4) 員工具有與其從事業務相適應的業務能力並接受相關培訓。
(5) 識別與合理預期收益不符及存在隱患的業務或產品。
(6) 定期對交易和帳戶進行復核和對帳。
(7) 主管及關鍵崗位輪崗輪調、強制性休假制度和離崗審計制度。
(8) 重要崗位或敏感環節員工 8 小時內外行為規範。
(9) 建立基層員工署名揭發違法違規問題的激勵和保護制度。
(10) 查案、破案與處分適時、到位的雙重考核制度。
(11) 案件查處和相應的信息披露制度。
(12) 對基層操作風險管控獎懲兼顧的激勵約束機制。

(三) 操作風險管理部門職責及其履職情況審計

審計檢查商業銀行是否指定部門專門負責全行操作風險管理體系的建設與實施,獨立履行操作風險管理職責,確保全行範圍內操作風險管理的一致性和有效性。

商業銀行操作風險管理部門職責主要包括:

(1) 擬定商業銀行操作風險管理政策、程序和具體的操作規程,提交高級管理層和董事會審批。

（2）協助其他部門識別、評估、監測、控制及緩釋操作風險。

（3）建立並組織實施操作風險識別、評估、緩釋（包括內部控制措施）和監測方法以及全行的操作風險報告程序。

（4）建立適用全行的操作風險基本控制標準，並指導和協調全行範圍內的操作風險管理。

（5）為各部門提供操作風險管理方面的培訓，協助各部門提高操作風險管理水平、履行操作風險管理的各項職責。

（6）定期檢查並分析業務部門和其他部門操作風險的管理情況。

（7）定期向高級管理層提交操作風險報告。

（8）確保操作風險制度和措施得到遵守。

（四）操作風險相關部門職責及其履職情況審計

審計檢查商業銀行相關部門對操作風險的管理情況。

操作風險相關部門主要職責包括：

（1）指定專人負責操作風險管理，其中包括遵守操作風險管理的政策、程序和具體的操作規程。

（2）根據商業銀行統一的操作風險管理評估方法，識別、評估本部門的操作風險，並建立持續、有效的操作風險監測、控制、緩釋及報告程序，並組織實施。

（3）在制定本部門業務流程和相關業務政策時，充分考慮操作風險管理和內部控制的要求，應保證各級操作風險管理人員參與各項重要的程序、控制措施和政策的審批，以確保與操作風險管理總體政策的一致性。

（4）監測關鍵風險指標，定期向負責操作風險管理的部門或牽頭部門通報本部門操作風險管理的總體狀況，並及時通報重大操作風險事件。

四、操作風險管理信息交流溝通審計

操作風險潛藏在商業銀行經營管理的所有環節中。及時、有效地獲取操作風險信息，是操作風險管理的基本要求。操作風險管理信息交流溝通審計的重點主要包括：

（一）操作風險管理信息系統審計

審計檢查商業銀行是否建立並逐步完善操作風險管理信息系統。

（1）審計檢查操作風險管理信息系統是否記錄和存儲與操作風險損失相關的數據和操作風險事件信息。

（2）審計檢查操作風險管理信息系統是否能夠支持操作風險管理和控制措施的自我評估，監測關鍵風險指標，並可提供操作風險報告的有關內容。

（二）信息系統應急預案審計

（1）審計檢查商業銀行是否制訂了與其業務規模和複雜性相適應的應急和業務連續方案。

（2）是否建立了恢復服務和保證業務連續運行的備用機制。

（3）是否定期檢查、測試其災難恢復和業務連續機制，能否確保在出現災難和業務嚴重中斷時這些方案和機制的正常執行。

（三）重大操作風險事件報告制度審計

審計檢查商業銀行發生重大操作風險事件，是否根據操作風險管理政策的規定及時向董事會、高級管理層和相關管理人員報告，是否按照規定向政府監管部門報告。

五、操作風險管理內部監督糾正機制審計

操作風險管理內部監督糾正機制審計的重點主要包括：

（一）監督糾正機制審計

審計檢查商業銀行是否建立了操作風險管理內部監督糾正機制，看監督與糾正機制有無缺陷。

（二）內部審計監督的頻率和質量效果審計

審計檢查內部審計部門對操作風險審計監督的頻率和質量效果是否符合商業銀行操作風險管理的基本要求，看內部審計監督的獨立性、權威性和有效性。

（三）新產品新系統操作風險監督情況審計

審計檢查內部審計監督部門對新出抬的操作風險管理政策、程序和具體的操作規程是否進行獨立評估，並向董事會報告操作風險管理體系運行效果的評估情況。

審計檢查內部審計監督部門對新產品、新業務系統的操作風險管理制度、程序和具體操作規程是否進行了審計檢查和風險評估，並按照報告路徑進行了報告。

第三節　操作風險評估與評價

審計評價是商業銀行內部審計的基本職能，要通過獨立、客觀、公正的操作風險評估評價，促進商業銀行不斷完善操作風險管理體系和管理政策措施，有效管理和控制操作風險，保證商業銀行安全高效運行。

一、操作風險評估評價的基本內容

按照巴塞爾新資本協議關於操作風險管理的基本內容和監管部門的有關規定，操作風險評估評價的基本內容主要包括：

（一）操作風險管理政策程序和措施評估評價

要按照銀監會操作風險管理的基本要求和巴塞爾新資本協議關於操作風險管理的內容，對商業銀行操作風險管理政策、程序和管理措施進行審計評估評價。

商業銀行操作風險管理政策程序與措施評估評價主要內容包括：

（1）操作風險管理程序的有效性。

（2）監測和報告操作風險的方法的恰當性，包括關鍵操作風險指標和操作風險損失數據。

（3）及時有效處理操作風險事件和薄弱環節的措施。

（4）操作風險管理程序中的內控、檢查和內審程序。

（5）災難恢復和業務連續方案的質量和全面性。

（6）計提的抵禦操作風險所需資本的充足水平。

（7）操作風險管理的其他情況。
（二）操作風險事件的評估評價
按照巴塞爾新資本協議的解釋，操作風險事件是指由不完善或有問題的內部程序、員工和信息科技系統以及外部因素所造成的財務損失或影響銀行聲譽、客戶和員工的操作事件。

操作風險事件具體內容包括：
（1）內部詐欺。
（2）外部詐欺。
（3）就業制度和工作場所安全。
（4）客戶、產品和業務活動。
（5）實物資產的損壞。
（6）營業中斷和信息技術系統癱瘓。
（7）執行、交割和流程管理。
（三）操作風險評估關鍵指標
操作風險評估關鍵風險指標是指代表某一風險領域變化情況並可定期監控的統計指標。關鍵風險指標可用於監測可能造成損失事件的各項風險及控制措施，並作為反應風險變化情況的早期預警指標。操作風險評估關鍵風險指標包括（但不限於）：
（1）每億元資產損失率。
（2）每萬人案件發生率。
（3）百萬元以上案件發生比率。
（4）超過一定期限尚未確認的交易數量。
（5）失敗交易占總交易數量的比例。
（6）員工流動率。
（7）客戶投訴次數。
（8）錯誤和遺漏的頻率以及嚴重程度等。

二、操作風險評估評價的基本方法
（一）建立操作風險評估評價模型
商業銀行內部審計部門可以根據商業銀行經營規模、業務特點、機構佈局和管理特色，建立操作風險評估評價模型，也可以按照內部控制評價模型，對操作風險進行評估評價。
（二）操作風險等級評定
操作風險等級評定可以按照內部控制評價等級單獨進行評定，也可以納入商業銀行內部控制體系，結合內部控制評價一併進行。

第二十七章 財務管理審計

財務管理是商業銀行經營管理的重要組成部分，加強財務管理審計監督有利於促進商業銀行不斷健全和完善商業銀行財務管理體制機制，不斷提高財務管理水平，實現商業銀行穩健經營目標。

第一節　財務管理內部控制審計

財務管理承擔著制定財務政策、分配財務資源、組織財務核算、保證商業銀行經營安全、實現商業銀行經營戰略等重要職能。加強財務管理的內部控制審計是保證更好地發揮財務管理職能作用，促進實現商業銀行經營戰略的重要措施。

一、財務管理內部控制環境審計

內部控制環境是財務管理的基礎，是保證穩健財務政策實施的文化氛圍。審計檢查的重點主要包括：

（一）財務管理制度審計

審計檢查商業銀行是否根據《金融企業財務規則》，結合商業銀行經營管理實際和業務發展需要，建立健全內部財務管理制度，設置財務管理職能部門，配備專業財務管理人員。審計檢查財務管理制度的決策與執行，管錢與管物是否有效分離、相互制約。

（二）財務管理系統和程序審計

審計檢查商業銀行是否建立了安全、可靠的財務管理系統和程序，看有無系統控制缺陷和管理漏洞。

（三）財務管理執行機制審計

審計檢查商業銀行是否建立健全財務管理執行機制及其執行流程和執行工具，評價財務管理的執行力以及執行的質量和效果

二、財務風險識別與評估審計

審計檢查商業銀行是否根據《金融企業財務規則》以及內部財務管理要求，建立健全包括識別、計量和監測等內容在內的財務風險識別與評估體系，明確財務風險識別與評估的流程、機制與技術工具，評價財務風險識別與評估機制的健全性與有效性。

三、財務管理內部控制措施審計

審計檢查商業銀行是否綜合運用規劃、預測、計劃、預算、控制、監督、考核、評價和分析等方法，籌集資金，營運資產，控制成本，分配收益，配置資源，反應經營狀況，防範和化解財務風險，實現持續經營和商業銀行價值最大化。審計檢查的重點主要包括（但不限於）：

（一）資本管理措施審計

（1）審計檢查是否建立了規範有效的資本補充機制，保持業務規模與資本規模相適應，在資本充足率、償付能力等方面滿足有關法律、法規的要求。

（2）審計檢查設立分支機構是否按照規定撥付與分支機構經營規模相適應的營運資金，有無超過規定的限額。

（3）審計檢查是否根據資本規模控制表外業務總量，是否按照風險程度對表外業務進行授權，並嚴格按照授權執行，看有無違規操作；是否及時、完整記錄所有表外業務，跟蹤檢查表外業務變動情況，預計可能發生的損失，並按照有關規定進行披露。

（二）資金管理措施審計

（1）審計檢查資金管理制度是否健全有效，資金內部計價體系是否完善，評價資金管理系統建設及其運行質量效果。

（2）審計檢查是否按照保障相關各方利益、保證支付能力、實現持續經營的原則，根據有關法律、法規的規定，控制資產負債比例，足額提留用於清償債務的資金。

（3）審計檢查對分支機構是否實行統一核算、統一調度資金、分級管理的財務管理制度。

（4）審計檢查是否加強對分支機構的財務監管，關注資金異常變動，監督並跟蹤分析分支機構財務指標執行情況，督促境外分支機構遵守所在國家（地區）關於金融企業財務管理的規定。

（三）資產業務管理措施審計

（1）審計檢查資產管理制度是否健全有效，資產風險管理與監控機制是否健全完善，看有無制度控制缺陷和監控漏洞。

（2）審計檢查是否定期或者至少於每年年終對各類資產進行評價，並逐步實現動態評價，按照規定進行風險分類，對可收回金額低於帳面價值的部分，按照國家有關規定計提資產減值準備。

（3）審計檢查是否依法受託發放貸款、經營衍生產品、進行證券期貨交易、買賣黃金、管理資產以及開展其他業務，是否與自營業務分開管理，按照合同約定分配收益、承擔責任，有無挪用客戶資金、轉嫁經營風險等情況。

（4）審計檢查委託其他機構理財或者從事其他業務是否進行風險評估，依法簽訂書面合同，明確業務授權和具體操作程序，定期對帳，制定風險防範的具體措施，取得的收入是否納入帳內核算。

（5）審計檢查對外提供擔保是否符合法律、行政法規的規定，根據被擔保對象的資信及償債能力，採取相應的風險控制措施，並設立備查帳簿登記，及時跟蹤監督。

（6）審計檢查提供除主營擔保業務範圍以外的擔保是否由股東（大）會或者董事會決議；為金融企業投資者或者實際控制人提供擔保的，是否由股東（大）會決議。

（四）定價管理審計

（1）審計檢查定價管理政策是否穩健，是否考慮了風險調整因素，是否落實了經濟資本的考核措施。

（2）審計檢查定價管理制度、機制和流程是否健全有效，看有無定價管理制度缺陷或者管理漏洞。

（3）審計檢查是否及時分析市場利率、匯率波動情況，預計可能發生的風險，並按照規定的程序，運用金融衍生工具，控制或者減少利率、匯率風險損失。

（4）審計檢查發生關聯交易是否履行規定的程序，並按照規定控制總量和規模，遵循公開、公平、公正的原則，確定並及時結算資源、勞務或者義務的價款，有無利用關聯交易操縱利潤、逃避稅收。

（五）財務費用管理審計

（1）審計檢查財務費用管理制度是否健全完善，是否符合會計法和金融企業財務制度規定。

（2）審計檢查財務資源的配置是否科學合理，是否促進了業務的發展和經營管理工作的加強。

（3）審計檢查財務費用管理與控制是否有效，看財務成本率是否控制在限額以內，看有無浪費財務資源、甚至違反財經紀律的情況和問題。

四、財務信息管理審計

（一）財務管理信息化審計

審計檢查是否在會計電算化的基礎上，整合業務和信息流程，推行財務管理信息化，逐步實現財務、業務相關信息一次性處理和即時共享。

（二）財務報告信息披露審計

（1）審計檢查是否根據有關法律、行政法規以及財政部的統一要求，編製中期財務會計報告和年度財務會計報告，並通過內部審核，在規定期限內向財政部門以及其他與金融企業有關的使用者報送，有無拒絕、拖延財務信息披露的情況。

（2）審計檢查年度財務會計報告是否經會計師事務所審計，有無編製和對外提供虛假的或者隱瞞重要事實的財務信息。

（三）財務信息真實性審計

審計檢查是否建立健全了財務評價制度，對資本充足狀況、償付能力狀況、資產質量狀況、盈利狀況和社會貢獻等進行評價；是否將評價結果作為制定財務管理政策

和考核的依據，評價財務報告信息的真實性。

五、財務管理監督與糾正審計
（一）財務管理監督與糾正制度審計
審計檢查商業銀行及其分支行是否建立了財務管理內部監督與糾正制度和工作機制，評價財務管理內部監督與糾正制度和工作機制是否健全。
（二）財務管理監督與糾正工作成效審計
審計檢查內部審計部門監督檢查的獨立性、權威性和有效性，是否促進了財務管理，促進了商業銀行的健康協調發展。

第二節 預算編製及其執行情況審計

財務預算是落實商業銀行經營管理戰略的重要措施，加強財務預算編製及其執行情況的審計，有利於促進商業銀行實現經營管理戰略目標。

一、財務預算編製的基本依據審計
財務預算編製的基本依據是國家的金融法律法規和商業銀行董事會的經營管理戰略。
（一）財務預算編製合法性審計
審計檢查財務預算編製依據是否符合國家的金融法律法規，是否符合國家宏觀經濟金融發展的基本要求，是否符合國民經濟發展的總體規劃和發展趨勢。
（二）財務預算編製戰略連接度審計
審計檢查財務預算編製依據是否符合商業銀行董事會經營管理戰略，是否符合商業銀行的總體發展規劃，是否符合商業銀行的風險文化和股東的風險偏好以及風險管理水平與技術手段等。

二、財務預算編製基本原則審計
商業銀行不同的經營理念、不同的經營風格、不同的經營規模、不同的業務特點、不同的市場環境，財務預算編製的基本原則肯定不同。但是，商業銀行是負債經營，是風險經營，是在激烈的市場競爭中經營，是在政府的嚴厲監管下經營。這些基本的經營特點是一致的。因此，商業銀行財務預算編製的基本原則應該是一致的。審計的重點主要包括（但不限於）：
（1）審計檢查財務預算編製是否堅持了穩健經營的基本原則。
（2）審計檢查財務預算編製是否堅持了風險收益最優化的基本原則。
（3）審計檢查財務預算編製是否堅持了積極、審慎、留有餘地的基本原則。

三、財務預算執行情況審計與評價
審計檢查商業銀行財務預算執行情況，評價商業銀行財務預算的執行結果，是財

務管理審計的重要內容。
（一）財務預算執行機制審計
（1）審計檢查財務預算執行的流程、機制和工具，評價財務預算執行力狀況。
（2）審計檢查財務資源的配置方法與管理機制，評價財務資源配置與管理效率。
（二）財務預算的執行糾偏與完善機制審計
審計檢查財務預算執行的糾偏機制，看是否根據財務預算執行中發現的問題，及時有效地採取措施，完善財務預算執行機制，促進預算的有效實施。
（三）財務預算的執行激勵約束機制審計
審計檢查財務預算執行的激勵約束機制，評價財務預算執行激勵約束機制的有效性。

第三節　營業收入管理審計

商業銀行是以增加負債的辦法來增加資產，從而增加收入，取得盈利。因此，商業銀行的收入主要來源於資產的收入。其具體形式是貸款的利息收入和證券的利息收入。這兩項收入占了商業銀行總收入的絕大部分。

商業銀行通過開展金融服務，增加中間業務收入，而且這種收入也是持續不斷增長的趨勢，特別是綜合性、多功能、國際化的大銀行，中間業務收入占比在不斷攀升。隨著巴塞爾新資本協議的實施，政府監管部門持續加強資本監管，這一趨勢還會更進一步擴大。

但對於大多數中小商業銀行來說，營業收入還是以利息收入為主。因此，決定商業銀行收入的主要還是資產規模、資產結構以及利率水平。

一、營業收入審計

（一）貸款利息收入審計

貸款利息收入是營業收入的主要來源，貸款利息收入計劃執行情況決定著商業銀行收入計劃乃至利潤計劃的完成和經營管理目標的實現。加強對利息收入計劃及其執行情況的審計，有利於促進加強對營業收入的管理，更好地實現經營管理目標。審計檢查的重點主要包括：

1. 貸款利息收入與增減變化情況審計

審計檢查貸款利息收入計劃執行情況，分析貸款利息收入增減變化及其主要原因和存在的主要問題。

（1）審計檢查貸款利息收入計劃的完成情況。
（2）審計檢查貸款利息的收息率及其增減變化情況。
（3）審計檢查貸款利息收入的增減變化情況。
（4）審計檢查貸款利息收入有無應收未收情況，有無違反財經紀律截留貸款利息收入、私設小金庫、私分貸款利息收入等問題。

2. 貸款利息收入增減變化與風險管理狀況審計

貸款利息收入增加，實際上是資產規模擴大，或者資產結構改變的結果。所謂資產規模擴大，就是在總資產中增加貸款的份額；所謂資產結構改變，就是減少低盈利的貸款，增加高盈利的貸款。當然，這些經營管理措施，必須時刻留意整個資產的流動性的降低與資產風險的增大。

審計檢查貸款利息收入增減變化，既要和財務收支預算計劃對比分析，又要注意檢查分析財務指標增減變化給商業銀行帶來的風險，看這些風險是否可知、可控、可承受。

（二）中間業務收入審計

中間業務收入是商業銀行通過為客戶提供金融服務獲取手續費，形成非利息收入。非利息收入主要包括支付結算費收入、銀行卡收入、代理費收入、擔保費收入、交易手續費收入、帳戶託管費收入、基金託管費收入、諮詢顧問費收入、其他各類中間業務收入等。這部分收入不消耗資本，不形成資產負債，是商業銀行重點發展的業務之一，也是各家商業銀行爭搶的重要業務領域。

隨著金融服務水平的不斷提升，中間業務市場越來越大，中間業務收入在商業銀行總收入中的占比顯著提升，並且還有持續增長的趨勢。加強中間業務收入審計，可以不斷促進中間業務管理，更好地實現中間業務的發展目標。

1. 中間業務收入與增減變化情況審計

審計檢查中間業務收入計劃執行情況，分析中間業務收入增減變化及其形成的主要原因和存在的主要問題。

（1）審計檢查中間業務收入計劃的完成情況。

（2）審計檢查中間業務收入的增減變化情況。

（3）審計檢查中間業務收入有無應收未收情況，有無違反財經紀律截留中間業務收入、私設小金庫、私分中間業務收入等問題。

2. 中間業務收入增減變化與風險管理狀況審計

審計檢查中間業務發展過程中的風險管理，特別是要審計檢查理財業務的風險管理，看有無違規辦理中間業務和理財業務情況。

（三）證券利息收入審計

證券業務是商業銀行協調流動性、安全性和盈利性的重要業務，證券利息收入是商業銀行的重要收入來源。證券業務利息收入的大小，取決於商業銀行投資業務的規模和構成，取決於各種不同等級的證券的收益率。

所謂不同等級，是指證券發行者的信用級別。在美國，證券發行者的信用級別，一般是按照聯邦政府證券、政府機構證券、州和地方證券、公司債券的順序排列的。

1. 證券業務收入與增減變化情況審計

審計檢查證券利息收入計劃執行情況，分析證券利息收入增減變化及其形成的主要原因和存在的主要問題。

（1）審計檢查證券業務收入計劃的完成情況。

（2）審計檢查證券業務收入的增減變化情況。

（3）審計檢查證券業務收入有無應收未收情況，有無違反財經紀律截留證券業務收入、私設小金庫、私分證券業務收入等問題。

2. 證券業務收入增減變化與風險管理狀況審計

要審計檢查證券業務發展過程中的風險管理，特別是要審計檢查代理發行過程中的風險管理，看有無違規辦理證券業務和代理業務等情況。

（四）投資收益審計

隨著我國社會主義市場經濟的發展和金融體制改革的不斷深入，商業銀行綜合化、國際化、集團化經營趨勢明顯，金融控股集團發展很快。加強對投資收益的審計，有利於促進金融控股集團健康協調發展。

1. 投資業務收入與增減變化情況審計

審計檢查投資業務收入計劃執行情況，分析投資業務收入增減變化及其形成的主要原因和存在的主要問題。

（1）審計檢查投資業務收入計劃的完成情況。
（2）審計檢查投資業務收入的增減變化情況。
（3）審計檢查並表單位投資業務收入，有無應收未收情況，有無違反財經紀律截留投資業務收入、私設小金庫、私分投資業務收入等問題。

2. 投資業務收入增減變化與風險管理狀況審計

要審計檢查投資業務發展過程中的風險管理，看有無違規辦理投資業務情況和問題。

（五）營業外收入審計

營業外收入是商業銀行收入的重要來源之一，也是容易產生截留收入、違反財經紀律私設小金庫，甚至形成經濟案件的高風險領域。審計檢查的重點主要包括：

1. 營業外收入與增減變化情況審計

審計檢查營業外收入列帳情況，分析營業外收入增減變化項目及其財務核算情況是否合規、合法。

2. 營業外收入增減變化與風險管理狀況審計

審計檢查有無營業外收入應收未收情況，特別是檢查帳消案存貸款本息收回入帳情況以及無本欠息利息收回入帳情況，看有無違反財經紀律截留營業外收入、私設小金庫、私分營業外收入等問題。

（六）其他收入審計

審計檢查其他收入是否全部入帳，看有無違反財經紀律截留、私分其他收入等問題。

二、定價管理審計

定價管理是財務管理的重要職能，也是影響營業收入的主要因素。加強定價管理的審計，有利於促進提高風險與收益的協調能力，實現穩健經營和協調發展。

（一）定價管理制度審計

審計檢查商業銀行是否建立了健全完善的定價管理制度、機制和流程與工具，落

實了定價管理的職能、職責和目標任務。

（二）貸款定價管理審計

制定貸款的價格，一般要考慮以下七個方面的因素：

（1）資金的成本。

（2）貸款的風險程度（風險成本）。

（3）貸款的期限。

（4）貸款的管理費用，如銀團貸款、聯合貸款等產生的管理費用等。

（5）借款人從資金的競爭性來源中可以得到的利率，包括其他貸款人和商業票據市場、債券市場的利率。

（6）商業銀行和借款人之間的合作關係，包括從借款人的存款餘額中得到的收入，從借款人的代理業務中收取的中間業務收入，也包括為借款人的存款帳戶提供服務收取的費用等。

（7）可以替代的投資產品中能夠得到的收益率，即機會成本。

要審計檢查貸款定價是否包括了影響貸款價格的所有因素，看貸款定價是否合理、恰當；看有無違反貸款定價管理制度的情況。

（三）投資業務定價管理審計

審計檢查是否按照定價管理政策，科學合理地確定投資業務價格，看有無違反投資業務定價管理制度的情況。

（四）中間業務定價管理審計

審計檢查是否按照中間業務定價管理政策制度，科學合理地確定中間業務價格，看有無違反中間業務定價管理制度的情況。

三、營業收入的審計分析

通過審計檢查營業收入的總量、結構及其增減變化，審計檢查定價管理政策制度及其執行情況，全面分析營業收入計劃執行情況以及相應的流動性、安全性風險協調情況，評價營業收入的積極、審慎、穩健狀況和存在的主要問題。

第四節　營業支出管理審計

商業銀行的支出主要由兩大項目構成：一是存款和借入款的利息支出，即負債的利息支出；二是各項管理費用支出。前者占絕大部分。負債的利息支出是和資產的利息收入直接相聯繫的，負債的規模決定資產的規模。但是，資產規模的擴大也促使負債規模的擴大。存款的利率影響貸款的利率，但是，貸款的利率實際上又決定了存款的利率水平。商業銀行經營管理中產生的各項費用是商業銀行資金成本的重要組成部分，既決定商業銀行的管理效能，又有其自身的特點。營業支出審計的內容主要包括以下幾個方面：

一、利息支出審計

利息支出是商業銀行主要的支出項目。加強利息支出審計，有利於促進加強利率

管理，有效管理和控制資金成本，增加利潤，提高商業銀行經營效益。

（一）負債利率管理及其定價制度審計

在負債利率市場化的大背景下，決定商業銀行負債利率，即價格水平的因素很多，包括資金的市場供求關係及其走勢、商業銀行的風險管理水平與風險狀況、存款人或者投資人的風險偏好等。負債利率管理及其定價制度審計的重點主要包括：

（1）審計檢查負債利率管理政策是否與董事會的經營戰略相適應，是否落實了董事會的風險偏好。

（2）審計檢查負債利率管理政策是否與商業銀行經營管理狀況和市場地位相適應，是否促進了負債業務的健康發展，促進了市場地位和盈利能力的提升。

（3）審計檢查負債業務定價機制、程序及其流程和工具是否科學有效，數據分析系統及其技術手段與能力是否適應負債業務定價管理的基本要求。

（二）存款利息支出審計

審計檢查是否按照存款利率管理政策和制度，支付各項存款利息，看有無違反存款利率管理規定支付存款利息的情況。

二、營業費用支出審計

營業費用是商業銀行資金成本的重要組成部分。有效管理和控制營業費用是降低成本、增加利潤、提高經營效益的重要措施，也是商業銀行經營管理永恆的主題。加強營業費用的審計檢查，有利於促進加強成本管理與控制，不斷提高商業銀行經營管理水平和經營效益。

（一）營業費用管理制度審計

（1）審計檢查是否按照政府主管部門和監管部門的法律法規制定了健全有效的營業費用管理辦法和有關規章制度。

（2）審計檢查是否結合自身特點，按照內部財務管理制度，強化成本費用預算約束，實行成本費用全員管理和全過程控制，看有無制度控制盲區。

（二）營業費用支出合規風險審計

審計檢查是否按照政府主管部門和監管部門的法律法規以及商業銀行營業費管理辦法正確列支營業費用，是否將成本費用支出按照國家規定納入帳內核算，有無違反規定進行調整的情況。

按照《金融企業財務規則》的規定，要重點審計以下內容：

（1）在經營過程中發生的與經營有關的支出，包括各項利息支出（含貼息）扣除允許資本化的部分、手續費支出、佣金支出、業務給付支出、業務賠款支出、保護（保障和保險）基金支出、應計入損益的各種準備金和其他有關支出，是否按照國家有關規定計入當期損益。

（2）成本核算是否嚴格區分本期成本與下期成本的界限、成本支出與營業外支出的界限、收益性支出與資本性支出的界限。同一計算期內，核算成本和營業收入的起止日期、計算範圍和口徑是否一致。

（3）是否重視費用支出與經濟效益的配比，實行費用支出的歸口、分級管理和預

算控制，確定必要的費用支出範圍、標準和報銷審批程序。

（4）除國家規定的專用帳戶外，商業銀行每一獨立核算單位分幣種只能設立一個費用存款專戶，要檢查除稅金及附加、折舊、資產攤銷、準備金和壞帳損失以外的各項費用是否從費用專戶中開支。

（5）審計檢查是否強化費用支出約束，對業務宣傳費、業務招待費、差旅費、會議費、通信費、維修費、出國經費、董事會經費、捐贈等實行重點監控。金融企業的業務宣傳費、委託代辦手續費、防預費、業務招待費等是否一律按規定據實列支，不得預提。

（6）審計檢查技術研發和實施科技成果產業化所需經費是否納入財務預算，形成的資產是否納入相應的資產進行管理。

（7）審計檢查是否按照國家有關規定以及與職工簽訂的勞動合同，核定和計發職工薪酬有無違反規定亂發錢物的現象。

（8）審計檢查是否根據有關法律、法規和政策規定，經股東（大）會或者董事會決議，對經營者、核心技術人員和核心管理人員實行與其他職工不同的薪酬辦法有無對經營者亂發錢物的現象。

（9）審計檢查商業銀行根據有關法律、法規和政策規定，為職工繳納的基本醫療保險、基本養老保險、失業保險和工傷保險等社會保險費用是否據實列入成本（費用）。

（10）按照國家有關規定，參加基本醫療保險、基本養老保險且按時足額繳費的金融企業，具有持續盈利能力和支付能力的，可以根據有關法律、法規規定，為職工建立補充醫療保險和補充養老保險（企業年金）制度，要審計檢查相關費用是否按照國家有關規定列支。

（11）審計檢查是否為職工繳納住房公積金，檢查職工住房貨幣化分配的處理是否按照國家有關規定執行。

（12）審計檢查工會經費是否按照國家規定的比例提取，是否撥交工會使用。

（13）審計檢查職工教育經費是否按照國家規定的比例提取，是否用於職工教育和職業培訓；

（14）審計檢查根據經營情況支付的佣金、手續費等支出是否簽訂合同，明確支出標準和執行責任。除對個人代理人外，不得以現金支付。

第五節　利潤管理審計

利潤是商業銀行的重要經營成果，是商業銀行發展的基礎。實現利潤的高低涉及商業銀行的股票市場價格和投資者的信心，是商業銀行的投資者高度關注的焦點，也是商業銀行核銷壞帳、抵禦風險的重要財務資源。

商業銀行的盈利能力是受到資產的流動性和安全性兩個方面的要求和制約的。因此，商業銀行經營的總方針是在保持一定的流動性和確保安全的情況下，爭取盡可能多的盈利。加強對商業銀行利潤的審計檢查，保證利潤核算的真實準確，對於促進商

業銀行加強財務管理，更好地實現穩健經營戰略目標，進一步提升商業銀行的商譽和投資者信心有著非常重要的意義。

一、利潤的真實性審計

要通過審計檢查商業銀行的收入和支出以及利潤核算情況，評估判斷商業銀行利潤核算的真實性，看有無虛增利潤或者人為調減利潤的情況。

二、利潤分析

利潤是指稅后淨利潤。要通過審計檢查，全面分析商業銀行經營管理狀況，評價商業銀行的盈利能力和風險管理水平。要通過對利潤計劃的完成情況分析和通過對利潤指標的橫向、縱向的對比分析，評價商業銀行的經營管理能力。

三、盈利能力審計分析

盈利能力分析是商業銀行經營管理分析的重點，是制定財務管理政策和經營戰略以及經營目標的重要依據。盈利能力審計分析的重點和內容主要包括：

（一）資產利潤率審計分析

資產利潤率是稅后淨利潤與總資產的比率。要通過分析資產利潤率的發展變化，找出商業銀行在營業收入、營業支出、資產結構、負債結構、定價管理等方面，影響收入、支出、利潤和資產利潤率的正反兩個方面的因素，評價商業銀行利潤管理的成效與存在的主要問題。

（二）資本利潤率審計分析

資本利潤率是稅后淨利潤與總資本的比率。在總資本中一般只算產權資本，不包括債務資本。

要通過分析資本利潤率的發展變化，找出商業銀行在利潤管理和資本管理方面的工作成效與存在的主要問題。

（三）利差率審計分析

利差率是利息收入減去利息支出后，與平均資產的比率，有的用生息資產作為分母計算利差率。

商業銀行營業收入中最大的收入項目是利息收入，營業支出中最大的支出項目是利息支出，利差是商業銀行淨收入的主要來源。而且商業銀行作為信用仲介，存款和貸款之間有利差，是商業銀行取得盈利的基本前提。因此，利差率是分析商業銀行盈利能力的第一個指標。

要通過對資產負債總量、期限、結構的審計檢查，對商業銀行利差率的發展變化進行分析，特別是要通過利率敏感性分析，找出利差管理中存在的主要問題，客觀公正地評價商業銀行的盈利能力與利差管理能力。

（四）利潤率審計分析

商業銀行的利差並不就是商業銀行的利潤。因為營業收入中還有其他收入，營業支出中還有管理費用。況且，目前中間業務收入占比在不斷攀升。因此，分析商業銀

行盈利能力的第二個指標就是銀行利潤率。

銀行利潤率是稅前淨收入與營業收入總計的比率。

這裡的稅前淨收入，不但把中間業務收入包括進來了，還把營業費用支出從收入中減去了。分母用營業總收入，意思是在全部營業收入中，除去營業支出後有多少可以留下來成為商業銀行的稅前淨收入，即利潤。這個指標的特點是把全部營業收入和全部營業支出都考慮在內了，類似於其他企業的銷售利潤率。

要通過對營業收入、營業支出的全面深入分析，找出影響銀行利潤率增減變化的各種主客觀因素，評價商業銀行的經營管理能力和盈利能力。

（五）資產生產率（Productivity Of Assets）審計分析

商業銀行的盈利主要來自於資產的收入，因此分析商業銀行盈利能力的第三個指標就是資產生產率（有的也翻譯為「資產使用率」）。

資產生產率是營業收入總計與總資產的比率。

這裡的總資產不限於盈利資產，還包括了現金資產、固定資產等。這裡的營業收入也不限於利息收入，包括了其他所有的收入。意思是說，商業銀行的每一元資產能產生多少收入。

要通過對商業銀行的各項收入以及所有資產的分析，評價商業銀行的資產生產率，找出影響資產生產率的主客觀因素。

（六）財務槓桿率審計分析

財務槓桿率是總資產與總資本的比率，是反應商業銀行的資本充足率的資本與總資產比率的倒數，對於商業銀行的盈利來說，這是一個十分重要的比率。因為這個比率大，商業銀行的資產負債規模就大，盈利就多；這個比率小，商業銀行的資產負債規模就小，商業銀行的盈利就少。但是，按照巴塞爾新資本協議的規定，政府監管部門要加強對最低資本要求的監管。

要通過資本和資產的審計分析，特別是通過對經濟資本管理的審計分析，評價財務槓桿率、評價商業銀行的盈利能力。

四、盈利能力分析與評估

要通過對商業銀行的營業收入管理分析、營業支出管理分析和利潤管理分析，特別是通過利差率、銀行利潤率、資產生產率和財務槓桿率的審計分析，全面客觀地分析評價商業銀行的盈利能力，找出影響商業銀行盈利能力的主客觀因素，有針對性地提出加強利潤管理的意見建議。

第六節 財產管理審計

商業銀行的財產包括流動資產和固定資產，是商業銀行的經營基礎。加強對財產管理的審計檢查，是保證商業銀行資產安全的重要措施。

一、財產管理制度審計

審計檢查商業銀行是否建立了規範健全的財產管理制度。

（1）審計檢查財產管理制度是否符合國家法律法規，是否符合監管部門的規定。

（2）審計檢查財產管理制度是否符合董事會的管理規定，有無違反商業銀行章程和制度的情況。

（3）審計檢查財產管理制度是否符合商業銀行的管理規定，是否與經營管理的規模、業務特點和財務資源相適應。

二、財產採購制度審計

審計檢查商業銀行是否建立了規範健全的財產採購管理制度。

（1）審計檢查財產採購管理制度是否符合國家法律法規，是否符合政府主管部門和金融監管部門的規定。

（2）審計檢查財產採購管理制度是否符合董事會的管理規定，有無違反董事會制度的採購情況。

（3）審計檢查財產採購管理制度是否符合商業銀行內部控制管理規定，是否實現了採購部門與使用部門相分離。

（4）審計檢查是否建立了財務審查委員會，建立大宗物品集中採購制度，審計檢查集中採購招投標制度是否健全和完善。

三、財產實物管理審計

審計檢查商業銀行財產實物管理使用是否符合相關規定。

（1）審計檢查財產管理是否落實了管錢與管物相分離、採購與使用相分離制度，看制度的執行是否到位，有無違規操作情況和問題。

（2）審計檢查財產與實物是否相符，有無遺失、被盜等情況。

（3）審計檢查財產的使用效率，評價商業銀行財產管理的安全性、合規性和實效性。

第五篇　審計管理實務

第二十八章 商業銀行內部審計風險管理

1957年,《蒙哥馬利審計學》第8版第一次將「風險」這一概念與審計程序的設計緊密聯繫起來,開始研究審計風險管理與控制的措施,探索通過改進審計程序與審計方法,來實現有效管理與控制審計風險的目的。

第一節 審計風險及其風險特徵和風險模型

審計風險作為風險導向審計的重要概念,經過了國內外審計理論專家和實務工作者的幾十年研究實踐,形成了較為成熟的審計風險管理模型。深入研究分析審計風險及其產生和形成的過程,研究分析審計風險管理與控制的模型和控制程序與控制措施,有利於更好地認識、理解、管理和控制商業銀行內部審計風險。

一、審計風險

審計風險有廣義的審計風險和狹義的審計風險。

廣義的審計風險是指審計人員因做出錯誤的審計結論和表達錯誤的審計意見,從而導致審計組織和審計人員承擔法律責任和相應經濟損失的不確定性。

狹義的審計風險是指審計對象財務報表存在重大錯報或者漏報,而審計人員審計后發表不恰當審計意見的可能性。

審計風險的定義揭示了審計風險產生的原因和形成的過程以及審計風險的表現形式。從審計風險發生、發展的過程來看,影響審計風險的因素很多。因此,從不同的影響因素分析,可以將審計風險劃分為不同的類型。進而根據不同的審計風險及其風險特徵,區別不同的方法,採取不同的措施,進行有效的管理和控制,達到不斷提升審計價值,規避審計風險責任的目的。

(一) 按照審計風險產生和形成的原因分類

按照審計風險產生和形成的原因分類,審計風險可以分為固有風險、控制風險和檢查風險,固有風險和控制風險合併稱為重大錯報風險。

1. 財務報表的重大錯報風險

財務報表的重大錯報風險是指被審計對象的財務報表在審計前存在重大錯報的可能性。

20世紀中期以后，隨著全球經濟一體化浪潮的形成，信息技術突飛猛進發展，虛擬經濟快速擴張，企業經營環境發生了巨大的變化，企業經營的不穩定性增加，經營管理人員的詐欺舞弊現象也不斷增加，審計對象財務報表的重大錯報風險已經大大超越了財務核算技術本身，而是來源於整個企業的經營風險。股東和社會要求審計人員充分揭示企業的經營風險，揭露企業的詐欺舞弊行為和重大財務黑洞。這樣，一方面審計人員的責任更大，另一方面審計期望差距不斷擴大。因此，由企業財務報表重大錯報風險引發的審計風險也越來越大，對經濟社會發展產生了很大的影響。

重大錯報風險包括固有風險和控制風險。

（1）固有風險。固有風險是指假設不存在相關的內部控制的條件下，某一認定發生重大錯報的可能性。不管這項錯報是單獨考慮，還是連同其他錯報一併構成重大錯報。

（2）控制風險。控制風險是指某項認定發生了重大錯報，不管這項錯報是單獨發生，還是連同其他錯報一併構成重大錯報，而該錯報沒有被審計對象的內部控制及時制止、發現和糾正的可能性。

2. 檢查風險

檢查風險是指某一認定存在錯報，該錯報單獨或者連同其他錯報是重大的，但審計人員沒有發現這種錯報的可能性。

檢查風險的產生一般有以下三個方面的基本原因：

（1）檢查風險取決於審計程序設計的合理性。

（2）檢查風險來自於審計人員執行審計程序的有效性，來自於審計人員自身的檢查。

（3）與審計檢查風險相關聯的還有審計報告風險。

3. 報告風險

報告風險是指審計人員經過審計檢查、分析和評估以後，由於對風險本質的理解和把握上的偏差，形成不恰當審計結論或者審計意見的可能性。

形成不恰當審計結論或者審計意見，一般有以下三個方面的原因：

（1）審計人員綜合分析評估判斷能力有限，對風險的理解、認識有偏差。

（2）審計的程序方法有缺陷，導致產生錯誤的審計結果和錯誤的審計價值判斷。

（3）審計人員職業操守出了問題，受外界影響發表了不恰當的審計意見。

（二）按照審計風險的管理與控制屬性分類

從審計風險管理與控制的屬性分類，審計風險可以分為可控風險和不可控風險。

1. 可控風險

可控風險是指由於審計部門和審計人員可以控制的因素而導致的審計風險。例如，審計人員的素質、工作態度、審計的程序和方法、審計部門對審計工作的管理等因素導致的審計風險。這些因素基本上都與審計部門和審計人員有關。因此，審計部門可

以通過審計管理來控制他們產生的影響，進而控制審計風險。

2. 不可控風險

不可控風險是指審計部門和審計人員不能直接加以控制的不確定因素所引發的審計風險，包括被審計單位內部和外部兩個方面的因素。

（1）內部因素。內部因素包括合夥舞弊、詐欺等因素。

（2）外部因素。外部因素包括宏觀經濟金融環境的變化、市場變化等。

二、審計風險特徵

不管是國家審計、內部審計，還是民間審計，都有可能發表不恰當的或者錯誤的審計意見和審計結論，由此承擔相應的審計責任。儘管不同的審計機構和審計組織有著不同的性質差別，其審計風險表現的形式、產生的后果以及審計部門、審計人員要承擔的責任也不一樣。但審計風險還是具有一些共同的基本特徵，深入分析研究審計風險形成的經濟環境、業務背景、發展過程和產生的主客觀原因以及審計風險特徵，有利於更好地認識、理解、管理、控制審計風險。

（一）客觀性

在市場經濟條件下，市場在資源配置當中發揮著決定性作用。所有的經濟活動都按照貨幣交換的原則進行，而受資本追逐利潤最大化的驅動，企業經營管理當中發生錯蔽是必然的、客觀存在。審計是現代經濟的產物，是不能脫離市場經濟發展規律的。因此，審計風險也和企業經營管理中的錯蔽風險一樣，是客觀存在的。審計風險存在於所有的審計業務之中，存在於整個審計管理的過程之中，具有內在必然性，是不以審計部門和審計人員的意志為轉移的。這是因為現代審計大多都是採用抽樣的審計方法，根據抽樣審計的特徵推斷總體特徵。然而，審計抽樣的原則、期間、數量以及樣本的特徵與總體的特徵總是會有一定的差別，這種差別就是產生審計判斷誤差的客觀存在。這種誤差通過審計風險管理可以有效地控制或者減少，但是無法消滅的。

因此，只要審計部門、審計人員運用抽樣審計方法，就不可避免地要承擔一定程度的審計判斷誤差風險。由此發表不恰當的審計意見或者錯誤的審計結論，承擔相應的審計風險。在現代經濟條件下，即使採用詳查法，進行全面詳細審計，由於企業的經營環境、管理素質以及道德風險等諸多因素，也同樣存在審計判斷誤差風險以及發表不恰當的審計意見或者錯誤的審計結論的可能性。因此，審計風險總是存在於審計活動之中，存在於審計業務發生、發展的過程之中。但是，審計部門、審計人員可以通過不斷完善審計風險管理的技術、方法和工具，在有限的空間和時間範圍內改變這種誤差、誤判發生的客觀條件，降低審計風險發生的頻率和重要性，把審計風險控制在一個可以接受的水平。

（二）不確定性

審計風險是客觀存在，具有客觀必然性，產生於審計活動的全過程。因此，審計風險具有不確定性特點。

（1）審計政策、審計範圍、審計重點與審計對象及其客觀經營環境之間的不確定性是審計風險不確定性的客觀原因。

（2）審計組人員組成、知識結構、專業結構、技術水平等是審計風險不確定性的主觀原因。

（3）審計方案、審計抽樣、控制測試以及實質性程序的執行水平和審計分析報告等審計執行過程的不確定性是形成審計風險不確性的內在因素。

（4）審計風險是否要承擔審計責任也具有不確定性。有的審計風險可能會引起審計責任，有的審計風險則不一定會引起審計責任。

（三）潛在性或者滯后性

審計風險是客觀存在的，具有不確定性。同時，審計風險也具有潛在性或者滯后性。審計部門、審計人員審計以后發表了不恰當的審計意見，或者做出了錯誤的審計結論，客觀上就形成了審計責任。但是，審計責任轉化為現實的審計風險是要有一個過程的。審計過錯沒有造成不良后果，沒有引發追究審計責任的行為，這個時候審計風險只是停留在潛在階段，但這並不是說明審計風險不存在。一旦錯誤的審計結論或者不恰當的審計意見造成不良影響或者經濟損失，就引發審計責任追究行為，潛在的審計風險就轉化為現實的審計風險。因此，審計風險的發生是以審計責任的存在為前提，審計的內在規律決定了審計風險的潛在性或者滯后性。要有效控制和管理審計風險，就要全面落實審計責任。

（四）可控性

審計風險發生和發展的過程充分表明審計風險貫穿於審計項目和審計過程的每一個環節，具有客觀性和普遍性，一旦發生將給審計部門和審計人員造成聲譽或者經濟損失。但是，審計理論和審計實踐也充分表明，審計風險雖然具有客觀必然性，但並不意味著審計部門、審計人員在審計風險面前就無能為力。審計部門、審計人員可以通過審計風險管理，深刻認識理解審計風險，深入分析審計風險產生的主客觀原因，不斷探索審計風險管理與控制的內在規律，採取有效的審計風險管理措施、方法和技術手段加以預防和控制。只要將審計風險控制在可接受的水平，審計就是成功的，審計風險管理就是有效的。

三、審計風險模型

20世紀70年代以后，審計風險控制模型就開始在審計實務中被陸續採用。1981年，美國審計準則委員會發布了第39號審計準則《審計抽樣》，在其附件中公布了供審計人員參考的審計風險模型。1983年，該委員會又發布了第47號審計準則《審計風險與重要性》，將審計風險模型寫在了審計準則的正文中。從此，風險導向審計模型被正式確認。

審計風險是指審計對象財務報表存在重大錯報或者漏報，而審計人員審計后發表不恰當審計意見的可能性。可見審計風險主要來源於客戶財務報表的重大錯報風險和審計人員自身的檢查風險。

因此，審計風險模型就可以表述為：

審計風險 = 重大錯報風險 x 檢查風險

重大錯報風險是指審計對象財務報表在審計前存在重大錯報的可能性。

重大錯報風險包含固有風險和控制風險。重大錯報風險構成如圖28-1所示。

```
┌─────────┐
│ 固有風險 │ ─────┐
└─────────┘      │
                 ↓
              ┌─────────┐
              │重大錯報風險│
              └─────────┘
                 ↑
┌─────────┐      │
│ 控制風險 │ ─────┘
└─────────┘
```

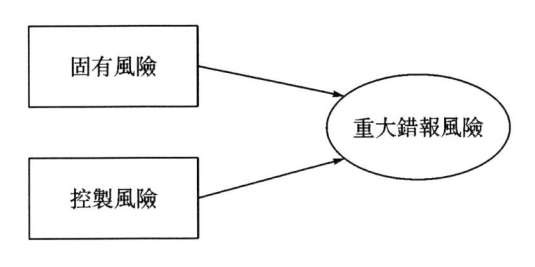

圖28-1　重大錯報風險構成

　　檢查風險取決於審計程序設計的合理性，取決於重大錯報風險評估水平，取決於審計抽樣和審計執行的有效性。審計部門和審計人員應當合理設計審計程序，準確評估重大錯報風險，科學確定審計抽樣，合理安排審計期間、時間和範圍，有效組織審計執行，控制審計檢查風險。

　　審計風險由重大錯報風險和檢查風險組成。其中，重大錯報風險是固有風險和控制風險的聯合，與被審計對象的經營管理、市場環境和宏觀經濟環境有很大的關係。審計部門和審計人員可以通過對被審計對象的調查、分析，通過綜合分析判斷評估；而檢查風險則與審計部門和審計人員執行審計程序的適當性有關，與審計部門和審計人員做出的審計方案、審計技術方法工具、審計抽樣規模、審計資源配置和審計時間預算等決策有關。也就是說，審計人員能夠管理和控制可接受的審計檢查風險水平。

　　從定量分析的角度看，審計風險模型各個要素之間的相互關係可用下列公式表示：
　　可接受的審計風險 = 重大錯報風險 × 檢查風險
　　因此，在既定的審計風險條件下，審計檢查風險的計算公式可以表述為：
　　可接受的審計檢查風險 = 可接受的審計風險/重大錯報風險
　　在既定的審計風險水平下，可接受的審計檢查風險水平與認定層次重大錯報風險的評估結果成反比例關係。評估的重大錯報風險越高，可接受的審計檢查風險越低。評估的重大錯報風險越低，可接受的審計檢查風險越高。審計風險要素之間的比例關係如表28-1所示。

表28-1　　　　　　　　審計風險要素之間的比例關係

重大錯報風險	審計檢查風險
高	低
中	中
低	高

　　搞清楚審計風險模型和審計風險要素之間的辯證關係，對於有效管理和控制審計風險有著重要意義。

　　從審計風險要素之間的辯證關係分析，可以清楚地看到，可接受的審計檢查風險

與認定層次重大錯報風險水平成反比例關係。在可接受的審計風險一定的情況下，重大錯報風險越高，審計人員可接受的審計檢查風險就越低，所需要的審計證據數量就越多。審計風險等級與審計證據成本的關係如表28-2所示。

表28-2　　　　　審計風險等級與審計證據成本的關係

期望的審計風險	重大錯報風險評估水平	可接受的檢查風險水平	所需證據的數量及審計成本
高	低	高	低
低	低	中	中
低	高	低	高
中	中	中	中
高	低	中	中

因此，要有效管理控制審計風險，實現審計價值最大化。第一，要認真學習審計理論，研究審計的內在規律，用科學的審計理論指導內部審計實踐，促進內部審計應用理論研究和實踐的不斷發展；第二，要理論聯繫實際，創造性地開展商業銀行內部審計風險管理與控制實踐和探索，促進內部審計風險管理方法技術的不斷發展與進步；第三，要通過科學先進的審計理論指導和內部審計的大膽實踐，不斷促進內部控制體系建設，實現商業銀行穩健經營目標。

第二節　商業銀行內部審計風險與風險管理

商業銀行內部審計是一種獨立、客觀的監督、評價和諮詢活動，是商業銀行內部控制的重要組成部分，是通過系統化和規範化的方法，審查評價並改善商業銀行經營活動、風險狀況、內部控制和公司治理效果，促進商業銀行穩健發展。由此可見，商業銀行內部審計的風險主要也就體現在三個方面：一是經營管理中潛藏的重大錯蔽評估風險；二是審計檢查風險；三是審計整改風險。

一、重大錯蔽風險

商業銀行經營管理中潛藏的未被發現的重大錯蔽風險是商業銀行內部審計風險的主要方面。按照重要性原則，深入研究分析商業銀行經營管理中潛藏的未被發現的重大錯蔽風險的來源、表現形態和風險特徵，對於不斷提高重大錯蔽風險的評估水平，降低檢查風險，進而有效管理和控制審計風險，有著十分重要的意義。

（一）重大錯蔽風險的種類

商業銀行經營管理中潛藏的未被發現的重大錯蔽風險，包括固有風險和控制風險。

1. 固有風險

固有風險是指商業銀行在經營管理中，由於市場和外部環境的變化，超出了商業銀行風險預期而形成風險損失的可能性。

固有風險一般都具有市場風險、信用風險和操作風險的基本特徵。商業銀行經營管理中的固有風險主要表現在以下幾個方面：

（1）固有風險存在於商業銀行的經營管理理念和風險偏好之中。商業銀行是風險經營，不同的風險偏好就有不同的固有風險。一般來講，追求高收益必然要承擔高風險，這裡面當然包含了固有風險。

（2）固有風險存在於商業銀行對市場發展趨勢的預測、分析、判斷和把握之中。例如，定價管理是採用變動利率還是採用固定利率定價，就要看宏觀經濟金融形勢，判斷市場利率走勢。但是不管商業銀行採用什麼方式定價，都包含了固有風險。如果貸款採用固定利率定價，那麼在市場利率走高以後，商業銀行就會失去一部分收入，這就是利率管理中的固有風險。

（3）固有風險存在於商業銀行業務營運的全過程。商業銀行經營管理過程中的固有風險一般都是以操作風險的形態出現，具有風險與收益的不對稱性。

2. 控制風險

控制風險是指商業銀行在業務運行、系統管理、產品分銷、服務管理和員工行為管理中，由於不恰當的控制而形成風險的可能性。

控制風險一般都是以操作風險的形態出現，具有操作風險的基本特徵，即內生性、隱蔽性、關聯性、風險與收益的不對稱性。商業銀行經營管理中的控制風險主要表現在以下幾個方面：

（1）控制風險存在於商業銀行的內部控制體系之中，具有關聯性、系統性和高風險等特點。

（2）控制風險存在於金融服務的產品之中，一般具有內生性特點，具有風險收益的抵換關係。

（3）控制風險存在於商業銀行業務營運以及分支機構業務核算服務的操作之中，一般具有內生性、隱蔽性等特點。

（二）重大錯弊風險審計管理重點

商業銀行內部重大錯弊風險是指商業銀行內部控制體系不健全，存在嚴重內控缺陷，致使資產負債及其他業務存在重大風險隱患、財務報表存在重大錯誤的可能性。商業銀行重大錯弊風險包括固有風險和控制風險。商業銀行內部審計重大錯弊風險管理目標主要包括以下幾個方面。

1. 固有風險審計監督重點

固有風險是指假設不存在相關的內部控制的條件下，某一認定發生重大錯弊的可能性。不管這項錯弊是單獨考慮，還是連同其他錯弊一併構成重大錯弊。固有風險管理包括風險的計量、識別、控制和管理等過程。內部審計對固有風險的管理，要重點抓好以下幾個方面的認定和評估，確保各項重大的固有風險都得到準確的計量、識別、揭示和控制。

（1）內部控制體系的固有風險。要從控制風險管理入手，從商業銀行的內部控制體系建設、運行、評價和糾錯完善等全過程來看固有風險的計量方法、識別手段、控制措施等是否科學、合理、有效。

（2）產品的固有風險。要從產品以及衍生服務品種等方面分析、檢查、評估認定產品的固有風險，看產品的設計、開發、驗收、推廣等各個階段是否充分識別和揭示了產品的固有風險，是否有效控制和管理了產品的固有風險。

（3）業務運行程序和系統的固有風險。要從業務運行管理的程序和系統分析、檢查、評估認定固有風險，看業務受理、運行、監督等各個環節是否充分識別揭示了程序和系統的固有風險，是否有效控制與管理了程序和系統的固有風險。

2. 控制風險審計監督重點

商業銀行是高風險經營行業，經營管理的顯著特點就是自律管理。按照我國《企業內部控制基本規範》的要求，建立健全商業銀行內部控制體系，既是合理保證商業銀行經營管理合法合規、資產安全、財務報告及相關信息真實完整，提高經營效率和效果，實現穩健經營發展戰略的實際需要，也是商業銀行履行社會責任和義務的必然要求。

內部審計要把促進審計對象建立與實施健全有效的內部控制體制機制、保證內部控制體系控制嚴密和運行有效，作為審計監督的重點。具體地講，要重點抓好以下幾個方面的認定和評估，確保商業銀行內部控制滿足監管部門和風險管理的各項原則要求。

（1）全面性原則。認定和評估商業銀行內部控制是否貫穿決策、執行和監督全過程，覆蓋總行及其分支行、子公司的各種業務和事項。

（2）重要性原則。認定和評估商業銀行內部控制是否在全面控制的基礎上，關注重要業務事項和高風險領域。

（3）制衡性原則。認定和評估商業銀行內部控制是否在治理結構、機構設置及權責分配、業務流程等方面形成相互制約、相互監督，同時兼顧營運效率。

（4）適應性原則。認定和評估商業銀行內部控制是否與其經營規模、業務範圍、競爭狀況和風險水平等相適應，並隨著情況的變化及時加以調整。

（5）成本效益原則。認定和評估商業銀行內部控制是否權衡實施成本與預期效益，以適當的成本實現有效控制。

3. 重大資產風險審計監督重點

資產風險是指商業銀行經營的各項資產和權益發生損失的可能性。按照審計的重要性原則，資產風險審計監督目標是指通過有效履行審計監督職能作用，確保商業銀行不發生重大資產風險損失。一般要重點關注以下幾個領域：

（1）重大資產項目發生風險損失的可能性。要按照重要性原則對重點資產項目逐筆、逐項審計檢查，全面準確地計量、分析、評估風險，審查評估風險管理與控制的措施是否與風險狀況相適應，確保商業銀行重大資產安全。

（2）大額資金發生風險損失的可能性。要緊緊圍繞帳戶管理、資金交易、業務清算的各個關鍵環節的核算、控制、授權、監督等措施進行檢查、評估和分析，尤其是要關注大額資金的劃轉、清算，關注員工違規交易和越界服務，確保不發生大案要案，確保客戶和商業銀行資金安全。

（3）關注表外重大或有風險。表外業務不消耗商業銀行的資本，是商業銀行重點

發展的低風險中間業務，也是商業銀行利潤的重要來源。但是，表外業務同樣也潛藏著風險，只是這種風險屬於或有風險。因此，內部審計重大錯蔽風險管理同樣要關注表外業務重大或有風險，通過有效履行審計監督職能，及時揭示、評估表外業務風險管理狀況，促進表外業務健康發展。

4. 重大差錯事故風險審計監督重點

重大差錯事故是指由於系統、程序、人員以及外部環境等因素形成的影響商業銀行安全運行，或者資產、資金損失以及損害商業銀行商譽的重大事件。重大差錯事故是操作風險的衍生風險，具有操作風險的基本特徵。重大差錯事故主要包括以下幾個方面：

（1）大額現金出納差錯事故。
（2）系統運行安全事故。
（3）信息安全事故。
（4）重大人員傷亡事故。
（5）重大服務事故。
（6）重大商譽事故。

內部審計要根據各種重大差錯事故的易發部位、重點環節、誘發原因、控制技術、監督措施等風險管理特徵，落實重大差錯事故和重大風險隱患的審計監督，促進審計整改，保證商業銀行安全經營。

二、檢查風險

檢查風險是指內部審計由於對商業銀行經營管理中潛藏的未被發現的重大錯蔽風險和系統性重要內控缺陷的分析評估與檢查失當，致使應查而未查出重大風險隱患和系統性重要內控缺陷的可能性。

檢查風險與重大錯蔽風險評估水平成反比關係，重大錯蔽風險評估水平高，檢查風險就低。重大錯蔽風險評估水平低，檢查風險就高。因此，從本質上講，檢查風險在很大程度上取決於重大錯蔽風險評估水平和重大錯蔽風險評估質量效果。

（一）檢查風險的種類

檢查風險一般主要表現在以下幾個方面：

1. 全局性檢查風險

全局性檢查風險是指涉及商業銀行經營管理全局的風險，內部審計部門在審計檢查中沒有發現，而這些問題暴露后，給商業銀行經營活動帶來重大損失的可能性。

內部審計部門管理控制全局性檢查風險，要按照風險導向原則，從宏觀經濟金融形勢的發展趨勢和商業銀行經營管理的全局上，理解和把握重大錯蔽風險與檢查風險。始終把內部控制體系的健全性和有效性作為重大錯蔽風險與檢查風險管理的重點。

2. 高風險領域檢查風險

高風險領域檢查風險是指涉及商業銀行資產安全、財務管理、合規管理以及社會商譽等方面的風險，內部審計部門在審計檢查中沒有發現，這些問題暴露后，給商業銀行經營活動帶來損失和不良影響的可能性。

內部審計部門管理和控制高風險領域的檢查風險，要按照重要性原則，對商業銀行經營管理中的各種風險進行排序，合理制訂審計計劃，科學配置審計資源，準確組織審計抽樣，確保對高風險地區、高風險經營機構、高風險業務領域和高風險資產以及產品的有效監督檢查，避免對低風險機構、低風險業務和低風險產品的過度監督檢查，浪費審計資源，影響對高風險領域的監督檢查，形成高風險領域檢查風險。

3. 審計執行風險

審計執行風險是指審計部門、審計人員在審計程序設計、重大錯弊風險評估、審計抽樣、審計期間、時間和範圍確定以及審計執行方面存在缺陷，致使重大錯蔽和風險隱患應查出而未查出，相關問題暴露后給商業銀行經營管理帶來重大損失和不良影響的可能性。

內部審計部門管理和控制審計執行風險要按照審計規律，不斷探索創新內部審計思路、審計方法和審計技術工具，努力建設學習型審計組織，通過專業化、科技化和規範化手段，充分履行審計監督、諮詢和評價職能作用，避免由於審計程序設計、審計抽樣和審計執行上的缺陷，形成審計執行風險。

（二）檢查風險管理與控制的重點

審計檢查風險的核心定義明確指出，審計檢查風險是由於對重大風險隱患和系統性重要內控缺陷的分析評估與檢查失當，致使應查而未查出重大風險隱患和系統性重要內控缺陷的可能性。因此，檢查風險的管理就是通過審計程序、審計方案、審計流程、審計工具和審計資源的有效組織協調，不斷提高審計執行力，將審計檢查風險控制在可接受的程度以內。根據可接受的審計檢查風險管理模型，從商業銀行經營管理規律和內部審計實踐出發，檢查風險管理與控制的重點主要包括兩個方面的內容：

1. 重大錯蔽檢查風險管理與控制

重大錯弊是由於商業銀行內部控制體系不健全，存在嚴重內控缺陷，致使資產、負債業務以及中間業務經營管理中存重大風險隱患、財務報表存在重大錯誤。由此可見，重大錯弊風險的基本特徵與主要內容一般表現為以下四個方面的問題：

（1）內部控制體系的嚴重缺陷。
（2）資產負債業務以及中間業務中的重大風險隱患。
（3）重大差錯事故。
（4）經濟案件。

重大錯蔽風險在商業銀行經營管理中一般都表現為直接風險，這種風險大都直接導致商業銀行發生重大損失，是商業銀行不可接受的風險。因此，重大錯蔽檢查風險也是不可接受的審計風險。因此，重大錯蔽檢查風險的管理目標是經過內部審計檢查以后，審計對象在審計期內沒有未被發現的重大錯蔽風險隱患和系統性重要內控缺陷以及經濟案件。

2. 操作性問題檢查風險管理與控制

操作風險是指由於商業銀行業務運行系統、管理控制程序、人員勝任能力或者道德因素以及外部環境的影響等原因，使內部控制受到一定的影響，形成越權處理業務、違規經營、違章操作，給商業銀行經營管理、資產安全以及商業銀行信譽造成損害的

可能性。根據操作風險的基本特徵，按照商業銀行經營管理的特點和業務運行的流程劃分，操作風險主要包括：
（1）業務運行系統管理控制風險。
（2）管理控制程序操作風險。
（3）規章制度、崗位制約、授權控制、業務流程控制等方面的操作風險。
（4）違規越權操作處理業務風險。
（5）違規、違法經營風險。
（6）人員不勝任形成的操作風險。
（7）外部客觀事件的影響形成的事故。
（8）道德風險。

操作風險相對於重大錯蔽風險，大都具有間接性、從屬性等特點，在商業銀行內部控制中大都處於次要、間接和從屬的控制地位。操作風險是隨著商業銀行業務運行系統、內部控制程序、人員流動以及市場環境的變化而不斷發展變化的，具有一定的普遍性、易發性和反覆性等特點。因此，不管是從操作風險發生、發展過程的客觀環境分析，還是從商業銀行內部風險管理的主觀願望、能力、條件和成本分析，商業銀行對操作風險都要有一定的容忍度。只是這種容忍度要嚴格限制在一定範圍。具有全局性、系統性操作風險是商業銀行不可接受的。

根據操作性問題的風險特徵和商業銀行的風險偏好以及商業銀行風險容忍度管理政策的基本要求，操作性問題的檢查風險管理與控制，要重點考慮以下幾個方面的因素：
（1）業務運行系統的穩定性。
（2）內部管理控制體系的健全性和有效性。
（3）員工的業務素質與勝任能力。
（4）經營環境。
（5）近3年來操作問題的差錯事故率。
（6）商業銀行內部審計體系的獨立性、權威性和有效性。

綜合各種因素，參考審計理論研究的一些成果，商業銀行操作性問題的檢查風險管理目標可定在5%左右。

計算公式為：

操作性問題審計檢查風險＝審計檢查範圍內未發現的三級以下問題總數／審計檢查範圍內發現的三級以下問題總數≤5%

具體目標值可以根據審計部門、審計人員、審計對象的實際情況，在審計實踐的基礎上，不斷研究探討和優化，實行年度動態管理與控制。

三、整改風險

審計整改風險是指內外部審計檢查發現重大錯弊和系統性內控缺陷以後，審計部門未有效履行審計整改推動職能作用，致使審計對象沒有落實審計整改，而發生重大差錯事故或者經濟案件的可能性。

通過履行審計監督職能作用，推動審計整改，促進審計對象不斷加強和完善內部控制，建立內控嚴密、運行有效的內部控制體制機制，是商業銀行內部審計區別於外部審計的顯著特徵。深入研究審計整改風險，落實審計整改風險的管理與控制，是有效管理控制審計風險的重要內容。

（一）整改風險的種類

審計整改風險按照審計整改的流程可以分為以下幾個方面：

1. 整改工作跟蹤不力風險

整改工作跟蹤不力風險是指商業銀行內部審計部門對審計發現的問題沒有建立相應的審計整改跟蹤機制或者制度，落實審計整改，致使相關問題暴露而形成風險損失的可能性。

根據《銀行業金融機構內部審計指引》的規定，商業銀行內部審計部門應開展后續審計，監督整改情況。董事會應對審計發現問題查處整改工作跟蹤不力的內部審計部門負責人和直接責任人追究責任。

2. 整改質量效果核實驗證評價風險

整改質量效果核實驗證評價風險是指內部審計部門沒有建立有效的審計整改質量效果核實驗證評價機制或者制度，對審計整改質量效果進行認真核實驗證，準確評價審計整改風險，而致使整改不到位或者虛假整改，形成風險損失的可能性。

3. 持續審計風險

持續審計風險是指內部審計部門在一個審計循環週期內，沒有建立持續審計機制或者制度，對被審計對象的內控狀況和風險狀況進行動態監控，適時採取審計監督措施，跟蹤整改，致使相關問題暴露，形成風險損失的可能性。

4. 整改結果處理風險

整改結果處理風險是指內部審計部門對整改質量效果核實驗證中發現的重要問題，沒有按照總行有關規定進行處理和報告，致使整改不到位或者虛假整改的問題未得到及時糾正，而形成風險損失的可能性。

（二）整改風險管理與控制的重點

審計整改是審計檢查監督、諮詢服務的出發點和歸宿。整改工作涉及面廣、工作流程長、溝通協調難度大，全面落實審計整改風險管理與控制是加強審計風險管理，實現審計監督目標的關鍵環節。

1. 審計整改風險的基本特徵

商業銀行經營管理中潛藏的風險主要包括市場風險、信用風險、操作風險。這些風險按照是否會給商業銀行帶來經濟損失可以劃分為直接風險和間接風險兩個方面。直接風險一般表現為給商業銀行造成直接的經濟損失的可能性。間接風險雖然不可能馬上形成經濟損失，但是違規操作使內部控制措施失效，最終必然給商業銀行帶來經濟損失。因此，必須從商業銀行經營管理中潛藏的風險本質，認識審計整改風險及其風險特徵。

（1）審計整改風險度是由審計認定的審計事實本身的風險度決定的。一般來說，審計認定的審計事實本身的風險度與審計整改風險成正比例關係。審計整改風險特徵

對比分析如表 28-3 所示。

表 28-3　　　　　　　　審計整改風險特徵對比分析

審計事實風險度	審計整改風險
高	高
中	中
低	低

（2）審計整改風險取決於審計整改管理機制。從本質上講，審計整改風險關鍵的還在於整改，在於審計整改管理和審計整改機制、制度、工具建設，在於審計整改的方法措施，在於審計整改質量效果的核實驗證以及審計整改風險的評估、評價和審計整改處理。審計整改風險與審計整改管理成反比例關係。審計整改（機制）風險特徵對比分析如表 28-4 所示。

表 28-4　　　　　　　審計整改（機制）風險特徵對比分析

審計整改管理機制	審計整改風險
健全	低
中	中
不健全	高

（3）審計整改風險的滯后性、隱蔽性和不確定性。審計整改風險具有滯后性、隱蔽性和不確定性等特點。

一是審計整改有風險容忍度，即整改率。這是因為有的問題已經形成違規事實，事過境遷，無法整改。

二是有些問題客觀條件不具備，短期內難以整改。

三是審計風險轉化為現實的經營管理風險需要一個過程。審計風險轉化為現實風險是受各方面條件作用的結果，具有很大的不確定性，有的審計風險也不一定就轉化為現實風險。

2. 審計整改風險容忍度

審計整改是商業銀行內部控制體制機制的自我完善、自我糾正，是內部控制管理的重要抓手。商業銀行內部控制管理是一個比較龐大的系統工程體系，涉及全行各個專業和各個方面，審計整改以及審計整改成效要受主客觀各種條件、因素的影響和制約。因此，審計整改要有一定的整改率要求。這一方面是考慮了審計整改的制約因素和實際困難，另一方面也是對審計整改的目標要求，實際上就是審計整改的風險容忍度。確定審計整改風險容忍度，要綜合考慮審計認定、審計事實的風險度，考慮審計整改的主客觀條件，考慮內控管理的客觀要求。

3. 審計整改風險監督目標

審計整改風險管理是審計風險管理的重要內容。審計整改風險管理目標要包括審

計整改的機制建設目標、審計整改率目標和審計整改風險評估等內容。

（1）審計整改管理機制建設目標。審計整改是商業銀行監督與糾正機制的重要內容，是商業銀行內部控制體系的重要因素之一。建立健全審計整改管理機制，是落實審計監督，促進內部控制體制機制建設，提升審計對象價值的重要措施。商業銀行審計整改管理機制的基本內容主要包括以下幾個方面：

第一，建立健全分支行審計整改管理機制。分支行審計整改管理機制的內容一般主要包括審計整改組織推動協調機制、審計整改責任制度、審計整改質量效果核實驗證評估評價制度、審計整改激勵約束制度等。

第二，建立審計部門審計整改風險管理機制。審計部門整改工作組織推動機制和審計整改風險管理機制的內容一般主要包括審計整改風險管理制度、審計整改推動機制、審計整改情況報告交流制度、審計整改風險核實驗證評估評價制度、審計整改風險處理制度。

（2）審計整改率目標。審計整改率是評估評價審計整改的主要指標。要根據審計整改風險容忍度，科學合理地確定審計整改率，有效管理控制審計整改風險。

第一，重大錯蔽的審計整改風險管理目標。重大錯蔽是不可接受的審計風險，因此重大錯弊的審計整改風險管理目標就是審計對象要對各級審計監督部門檢查發現認定的重大錯弊進行全部整改。

第二，操作性問題的審計整改風險管理目標。操作性問題大都屬於基本可接受或者基本不可接受的審計風險，有一定的風險容忍度。這些問題數量比較大、涉及面比較廣、整改任務比較重、工作量比較大。因此，對操作性問題的審計整改要根據審計整改率和審計整改風險管理要求，合理確定審計整改風險管理與控制目標。

第三節　檢查風險的管理控制程序與技術

商業銀行內部審計檢查監督有三個基本目標：一是保證國家有關經濟金融法律法規、方針政策、監管部門規章的貫徹執行；二是在商業銀行風險框架內，促使風險控制在可接受水平；三是改善商業銀行的營運，增加商業銀行的價值。商業銀行內部審計的基本目標決定了審計檢查風險的基本內容與管理目標。

一、檢查風險的基本內容

內部審計是商業銀行內部控制體系的重要組成部分，是商業銀行自我發展、自律管理、自我控制、自我監督的基本經營特徵條件下的內控制度安排。審計的基本目標從根本上講與商業銀行經營管理的基本目標是一致的。因此，檢查風險的基本內容主要包括以下三個方面：

（一）合規檢查風險

合規風險是指商業銀行因沒有遵循法律、規則和準則可能遭受法律制裁、監管處罰、重大財務損失和聲譽損失的風險。合規管理是商業銀行一項核心的風險管理活動。合規風險管理的目標是通過建立健全合規風險管理框架，實現對合規風險的有效識別

和管理，保證依法合規經營；同時要綜合考慮合規風險與信用風險、市場風險、操作風險和其他風險的關聯性，確保各項風險管理政策和程序的一致性，促進商業銀行穩健發展。

商業銀行內部審計的首要任務就是要通過合規風險審計監督，保證國家有關經濟金融法律法規、方針政策、監管部門規章的貫徹執行。這是因為商業銀行是負債經營、風險經營，是在激烈的市場競爭中經營，以利潤最大化為經營管理的基本目標。商業銀行吸收的社會公眾存款能否保證存款人按照約定支取存款本息。商業銀行能否根據客戶經營管理的合理需要，為客戶及時提供經營活動所需要的信貸資金。商業銀行能否獲取合理的利潤，給投資人以合理的投資回報，為商業銀行的員工支付合理的薪酬，並且很好地履行社會義務等。所有這些，都關係著社會的穩定，關係著國民經濟的安全運行。因此，商業銀行是在政府的嚴屬監管下經營。只要嚴格執行國家有關經濟金融法律法規、方針政策、監管部門規章，就能為商業銀行的安全經營提供合理的制度保證。搞好合規風險審計監督是保證商業銀行安全經營的重要措施。

1. 合規風險審計檢查的重點

合規風險審計檢查的重點主要包括以下幾個方面：

（1）執行國家經濟金融法律法規的審計檢查。國家經濟金融法律法規包括監管部門的規章、條例、準則、指引等，是國家管理經濟的基本法律，是保障全社會和全體國民權益，包括商業銀行自身權益的基本準則，是全體社會成員都必須共同遵守的行為規範。要把保證國家有關經濟金融法律法規的貫徹執行作為合規風險審計監督的基本內容和首要任務，通過充分履行審計職能作用，檢查監督有關經濟金融法律法規的貫徹執行情況，揭示各種違規違法行為和問題，有效管理和控制檢查風險。

（2）執行宏觀經濟金融方針政策的審計檢查。宏觀經濟金融方針政策是政府經濟金融管理部門根據國內外經濟金融發展狀況，為保證國民經濟健康、平穩、協調發展而制定的經濟金融管理基本規範。經濟決定金融，金融影響經濟。全球經濟一體化，決定了全球金融一體化。因此，準確把握全球經濟金融宏觀形勢和國內宏觀經濟金融形勢是搞好商業銀行經營管理的基本要求。要把保證政府經濟金融管理部門宏觀經濟金融發展方針、政策和策略的貫徹執行，作為合規風險審計監督的基本內容和任務，通過充分履行審計職能作用，檢查監督有關經濟金融管理部門宏觀經濟金融發展方針、政策和策略的貫徹執行情況，揭示各種違反政府宏觀經濟金融發展方針、政策和策略的行為和問題，有效管理控制檢查風險。

（3）執行總行規章制度的審計檢查。商業銀行總行各項規章制度是保證國家有關經濟金融法律法規、方針政策、監管部門規章的貫徹執行，在商業銀行風險框架內，促使風險控制在可接受水平，改善商業銀行營運，增加商業銀行價值的具體規定。要把總行各項規章制度的執行作為合規風險審計監督的重點內容和任務。通過充分履行審計職能作用，檢查監督總行各項規章制度的貫徹執行情況，揭示各種違規違章的行為和問題，有效管理控制檢查風險。

2. 合規風險審計檢查的基本內容

按照合規風險審計檢查的重點和審計實踐，合規風險審計檢查的基本內容主要包

括以下幾個方面：
（1）合規政策。主要審計檢查商業銀行的合規政策是否與國家法律法規相一致。
（2）合規管理部門的組織結構和資源。主要審計檢查商業銀行的合規風險管理體系是否與商業銀行的經營範圍、組織結構和業務規模相適應。
（3）合規風險管理計劃。主要審計檢查商業銀行是否制訂並執行風險為本的合規管理計劃，包括政策和程序的實施與評價、合規風險評估、合規性測試等。
（4）合規風險識別和管理流程。主要審計檢查評價商業銀行各項政策、程序和操作指南的合規性，確保各項政策、程序和操作指南符合法律、規則和準則的要求。
（5）合規培訓與教育制度。主要審計檢查商業銀行對員工進行合規培訓，包括新員工的合規培訓以及所有員工的定期合規培訓與合規教育情況，全面評價員工的合規意識和勝任能力。

（二）市場風險信用風險和操作風險的檢查風險

商業銀行是風險經營。沒有風險就沒有收益，高風險高收益，低風險低收益。但是，商業銀行不承擔風險，而是要通過風險管理的措施、技術和工具，把風險轉移到市場上去。因此，商業銀行就是通過對風險的有效管理，把風險控制在其可以接受的程度，賺取風險收益。商業銀行面臨的風險主要包括市場風險、信用風險和操作風險。

1. 市場風險審計檢查的基本內容與重點

市場風險是指因市場價格（利率、匯率、股票價格和商品價格）的不利變動而使商業銀行表內和表外業務發生損失的風險。其中，利率風險按照來源的不同，可以分為重新定價風險、收益率曲線風險、基準風險和期權性風險。市場風險存在於商業銀行的交易和非交易業務中。

市場風險審計檢查的重點主要是檢查商業銀行對市場風險的識別、計量、監測和控制技術及其風險狀況，看是否充分識別、準確計量、持續監測和適當控制所有交易和非交易業務中的市場風險，確保在合理的市場風險水平之下安全、穩健經營，確保商業銀行所承擔的市場風險水平與其市場風險管理能力和資本實力相匹配。

2. 信用風險審計檢查的基本內容與重點

信用風險是指包括主權、金融機構和公司客戶、零售客戶在內的債務人或者借款人，因各種原因未能及時、足額償還債務或商業銀行貸款而違約的可能性。發生違約時，債權人或商業銀行必將因為未能得到預期的收益而承擔財務上的損失。信用風險具有客觀性、傳染性、可控性和週期性四個基本特徵。

信用風險審計檢查的主要內容和重點是檢查評價信用風險計量和信用風險緩釋的合法性、有效性、審慎性，促進商業銀行加強信用風險管理，運用合格的抵（質）押品、淨額結算、保證和信用衍生工具等方式轉移或降低信用風險，在確保對外支付和經營安全的前提下，實現利潤最大化。

3. 操作風險審計檢查的基本內容和重點

操作風險是指由不完善或有問題的內部程序、員工和信息科技系統以及外部事件所造成損失的風險。操作風險包括法律風險，但一般不包括策略風險和聲譽風險。依據巴塞爾新資本協議和銀監會有關規定，操作風險損失事件類型一般分為內部詐欺事

件、外部詐欺事件、就業制度和工作場所安全事件、客戶、產品和業務活動事件、實物資產損壞事件、信息科技系統事件、執行、交割和流程管理事件等類型。

操作風險審計檢查的重點主要是檢查全行操作風險的管理體制機制，看是否建立了符合商業銀行實際的操作風險管理體系，使用國際通行的工具和方法，對全行操作風險進行統一全面管理，最大程度減少操作風險事件，降低操作風險損失，維護商業銀行聲譽和市場價值。

（三）經營管理效率與效果的檢查風險

商業銀行內部審計的根本目標是在商業銀行風險框架內，促使風險控制在可接受水平，改善商業銀行的營運，增加商業銀行的價值。因此，要把經營管理效率與效果作為審計監督的根本目標。審計檢查的內容與重點主要包括：

1. 內部控制體系的監督檢查

要把建立完善的內部控制體系作為改善商業銀行的營運的基本任務。通過周而復始的審計循環，推動審計整改，不斷促進商業銀行內部控制體系建設，實現內控嚴密、運行有效的管理目標。

2. 經營管理目標的監督檢查

要把實現商業銀行的經營管理目標作為審計工作的基本任務。緊緊圍繞董事會和高管層制定的經營管理目標，開展審計監督工作，促進全面完成各項經營管理目標任務，實現商業銀行價值最大化。

二、檢查風險管理與控制的方法技術

管理控制檢查風險要從審計計劃、審計實施和審計處理等全過程進行，建立並實施科學有效的審計管理程式。

（一）前審計階段檢查風險管理與控制的方法技術

1. 審計計劃控制

審計計劃是管理和控制審計檢查風險的重要工具。要按照風險導向和重要性原則，對審計對象進行風險排序，根據風險度和審計資源狀況，合理安排審計頻率、審計覆蓋率和審計項目計劃，科學配置審計資源。既加強對高風險審計對象的審計監督，又避免對低風險審計對象的過度監督，影響審計效率。

2. 審計準備和前審計階段控制

審計準備是搞好現場審計檢查，有效管理和控制審計檢查風險的重要環節。審計準備基本程式包括：

（1）收集資料。要通過內外部各種渠道，收集和獲取現場審計所必需的信息資料。特別是通過公眾傳媒收集和獲取非數據重要審計風險信息。

（2）控制測試。要綜合運用各種審計技術工具和信息資源，全面進行控制測試，深入分析重大內控缺陷和風險隱患，評估內控風險狀況，查找風險疑點及其線索。

（3）數據分析。要按照專業條線組織審計數據分析，召開審計項目數據分析會，分析風險信息疑點線索，討論評估審計風險和審計思路，研究專業條線審計方案。

（4）審計方案。審計方案是現場審計的重要指引。要根據銀監會和總行審計監督

政策要求，在專業條線數據分析的基礎上，按照風險評估情況，制訂專業條線和項目審計方案。明確審計目標、審計思路、審計重點、時間預算、人員安排等重要審計事項，按程序審批。

（5）審計準備會。審計準備會議是審計風險管理控制的關鍵環節和重要措施。審計準備會議由部門領導主持，現場審計部領導、審計項目組長、主審、專業條線高級經理、高級審計、項目審計人員以及綜合管理部高級經理和審計風險管理人員參加。審計準備會議要全面深入研究審計項目準備情況、重大風險疑點線索、審計思路、審計重點和審計檢查方法技術手段等，審查批准審計方案。

（二）現場審計階段檢查風險控制

現場審計階段是管理控制審計檢查風險的關鍵階段。現場審計階段的基本程式包括：

1. 現場檢查取證

現場檢查要在審計準備和審計數據分析的基礎上，充分運用審計對象的現場審計數據信息資料，開展審計檢查和審計取證。審計證據主要包括書面證據和影像證據。

2. 現場審計班后分析會

現場審計班后分析會是管理控制現場審計檢查風險的重要組織形式和管理工具。要通過現場審計班后分析會，及時深入研究分析審計疑點線索，討論審計思路，研究解決現場審計發現的重點、疑點、難點問題，檢查審計方案實施進度，指導現場審計工作有序高效進行。

3. 現場審計工作底稿

現場審計工作底稿是現場審計的重要工具，是形成審計報告的基礎文件。審計人員要根據審計證據，按照審計程式認真撰寫現場審計工作底稿，準確描述審計事實。現場審計工作底稿實行現場審計主審或者組長復審制。

4. 離場反饋

離場反饋是現場審計階段的重要環節，是建立審計合作夥伴關係，促進審計整改和內控建設的重要措施。審計組要按照產品和專業條線梳理現場審計發現的主要問題，特別是系統性、全局性重要問題和重大風險隱患，深入分析形成的原因，與審計對象進行充分的交流溝通，形成對審計風險以及審計整改的初步共識。

（三）風險分析評估

1. 風險分析評估

風險分析評估是審計流程中的重要環節。要按照產品、專業條線和審計項目進行審計風險的分析、評估。審計人員要依據風險評估程式進行產品內控風險評估，建立產品內控風險評估臺帳，適時跟蹤，動態管理，及時預警。對重大風險隱患要及時向審計對象和上級行報告。

2. 審計分析會

審計分析會是審計監督的重要組織形式。要組織高級經理、高級審計和審計人員，通過審計分析會全面評估審計風險，分析審計發現的主要問題及其性質和風險度，研究審計處理意見以及「審計情況」「審計提示」等專項報告。

（四）審計報告階段風險控制
1. 審計報告

審計報告是審計的基本成果，是審計整改和審計處理的基本依據和重要文件。審計報告風險管理與控制的基本要求是審計評價客觀公正、審計問題定性準確、審計事實表述清楚、整改行動方案切實可行、報告文本格式規範、文字內容簡明精煉。

2. 審計情況

審計情況是對審計發現的重要問題，根據一事一議的原則，按照審計報告路徑，及時報告處理的審計文書，也是管理控制審計風險的重要工具。審計情況主要反應一個或多個審計報告中發現的帶有普遍性、傾向性和系統性高風險重要問題，其顯著特點是風險高、危害大，具有苗頭性和普遍性。

3. 審計移交處理

審計移交處理是審計監督的重要措施。要根據銀監會內部審計指引和總行有關規定，對審計發現的嚴重違規問題事實，通過「審計移交處理函」移交高級管理層，建議依據審計事實和行員處罰規定，對責任人進行責任處理。

4. 審計提示

審計提示是審計檢查風險管理控制的重要工具。專業條線和持續審計管理部門對現場審計和持續審計中發現的帶有傾向性、苗頭性和普遍性高風險問題，要通過審計提示及時揭示審計風險，交流審計檢查思路和技術方法，有效規避、控制和防範審計風險。

5. 產品審計風險指引

產品審計風險指引是按照專業條線對商業銀行經營的產品進行全面梳理，找出產品的固有風險和控制風險，明確審計重點以及審計風險特別提示，根據風險導向和重要性原則以及過去發生過的重大錯弊或者經濟案件，提出產品審計過程中應該重點關注的審計風險，以指導現場審計和持續審計。對產品審計風險指引應實行動態管理，適時更新完善。

6. 公司授信客戶審計風險管理臺帳

公司授信客戶審計風險管理臺帳是公司授信業務審計風險管理的重要工具。要按照風險導向和重要性原則，根據審計風險度排序，建立重點授信客戶和高風險授信客戶審計風險管理臺帳。對重點授信客戶和高風險授信客戶的經營狀況、償債能力、風險信號及其發展趨勢進行持續審計監督，適時收集分析、動態管理，及時預警重點授信客戶和高風險授信客戶重要審計風險信息，落實授信業務審計風險管理與控制措施，促進審計對象授信業務健康發展。

第四節　產品審計風險管理與控制的方法技術

產品是商業銀行獲取風險收益的基本資源，準確識別、揭示、評估和管理產品風險，是保證商業銀行經營安全，有效管理和控制審計風險的重要措施。

一、產品審計風險及其管理的基本目標

（一）產品審計風險

1. 產品審計

產品審計是指以商業銀行支付結算、貸款、代理、理財、仲介服務等產品的風險管理與控制為審計對象的審計業務活動，是內部控制審計的基礎和主體。

2. 產品審計風險

產品審計風險包括產品審計檢查風險和產品審計整改風險。

（1）產品審計檢查風險。產品審計檢查風險是指由於各級審計人員履行審計職能不盡職，致使應查未查出產品重大風險隱患和系統性重要內控缺陷的可能性。

（2）產品審計整改風險。產品審計整改風險是指各級產品審計人員，對審計發現的產品重大風險隱患和系統性重要內控缺陷未有效履行審計監督職能，推動審計整改，致使審計發現的重大問題未有效落實整改而形成實質性風險的可能性。

（二）產品審計風險管理的基本目標

1. 產品審計風險管理的內容

產品審計風險主要包括產品審計研究與審計技術培訓、產品現場審計與持續審計、產品審計風險分析評估預警、產品風險管理諮詢與內部控制評價等。

2. 產品審計風險管理的目標

產品審計風險管理的目標是通過非現場和現場審計，充分識別揭示產品的固有風險和控制風險，特別是重大風險隱患和系統性重要內控缺陷。通過組織推動審計整改，實現產品安全經營。

二、產品審計風險管理的組織形式與工作機制

（一）產品審計風險管理的組織形式

產品審計風險實行專業化管理。建立授信、財務、營運、個金、零貸、信息技術等產品審計風險管理體制機制，落實產品審計風險管理。設立產品高級審計及其產品審計組，研究產品的固有風險和控制風險及其審計的技術方法，開展審計整改核實驗證、審計整改會審，組織推動產品審計整改。

（二）產品審計風險管理的工作機制與方法技術

1. 實施產品高級審計全過程指導與監控制度

產品高級審計或者產品審計組長要對產品審計檢查和持續審計實施全過程、持續性指導與監控，落實產品審計風險管理措施。

（1）審計準備階段，產品高級審計或者產品審計組長，要指導現場產品審計人員廣泛收集審計風險信息資料，通過全面深入的產品審計數據分析和產品風險信息分析，評估產品審計風險，綜合研判產品存在重大風險隱患的領域和控制環節，指導制訂產品審計方案。

（2）現場審計檢查階段，產品高級審計或者產品審計組長，要及時收集和聽取產品審計人員審計情況介紹，指導現場審計檢查、取證和確認審計事實。

（3）審計報告階段，產品高級審計或者產品審計組長，要指導審計人員開展審計風險分析評估，準確評價判斷產品內控及其風險狀況，建立審計風險分析臺帳，對存在重大風險隱患的要及時組織進行風險預警。對審計中發現的重大問題，或者苗頭性、傾向性和普遍性問題，要通過「審計情況」及時進行報告。

2. 建立並實行現場審計專業主審制度

建立授信、零貸、財務、營運等專業現場審計主審制度，在現場審計組長領導下，負責組織專業條線產品審計，對專業條線產品審計風險負責。

3. 實行「條塊結合」產品審計風險管理制度

產品高級審計或者產品審計組長要按照審計管轄分工，組織深入研究產品的審計風險，全面落實產品審計風險管理與控制措施。要將產品審計風險管理責任按照分支行分解落實到產品審計組每個審計人員，制定並落實具體的管理控制措施。

4. 實行產品持續審計

要制定產品持續審計實施細則，按照專業條線開展產品持續審計。動態、即時監控評估產品審計風險，推動審計整改，持續不斷地完善和豐富產品審計風險指引，加強重點授信客戶和高風險授信客戶持續審計監督，有效管理與控制產品審計風險。

5. 產品審計整改驗證

審計從本質上講就是一種驗證。產品高級審計或者產品審計組長要按照審計整改核實驗證規程，組織開展產品重要風險隱患和系統性重要內控缺陷審計整改核實驗證，保證重要問題審計整改效果真實可靠。

6. 產品審計整改會審

產品高級審計或者產品審計組長要組織通過對審計整改情況核實驗證結果的深入分析，客觀公正地評價產品審計整改質量效果和產品審計整改風險，找出整改中存在的主要問題，有針對性地提出進一步搞好審計整改的建議和處理意見。

7. 產品審計風險分析評估預警

產品高級審計或者產品審計組長要按照產品審計風險評估程式，組織對產品審計風險進行分析評估，建立分支行產品審計風險評估臺帳，動態管理，適時預警。年度根據現場審計檢查情況和審計整改質量效果，對產品內控狀況進行綜合評價，為年度內控審計評價提供依據。

8. 產品審計學習培訓機制

產品高級審計或者產品審計組長是產品審計風險研究和培訓的骨幹。要按照年度員工培訓計劃，制訂年度產品審計學習培訓計劃，按月組織實施。

9. 組織產品審計案例研討

產品高級審計或者產品審計組長要組織引導審計人員及時總結產品審計的經驗教訓，從理論與實踐的結合上總結產品審計案例，適時組織進行產品審計案例交流研討，不斷促進產品審計技術的發展和審計人員技術水平的提升。

（三）產品審計風險指引

產品審計風險指引是有效管理控制產品審計風險的重要工具，是按照風險導向和重要性原則，在深入研究分析產品固有風險和控制風險的基礎上，全面總結產品經營

管理過程中已經發生的各種風險及其誘因，形成較為系統、全面的產品審計風險技術指引。

1. 按照產品審計分工建立產品審計風險指引

要根據審計專業化管理的需要，結合審計管轄的業務規模、風險特徵、複雜程度和審計隊伍狀況等，建立產品審計風險指引。其內容主要包括公司業務（含公司授信業務）、貿易融資業務、零售信貸及個貸業務、同業授信業務（含資金業務）、表外業務授信、財務管理、會計營運、私金業務、國際業務、電子銀行和信息技術業務等。

2. 產品審計風險指引的內容與重點

產品審計風險指引的內容主要包括：

（1）產品名稱及範圍。要全面梳理商業銀行經營的全部產品，包括總行統一開發推廣的產品和分支行自主創新的產品以及衍生產品，做到不遺不漏，全部登記入冊。

（2）產品的固有風險和控制風險。要通過深入研究產品的設計理念和產品的內容，充分揭示產品的固有風險及其潛藏的環節和審計檢查的方法手段。要在弄清產品固有風險的基礎上，深入研究產品的控制風險和控制措施及其技術，包括產品風險控制的流程、制度、崗位授權和計算機控制技術等，充分識別揭示產品控制風險。

（3）產品審計重點。要在全面弄清產品的固有風險和控制風險的基礎上，緊密結合宏觀經濟金融形勢和銀行內控狀況，明確產品審計的重點，指導審計檢查。

（4）產品重要審計風險特別提示。要按照風險導向和重要性原則，在明確產品審計重點的基礎上，認真總結研究歷年來國內外同業產品經營管理過程中發生的重大錯弊和經濟案件，提煉出產品重要審計風險，進行特別提示，供各級審計人員在產品審計中特別關注。

3. 產品審計風險指引的管理與更新。

（1）實行產品高級審計負責制。由產品高級審計和產品審計組長負責產品審計風險指引的建設和管理。組織產品審計人員，及時收集產品及衍生產品的信息，研討審計重點和審計責任風險，按照統一規範格式建立產品審計風險指引電子文件檔案。

（2）動態管理，適時更新完善。產品高級審計以及產品審計組長，要加強對產品審計風險的動態管理，根據產品市場變化、產品創新發展和產品風險發展新趨勢、新情況，適時補充、完善產品審計風險指引，特別是要根據宏觀經濟金融政策變化和經濟案件發案態勢，及時補充完善重要審計風險特別提示信息，適時指導產品審計。

（3）各個專業條線高級經理要定期組織產品審計專家小組分析產品審計風險，討論產品審計重點，研究產品風險審計技術方法，不斷豐富產品審計風險指引。

三、產品審計風險管理以及考核與評價

（一）建立產品審計風險管理機制

建立產品高級審計制度，享受相應的行員等級職位和薪酬待遇，落實產品審計風險管理職能和管理責任。

（二）產品審計風險管理考核評價內容

產品審計風險管理考核的主要內容包括產品審計檢查風險、產品審計整改風險、

產品審計風險指引、產品審計成果和產品審計培訓。

（三）產品審計風險管理考核成果運用

產品審計風險管理考核評價結果，納入專業條線考核評價和年度績效考核內容。

第五節　整改風險管理與控制的方法技術

有效管理控制審計整改風險是控制、管理審計風險的重要途徑和方法措施。要從商業銀行經營管理規律和內部審計監督的特點出發，建立健全審計整改風險管理控制機制，促進審計整改和商業銀行內部控制體制機制建設，實現穩健經營目標。

一、建立審計整改推動機制

建立健全審計整改推動機制是落實審計整改和控制、管理審計整改風險的關鍵環節與重要措施。審計整改推動機制的內容包括：

（一）總行審計整改推動機制

總行審計整改推動機制的內容主要包括審計聯繫人制度、審計整改臺帳制度、專業條線持續審計責任制度、季度審計整改情況報告交流制度、持續審計風險分析評估預警制度、審計整改會審制度等。

（二）省、市、區分行審計整改推動機制

省、市、區分行審計整改推動機制內容主要包括（但不限於）審計整改規程、審計整改臺帳制度、審計整改季度報告制度、內控委員會推動審計整改的工作機制以及全省一體化審計整改工作機制等。

（三）省轄分行審計整改推動機制

省轄分行審計整改推動機制的內容主要包括（但不限於）審計整改工作制度、內控牽頭部門審計整改工作制度、內控及審計整改專管人員責任制度。

二、審計整改核實驗證

審計整改質量效果核實驗證與評估評價是審計整改會審的基礎，是控制、管理審計整改風險的關鍵環節。要根據審計發現的問題性質、整改主體、整改措施、方法步驟和時間進度等實際情況，因地制宜、靈活多樣地採取措施進行審計整改驗證。審計整改核實驗證的方法措施主要包括（但不限於）：

（1）通過內部審計系統進行核實驗證。

（2）通過審計整改報告和有關專項報告進行核實驗證。

（3）通過電話向有關分支行職能部門業務人員瞭解審計整改情況，進行核實驗證。

（4）通過內部網查詢瞭解審計對象有關制度辦法，進行核實驗證。

（5）委託下級分支行審計部跟蹤核實驗證。

（6）審計部例外核查驗證。

（7）審計質詢驗證。

(8) 審計整改會審分析驗證。

三、審計整改會審

審計整改會審是審計監督的重要環節和重要組織形式。要通過審計整改會審，驗證評價審計整改情況，評估審計整改風險，找出審計整改中存在的突出問題，有針對性地提出進一步持續審計監督的意見措施。對未按照審計報告要求進行審計整改，或者弄虛作假，形成實質性風險的，要根據錯誤性質和風險狀況有針對性地提出處理建議，移送有關部門處理。其主要處理措施包括（但不限於）：

(1) 向審計對象或者其上級行發送審計整改提示函。

(2) 對存在問題的后續整改情況，按照持續審計職責，按季度進行核實驗證分析評價，評估審計風險，持續監督整改。

(3) 對重要問題整改不到位的，要適時組織進行后續審計或者現場例外核查。

(4) 約見被審計對象或者約談其省、市、區分行有關領導，溝通審計整改情況，研究落實整改措施。

(5) 報告總行審計部，建議約談省、市、區分行主要領導，研究落實審計整改措施。

(6) 建議有關部門對直接責任或者主要責任人進行責任追究。

(7) 報告總行行長。

第六節　審計風險分析評估預警

審計風險分析評估預警是商業銀行內部審計風險管理與控制的基本依據和重要措施。建立審計風險分析評估預警制度，有利於管理控制審計風險，充分發揮內部審計的監督、諮詢和評價職能作用，促進商業銀行及其分支行不斷加強內部控制建設，實現穩健經營目標。

一、審計風險分析評估預警基本原則

(一) 審計風險分析評估預警的概念

審計風險分析評估預警是審計部門在現場審計或者持續審計以後，通過對審計期間、審計範圍、審計抽樣、控制測試和檢查結果以及審計方法、審計過程、審計技術工具的綜合分析，全面評估被審計對象內部控制和產品風險狀況以及審計結論的可靠性，綜合判斷審計風險是否可以接受，深入研究審計對象內控和產品風險管理中存在的、或者可能存在的重大風險隱患，按照審計報告路徑及時進行預警報告的內部審計活動。

(二) 審計風險分析評估預警的基本原則

審計風險分析評估預警要貫徹風險導向和重要性原則、全面性原則、突出內控原則。

1. 風險導向和重要性原則

風險導向和重要性原則是指審計風險分析評估預警要以風險為導向，按照重要性

原則，對風險進行排序，突出重要內控缺陷和重大風險隱患以及高風險業務、關鍵控制環節的風險分析評估預警。

2. 全面性原則

全面性原則是指審計風險分析評估預警要覆蓋審計對象經營管理的全過程，覆蓋審計對象經營的全部產品，覆蓋審計對象的所有業務活動。

3. 突出內控原則

突出內控原則是指審計風險分析評估預警要在對審計對象經營管理活動進行全面風險分析評估預警的基礎上，突出內部控制體系建設和內控執行力建設，看內控體系是否科學合理，是否有效運行，是否為業務活動提供了合理的保障。

二、審計風險分析評估預警基本內容

審計風險分析評估預警的基本內容主要包括三個方面：產品和專業條線以及項目審計風險總體評估；審計發現的主要問題及其風險分析評估；審計處理和風險預警及其持續審計建議。

（一）產品和專業條線以及項目審計風險總體評估

按照審計分工，通過審計項目實施情況的總結分析，對審計對象內部控制和產品風險狀況進行總體評估，判斷審計風險是否可以接受。審計風險總體評估主要包括以下三個方面的內容：

1. 審計分工

要按照審計方案，詳細報告審計分工，明確審計期間和審計責任範圍。

2. 審計抽樣原則、範圍、比率和審計檢查重點

要簡要報告審計抽樣的原則、範圍、比率和審計檢查重點以及控制測試情況，審計檢查的方法、程序、技術工具等。以詳實有力的控制測試結果和審計事實認定，支持審計風險評估結論。

3. 審計風險總體分析評估

按照產品和專業條線審計風險評估技術方法口徑，準確闡述審計對象內部控制和產品審計風險狀況。要從審計抽樣檢查的覆蓋面、跟蹤疑點問題的數量以及審計發現問題的數量和風險度得出審計結論，從整體上判斷審計對象內部控制和產品審計風險狀況是否可接受。

（二）審計發現的主要問題及其風險分析評估

要以審計事實為依據，準確提煉反應審計發現的重要問題和主要問題。抓住審計發現的違規、違章、違紀主要事實脈絡和關鍵環節，從內部控制體制機制和規章制度的健全性、適宜性及其執行的有效性等方面，深入分析評估審計風險，忌用過多篇幅羅列冗雜的過程和細節。

（三）審計處理建議

要根據審計事實和違規、違章問題性質及其風險度，有針對性地提出審計處理建議，包括審計整改建議和風險預警報告以及責任追究建議。

（四）風險預警報告
1. 風險預警報告的基本內容
風險預警報告是審計風險分析評估的重要成果。風險分析評估預警報告主要反應審計人員通過對審計情況以及審計發現，進行風險計量、綜合分析評估，判斷審計對象可能存在重大風險隱患和內控缺陷的方面及其環節，通過「審計情況」或者「審計風險分析評估預警報告」進行反應。按照風險導向和重要性原則，「審計風險分析評估預警報告」重點從以下幾個方面進行風險分析評估預警：
（1）針對審計發現的重要問題和高風險問題進行風險分析評估預警。
（2）針對審計發現的內控體系問題進行風險預警。對審計發現的具有系統性、全局性風險特徵的問題，要追溯到內部控制環境、風險識別與評估、內部控制措施、信息交流與反饋、監督評價與糾正等內控體系建設以及內控執行力情況等，進行風險分析預警。
（3）針對業務流程、控制程序以及外部環境變化對操作風險管理的挑戰進行風險分析預警。
（4）針對制度控制缺陷和制度執行問題以及人員的勝任能力等進行風險分析評估預警。

2. 持續審計建議
要按照條塊結合的持續審計監督模式，根據審計對象風險狀況，提出持續審計建議。持續審計建議的內容包括：
（1）持續審計建議措施。
（2）持續審計建議措施實施的方法、途徑和技術手段。
（3）持續審計成效的評估期間、方法與反饋。

三、審計風險分析評估預警的基本方法
審計風險分析評估預警要從有效履行審計職能出發，突出內部審計的基本特點，進行獨立的審計風險分析評估和價值判斷及其預警預報。審計風險分析評估預警的基本方法主要包括風險計量法、綜合分析法和列項分析法等。
（一）風險計量法
風險計量法就是對審計對象內控狀況及審計發現的問題，根據其風險特徵，按照審計程式進行風險計量。按單個審計對象、按專業條線、按產品進行風險排序，看審計風險是否可知、可控、可承受。
（二）綜合分析法
綜合分析法就是對審計事實及其風險狀況進行綜合分析評估預警。綜合分析法適用於對被審計對象內部控制體制機制、組織架構、制度安排、制度執行力的風險分析評估預警。要按照風險導向審計原則，突出「三步驟」，分析評估是否具備，即「有沒有」；是否適用，即「對不對」；是否得到有效執行，即「做沒做」。
（三）列項分析法
列項分析法就是對單個高風險審計事實進行逐項具體分析。對單個高風險審計事

實要按照內控「五要素」進行風險分析評估，看風險是否得到了有效的識別、揭示，看風險是否得到了有效的轉移、控制和管理，看風險與收益是否得到了科學、合理的平衡，看風險與收益是否實現了風險收益最優化。

(四) 產品內控風險基本特徵分析法

產品內控風險基本特徵分析法就是按照產品內控流程和程序，通過風險特徵的分析，評估產品內控風險。

1. 「重要控制環節」的風險特徵分析

「重要控制環節」的風險特徵一般表現為流程、授權、崗位、制度等主要控制手段，在內部控制中處於直接控制地位。在風險計量上，重要控制環節存在「一些」問題，或一般操作性控制環節存在「較多」問題，並且具有系統性、普遍性風險特徵的，審計風險一般屬於「基本不可接受」或「不可接受」。

2. 「一般控制環節」的風險特徵分析

「一般控制環節」的風險特徵主要表現為操作性問題，在內部控制中處於間接和次要控制地位。

(五) 絕對與相對風險量化分析判斷法

絕對與相對風險量化分析就是通過對審計發現和審計認定問題的絕對與相對數量分析，評估判斷風險的系統性和全局性嚴重程度。

1. 絕對數量分析判斷

產品或者系統、機構等內部控制存在 1~2 個問題的，一般可以定性為個別問題；存在 3~4 個問題的一般可以定性為少數問題；存在 5 個以上問題的，一般可以定性為較多或者多數。

2. 相對數量分析判斷

看審計發現的產品或者系統、機構等內部控制問題在整個面上的占比是個別、少數、一些，還是較多，由此判斷審計風險是否具有系統性、全局性特點。

3. 單個產品內控風險分析判斷

對單個產品內控風險分析評估主要從產品風險控制的流程、授權、崗位、制度等主要控制環節及其執行力判斷，看屬於個別環節還是較多環節的問題，是屬於關鍵控制環節還是一般控制環節的問題。

4. 專業條線內控風險分析判斷

對一個專業條線的內控風險分析評估，要從全部產品的風險控制的流程、授權、崗位、制度等主要控制環節及其執行力情況進行分析判斷和評估。

5. 對一個分行內控風險分析判斷

對一個分行內控風險分析評估要從全行各個專業和產品風險控制的流程、授權、崗位、制度等主要控制環節及其執行力情況進行分析判斷和評估。

6. 對審計管轄區域及其專業條線內控風險分析判斷

要從整個審計管轄區域各分支行及其專業和產品風險控制的流程、授權、崗位、制度等主要控制環節及其執行力情況進行分析判斷和評估。

四、審計風險分析評估預警的流程

建立審計風險分析評估預警流程是審計風險分析評估預警工作質量效果的機制保障。審計風險分析評估預警流程包括現場審計項目風險分析評估預警、季度持續審計風險分析評估預警和年度內控評價工作流程等。

（一）現場審計項目風險分析評估預警

現場審計項目風險分析評估預警是審計風險分析評估預警的基礎，要按照現場審計分工，開展審計風險分析評估預警。

現場審計員、專業條線高級審計、現場審計主審和組長要按照現場審計分工，根據現場審計情況和審計認定，依照審計風險分析評估預警辦法，撰寫產品、專業和項目審計風險分析評估預警報告。

產品高級審計或者專業條線高級經理，要根據現場審計情況，對產品審計風險分析評估預警報告進行初審把關。要求產品審計風險分析評估預警報告內容完整，風險分析評估論證充分，論據有力，審計結論和風險分析評估觀點明確，審計事實清楚，審計認定準確、風險預警、審計處理意見和持續審計建議恰當。

審計風險分析評估預警會議是審計風險分析評估的基本組織形式，由部門領導主持，現場審計人員、高級審計、高級經理、審計風險管理人員參加。會議的主要任務是聽取討論審議和認定風險分析評估預警報告。分析討論的重點主要包括：

(1) 審計風險分析評估報告論據論證是否充分。
(2) 審計事實是否清楚。
(3) 審計認定和審計風險分析評估結論是否準確可靠。
(4) 風險預警、審計處理意見和持續審計建議是否恰當。

（二）季度持續審計風險分析評估預警

季度持續審計風險分析評估預警是動態監控、管理審計風險的重要措施，要按照條塊結合的原則開展季度持續審計風險分析評估預警。專業條線要對季度內審計管轄區域分支行本專業重要問題審計整改情況以及審計風險狀況進行全面收集分析評估預警報告。審計管轄部門要全面收集分支行綜合整改情況和內控管理狀況以及審計風險狀況，進行全面分析評估預警報告。對季度持續審計風險分析評估預警會議決議事項，要形成會議紀要，落實具體監督執行措施。

（三）年度內控評價風險分析預警

審計評價是內部審計的基本職能。年度審計評價是高級管理層開展經營管理決策的基本依據，是不斷加強內控建設的重要措施。年度內控評價實行條塊結合，以條為主的原則。專業條線和審計管轄部門要按照產品、項目和專業條線審計風險評估臺帳，根據現場審計、持續審計風險計量情況，按產品、按專業、按分支行進行風險排序，在此基礎上對分支行內控風險進行計量、排序和綜合評價。年度內控評價由部門風險分析評估會議討論審定。

五、審計風險分析評估預警工作管理機制

審計風險分析評估預警是審計風險管理與控制的重要措施，是專業化審計監督、

評價和諮詢服務的基本要求。審計風險分析評估預警工作，實行條塊結合，以條為主的原則。專業條線要建立專業化審計風險分析評估預警管理機制，落實審計風險分析評估預警制度。

（一）建立審計風險分析評估預警責任制

專業條線高經經理、高級審計是審計管轄區域專業條線審計風險分析評估預警的第一責任人。現場審計組長、主審、審計員是現場審計項目風險分析評估預警的直接責任人，管轄的現場審計部高級經理和審計聯繫人是分支行持續審計監督的責任人，綜合管理部是審計管轄區域審計風險分析評估預警工作管理的職能部門，對審計風險分析評估預警工作負組織協調管理責任。

（二）審計風險分析評估預警工作的考核評價

產品審計風險分析評估預警報告以及審計風險分析評估預警工作，由產品高級審計和專業條線高級經理考核評價。專業條線審計風險分析評估預警報告和審計風險分析評估預警工作，由總經理考核評價，考核評價結果納入年度考核內容。

六、審計風險分析評估預警報告的基本內容和要求舉例

××××銀行×××審計部
審計風險分析評估預警報告

（審計依據、審計對象概況）根據××××銀行××××年審計計劃安排以及××分行內控及財務指標真實性審計組工作安排，我們組織對××××、××××、××××、××××業務（產品）進行了審計。現將審計情況及風險分析、評估情況報告如下：

（一）審計的基本情況

綜述審計過程的基本情況，包括審計的重點、審計的覆蓋面以及運用的工具方法、抽查的業務範圍和網點，按專業、按產品把具體抽查數量統計出來。

按照產品審計風險評估方法和口徑，準確闡述審計對象業務（產品）的風險狀況，要用審計檢查的面、跟蹤疑點問題的量以及發現的問題數量和風險度，得出審計結論，從整體上判斷風險狀況及業務產品內控狀況。

（二）審計發現的主要問題和風險分析評估

以審計事實為依據，準確提煉反應審計發現的主要問題。要抓住審計事實主要脈絡和關鍵點，從內部控制高度，直接指出風險所在。忌用過多篇幅羅列冗雜的過程和細節。

有針對性地提出審計建議。一是結合被審計單位實際，對每個問題提出具有針對性和可操作性的審計整改建議。二是提出是否需要發送「審計情況」和「移交處理書」建議。

（三）審計處理及持續審計工作建議

針對審計認定，根據總行有關規定，提出審計處理建議。

按照條塊結合的持續審計監督模式，根據審計對象風險管理狀況，提出具體持續審計的建議措施。

第七節　審計風險責任

一、審計風險責任的內容

按照審計風險的核心定義和銀監會內部審計指引的有關規定，結合商業銀行內部審計實踐，商業銀行內部審計風險責任主要包括以下內容：

（一）審計檢查不深入，應發現而未發現重大風險隱患或者重大違法違規問題責任

審計部門和審計人員在審計監督過程中，未能有效履行審計檢查職能，審計對象經營管理中潛藏的重大風險隱患和系統性重要內控缺陷或者重要違規問題未發現並報告。在一個審計循環週期內，被內外部各級審計部門以及業務管理部門檢查發現或者問題暴露，現場審計部和專業條線高級經理、高級審計以及審計人員負審計檢查不深入，應發現而未發現重大風險隱患或者重大違法違規問題責任。

（二）審計報告風險責任

審計部門對審計檢查發現的重大問題，不按照審計報告路徑及時報告、處理，現場審計部和專業條線高級經理、高級審計以及審計人員負發現重大問題不報告、不移送、不採取措施，或者故意迴避、掩蓋問題真相、袒護、包庇行為人責任。

（三）審計整改風險責任

審計部門和審計人員通過履行審計監督職能，推動審計整改，實施審計整改驗證會審，並經過審計整改風險評估評價，未發現和報告審計對象有重大風險隱患和系統性重要內控缺陷或者重要違規問題未整改。在一個審計循環週期內問題暴露，引發重大事故或者經濟案件，現場審計部和專業條線高級經理、高級審計以及審計人員負對審計發現問題查處整改工作跟蹤不力責任。

（四）審計保密風險責任

審計部門和審計人員在審計準備、現場審計、持續審計以及審計管理中違反保密制度，洩漏商業銀行商業秘密的，負洩漏商業銀行商業秘密責任。

二、免責或部分免責

根據銀監會內審指引規定，有充分證據表明現場審計部和審計管轄區域專業條線高級經理、高級審計以及審計人員按照有關法律、法規、規章和總行內部審計制度，勤勉盡職地履行了審計監督職責，及時報告了審計檢查出的問題，並認真督促落實整改，在審計對象相關問題暴露后，可視情況免除或部分免除相關審計人員的責任。

第二十九章 審計質量管理與控制

審計質量管理與控制是商業銀行內部審計部門通過對審計流程關鍵環節審計質量的即時控制以及對審計過程和審計結果的檢查評估與考核等結果控制，有效管理控制審計風險，不斷提升審計價值的活動。

第一節　審計質量管理與控制機制

一、審計質量管理責任制

商業銀行內部審計部門總經理對審計質量管理與控制負總責，按照審計管轄開展審計質量管理與控制，實行「垂直報告、分層管理、逐級負責、責任到人」的審計質量管理責任機制。

二、審計質量管理機制

根據商業銀行經營管理特點和內部審計的內在規律，商業銀行內部審計質量管理要在建立健全審計質量管理責任制的基礎上，突出專業性特點，建立「條塊結合」的審計質量管理與控制工作機制。

（一）以分支行等經營單位為審計對象，建立審計質量管理與控制工作機制

（1）按照現場審計管轄建立審計監督責任制。

（2）按照審計項目建立項目質量管理責任制。

（二）以專業條線為審計對象，建立審計質量管理與控制工作機制

建立專業化審計質量管理機制，實施專業條線審計質量管理與控制責任制，對授信專業（含零貸）、預算財務、會計營運、個人金融等專業，要分別落實部門負責審計質量管理與控制，對本專業審計監督負責。

（三）以產品為審計對象，建立審計質量管理與控制工作機制

建立產品審計質量管理與控制責任機制，實行產品高級審計或產品審計組長負責

制。根據審計監督實際，建立公司機構業務、零售信貸業務、財務管理、會計營運、個金業務、國際業務、電子銀行和信息安全等產品審計質量控制責任制。

（四）以審計流程為基礎，建立審計質量管理控制機制

以審計流程為基礎，建立審計質量管理與控制機制，由內部審計的綜合管理部門對審計質量管理與控制進行監督評價。

1. 落實審計質量管理監督評價職能

綜合管理部門要落實高級經理或者高級審計和審計質量管理員，負責審計質量管理與控制的日常工作，組織協調開展審計質量控制管理檢查監督評價，即時跟進審計項目流程進度，向總經理報告審計質量即時管理與控制的具體情況。

2. 審計質量管理與控制監督評價機制的基本內容

審計質量管理與控制監督評價機制的基本內容，主要包括以下幾個方面：

（1）審計關鍵流程即時控制。
（2）審計過程管理與控制。
（3）審計結果檢查監督控制。
（4）審計質量考核評價控制。

3. 跟蹤審計流程關鍵環節，即時開展審計質量過程控制

審計質量管理人員要跟進審計流程關鍵環節，即時進行審計質量控制跟蹤和督促。

4. 綜合分析審計結果，全面評估評價審計質量

要在過程控制基礎上，綜合分析審計質量結果，全面評估評價審計質量。

第二節 關鍵流程審計質量即時控制

一、前審計階段質量管理與控制

前審計階段是搞好項目審計檢查，有效管理和控制審計檢查風險的重要基礎。要按照風險導向和重要性原則，綜合運用各種審計技術工具和信息資源，廣泛收集各種審計信息，全面進行控制測試，深入分析重大內控缺陷和風險隱患，評估內控風險狀況，查找風險疑點及其審計線索，形成審計工作底稿。審計組未按照要求完成前審計階段工作的不得進場審計。

（一）前審計階段審計組長質量管理與控制

審計組長要在前審計階段全面協調各個專業條線開展審計分析，通過全面系統審計分析，形成審計工作底稿、預審報告和審計方案。對預審報告和審計方案負責。

1. 審計組長在前審計階段質量管理與控制的重點

（1）組織成立審計組，保證審計資源的配置滿足審計任務的需要。
（2）領導組織收集審計風險信息資料，開展數據分析，查找問題疑點和審計線索。
（3）研究分析確認審計員產品預審報告和審計方案，對達不到預審要求的，要退回重做，限期完成。
（4）組織召開專業數據分析會，研究分析審計疑點線索和形成的審計工作底稿以

及專業預審報告。

（5）組織確定審計範圍、審計重點、審計抽樣比例和抽樣對象，制訂審計方案。根據各類標準化審計方法規定的檢查內容和路徑，對審計對象進行整體分析和初步評估，排查重點問題，明確須進一步現場核實的內容。

（6）指導會審本專業其他項目組的預審報告和審計方案。

（7）審定預審報告和審計方案。預審報告的主要內容包括審計對象的背景情況、總體分析情況、本階段發現的主要問題和下階段檢查的內容。審計方案要明確審計組人員名單及其分工，審計工作時間進度安排等。

2. 審計組長在前審計階段質量管理與控制的風險點

應力求避免審計資源配置與審計任務不匹配、審計信息收集不全面、前審計階段工作不充分、沒有預審成果，而且確定的審計範圍及其審計重點出現偏差，導致預審報告和審計方案存在嚴重缺陷而形成審計風險。

（二）前審計階段主審和專業條線主審質量管理與控制

主審和專業條線主審要組織全面收集審計信息資料，開展審計分析，查找疑點線索、確定審計範圍、審計重點，制訂預審報告和審計方案（草案）。

1. 前審計階段主審和專業條線主審質量管理與控制的重點

（1）配合組長成立審計組，保證審計分工滿足審計任務的基本要求。

（2）組織收集審計風險信息資料，開展數據分析，查找問題疑點。

（3）召開產品數據分析會，研究分析產品審計疑點線索和審計工作底稿。

（4）確定產品審計範圍、審計重點，起草項目或專業條線產品預審報告和審計方案（草案）。要求預審報告和審計方案內容全面完整、數據分析透澈、問題疑點清晰、審計範圍明確、審計重點突出、文字結構規範準確。

（5）指導會審本專業條線其他項目組的產品預審報告和審計方案。

2. 主審和專業條線主審在前審計階段質量管理與控制的風險點

應注意避免審計分工不合理、前審計階段工作不充分、審計分析不透澈，導致審計範圍、審計重點出現偏差，致使預審報告和審計方案存在嚴重缺陷而形成審計風險。

（三）前審計階段審計員質量管理與控制

審計員要全面實施前審計階段工作，對產品預審報告和產品審計方案（草案）負責。

1. 前審計階段審計員質量管理與控制的重點

（1）全面收集審計風險信息資料。

（2）查閱產品審計風險指引、基層營業機構會計內控風險評估臺帳、重點授信（含零售）客戶審計臺帳、持續審計臺帳、總行規章制度與風險提示以及國家的經濟金融政策等審計信息資料，根據審計依據，進行審計分析。

（3）通過控制測試和產品數據以及非數據因素分析，查找問題疑點線索，找出審計對象系統性重要問題，形成審計工作底稿，確定產品審計範圍和審計重點。

（4）起草產品預審報告和審計方案（草案）。

2. 審計員在前審計階段質量管理與控制的風險點

應注意避免審計風險信息收集不全面、信息不對稱、控制測試和數據分析不全面、不透澈、疑點線索不清楚、前審計階段工作不充分、產品預審報告和審計方案存在嚴重缺陷而形成審計風險。

（四）前審計階段審計質量管理員即時跟蹤監督管理控制

審計質量管理人員要跟蹤前審計階段各項工作，通過預審會議對審計準備質量進行管理與控制。

1. 前審計階段審計質量管理員即時跟蹤監督管理控制的重點

（1）籌備召開審計準備會議。收集審計組成員名單及其審計分工，提出前審計階段各項工作時間進度初步安排建議，包括收集資料分析數據，提交產品、專業和項目預審報告及審計方案（草案）時間安排及工作要求等。

（2）即時跟蹤前審計階段工作進展情況，在預審會議前審閱預審報告和審計方案（草案），發現問題及時提示。

（3）籌備預審會議。收集前審計階段形成的審計工作底稿、預審報告、審計方案等，通過收集分析前審計階段準備材料和召開審計預審會議，評估前審計階段工作質量，分析評估審計風險。

2. 審計質量管理員在前審計階段即時跟蹤監督管理的風險點

應注意避免審計項目組未按照審計規程開展前審計階段的工作而未及時發現，致使前審計階段質量不符合要求，預審報告和審計方案存在嚴重缺陷而形成審計風險。

二、中審計階段質量管理與控制

中審計階段是審計檢查風險管理與控制的關鍵階段，也是審計質量管理與控制的重點環節。要在前審計階段和審計數據分析的基礎上，按照預審報告、審計方案和審計程序，全面組織控制測試和實質性檢查，適時補充審計抽樣，開展審計檢查和審計取證。

（一）中審計階段審計組長質量管理與控制

中審計階段審計組長要全面組織實施現場審計檢查，指導、協調和解決現場審計中的難點、疑點及重點問題，開展重大問題的檢查，對現場審計的重要問題檢查風險負責。

1. 審計組長在中審計階段質量管理與控制的重點

（1）組織開展現場檢查和實施內部控制總體測試以及實質性檢查，對前審計階段整體分析評估情況進行校正檢查，對預審報告中確定的重點問題組織進行深入核查，根據現場情況調整審計方向和審計重點，進一步發現新的問題並開展重大問題的檢查。

（2）及時瞭解協調審計項目和審計人員的現場審計工作進度，組織召開班後分析會，研究分析審計發現的重點、難點和疑點問題，適時修訂審計方案，調整審計重點，確定補充抽樣。

（3）指導審計人員開展審計檢查和取證，審核審計證據和審計工作底稿。

（4）組織審計工作底稿的確認。

（5）組織召開離點反饋會，通報審計發現的問題。

2. 審計組長在中審計階段質量管理與控制的風險點

（1）未嚴格按照預審報告和審計方案組織總體控制測試和實質性檢查，應補充的審計重點和審計抽樣未及時補充，導致重大內控缺陷應查未查、應發現未發現。

（2）審計重點、審計方向與被審計對象的主要風險特徵和領域不一致，導致4～5級重大風險問題應查未查、應發現未發現。

（3）審計事實不清楚，證據不足，定性不準，4～5級問題未查深查透。

（4）隱瞞審計事實，形成審計失誤。

（5）現場審計溝通出現重大失誤，與被審計單位交流不充分，導致審計整改行動方案出現重大偏差。

（6）違反審計工作紀律和組織紀律，影響現場審計工作。

（二）中審計階段主審和專業條線主審質量管理與控制

中審計階段主審和專業條線主審要按照預審報告和審計方案組織實施現場審計，根據現場審計工作需要，適時補充審計抽樣，完善審計方案，指導審計人員開展審計檢查取證，確認審計事實。專業條線高級經理、高級審計對本專業其他現場審計項目要實施非現場指導。對現場審計及其專業條線內部控制和重要問題的審計檢查風險負責。

1. 中審計階段主審和專業條線主審質量管理與控制的重點

（1）按照審計方案和預審報告組織實施現場審計，組織專業條線控制測試和實質性檢查，收集審計證據，確認審計事實。

（2）組織召開專業條線班后分析會，研究分析專業條線審計發現的重點、難點和疑點問題，適時修訂專業條線審計方案，調整審計重點，確定補充抽樣。

（3）指導專業條線審計人員開展審計檢查和取證，審核審計證據，復審審計工作底稿。

（4）匯總分析反饋專業條線審計發現的問題及其原因，通過審計溝通形成審計整改共識。

2. 主審和專業條線主審在中審計階段質量管理與控制的風險點

（1）未嚴格按照預審報告和審計方案以及審計程序進行專業條線控制測試和實質性檢查，也未根據審計檢查需要及時補充審計重點和審計抽樣，導致重大內控缺陷應查未查、應發現未發現。

（2）專業條線和產品審計重點、審計方向與被審計對象的主要風險特徵和領域不一致，導致4～5級重大風險問題應查未查、應發現未發現。

（3）專業條線和產品審計事實不清楚，證據不足，定性不準，4～5級問題未查深查透。

（4）隱瞞審計事實，形成審計失誤。

（5）與被審計單位交流不充分，導致審計整改行動方案出現重大偏差。

（6）違反審計工作紀律和組織紀律，影響現場審計工作。

（三）中審計階段審計員質量管理與控制

中審計階段審計員要全面實施產品控制測試和實質性檢查取證，適時補充審計抽

樣，實現查深查透工作目標，對產品條線審計檢查風險負責。
    1. 中審計階段審計員質量管理與控制的重點
    （1）按照審計方案全面開展現場檢查，進行產品條線內部控制總體測試和實質性檢查。
    （2）綜合運用各種審計方法技術和工具，查找疑點線索，深入分析取證。對審計中發現的重點、疑點和難點問題及時向組長、主審和班后分析會匯報，研究進一步檢查的思路方法，實現查深查透的工作目標。
    （3）收集審計證據，確認審計事實，撰寫審計工作底稿，並按照審計工作進度及時提交主審復審。
    （4）加強審計協調溝通，相互學習，互相支持，不斷豐富審計思路，實現團隊價值最大化。
    （5）梳理匯總分析報告產品審計發現的問題。
    2. 審計員在中審計階段質量管理與控制的風險點
    （1）未按照預審報告和審計方案開展產品條線控制測試及實質性檢查，也未根據審計檢查需要及時補充審計抽樣，導致重大內控缺陷和重要問題應查未查，應發現未發現。
    （2）審計發現的重要疑點線索，未及時匯報，形成審計失誤。
    （3）審計事實不清楚，證據不足，定性不準，審計問題未查深查透。
    （4）隱瞞審計事實，形成審計失誤。
    （5）審計溝通不充分，導致審計整改行動方案出現重大偏差。
    （6）違反審計工作紀律和組織紀律，影響現場審計工作。
    （四）中審計階段審計質量管理員即時跟蹤控制
    中審計階段審計質量管理人員要即時跟蹤現場審計進度和情況，適時開展審計質量管理與控制。
    1. 中審計階段質量管理員管理與控制的重點
    （1）按照預審報告和審計方案檢查現場審計過程，評估中審計階段現場審計工作質量和審計風險狀況。
    （2）全面分析現場審計資料和審計檔案文書，評估各級審計人員中審計階段工作質量和審計風險。
    2. 審計質量管理員在中審計階段質量管理與控制的風險點
    應注意避免未及時發現審計組沒有按照預審報告和審計方案及審計規程實施中審計階段工作，形成重大審計風險。

三、后審計階段質量管理與控制

后審計階段是項目審計結果的分析、加工、運用的重要階段，也是提升審計價值的關鍵環節。后審計階段的工作重點主要包括補充核查未明事項、綜合分析提煉形成后審計階段審計工作底稿、審計評價及問題定性定級、審計報告和審計處理四個方面。要客觀公正地進行審計評價，力求審計事實表述清楚、審計問題定性準確、審計結論

客觀公正、審計處理建議恰當、整改行動方案切實可行、審計風險總體可控。

（一）后審計階段審計組長質量管理與控制

后審計階段審計組長要組織梳理匯總、分析、評估項目審計情況，根據審計事實，提出審計評價意見和審計處理建議，形成審計報告（初稿），對審計報告內容的真實性負責。

1. 后審計階段審計組長質量管理與控制的重點

（1）組織補充核查未明事項，綜合分析形成后審計階段審計工作底稿。

（2）撰寫審計項目風險分析評估預警報告，提出審計評價及問題定性定級的意見。

（3）組織召開項目審計風險分析評估預警會，進行內控風險和審計風險評估。

（4）組織形成審計報告初稿及正式稿，對報告質量負直接責任。向審計分析會報告審計項目實施情況和審計風險分析意見。

（5）綜合分析、提煉審計成果，進行綜合運用，並按照規定報告路徑報送，包括審計情況、審計移交處理、審計提示等。

（6）督促歸集移交審計檔案資料，完成審計支持系統項目信息錄入，組織建立審計履職臺帳、審計風險分析評估臺帳、產品審計風險指引、重點授信客戶持續審計臺帳等。

（7）參加並指導本專業條線其他項目審計風險分析評估預警會議，會簽本專業條線其他項目審計報告。

2. 后審計階段審計組長質量管理與控制的風險點

（1）未組織補充核查未明事項，形成審計失誤。

（2）審計分析不夠全面客觀公正，致使審計評價和風險定性定級以及審計結論出現重大偏差，形成審計失誤。

（3）審計報告把關不嚴，審計事實不清楚，表述不準確，形成審計失誤或者經上級審計部門審計復議，確認存在審計過失錯誤。

（4）審計處理不恰當，包括處理過嚴和失之過寬等。

（5）現場審計檔案、信息資料丟失以及洩密等。

（二）后審計階段主審和專業條線主審質量管理與控制

后審計階段主審和專業條線主審要組織審計分析，匯報審計項目和專業條線審計情況，形成專業條線以及項目審計報告（初稿），對審計報告中專業條線部分內容的真實性負責。

1. 后審計階段主審和專業條線主審質量管理與控制的重點

（1）補充核查未明事項，綜合分析形成后審計階段審計工作底稿。

（2）撰寫專業條線風險分析評估預警報告。

（3）組織召開產品審計風險分析評估預警會議，組織進行產品審計風險評價及問題定性定級。

（4）起草審計報告初稿及正式稿，提出專業條線審計成果運用意見建議。

（5）與被審計單位溝通審計報告初稿及反饋意見，協調制訂審計整改行動方案。

（6）按時收集、整理並移交審計檔案。
（7）組織完成審計支持系統項目信息錄入，完善產品審計指引。
（8）參加並指導本專業其他項目審計風險分析評估預警會議。

2. 后審計階段主審或專業條線主審質量管理與控制的風險點
（1）未補充核查未明事項，形成審計失誤。
（2）專業條線審計分析不夠全面客觀公正，致使審計評價和風險定性定級以及審計結論出現重大偏差，形成審計失誤。
（3）審計報告事實不清楚，表述不準確，形成審計失誤或者經上級審計部門審計復議，確認存在審計過失錯誤。
（4）審計處理不恰當，包括處理過嚴和失之過寬等。
（5）現場審計檔案、信息資料丟失、洩密等。

（三）后審計階段審計員質量管理與控制

后審計階段審計員要全面、深入分析產品審計情況，補充核查未明事項，開展審計風險分析評估，對審計報告中產品條線部分內容的真實性負責。

1. 后審計階段審計員質量管理與控制的重點
（1）補充核查未明事項，綜合分析形成后審計階段審計工作底稿。
（2）開展產品審計風險分析評估預警，做好產品審計評價及問題定性定級，撰寫產品風險分析評估預警報告。
（3）整理、移交審計檔案。
（4）完成審計支持系統項目信息錄入。
（5）協助專業條線高級審計修訂完善產品審計風險指引。

2. 審計員在后審計階段質量管理與控制的風險點
（1）未補充核查未明事項，形成審計失誤。
（2）產品審計風險分析評估不夠全面客觀公正，致使產品審計評價和風險定性定級以及審計結論出現重大偏差，形成審計失誤。
（3）審計事實不清楚，表述不準確，形成審計失誤或者經上級審計部門審計復議，確認存在審計過失錯誤。
（4）審計溝通未達成共識，導致審計發現問題不能有效整改。

（四）后審計階段審計質量管理員即時跟蹤監督控制

后審計階段審計質量管理人員要全面跟蹤分析審計項目三個階段工作情況，評估審計項目質量與審計風險，對審計報告內容結構、文字表述的準確性負責。

1. 后審計階段審計質量管理人員質量管理與控制的重點
（1）籌備審計風險分析評估預警會議。通過審計風險分析評估預警會議，分析評估項目審計質量，包括審計事實、審計評價、審計結論，看有無未按照審計方案和預審報告實施審計，形成審計失誤的問題以及未查深查透的問題。
（2）籌備審計分析會議。通過收集審計分析會議材料，審閱審計報告，評估項目質量。
（3）把好審計報告發文關。通過審核審計報告及其相關審計文書，對審計報告進

行核稿、把關。重點對審計事實、審計問題的風險定性定級、審計評價、審計結論進行核實。
（4）及時收集審計檔案並維護審計風險信息管理系統，督促各專業更新審計風險分析評估臺帳、產品審計風險指引、重點授信客戶持續審計臺帳等。
2. 審計質量管理人員在后審計階段質量管理與控制的風險點
應注意避免審計報告質量把關不嚴，在審計評價、審計結論、審計處理以及審計事實等方面出現重大差錯，形成審計失誤。

第三節 審計整改和持續審計質量管理與控制

一、審計整改和持續審計質量管理機制
（一）審計整改和持續審計工作機制
審計整改和持續審計質量管理實行「條塊結合」質量管理與控制工作機制。
（二）專業條線和產品審計整改會審核實驗證
專業條線要按照審計分工，實施專業和產品審計整改會審核實驗證，分析評估整改質量效果和專業內控風險狀況。對審計整改真實性和審計整改評價結論以及專業內控風險監督向總經理負責。
（三）按照審計管轄開展審計整改會審核實驗證
現場審計部要按照審計管轄，組織實施持續審計監控。要根據持續審計工作的特點與實際需要，組織建立持續審計小組，從整體上持續監控、督促和驗證分支行整改情況，會審分析評估分支行整改情況和內控風險狀況，對管轄的分支行審計整改和審計整改評價結論以及內控風險監督向總經理負責。
（四）綜合管理部門組織協調審計整改會審
綜合管理部門要組織協調審計整改會審工作。從現場審計部和業務條線不同角度研究分析評估審計整改質量效果和存在的主要問題，落實審計整改會審措施，有效管理和控制審計整改風險。

二、審計整改核實驗證的質量管理與控制
（一）審計整改核實驗證的方法措施
審計整改核實驗證是審計整改會審的基礎，是控制、管理審計整改質量的關鍵環節。要根據審計發現的問題性質、整改主體、整改措施、方法步驟和時間進度等實際情況，因地制宜、靈活多樣地採取措施，進行審計整改核實驗證。
（二）審計整改核實驗證的風險與責任
審計整改核實驗證是一個審計循環的最后環節，審計整改核實驗證結果的真實可靠，是保證審計監督質量效果的基礎。專業條線產品審計人員、高級審計、高級經理要對審計整改核實驗證結果的真實性負責，對審計整改風險的評估、評價負責。

三、持續審計的質量管理與控制
持續審計是提高審計監督的及時性、連續性，促進整個審計循環有效運轉的基礎

工作，也是有效管理和控制審計風險的重要途徑和方法措施。

（一）持續審計工作機制

持續審計實行「條塊結合」的工作機制，要按照「條塊結合」的工作機制，建立持續審計責任機制，全面組織開展持續審計工作，落實持續審計監督責任。

（二）現場審計部高級經理、專業條線高級經理持續審計質量管理與控制

1. 現場審計部高級經理、專業條線高級經理持續審計工作質量管理與控制的重點

持續推動審計管轄的分支行和專業條線的審計整改工作，搞好審計整改核實驗證和整改會審，加強對持續審計監控小組的領導和指導，動態監控審計風險狀況，進行年度內控評價。

2. 現場審計部高級經理、專業條線高級經理在持續審計階段質量管理與控制的風險點

（1）推動審計整改工作不力，重大問題未整改，形成審計風險。

（2）持續監控中重大異常情況未被發現，形成審計失誤。

（3）漏報、瞞報重要監控指標和重大異常情況，形成審計風險。

（三）專業條線高級審計持續審計工作質量管理與控制

專業條線高級審計要按照審計監督職責分工，組織條線審計員完成持續審計監控的數據分析工作。動態監控審計風險狀況，進行年度內控評價，對審計管轄區域專業條線的持續審計監督負責。

1. 專業條線高級審計持續審計工作質量管理與控制的重點

（1）組織條線持續審計數據分析，動態監控條線審計風險狀況，推動條線審計整改，進行條線內控評價。

（2）指導條線審計人員開展審計整改核實驗證，對條線審計人員「審計整改會審及持續審計監控報告」進行審核，分析評估確認審計整改會審報告，對報告的真實性和審計整改評價的準確性負責。

（3）不斷豐富完善產品審計風險指引、重點授信客戶持續審計臺帳和基層營業機構會計內控風險評估臺帳等。

2. 專業條線高級審計在持續審計階段質量管理與控制的風險點

（1）推動條線審計整改工作不力，條線重大問題未整改，形成審計風險。

（2）持續監控中對條線重大異常情況和重大風險問題未及時發現，形成審計失誤。

（四）持續審計監控小組和審計聯繫人工作質量管理與控制

持續審計監控小組和審計聯繫人要按照持續監控要求，定期或不定期收集審計對象業務經營和風險狀況的各類數據及非數據信息，並進行連續、動態的監測分析，對分工管轄的分支行的持續審計監督負責。

1. 持續審計監控小組和審計聯繫人持續審計工作質量管理與控制的重點

（1）收集管轄的分支行信息，更新維護審計支持系統中持續審計管理模塊內容。

（2）會同專業條線審計人員完成持續監控數據分析，實施審計整改核實驗證。

（3）根據專業整改會審核實驗證報告和持續審計監控情況，按照審計管轄匯總，

綜合分析審計整改情況，評估內控和審計整改風險，指出存在問題，提出持續審計監督意見，撰寫「持續審計監控報告」。

2. 持續審計監控小組和審計聯繫人持續審計階段質量管理與控制的風險點

（1）分工管轄的分支行重大問題未整改，形成審計風險。

（2）持續監控中重大異常情況未發現，形成審計失誤。

（3）漏報、瞞報重要監控指標和重大異常情況，形成審計風險。

（五）審計質量管理員持續審計質量管理與控制

審計質量管理人員，負責實施持續審計質量管理與控制。

1. 審計質量管理人員持續審計工作質量管理的重點

（1）及時維護更新審計風險管理信息系統，即時動態監控審計管轄區域審計風險狀況。

（2）根據審計風險信息管理系統的信息資料，分析評估各級審計人員的持續審計質量。

2. 審計質量管理員在持續審計階段質量管理的風險點

（1）審計整改組織推動工作未落實，重大問題未整改，形成審計風險。

（2）持續審計、動態監控工作未落實，形成審計監控風險。

第四節　審計質量評估與評價

一、審計質量評估與評價的基本內容

審計質量評估與評價的基本內容主要包括審計過程質量評估與評價、審計結果質量評估與評價。

（一）審計過程質量評估與評價

審計過程質量評估與評價是對各審計流程關鍵環節的質量控制情況進行檢查和評估與評價，包括前審計階段、中審計階段和后審計階段的審計工作質量評估評價。

（二）審計結果質量評估與評價

審計結果質量評估與評價是對各類現場審計項目實施后，是否存在重大實質性審計風險的跟蹤核查與評估評價。

二、審計質量評估評價的基本方法技術

（一）審計質量評估臺帳

要按照審計項目建立審計質量評估臺帳，評估審計質量，年度匯總分析、總評，納入審計部門和審計人員年度績效考核。

（二）綜合運用審計風險信息管理系統對審計質量進行檢查評估和評價

1. 審計過程質量評估與評價的方法

（1）審閱審計檢查信息檔案，進行項目質量檢查和評估評價。通過審閱審計實施方案、審計工作底稿、審計風險分析評估預警報告、審計項目風險評估計分卡、審計報告和審計成果運用等審計檢查全過程的信息資料，對審計項目質量控制關鍵環節進

行檢查、評估和評價。

（2）審閱持續審計信息檔案，進行質量追蹤檢查和持續審計質量檢查與評估評價。通過檢查「督促整改工作臺帳」、審計整改會審報告、被審計單位整改情況報告及審計整改季報、整改效果核實驗證等資料，參閱外審監管檢查報告和上級審計報告，對質量控制關鍵環節進行檢查。通過檢查「持續監控報告」和參閱內外部審計監管檢查報告，對持續審計質量控制關鍵環節進行檢查和評估評價。

（3）審閱審計風險分析評估臺帳，進行質量檢查和評估評價。通過檢查重點授信客戶審計風險評估臺帳、零售信貸風險持續分析臺帳、基層營業機構會計內控風險評估臺帳、財會專業產品風險評估臺帳，對實施審計檢查、持續審計、審計評價等關鍵環節工作質量進行檢查與評估評價。

2. 審計結果質量評估與評價的方法

（1）審閱審計檢查信息。檢查評估審計程序有無重大遺漏及審計風險。

（2）審閱動態審計風險信息，評估評價審計工作質量。通過審計風險信息月報、外部監管信息、總行風險信息和經濟案件等信息，看有無指出審計檢查未發現的重大問題及審計風險，或被審計單位在審計檢查後，有無暴露審計未查出的重大問題及審計風險。

（3）審閱審計風險責任臺帳，評估評價審計工作質量。按照審計循環和審計人員履行審計監督職能的過程，建立審計風險管理臺帳和審計履職臺帳，詳細記載審計履職內容和審計發現，參閱動態審計風險信息，準確界定和評估評價審計風險責任。

（4）查閱輪動、交叉審計報告和原審計部門審計報告以及上級行審計報告等審計資料，進行比較分析，檢查原負責審計的部門是否未查出被審計對象重大問題及審計風險。

（5）從總行審計部、高管層、董事會對審計結果的評價，看是否存在重大差異，有無指出審計未查出的重大問題及審計風險。

（6）從社會監督機構（新聞媒體、獨立評級機構等）及群眾舉報等外部途徑對被審計單位反應的相關信息，看有無審計未查出的重大問題及審計風險。

三、審計風險及其評估與定級

（一）審計風險等級

根據商業銀行經營管理的基本特徵和審計風險的特點，審計風險一般分為以下三級：

（1）一級風險。一級風險指審計後被審計對象出現了嚴重違法違紀案件、重大舞弊詐欺事件或重大業務風險，審計應查而未查出。

（2）二級風險。二級風險指審計後被審計對象出現了違規違紀問題或較大業務風險，審計應查而未查出。

（3）三級風險。三級風險指審計後重要問題檢查有遺漏，或未查深查透。

（二）審計應查而未查出的問題的主要內容與領域

按照商業銀行經營管理的基本特徵和審計風險的特點，審計應查而未查出的問題

包括（但不限於）：
（1）涉及的問題應該列入審計項目檢查範圍而未列入，致使問題未被查出。
（2）雖列入了審計檢查範圍，但執行審計程序出現遺漏和缺陷，致使問題未被查出。
（3）雖執行了審計程序，但流於形式上走流程，未盡職盡責進行檢查，致使問題未被查出。
（4）總行董事會和高管層認為屬於審計未查出的問題。

第五節　審計質量考核與問責

一、審計質量考核的對象
（一）審計質量考核的對象
審計質量考核的對象包括審計部門和審計人員。
（二）審計質量考核的內容
審計質量考核的內容主要是質量控制檢查結果和審計風險，考核頻度主要結合績效考核按年度進行。

二、審計質量考核的基本方法
（一）審計過程質量考核
1. 審計過程質量考核的計分方法
審計過程質量考核實行累計積分制，按照審計發現、審計失誤、審計風險三部分內容考核。
（1）審計發現：按照審計發現的問題個數和風險等級計分。
計算公式為：
審計發現得分＝審計發現的問題個數×風險等級
（2）審計失誤：按照應查未查以及未查深查透的問題個數和風險等級考核，計負分。
計算公式為：
審計失誤扣分＝（－）應查未查以及未查深查透的問題個數×風險等級
（3）審計風險：按照審計期內已形成的審計風險后果考核，計負分。
計算公式為：
審計風險扣分＝（－）審計期內各種渠道發現的審計人員履職範圍內未發現的問題個數×風險等級
以上三項內容得分合計為審計人員和審計組審計過程質量考核得分。
2. 審計過程質量考核結果的運用
（1）審計過程質量考核得分，按績效考核權重，計入年度績效考核總分，納入組長、主審、高級審計和審計員考核評價以及年度績效考核內容。
（2）審計過程考核得分按照審計專業由高到低排序。連續2年排名末位的，年度

考評為不稱職或者基本不稱職及以下；審計過程質量較差，經過組長、主審指導培訓仍無改進的，不能參加現場審計，待崗學習，限期提高審計業務素養；經過待崗學習培訓仍不能適應審計工作需要的，勸其調離審計崗位。

（二）審計結果質量考核

審計結果質量考核根據審計風險程度，追溯相關責任部門和責任人，反應在當年績效考核中，相應實行年度績效考核等級否決制。

（1）發生一級審計風險，原則上審計風險責任部門評為末等、排名末位；高級經理（項目審計組長）個人評為不稱職或者基本不稱職等及以下，排名末位。根據有關規定追究高級經理（項目審計組長）、主審、專業條線主審和審計員行政紀律責任。

（2）發生二級審計風險，原則上審計風險責任部門不能評為二等；項目審計組長、主審、專業條線主審和審計員不能評為卓越或者優秀等。根據有關規定酌情扣發個人年度績效獎金。

（3）發生三級審計風險，項目審計組長、主審、專業條線主審不能評為卓越或者優秀等；審計員評為不稱職或者基本不稱職等及以下。根據有關規定酌情扣發個人年度績效獎金。

三、重大審計風險的問責

審計質量檢查考核發現審計人員違規致使審計質量失控，造成重大審計風險的，按《商業銀行員工違規行為處理辦法》予以處理。

（一）審計風險問責處理種類包括

（1）通報批評。

（2）經濟處罰，包括計扣履職津貼、變動獎金。

（3）組織處理，包括待崗、停職、免職、解除勞動合同。

（4）紀律處分，包括警告、記過、記大過、降級、撤職、留用察看（一年或兩年）、開除。

（二）審計風險問責的範圍

（1）未執行審計方案、程序和方法，審計檢查不深入，導致應發現而未發現重大風險隱患、系統性內控缺陷和重大違法違規問題。

（2）發現重大問題不報告或者有意迴避、掩蓋問題真相的。

（3）審計結論與事實嚴重不符的。

（4）發現重大風險隱患不採取措施，對審計發現問題跟蹤整改不力，致使問題損害擴大的。

（5）袒護、包庇違規行為人的。

（6）未按要求執行保密制度、濫用職權、洩露秘密的。

（7）做出其他有損商業銀行利益或聲譽行為的。

四、審計免責

按照銀監會發布的《商業銀行內部審計指引》的規定，審計人員或審計部門工作

一貫表現突出，在審計期間能夠盡職盡責進行檢查；或在審計期間能夠檢查出重大問題或系統性問題，並在審計報告中予以明確揭示；或在審計期間通過對同一類問題的發現，揭示出內部控制的缺陷，明確列入審計報告並要求整改，如審計后被審計單位仍出現個別重要問題，可據情減責或免責。

  附件一：××××銀行審計部前審計階段工作考核評價表
  附件二：××××銀行審計部中審計階段工作質量考核評價表
  附件三：××××銀行審計部后審計階段風險分析評估預警工作考核評價表
  附件四：××××銀行審計部審計整改和持續審計階段工作質量考核評價表

附件一

××××銀行審計部審計前階段工作考核評價表

項目名稱：　　　　　　　　　　　　　　　　　　　　　　　　　　　　　　　　　組長：　　　　　　　　　　主審：

被考核人	考核內容												總體評價			
^	完成時限		內容範圍完整性			疑點分析透徹性			重點突出性			文字結構規範性			優良	一般	較差
^	按時完成	未按時	全面完整	比較全面	不夠全面	疑點清晰	比較清晰	不夠清晰	明確突出	比較明確	不夠明確	表述準確	比較準確	不夠準確	^	^	^

注：①前審計階段工作考核由項目組財會、授信兩大專業主審考核審計人員，組長復審確定。②按時完成以及「好」等級的計10分，「比較」級的計7分，「不夠」級的計3分。③本項考核在審計準備工作完成后逐級考核，於項目進場前由審計組長交綜合審計部。

附件二

×××銀行審計部中審計階段工作質量考核評價表

項目名稱：　　　　　　　　　　　　　　組長：　　　　　　　　　　　　　主審：

被考核人	審計發現			考核內容		總體評價		
	重要問題（個）	主要問題（個）	一般問題（個）	審計失誤（一）	審計風險（一）	優良	一般	較差

注：①中審計階段工作質量按照現場審計項目考核，由財會、授信兩大專業主審考核審計人員，組長復審確定。在審計報告發出后一周內完成，并交綜合部。②綜合審計部考核現場審計組。

附件三

×××銀行審計部后審計階段風險分析評估預警工作考核評價表

項目名稱：　　　　　　　　　　　　　　　　　　　　　　　　組長：　　　　　　　　　主審：

被考核人	考核內容													總體評價
	項目專業和產品審計風險總體評估是否準確，依據是否充分，結論是否可靠			審計發現的主要問題事實是否清楚，證據是否可靠			持續審計建議是否切實可行			文字表述是否準確規範			
	好	一般	較差	好	一般	較差	好	一般	較差	好	一般	較差	

注：①后審計階段風險分析評估預警工作考核實行條塊雙線考核，由項目組財會、授信兩大專業主審考核審計人員，組長復審。②總體評價為好、一般、較差三等。③本項考核在審計報告發出后一周內，由組長組織逐級考核，并交綜合審計部。綜合審計部考核現場審計組。

附件四

××× 銀行審計部審計整改和持續審計階段工作質量考核評價表

分行名稱：　　　　　　　　　　　　　　　　　　　　　　　　　　　　　　　　　　　　　　高級經理：

被考核人	考核內容											總體評價	考核人
	核實驗證方法是否得當，結論是否可靠			存在問題是否清楚，持續審計建議是否可行			文字表述是否準確規範							
	好	一般	較差	好	一般	較差	好	一般	較差				

注：①審計整改核實驗證和持續審計階段工作質量考核實行條塊雙線考核，由財會、授信兩大專業主審考核審計人員，高級經理復審。②總體評價爲好、一般、較差三等。③本項考核在審計整改審計會審工作完成后一周內，由高級經理組織逐級考核，并交綜合審計部。

第三十章 審計風險信息管理系統

審計風險信息管理是審計風險管理的基礎，加強審計風險信息管理，有利於不斷提高審計工作效率和審計風險管理效果，有效管理和控制審計風險，降低審計成本，提升審計價值，更好地履行審計監督、諮詢和評價職能作用，促進商業銀行更好地實現經營戰略和穩健發展目標。

第一節 審計風險信息管理系統及其基本功能

一、審計風險信息管理系統

審計風險信息管理系統是全面收集記錄、分析運用商業銀行內部審計風險管理信息的電子化信息平臺，是優化、整合、運用各種審計風險信息資源，全面落實審計風險管理目標，促進各級審計人員充分履行審計監督職能作用的審計風險信息工具。

二、審計風險信息管理系統的基本功能

（一）全面收集記載和管理審計風險信息

（1）全面收集和及時記錄商業銀行經營管理中暴露的各種審計風險信息。

（2）按照審計風險等級核心定義，及時分類整合各種審計風險信息資源。

（3）按照審計循環要求，動態維護和更新商業銀行經營管理中暴露的審計風險信息。

（二）動態分析運用審計風險信息

（1）動態分析審計風險信息，按照審計報告路徑，及時報告相關風險信息，為審計風險管理提供決策依據。

（2）運用審計風險信息和審計風險信息分析成果，指導開展審計監督諮詢評價活動。

（三）運用審計風險信息，開展審計風險管理

通過收集記載和分析審計風險信息，落實審計監督責任和審計風險管理責任，為

審計問責提供真實可靠的信息依據。

三、審計風險信息管理系統管理機制

審計風險信息管理系統,實行統一管理、分級實施、動態維護、持續監控的管理機制。

第二節 審計風險信息管理系統的基本內容

一、審計風險信息管理系統的基本內容

根據商業銀行內部審計風險管理的基本要求和風險特徵,審計風險信息管理系統的基本內容主要包括(但不限於):
(1)審計檢查風險信息。
(2)持續審計信息。
(3)審計風險信息。
(4)審計風險責任臺帳。
(5)審計風險分析評估臺帳。
(6)產品審計風險指引。
(7)審計管理制度。

二、審計檢查風險信息的基本內容

審計檢查風險信息是審計檢查全過程的信息資料,主要內容包括(但不限於):
(1)審計方案。
(2)現場審計工作底稿。
(3)審計風險分析評估預警報告。
(4)審計項目風險評估計分卡。
(5)審計情況。
(6)審計提示。
(7)審計移交處理函。
(8)審計備忘錄。

三、持續審計信息的基本內容

持續審計信息是在一個審計循環週期內,對審計對象的內部控制持續實施動態審計監督的情況,為下一次現場審計提供依據,是審計風險管理信息的重要內容,主要包括審計整改季報、審計整改會審報告和季度會審報告等內容。

(一)審計整改季報

審計整改季報是審計整改信息交流、溝通、反饋的重要工具,是持續審計的重要措施和手段,是審計整改評價的基本依據。其基本內容主要包括審計發現、風險等級、整改情況、風險評價等,由審計對象按季報告。

（二）審計整改會審報告

審計整改會審報告是審計整改會審的基本材料，是對被審計對象整改情況進行核實驗證、分析評估，並有針對性地提出進一步持續審計監督意見措施的工作報告，包括現場審計部審計整改會審報告、專業條線審計整改會審報告和審計整改會審綜合分析報告三個方面的內容。由各現場審計部和專業條線在整改會審會議結束後一週內報送。

（三）季度持續審計會審報告

季度持續審計會審報告是在一次現場審計完成後至下一次現場審計開展前的一個審計循環週期內，按照條塊結合的原則對審計對象的業務經營活動及風險狀況實施動態監測的報告，由審計聯繫人和專業條線主審人員，在審計整改會審的基礎上，按季分析審計對象經營管理和風險狀況，並對問題疑點進行查詢，做出風險評估、評價和預警，以防範兩次現場審計間的風險，為下一次現場審計提供依據。由專業條線和現場審計部聯繫人在季度持續審計會審會議後一週內報送。

四、動態審計風險信息

動態審計風險信息是審計人員瞭解掌握審計風險狀況，適時評估審計風險，落實審計監督措施，有效管理控制審計風險的重要資源，主要內容包括審計風險信息月報、外部監管信息、總行風險信息和經濟案件信息等。

（一）審計風險信息月報

審計風險信息月報是各分支行審計部按審計風險信息報告實施細則報送的審計風險信息。

（二）外部監管信息

外部監管信息是指審計署、銀監會等外部監管部門對審計管轄區域分支行的監管報告或檢查工作底稿以及處理意見等信息。

（三）總行風險信息

總行風險信息是總行各專業、部門對分支行的檢查通報或檢查工作底稿以及處理意見等信息。

（四）經濟案件信息

經濟案件信息是指分支行經濟案件發案情況及其案情報告。

五、審計風險責任臺帳

審計風險責任臺帳是審計責任管理的重要工具，詳細記載各級審計人員履行審計職能的時間、範圍和內容，是準確界定審計責任的依據，也是審計風險管理的重要工具。審計風險責任臺帳的主要內容包括審計風險管理臺帳和審計履職臺帳等。由現場審計組和綜合管理部按照審計分工記載完成。

（一）審計風險管理臺帳

審計風險管理臺帳是專門用於記載審計對象在審計循環期內發生的各種重大錯弊和經濟案件；記載審計期內審計對象接受內外部各級審計監督部門和業務管理部門檢

查發現的重要問題及其處理決定，包括給予經濟處罰、行政處理和通報批評等；記載審計循環期內，審計人員未有效履行審計整改推動職能，致使重要問題未落實整改而發生重大錯弊或經濟案件的情況。

（二）審計履職臺帳

審計履職臺帳分別按照現場審計管轄、專業條線管轄、現場審計分工記載各級審計人員履行審計監督、諮詢、評價職能作用的時間、範圍、內容和責任。

六、審計風險分析評估臺帳

審計風險分析評估臺帳是審計風險管理與控制的重要工具，為實施審計檢查、持續審計、審計評價提供信息依據，主要包括重點授信客戶審計風險評估臺帳、零售信貸風險評估臺帳、基層營業機構審計風險評估臺帳、財會專業產品風險管理臺帳等內容。

（一）重點授信客戶審計風險評估臺帳

重點授信客戶審計風險評估臺帳是以公司授信客戶為風險管理對象，根據授信業務審批層級、客戶性質、授信業務品種、抵（質）押方式等不同風險因素而建立的審計風險評估臺帳。重點授信客戶審計風險評估臺帳由現場審計部公司授信條線建立、維護，按季更新。

（二）零售信貸風險評估臺帳

零售信貸風險評估臺帳是以分支行零售信貸產品為對象，根據零售信貸各種產品的貸款餘額、不良額、不良率、內控體系、內控執行力、整改效果等風險因素，定期對零售信貸產品的風險狀況進行評估而建立的臺帳。零售信貸風險評估臺帳由現場審計部零售信貸條線建立、維護，按季更新。

（三）基層營業機構審計風險評估臺帳

基層營業機構審計風險評估臺帳是以分支行基層營業機構為對象，根據內外部各級審計檢查監督報告和總分行各業務條線的檢查報告以及商業銀行會計風險評估系統的風險信息而建立的審計風險評估臺帳。主要內容包括商業銀行分支行基層營業機構風險信息表、基層營業機構風險評估計分表和基層營業機構風險分析評估報告三項內容。基層營業機構審計風險評估臺帳由現場審計部會計條線建立、維護，按季更新。

（四）財會專業產品風險管理臺帳

財會專業產品風險管理臺帳是按照財務、會計結算、個人金融、公司業務等結算服務類產品分類，以被審計對象為基礎，圍繞審計檢查風險和審計整改風險管理，根據審計項目檢查發現的問題、審計整改建議、整改情況等風險因素建立的審計風險管理臺帳。財會專業產品風險管理臺帳由現場審計部會計條線建立、維護，按季更新。

七、產品審計風險指引

產品審計風險指引是有效管理控制產品審計風險的重要工具，是按照風險導向和重要性原則，在深入研究分析產品固有風險和控制風險的基礎上，全面總結產品經營管理過程中已經發生的各種風險及其誘因，形成較為系統、全面的授信和財會兩大專

業產品審計風險技術指引。產品審計風險指引由授信、財會專業組織建立、維護，按季更新。

八、審計管理制度

審計管理制度是開展審計工作的重要依據性文件，為方便審計人員日常使用查閱，按總行審計部、分支行審計部、外部監管機構分類建立審計工作制度信息平臺。審計管理制度由綜合管理部建立、維護，及時更新。

第三節　審計風險信息管理系統的管理與運用

一、審計風險信息管理系統主管部門及其職責

商業銀行內部審計的綜合管理部門，或者非現場審計管理部門是審計風險信息管理系統的業務主管部門。審計風險信息管理系統主管部門的基本職責包括（但不限於）：

（1）負責牽頭制定審計風險信息管理辦法，制定審計風險信息管理系統的操作流程和實施細則等。

（2）負責審計風險信息管理系統的運行和日常管理。

（3）負責審計風險信息管理系統技術支持與協調，指導用戶操作。

（4）加強與各現場審計部門的溝通銜接，確保信息的歸集分析有序開展。

（5）充分利用審計風險信息管理系統提供的信息，做好審計風險管理工作。

二、審計風險信息管理系統使用部門的基本職責

現場審計部、非現場審計部及其審計員和其他審計管理人員，是審計風險信息管理系統的主要用戶。審計風險信息管理系統使用部門的基本職責包括（但不限於）：

（1）負責本部門審計管轄單位和業務的審計風險信息的收集與記載。

（2）利用審計風險信息管理系統平臺，開展審計分析和審計檢查與審計評價，不斷提高現場審計和持續審計的工作成效。

（3）加強與審計風險信息管理系統的主管部門交流溝通，協助維護系統運行，共同做好審計風險管理工作。

三、分支行審計部門審計風險信息管理系統的管理職責

分支行審計部門要按照上級審計部的統一安排，及時收集分析報告轄區的審計風險信息，有效運用審計風險信息開展審計監督和風險評估，不斷提高審計效能。

四、審計風險信息管理系統的運行評估

要加強審計風險信息分析評估，不斷提高審計風險信息管理系統的使用價值。

（1）對審計風險信息管理系統的運行質量與效率進行分析評價，不斷改進完善審計風險信息管理系統模塊功能，優化審計風險信息管理系統功能。

（2）對審計風險信息管理系統的使用質量與效率進行分析評價、評估，不斷提升審計風險信息管理系統的使用效率和效果。

（3）通過審計風險信息管理系統的分析，準確分析評估審計風險，落實審計風險管理責任，有效管理和控制審計風險，促進審計人員更好地履行審計監督職能作用。

第三十一章
商業銀行內部審計
工作績效考核評價

馬斯洛關於人的需要層次理論告訴我們，實現自我價值和追求精神享受是人的最高需求。馬克思也講過，物質利益原則是普遍的原則。中國改革開放的總設計師鄧小平先生曾經精闢地指出：精神鼓勵對少數人可以，對多數人不行；短期可以，長期不行。因此，建立商業銀行內部審計績效考核評價體系和激勵約束機制，是實現審計事業可持續發展的重要途徑和根本保證。

第一節　審計工作績效考核的基本原則

商業銀行內部審計績效考核評價的基本原則，必須要突出商業銀行經營管理的內在規律，突出內部審計監督的特點和審計風險管理的基本要求。

一、突出審計職能

商業銀行內部審計是一種獨立、客觀的監督、評價和諮詢活動，商業銀行內部審計工作績效考核要突出審計的基本職能。

（一）考核履行審計監督職能的成效

要考核審計部門和審計人員履行審計監督職能的質量、效率與效果，重點考核審計發現的重要問題、審計整改情況和審計整改效果。

（二）考核履行審計評價職能的成效

要考核審計部門和審計人員履行審計評價職能的質量、效率與效果，重點考核審計評價的客觀性、公正性與準確性。

（三）考核履行審計諮詢職能的成效

要考核審計部門和審計人員履行審計諮詢職能的質量、效率與效果，重點考核審計諮詢建議的可行性與審計諮詢在促進商業銀行內部控制體制機制建設中的質量效果。

二、突出審計價值

商業銀行內部審計的基本目標是保證國家有關經濟金融法律法規、方針政策、監

管部門規章的貫徹執行；在商業銀行風險框架內，促使風險控制在可接受水平；改善商業銀行的營運，增加商業銀行價值。因此，商業銀行內部審計工作績效考核，要突出內部審計在促進商業銀行穩健經營、加快商業銀行發展、提升商業銀行價值方面的實際成效。

（一）考核促進完善和健全內部控制體系方面的價值

要考核審計部門和審計人員，通過履行審計監督、諮詢和評價職能作用，促進商業銀行不斷完善內部控制體制機制，實現安全經營的價值。

（二）考核促進不斷提高經營效益方面的價值

要考核審計部門和審計人員，通過履行審計監督、諮詢和評價職能作用，促進商業銀行不斷創新產品，加快發展，增加盈利，不斷提升經營管理效益的價值。

（三）考核促進持續提升核心競爭力方面的價值

要考核審計部門和審計人員，通過履行審計監督、諮詢和評價職能作用，促進商業銀行不斷加強內部管理，樹立良好的企業品牌，不斷提升商業銀行的社會美譽度，提升核心競爭力的價值。

三、突出審計風險

商業銀行內部審計是以風險為導向，獨立於經營管理活動的內部監督。因此，要突出考核內部審計風險的管理與控制。

按照監管部門規定，對下列情況要進行審計問責：

（1）未執行審計方案、程序和方法導致重大問題未能被發現。
（2）對審計發現問題隱瞞不報或者未如實反應。
（3）審計結論與事實嚴重不符。
（4）對審計發現問題查處整改工作跟蹤不力。
（5）未按要求執行保密制度。
（6）其他有損商業銀行利益或聲譽的行為。

第二節 審計績效考核指標體系

一、審計部門關鍵績效考核指標

按照商業銀行內部審計績效考核的基本原則，內部審計部門關鍵績效考核指標要體現內部審計工作的基本特點和基本目標任務要求，有利於客觀評價審計部門工作績效，更好地發揮績效考核的激勵作用。商業銀行內部審計部門關鍵績效指標主要包括（但不限於）：

（一）審計項目計劃執行

主要考核常規審計、專項審計、非現場審計、綜合審計、經濟責任審計、不良資產責任認定審計、專項調查核查等各類年度審計項目計劃完成情況。遇年度項目計劃調整的，以調整后計劃為準。權重一般為15%。

（二）審計項目價值

主要考核審計項目的系統性和深度，審計項目對內控管理的價值，審計發現問題歸類、定性、定級的準確性，審計報告描述的恰當性，審計評分、評價、評級的客觀性和準確性。權重一般為30%。

（三）重要審計成果

主要考核以「審計情況反應」「審計移交處理書」「審計工作風險提示」等規範的審計文書為載體反應的審計成果以及審計條線組織的重要活動獲獎情況。權重一般為30%。

（四）審計風險

主要考核審計風險狀況，重點考核重大審計風險的管理與控制，考核審計工作質量。權重一般為15%。

（五）審計工作管理

主要考核審計人事管理、審計信息管理、審計整改管理、審計檔案管理以及審計培訓工作等。權重一般為10%。

二、審計人員關鍵績效考核指標

（一）審計發現

主要考核審計人員現場及非現場審計發現問題的數量和風險度等，實行量化考核。考核權重一般為25%。

（1）審計發現可以按年，或者按季考核。

（2）審計發現的問題，按照風險度可以分為重要問題、主要問題、一般問題。

（3）根據審計發現的問題個數及其風險度分別進行考核。

（二）風險評估分析預警

主要考核審計項目、專業條線及其產品風險評估分析預警、季度持續審計風險評估分析預警等。考核權重一般為5%。

（1）風險評估分析預警工作可以按年，或者按季考核。

（2）風險評估分析預警工作，按質量、數量考核。審計人員按照審計分工和工作安排開展風險評估分析預警，提出風險評估分析預警報告，由高級經理、高級審計進行考核評價。

（三）重要審計成果

主要考核包括以「審計情況反應」「審計移交處理書」「審計工作風險提示」等規範的審計文書為載體反應的審計成果以及審計條線組織的重要活動獲獎情況。考核權重一般為30%。

（四）審計風險

主要考核審計風險狀況，重點考核重大審計風險的管理與控制，考核審計工作質量。考核權重一般為10%。可以按年，或者按季考核。

（五）領導交辦工作

領導交辦工作考核權重一般為10%。

（1）領導交辦工作可以按年，或者按季考核。
（2）領導交辦工作包括審計問題清單匯總、條線審計報告初稿匯總、經濟責任審計、不良資產責任認定審計、呆帳核銷審計、監交事項、審計行政管理事項等。
（3）領導交辦工作由高級審計、高級經理、總經理根據交辦事項臺帳及工作質量成效評價。

（六）審計質量效果綜合評價
審計質量效果綜合評價考核權重一般為20%。
（1）審計質量效果綜合評價按年度考核。
（2）審計質量效果綜合評價的主要內容如下：
①量化目標完成情況評價。具體內容包括審計的充分性、審計深度、審計質量、工作效率等。
②工作能力、表現、質量效果評價。具體內容包括商業銀行業務知識水平、理論文字語言表達水平、溝通協調能力、審計技能、周全慎密、發展潛力等。
③職業操守。具體內容包括責任心、合作性、執行力、職業道德等。
（3）審計質量效果綜合評價採取個人公開述職、民主評議、加權平均計分的辦法考核。員工、高級經理（含高級審計）、總經理分別按一定的權重計分。

第三節 績效考核的流程與基本方法

一、績效考核總分及其等級的確定

（一）關鍵績效指標考核得分
關鍵績效指標考核分加權平均後，得出部門和員工初步考核總分。
（二）匯總年度績效考核總分確定考核等級。
在考慮審計風險、審計結果和審計質量控制因素後，對考核結果進行最終排名。根據年終員工績效考核規定的考核等級比例，確定考核等級。

二、績效考核流程

審計部門績效考核，採取自下而上、逐級考核評定的原則。
（1）總行審計部門及其高級管理人員的年度績效考核由行領導考評。
（2）總行派出審計機構的考核由總行審計部初評后報行領導評定。
（3）分支行審計部考核由總行派出的審計機構初評後，報總行審計部確定考核結果。
（4）審計人員考核由審計部門負責組織。

三、審計部門的年度績效考核不得由審計管轄的分支機構打分評價

為了保證審計監督的權威性、獨立性和有效性，一般不安排審計管轄的分支行及其下屬營業機構和部門對審計部門和審計人員考評打分。

國家圖書館出版品預行編目(CIP)資料

商業銀行內部審計基本理論與方法技術 / 倪存新 著. -- 第一版.
-- 臺北市 : : 崧博出版 : 崧樺文化發行, 2018.09

　面 ；　公分

ISBN 978-957-735-503-4(平裝)

1.銀行會計 2.審計

562.38　　　107015391

書　名：商業銀行內部審計基本理論與方法技術
作　者：倪存新 著
發行人：黃振庭
出版者：崧博出版事業有限公司
發行者：崧燁文化事業有限公司
E-mail：sonbookservice@gmail.com
粉絲頁　　　　　網　址：
地　址：台北市中正區重慶南路一段六十一號八樓 815 室
8F.-815, No.61, Sec. 1, Chongqing S. Rd., Zhongzheng Dist., Taipei City 100, Taiwan (R.O.C.)
電　話：(02)2370-3310　傳　真：(02) 2370-3210
總經銷：紅螞蟻圖書有限公司
地　址：台北市內湖區舊宗路二段 121 巷 19 號
電　話：02-2795-3656　　傳真：02-2795-4100　　網址：
印　刷 ：京峯彩色印刷有限公司（京峰數位）

　　本書版權為西南財經大學出版社所有授權崧博出版事業有限公司獨家發行電子書及繁體書繁體版。若有其他相關權利及授權需求請與本公司聯繫。

定價：700 元

發行日期：2018 年 9 月第一版

◎ 本書以POD印製發行